汇聚与传递

——郭大顺考古文集

郭大顺　著

文物出版社

北京 · 2021

图书在版编目（CIP）数据

汇聚与传递：郭大顺考古文集／郭大顺著. --北

京：文物出版社，2021.3

ISBN 978 - 7 - 5010 - 6827 - 2

Ⅰ. ①汇… Ⅱ. ①郭… Ⅲ. ①考古工作—中国—文集

Ⅳ. ①K87 - 53

中国版本图书馆 CIP 数据核字（2020）第 193773 号

汇聚与传递

—— 郭大顺考古文集

著　　者：郭大顺

责任编辑：黄　曲
封面设计：程星涛
责任印制：张　丽

出版发行：文物出版社
社　　址：北京市东直门内北小街 2 号楼
邮　　编：100007
网　　址：http：//www.wenwu.com
邮　　箱：web@ wenwu.com
经　　销：新华书店
印　　刷：北京京都六环印刷厂
开　　本：889mm×1194mm　1/16
印　　张：18.75
版　　次：2021 年 3 月第 1 版
印　　次：2021 年 3 月第 1 次印刷
书　　号：ISBN 978 - 7 - 5010 - 6827 - 2
定　　价：238.00 元

目　录

辽河文明的提出与对传统史学的冲击

从 20 世纪 80 年代中期兴起的中国文明起源讨论中，以红山文化为主要代表的辽河文明的提出格外引人注目。

红山文化是 5000 年前、主要分布于辽宁西部大凌河流域到内蒙古东南部西辽河流域的一支新石器时代晚期考古学文化。它以具有黄河流域仰韶文化特点的彩陶器和具有东北地区特点的压印"之"字纹筒形陶器共存，以包括大型石耜在内的打制石器、磨制石器和细石器共存为主要文化内容。多年来因这一带考古工作较少，红山文化只是被作为受到仰韶文化影响的一支边远地区考古学文化而默默无闻。这种情况从 20 世纪 70 年代初开始有了转机。有趣的是，最初并非因某一项重大考古发现，而是由一批早已流传于世、但时代不明的玉器被识别引起的。这批最终被鉴定属于红山文化的玉器以造型、题材追求神秘化为其突出特点，尤其是已有龙形玉器出现。据此，我们提出辽河流域原始文明的观点[1]。接着，在大凌河流域的喀左县东山嘴红山文化遗址发掘出一座具祭祀性质的石砌建筑址，这座建筑址前（南）为圆坛，后（北）为方形砌石，左右有对称分布的石墙。尽管在这处遗址出土了通常作为母系氏族社会象征物的陶塑孕妇小雕像，但我们从这个遗址已具有中国古代传统建筑布局的现象中捕捉到的却是文明起源的信息[2]，并预感到附近将会有更为重大的发现[3]。所以到 20 世纪 80 年代初在辽西山区的牛河梁发现了红山文化大型祭坛、女神庙和积石冢遗址群以后，进一步提出辽河流域五千年文明曙光已是水到渠成[4]。

牛河梁遗址群从多方面反映出当时以等级分化为主要内容的社会变革。积石冢内大型墓有宽而深的墓框和用料讲究、砌筑整齐的石棺，随葬有高等级的大件玉器，与冢内随葬一般玉器的石棺墓和不葬玉器的石棺墓形成显明的等级差别，另有葬于冢顶面和冢外侧的附属墓，既无石棺也不葬玉器，似排除于等级之外。尤其是每座积石冢无论规模大小，都筑有一座中心大墓，冢内其他墓葬、冢上封土积石、层层叠起的台阶和成行排列的彩陶筒形器群，都是围绕中心大墓而设置的。中心大墓土圹每边为 3～4 米，冢界每边 20 米左右，为同时期诸文化墓葬规模之最。这一座座大冢坐落在群山之巅，或

---

① 孙守道、郭大顺：《论辽河流域的原始文明与龙的起源》，《文物》1984 年第 6 期。
② 郭大顺、张克举：《辽宁省喀左县东山嘴红山文化建筑群址发掘简报》，《文物》1984 年第 11 期。
③ 苏秉琦：《燕山南北地区考古——1983 年 7 月在辽宁朝阳召开的燕山南北、长城地带考古座谈会上的讲话（摘要）》，《文物》1983 年第 12 期。
④ 《中华五千年文明的曙光》，《人民画报》1986 年第 8 期。

方或圆，红白相映，有如"山陵"的景观，充分体现了墓主人的王者身份和一人独尊的思想观念。牛河梁以外其他地点发现的红山文化积石冢，如阜新胡头沟，也具有相同特点①，表明这种以突出一人至高无上为中心的等级分化已经制度化，这应是礼制的早期形态。与此相应，女神庙内成群的神像也是依次有大小之分，神像一般相当于真人原大，主室中心出土的最大神像残件约为真人的 3 倍，可见神像群不仅分层次，而且已有主神出现，这是人世间已经制度化的以一人独尊为主的等级分化在宗教信仰中被固定下来的反映。这种层次性也表现于诸遗址间，就牛河梁遗址与相邻 30 千米的东山嘴遗址相比较，它们都具祭祀遗址性质，砌石建筑的结构和布局都有相近之处，但东山嘴只是大凌河沿岸一个面积不到 1 万平方米的小山嘴，而牛河梁遗址的规模却要大得多。在 50 平方千米范围内起伏的山峦中，分布 40 多个遗址点，主次分明，高低呼应，形成一个大范围的有机整体，从中竟可找到以南北轴线布局的意图。牛河梁遗址的位置又正好处在红山文化分布区内四通八达的中心区域，由遗址北经老哈河通往内蒙古赤峰地区至辽河上游的西拉木伦河流域，东北经努鲁儿虎山山谷通向赤峰市敖汉旗孟克河流域，东经大凌河通辽宁朝阳和阜新地区，南经大凌河南源通渤海，西经大凌河西源通河北承德至燕山南麓，它应就是红山文化最高层次的中心遗址。同时，积石冢的冢上、冢前都有祭祀活动的遗迹，冢与祭坛紧邻布局。女神庙神像群则极为写实，是仿真人而塑造，它们分别是以祭祀祖先亡灵和更高层次的以祖先偶像为崇拜对象的。遗址群内没有居住址，形成一处远离住地、独立存在、神圣不可侵犯的祭祖场所，充分体现出红山文化已具备高度发达的祖先崇拜，女神庙则无疑具有宗庙性质。世界和中国上古史都证明，宗庙即政权象征。红山文化遗址层次性已发展到形成最高层次中心遗址的水平，而且与等级分化已出现具王者身份的人物相呼应，那么，这宗教祭祀中心也即政治中心。这是"反映原始公社氏族部落制的发展已达到产生基于公社又凌驾于公社之上的高一级的组织形式"和"高于部落之上的稳定的独立的政治实体"②，即 5000 年前古国在辽河流域已经出现。

　　红山文化在中国文明起源过程中是先走一步的，那么其背景是什么？红山文化分布中心区的大凌河、老哈河流域为丘陵山地，处于东北平原、华北平原、蒙古草原和渤海之间，独特的地理环境具有稳定而不封闭的优势，为古文化的优先发展提供了良好条件。最新考古发现证明，位于渤海湾东北岸的营口金牛山旧石器时代早期洞穴出土的距今 30 万年左右的人类化石，其体质特征就较同时期北京周口店的人类化石为进化③；辽东半岛的海城仙人洞旧石器时代晚期洞穴遗址出土了迄今国内所知最早的骨鱼镖和骨针，其中骨针孔已采用钻制，较大约同时期北京山顶洞人用剔挖法做成的针孔要进步④；距今七八千年的先红山文化查海遗址这种进步性更为明显，该遗址出土有被认为是国内也是世界迄今所知最早的真玉器和陶器上的类龙纹装饰，玉器制作和使用的专门化说明社会分工已导致社会分化，这已是文明起步阶段⑤；到了距今 6000 年以后的红山文化时期，已出现了多种经济类型、多种文化传统的文化共同体在辽西地区汇聚的局面。在红山文化分布区内，以红山文化为主，又有以牧为主的富河文化和以采集狩猎为主的赵宝沟文化共存交错，而区外则主要是与中原地区仰韶文化的频繁接触，由大幅度的吸收到南北文

　　①　方殿春、刘葆华：《辽宁阜新县胡头沟红山文化玉器墓的发现》，《文物》1984 年第 6 期。
　　②　苏秉琦：《辽西古文化古城古国——兼谈当前田野考古工作的重点或大课题》，《文物》1986 年第 8 期。
　　③　贾兰坡：《古人类学上的难解问题》，载《中国原始文化论集——纪念尹达八十诞辰》，文物出版社，1989 年。
　　④　黄慰文等：《海城仙人洞的骨制品和装饰》，《人类学学报》1986 年第 8 期。
　　⑤　《阜新出土七八千年前玉器，堪称世界已知最早的真玉》，《人民日报》（海外版）1989 年 12 月 25 日。

化的撞击，后者可以理解为文化关系中一种剧烈也是较高等级的交流形式，它对红山文化的社会突变可能起到催化剂的作用。上述种种，正是5000年前在辽河流域出现古国的极为深厚的历史和社会文化背景。

红山文化的考古新发现和研究成果是在20世纪80年代中期以后陆续公布于世的，当时在海内外引起的强烈反响出人意料，而且至今仍持续不衰。究其原因，当然是以全新面貌出现的红山文化所具有的新鲜感和吸引力，然而更为主要的是它对传统史学的冲击。这集中表现在以下三个方面：

1. 按照通常的史学观点，中国文明史只能从4000年前的夏代算起。考古学上的二里头文化已是文明史的起点，此前的龙山时代是父系氏族社会，而仰韶时代是母系氏族社会繁荣期。然而，夏商文明都已高度发展，有如人不可能生下来就是白胡子老人一样，从夏代以前寻找中华文明的源头已是大势所趋。红山文化的考古新发现和辽河文明的提出，把这一源头一下子追溯到5000年前以彩陶为主要特征的仰韶时代。

2. 多年来形成的一个观念是，中原地区古文化发展水平最高，文明起源当然也最早，中原以外地区都是在中原文化影响之下进入文明时代的。近年来注意到东南沿海等地新发现的古文化，如大汶口文化和良渚文化，与同时期的中原文化相比，发展水平相近，已不排除中原对周围地区文化因素的吸收，但对北方地区仍注意很少。辽河文明的提出，再一次证明中国文明起源不是一个中心，而是多中心，包括辽河流域在内的燕山南北长城地带也是中华文明最早发祥地之一。

3. 关于文明起源的标志，以城市的形成、文字的出现和青铜冶铸的发明为三大要素。近年来，已注意到人与人关系的变革应是社会变革的主线，考古学上反映出的礼制当是中国文明起源的一个重要标志和特点。从红山文化大型祭坛、女神庙和积石冢群的结构、布局和玉葬之礼等多方面反映出，礼制在5000年前的西辽河流域已经形成一个比较完整的体系，而且尚玉传统从古至今持续不衰与坛庙冢三合一的组合一直延续到明清时期北京的天坛、太庙和明十三陵，两者的吻合说明，中国文明起源的过程也是中华文化传统形成的过程，这就赋予文明起源以新的含义。

当前，随着文明起源讨论向纵深发展，文明起源的多源性已渐成共识。但多源不等于对等，各大文化区间文明发展过程是不平衡的，有先有后，区间影响是相互的，但有主有次，其中以燕山南北长城地带为重心的北方，以山东和环太湖为中心的东南沿海地区和以关中、晋南、豫西为中心的中原地区，在中国文明起源中所起的作用最大，而辽河文明出现最早，对整个中国文明起源进程必然起到重大作用。与古史传说结合是文明起源深入的又一重要内容。据研究，五帝时代可分为前后两大阶段，五帝前期以黄帝为代表，据载，黄帝族"迁徙往来无常处"，这是北方游牧民族的特点。黄帝战蚩尤于涿鹿之野，地在今河北省北部张家口地区的桑干河流域。红山文化的考古新发现和辽河文明的提出，以及红山文化与仰韶文化南北接触的文化关系，证明了文献所记五帝前期代表人物在北方地区活动的可信性。长期以来扑朔迷离的五帝传说与考古的有机结合已指日可待。辽河文明的提出还为中国上古文明与世界上古文明的比较提供了条件。辽河文明的时代与环地中海诸文明大致同步，石头建筑和神庙及塑像也有可比较之处，这说明，东西方文明既是各自独立发展的，又有若干共性可寻，可以考虑当时是否已有信息互通。随着中国五千年文明在考古学上的确立，中国作为东方文明的中心，在世界文明史上的地位会更加突现出来。

（原载于《寻根》1995年第4期）

三大区交汇与环渤海考古

随着考古学文化区系类型理论在实践中的发展而提出的"环渤海考古"，是一个从区间关系角度为主提出的新课题，它主要涉及六大区中的北方、中原和东南沿海地区。近有将东北地区从北方地区中单列出来，提出以筒形罐为代表的东北区，以罐—鬲为代表的中原区和以鼎为代表的东南沿海区，或进一步从经济类型理解为渔猎、粟作和稻作三大区，环渤海正是这三大区的交汇地带。

这一交汇在新石器时代较早阶段就已出现。磁山—裴李岗文化出土的篦点纹筒形罐显然与以压印纹筒形罐为传统的东北文化区有关，此后邻近中原的燕山南北地区古文化吸收仰韶文化彩陶等因素，形成红山文化。与此同时或稍晚，渤海湾南北交流以胶东与辽东半岛之间较为集中，不过小珠山二期因素只见于长岛诸岛，而胶东文化因素则登上辽东半岛，这种近乎"一边倒"的形势一直延续到龙山文化和岳石文化时期。期间，大汶口文化因素还跨海深入辽西地区，在属于后红山文化的小河沿文化中出现了成系列的镂孔豆、高足杯和高领壶，但鼎尚未出现，传统的筒形罐仍顽强地保留下来。直到距今4000年前后的夏家店下层文化时，鬲、甗等三袋足器以突然兴起之势代替了筒形罐，这"风源"大概来自三袋足器的发源地内蒙古河曲地区。

在以上南北交汇的同时，中原与东南沿海的东西交汇也十分频繁。从新石器时代较早阶段支座的兴起和传播，到彩陶的东渐，进而大汶口文化从早到晚向西推进趋势的加强，直到龙山文化时期东西之间共性的增长已大于个性的发展。

以上交汇过程中影响中国史前历史全局的，是发生于距今5000年之前的两大事件：一是红山文化与仰韶文化在桑干河上游相遇并撞击，成为红山文化率先进入古国时期的原动力，也为红山文化继续南下开通了道路；一是在中原区与东南沿海区的东西交汇中，东南沿海占有更为主动的地位，形成于东南沿海地区的鼎、豆、壶组合，从仰韶文化晚期进入中原后，持续发展，最终成为中国传统礼制的主要内容。

如将这一系列多向、频繁的交汇过程分阶段，那么可以距今5500年为界。此前虽有交汇，但以各自独立发展形成自身特色为主，此后交汇趋于频繁，导致文明初现与文化一统并行，为龙山时代的到来做好准备，后者已是中华大地最初文化共同体形成时期，也是以夏为主体的方国时代的文化背景。

三大区交汇或发生在环渤海地带，或源于环渤海地带，或以环渤海地带为通道，表现出诸河注入之海所具有的汇聚力和开放性，也从一个方面反映出中华古文化与中华古文明形成的过程和特点。

（1996 年 8 月 13 日为拟在天津召开的"第四次环渤海考古"会议准备的论文提要）

史前玉器分区研究的启示

自从 20 世纪 80 年代前后红山文化和良渚文化玉器不断发现和公布以来，史前玉器的研究进展迅速。对史前玉器进行分区研究，就是其中的一个重要成果，并由此引发了对史前考古文化分区、文化关系以及文明起源的一些新认识。

一

就在红山文化玉器公布不久，它以造型、纹饰有较多变化而显粗犷的动物形玉为主体的总体风格，与东南沿海地区以讲究规整、纹饰细密的琮、璧、钺为主体的良渚文化玉器之间的明显差异，就引起学界的极大关注。为此，黄宣佩将中国史前玉器分为南北两大区，以为红山文化为史前玉器分布的北区，良渚文化为史前玉器分布的南区[①]。

此后关于史前玉器分区的研究，以三大区的划分较为盛行，这可以邓淑苹为代表。她在提出"华西系玉器"的基础上，将中国史前玉器分为三个大区，以为以红山文化为主的北区应扩大为"东区"，包括红山文化和山东地区的大汶口文化和龙山文化，在"东南区"则主要为良渚文化，在这两个区之外还应有一个以黄河中、上游为主的"华西区"。并以为玉器的地域性差别来自于不同的氏族集团，从民族学资料看，是羌、夷、越三大族群的活动范围；从古史传说来看，是史前三大部落集团——华夏集团、东夷集团和苗蛮集团——各自分布的地区。从而概括三大区玉器的基本特征是："夷族居民重视动物生命史中，蜕变羽化的神秘生机，并强调阴阳二元的观念；越族居民深信天圆地方，除用圆璧及其上的刻符，表达'日'和'天'两个深远的概念外，更在花纹中，呈现神祇、祖先、神灵动物三位，可相互转型的信仰；羌族居民或也用璧、琮表达天圆地方的宇宙观，但更擅制作肃杀凝重的玉兵。"[②]

史前玉器三大区的划分，还从文献记载中的玉产地找到了证据。邓淑苹以为："史前玉器的三大区，各以文献记载中的三个玉产地为源头，这就是《尚书·顾命》所记的大玉、夷玉与越玉。"并将红山文化及查海—兴隆洼文化及这两支文化玉器所出的辽西、内蒙古地区，与山东半岛一并划归"夷

---

① 黄宣佩：《略论我国新石器时代玉器》，《上海博物馆集刊》第 4 期，1987 年。
② 邓淑苹：《中国古代玉器文化三源论》，1995 年伦敦大学亚非学院主办"中国古玉研讨会"论文，刊于《中华文化学会》1995 年年刊。

玉"区。杨伯达也发表了相近观点，但将东北区单列，他将不同区域玉材的矿物学比较与文献记载相印证，提出东北地区的"珣玗琪"、东南地区的"瑶琨"及其分支和西北地区的"球琳"是从史前期以来的三大玉板块和玉品种①。

饶有趣味的是，玉学专家们关于史前玉器及其产地的区域划分，与近年在考古学文化区系划分上的新成果有十分相近之处。

关于中国史前文化的分区，石兴邦等都曾有所论述②，而以苏秉琦的考古学文化区系类型学说影响最大。苏先生经过多年酝酿，于20世纪70年代以史前考古文化为主，将中国人口密集地区的考古文化划分为六大区系。之后又曾提出三大经济文化区和面向海洋与面向欧亚大陆两大块的划分。20世纪90年代初，随着中国文明起源讨论的进展，他又提出从文化传统、民族融合、影响社会进程的重大历史事件方面考察，发展的重心常在北部三大区，即以关中、晋南、豫西为中心的中原，以山东为中心的东方和以燕山南北为重心的北方。他还逐步在以燕山南北为重心的北方区中将东北区区分出来③。近年来也多有学者将东北文化区作为单独的一个区系来进行研究。正是在苏秉琦考古学文化区系类型理论指导和他的一些具体观点启发下，渐有学者提倡包括东北区在内的三大考古文化区的概念。

三大考古文化区的划分，是从经济类型和考古文化特征的基本区别方面提出来的。

较早根据经济类型的差别提出三大区划分的有日本学者秋山进午和甲元真之④。秋山进午将中国新石器时代划分为华北黄河流域的杂谷文化地带，华中长江流域的稻作文化地带和东北地区的狩猎、渔捞地带；甲元真之的划分与秋山进午相近而表述更为细致，即以稻作和渔捞、狩猎为主兼有其他生产活动的长江流域，以粟作农业为主、兼营多种杂谷、辅以多种家畜饲养和狩猎等经济活动的黄河流域，以狩猎、渔捞、采集等自然经济为基础兼有多种杂谷栽培和辅以家畜饲养的东北亚地区。

中国学者着重根据区域考古文化特征划分三大文化区。严文明于1993年在内蒙古赤峰市召开的"中国北方古代文化国际学术研讨会"上将以中原为核心的华北系统称为"鬲文化系统"，将以长江中下游为主体的东南系统称为"鼎文化系统"，将以辽河流域为中心的东北系统称为"罐文化系统"。1994年他在日本九州大学的讲演中，又将华北地区称为"鼎鬲文化圈"，将华中地区称为"釜文化圈"，将东北地区称为"罐文化圈"⑤。笔者在1993年北京大学考古系主办的"迎接二十一世纪的中国考古学"国际学术讨论会上也提出过"以筒形罐为主要特征的北方区、以鼎为主要特征的东南沿海区和以盆钵罐为主要特征的中原区"⑥。

如果把以上分别根据经济类型和考古文化特征划分的三大区结合起来，全面而准确的表述可为：以

---

① 杨伯达：《珣玗琪考》，《北方文物》2002年第2期。
② 石兴邦：《中国新石器时代考古文化体系研究的理论与实践》，《考古与文物》2002年第1期。
③ 苏秉琦：《苏秉琦考古学论述选集》第301、302页，文物出版社，1984年；《华人·龙的传人·中国人——考古寻根记》第111、120、179页，辽宁大学出版社，1994年。
④ ［日］秋山进午：《东北地区の新石器文化》，《世界の大遗迹·9·古代中国の遗产》，讲谈社，1988年。［日］甲元真之：《长江と黄河——中国初期农耕文化の的比较研究》，《国立历史民俗博物馆研究报告》第40集，1992年。［日］冈村秀典：《农业社会与文明的形成》，《华夏考古》2002年第1期。
⑤ 严文明：《中国古代文化三系说（提要）》，《中国北方古代文化国际学术研讨会论文集》，中国文史出版社，1995年。参见［日］秋山进午：《阜新查海遗址与遗址博物馆》，《东北亚考古学研究——中日合作研究报告书》第342页，文物出版社，1997年。
⑥ 郭大顺：《文化交汇与中国早期国家》，北京大学"迎接二十一世纪的中国考古学"国际学术讨论会论文，1993年。

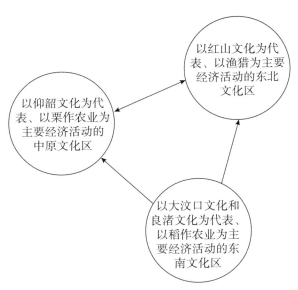

图一　三大考古学文化区及主导活动方向图解

彩陶、尖底瓶—鬲为主要考古文化特征，以粟作农业为主要经济活动的中原文化区；以鼎为主要考古文化特征、以稻作农业为主要经济活动的东南沿海及南方文化区；以筒形陶罐为主要考古文化特征，以采集、渔猎为主要经济活动的东北文化区（图一）。

以上三大区的划分，与以往根据经济类型和考古文化划分区系的一个明显不同，是将东北区作为一个单独且与中原、东南沿海等大文化区并立的区系来对待。而这一划分，恰与根据史前玉器划分的三大区在总体上是吻合的，局部则有一些差别。

其具体表现分别为：

华西区与中原区。依据玉器划分的华西区，范围包括黄河中、上游至西南泯江流域，较依据考古文化特征划分的中原区为大，即不仅包含了中原区，也延伸到了西北地区。

东北区与东南区。近年由于认识到红山文化属于东北区，这样，无论根据玉器还是考古文化特征进行分区，东北区作为与中原区、东南区并立的大区，都是可以成立的①。差别主要在于对山东半岛的划分。如上述，有学者将山东半岛史前玉器与东北玉器划归为一区，即"夷玉"区，而根据考古文化特征，山东半岛是陶鼎主要起源地，与东南沿海其他地区统称"鼎文化圈"。鉴于陶器在辨别考古文化中的标尺地位，玉器的区域划分应以考古文化区系划分为基础，故山东半岛玉器应与东南沿海地区玉器划为一区，这从山东大汶口文化、龙山文化的玉器与东南沿海良渚文化玉器具有更多共同性也可以得到证明。而山东半岛玉器与东北玉器之间的共同点，主要在于辽东半岛，典型的如玉牙璧，那是两个半岛间频繁进行文化交流的结果；而山东半岛与辽西红山文化玉器之间共同点甚少，其间的关系，主要反映红山文化玉器对山东半岛玉器的影响，如野店墓地所出双联玉璧和四联玉璧②。

由于玉器的分区与考古学文化分区的基本对应关系，可以确认，东北区、中原区和东南沿海区这三大区的划分，是中国史前时期考古文化分布的基本格局。这里要特别提到的是，三大考古文化区的划分如果与文献所记古代玉材的三大产地相吻合，当非偶然，它暗示出玉材作为崇玉人群体现思维观念载体的唯一资源，其产地在史前人类文化共同体形成过程中的重要性。正如邓淑苹所言："多元性的玉料成就了多元性的玉文化。"③

同时，史前三大考古文化区的形成并非一蹴而就，而是都有一个较长的发展过程。其中，5000年前的一个阶段是三个考古文化区形成过程中最为重要的一个时期，这主要表现在三个方面：一是各大

① 郭大顺：《论东北文化区及其前沿》，《文物》1999年第8期。
② 山东省博物馆、山东省文物考古研究所：《邹县野店》第95页图六五之11、15，第108页图七九，文物出版社，1985年。
③ 邓淑苹：《我们比乾隆皇帝更得意——写在〈院藏新石器时代玉器图录〉出版时》，《故宫文物月刊》第十一卷第一期，1993年。

区考古文化"个性化"得到充分发展，二是各大区间的频繁交汇，三是文明起源进程的加速①。由于玉器分区与考古文化分区的对应关系，又大大加深了对以上三方面变革的认识。

二

"个性化"是三大区形成和发展过程中的主要趋向。陶器上所表现出的地域区别已如前述。如从玉器和陶器两个方面来观察各大区个性化的形成过程，其中以东北区和东南区较为突出。

早从8000年前的新石器时代中期起，东北区就出现了以饰各式压印纹的夹砂筒形罐为主要陶器类型、玉器以玉匕形器和玉玦为固定组合的情况，以辽西地区的查海—兴隆洼文化较为典型，也普遍见于东北其他新石器时代遗址②。不仅如此，玉玦与饰压印纹筒形陶器的共存现象还见于朝鲜半岛、日本列岛和俄罗斯远东地区较早的新石器时代遗址中。如俄罗斯远东地区滨海洲的 Chertovy Vorota 洞穴遗址（距今6500年左右）中玉玦与饰压印纹的筒形陶罐共出，滨海洲的新石器时代遗址中也有玉匕形器出土的实例；而日本本州地区日本海沿岸的福井县桑野遗址（距今六七千年前，属绳纹时代早期）更为玉匕、玉玦共出，日本北海道共荣 B 遗址也有绳纹时代早期的玉玦出土③。与这些玉器和陶器同出的还往往有大量的细石器，说明从东北到东北亚，是一个较早阶段形成的考古文化区（图二）。并由此可将玉器的起源追溯到旧石器时代晚期，显示出渔猎人可能是玉器的最早创造者和使用者④。

东南区是鼎文化区。鼎的形成有一个由釜和支座向三足鼎的演变过程，以山东为中心的东方和以环太湖地区为中心的东南沿海地区，是实现这一演变过程的两个重点地区。演变过程的完成时间在距今7000年左右的北辛文化和马家浜文化时期⑤。这一时期的玉器主要见于环太湖流域的马家浜文化，也以玉玦为主要类型，较东北区出现的时间为晚。相互比较可以看出，在新石器时代中期前后，东北区与东南区之间在个性化形成过程中的一些异同点，大约表现在陶器上地域差别显著而玉器则有共同性。

南北两区个性化最后的形成是在新石器时代晚期阶段。这一阶段，这两大区社会文化的发展都曾经历过一次飞跃。东北区经历这一飞跃的时间是在距今6000年之后的一段时间，标志是红山文化的出现；以动物形玉为主体的玉器群和筒形罐、彩陶器共存的陶器群，是这一飞跃在物质文化上的集中表现。东南区的演变虽有从马家浜文化到崧泽文化再到良渚文化的循序渐进过程，但在距今5000年左右仍然出现了一次质的变化，这就是以琮、璧、钺为主的玉器群和以鼎、豆、壶为主的黑陶器群为主要特征的良渚文化的出现，使东南区古文化继东北区红山文化之后，也到达了一个高峰。陶器和玉器都

① 郭大顺：《三大区交汇与中国文明起源》，"温故知新——面向中国考古学的未来"国际学术研讨会论文，北京大学古代文明研究中心编《古代文明研究通讯》第十三期，2002年6月。
② 查海遗址材料见《辽海文物学刊》1988年第1期、1991年第1期和《文物》1994年第11期。兴隆洼遗址材料见《考古》1985年第10期、1997年第1期。吉林省有关材料见赵宾福：《吉林省出土的史前玉器及相关问题》，邓聪编《东亚玉器·1》第164～170页，香港中文大学中国考古艺术研究中心，1998年。黑龙江省有关材料见殷德明、干志耿：《黑龙江新石器时代玉器研究——兼论黑龙江古代文明的起源》，《考古学文化论集》（四）第104～134页，文物出版社，1997年。
③ ［日］金津町教育委员会：《金津町埋藏文化财调查概要（平成元年～五年度）》第77～108页，1995年。［日］烟宏明、北寺康史：《日本国北海道地における旧石器时代及び绳纹时代前半の玉类》，邓聪编《东亚玉器·2》第322～329页，香港中文大学中国考古艺术研究中心，1998年。［日］大贯静夫：《东北アジアの考古学》第75、79页，同成社，1999年。
④ 郭大顺：《玉器的起源与渔猎文化》，《北方文物》1996年第4期。
⑤ 严文明：《中国古代的陶支脚》，《考古》1982年第6期。

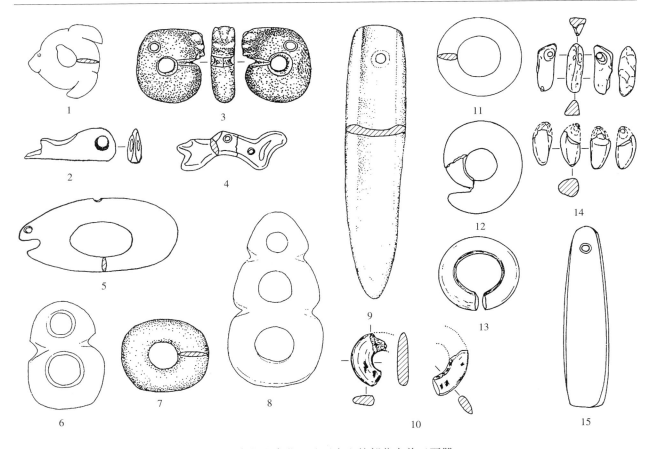

图二　东北和东北亚地区出土的部分史前玉石器

1. 玉牙璧（吴家村采∶12）　2. 玉鱼形饰（北吴屯 F2∶3）　3. 石雕龙（左家山 T4②∶1）　4. 玉勾云形饰（倭肯哈达第 2 号墓∶2）
5、7、11. 玉璧（腰井子 1986 采、倭肯哈达、小南山 M1∶62）　6. 双联玉璧（东翁根山）　8. 三联玉璧（亚布力 YB 采∶12）　9、
15. 玉匕形器（莲花泡、福井县桑野第 18 号土圹）　10、13. 玉玦（北海道浦晃町共荣 B、福井县桑野第 20 号土圹）
12. 玉"の"字形饰（新泻县卷町）　14. 橄榄石饰（北海道汤の里Ⅳ）

基本完成了各自个性化的进程，从而出现了北南两个个性突出的玉文化中心。

中原区由于玉器在仰韶文化时期并不发达，只见于个别遗址出现的玉工具和装饰品类，以不形成群体性特征为玉器的地域特征。其个性化的形成和发展主要表现在陶器、特别是彩陶器上。泥质红陶的质料，花卉纹为主的彩陶装饰，盆钵特别是尖底瓶等器物造型，与东北区和东南区的陶器形制、纹饰、组合相比，自具特色。从而形成东北区的筒形罐，中原区的彩陶、尖底瓶到鬲，东南区的鼎豆壶，相互并存、泾渭分明的形势。

以上对中国史前三大区个性化的认识，虽然是以陶器作为主要考古文化特征进行分析的，不过从玉器看，以红山文化为代表的东北区与以良渚文化为代表的东南沿海区南北两个风格完全不同的玉文化中心，以及这两个地区玉器发展到高峰时与中原区玉器的不发达及不形成群体性特征的强烈对比，都进一步突显了三个大区之间的个性化色彩。

三

在个体化充分发展的同时，三大区之间的交汇也在这一时期频繁起来，并为距今 5000 年之后最初文化共同体的形成（即"龙山时代"）打下了基础。这集中表现为两个方面的交汇，一是南北之间，一是东西之间。玉器和陶器同是其中最活跃的文化因素。

从陶器上看，东西交汇的导向是先以西部仰韶文化以彩陶为主的文化因素对东南部大汶口文化等的影响为主，在大汶口文化中出现了个别仰韶文化庙底沟类型花卉纹彩陶和变形花卉纹彩陶，具大汶口文化自身特点的彩陶也大都是在仰韶文化影响下产生的。约从距今5500年开始，东方大汶口文化等向西推进，加强了对中原地区的影响，标志是首先在靠近东南沿海区的豫西地区仰韶文化中，新出现的具东南区特征性文化因素的鼎、豆、壶渐成为陶器的主要组合，有逐步替代当地仰韶文化彩陶器和小口尖底瓶之势①。石兴邦在研究东方系统在中华民族远古文化共同体形成中的地位时也明确指出："中华民族原始共同体，主要是由占据东南半壁河山的夷僚系统和分布在西北黄土高原地带的羌戎系统组成。这两大系统是诸氏族部落在长期发展过程中融合而成的。究竟哪一方为主，哪方居次，需要仔细研究；从目前的情况看，似乎东方占有优势，常常给西方以重大影响。"②

南北交汇也是先以中原区后冈一期文化和仰韶文化对东北区南部红山文化的影响为主。靠近华北平原的燕山南北地区的东北文化，吸收中原后冈一期文化的先进因素，主要是"红顶碗"，出现了具东北文化特征的筒形罐与具中原文化特征的"红顶碗"共存的早期红山文化。此后，红山文化大幅度吸收仰韶文化的先进因素，特别是仰韶文化庙底沟类型的花卉纹彩陶图案，形成具南北两种文化因素的自身文化特征。约距今5500年后，红山文化的一支由大凌河流域向南扩展，在桑干河上游一带与从华山脚下沿太行山西麓北上的仰韶文化相遇，河北省西北部张家口地区桑干河上游壶流河流域的蔚县西合营乡三关村附近发现的一群具仰韶文化庙底沟类型特征的遗址中，也不时有篦点"之"字纹陶器等燕山以北地区红山文化因素出现，特别是发掘到仰韶文化庙底沟类型绘玫瑰花卉图案彩陶盆与红山文化绘龙鳞纹图案彩陶垂腹罐在这里有共存关系③。

不同经济类型和不同文化传统的诸文化间频繁的文化交汇，促成了最初文化共同体的到来，那就是龙山时代的出现。陶寺遗址所反映的多元文化综合体性质，就是龙山时代的一个典型代表："这里既有从圆底腹斝到三袋足捏合成型的鬲的序列（它们的原型可以追溯到河套东北角与河北西北部出土的尖圆底腹斝）；还出土一种扁腹陶壶序列，它们的近亲只能到远方的山东大汶口文化中寻找；墓葬随葬品中类似'厨刀'的石制切割器，更要到远方的浙北杭嘉湖去攀亲。"④

可见，从陶器上所见三大区的文化交汇，是先以中原区对东北区和东南区的影响为主。到距今5500年前后，文化影响的导向发生了逆转，东方加强了对中原的影响，东北区也顺势南下，与中原区发生碰撞。距今5000年前后各大区文化交流的导向，不是过去认为的由中原向四周放射的传统观念，而是由四周向中原汇聚，这是考古学文化区系类型理论提出后得出的一个新结论。从玉器所见的各区交流与这一文化导向是完全相吻合的，从而更进一步证明了这一结论，而且表现出玉器在史前诸大区的文化交流方面似乎扮演了比陶器更为积极的角色。

史前玉器兴盛的距今5000年前后，正是诸考古文化从形成个性与频繁交汇到最初文化共同体形成

① 苏秉琦：《关于仰韶文化的若干问题》，《考古学报》1965年第1期。
② 石兴邦：《山东地区史前考古方面的有关问题》，《山东史前文化论文集》第27页，齐鲁书社，1986年。
③ 张家口考古队：《一九七九年蔚县新石器时代考古的主要收获》，《考古》1981年第2期。苏秉琦：《中华文明的新曙光》，《华人·龙的传人·中国人——考古寻根记》第80～85页，辽宁大学出版社，1994年。
④ 苏秉琦：《谈"晋文化"考古》，《华人·龙的传人·中国人——考古寻根记》第29页，辽宁大学出版社，1994年。

时期，即从仰韶时代到龙山时代。玉器作为其中最为活跃的文化因素之一，在反映考古文化及相互关系的广度和深度上，是一个重要指示器。红山文化与仰韶文化在河北省西北部的桑干河上游壶流河流域相遇已如前述。在冀西北阳原县姜家梁遗址晚于红山文化的小河沿文化墓葬中随葬有红山文化玉雕龙，说明红山文化在南下过程中，陶器和玉器有大致同步流传的一面①；同样的情况也见于晋南陶寺遗址，该遗址墓葬随葬的朱绘盘龙纹陶盘，其龙鳞纹显然是受到红山文化彩陶龙鳞纹的影响，陶寺墓地出土的玉器中也有具红山文化特征的方圆结合的玉璧②。这种大致同步流传的情况也见于良渚文化和大汶口文化之间，在苏北花厅遗址的大汶口文化墓地中，良渚文化的陶器和玉器也是同步进入的③。

　　但玉器和陶器在文化交流中的脚步并不总是同时的，而是既有同步又有不同步的一面。这方面较为典型的事例是良渚文化玉器向晋南和西北地区的传播。在晋南陶寺遗址的墓地中，与拥有鼍鼓、特磬、蟠龙纹陶盘、漆木器等王室重器的大墓共出于同一墓地的，有良渚式玉琮和类似俎刀的石厨刀。陶寺遗址已多被推断为陶唐氏遗迹，有良渚文化玉器在中原地区中心邑落的高规格的墓地中出现，可知当时良渚文化诸多文化因素中，能在中原古文化最高层次中进行交流的，玉礼器是最具资格的一类④。更远的陕北地区延安芦山峁和神木石峁等龙山时代遗址也出现了良渚文化、大汶口文化和山东龙山文化等东南区玉器，如琮、多孔刀、钺、璋等，可见东南区向西北方进展势头之强劲⑤。值得注意的是，陶寺墓地和陕北地区似都不见良渚文化陶器踪迹，这又说明良渚文化的玉器向西北方向的传播面远较该文化的陶器的传播更为广阔和深入。东方玉器向西部扩展的强劲势头一直延续下去，这主要见于齐家文化中，齐家文化发现的玉器以玉璧为主，其璧面平整、璧缘起棱的基本形制与良渚文化玉璧完全相同。总之，华西玉器出现年代较晚，约在龙山文化时期到夏代，所受东方史前文化玉器的影响，是一目了然的⑥。

　　由于中原及其以西地区史前玉器出现较晚，且明显受到东方玉器的影响，所以又有将三大区玉器文化分为不同模式之发展脉络的观点。黄翠梅将中国史前玉器区分为原生型的主系统和次生型的亚系统，前者包括以辽河流域为中心的东北系统和以太湖为中心的东南系统、后者包括以山东为中心的海岱系统、以两湖为中心的华中系统、以巢湖为中心的江淮系统，以陕北晋南为中心的北方系统和以陇东为中心的西北系统⑦。

　　以上所见陶器和玉器在各大考古文化区之间交汇和传播中的轨迹，表现出玉器的传播有较陶器更为敏感的一面。陶器向来被作为划分考古文化和考古文化区的标准器，这是不容置疑的，但玉器作为一种主要反映思想意识的非实用器，又有高于其他文化因素（包括陶器）的地位。在文化交流中，思

① 河北省文物研究所：《河北阳原县姜家梁新石器时代遗址的发掘》，《考古》2001 年第 2 期。
② 高炜：《陶寺文化玉器及相关问题》，邓聪编《东亚玉器·1》第 198 页，香港中文大学中国考古艺术研究中心，1998 年。
③ 南京博物院：《1987 年江苏新沂花厅遗址的发掘》，《文物》1990 年第 2 期。
④ 中国社会科学院考古研究所山西工作队等：《1978—1980 年山西襄汾陶寺墓地发掘简报》，《考古》1983 年 1 期。
⑤ 姬乃军：《延安市发现的古代玉器》，《文物》1984 年第 2 期。戴应新：《陕西神木县石峁龙山文化遗址调查》，《考古》1977 年第 3 期。
⑥ 邓淑苹：《晋、陕出土东夷系玉器的启示》，《考古与文物》1999 年第 5 期。
⑦ 黄翠梅：《中国新石器时代玉器文化谱系初探（提要）》，北京大学古代文明研究中心编《古代文明研究通讯》第七期，2000 年 12 月。又据邓淑苹：《辽河、黄河流域新石器时代古玉玉料的初步观察》，《钱宪和教授、罗焕记教授荣退研讨会论文集》，台湾大学地质科学系，2000 年。黄文修改稿中将西北区作为次生型。

想意识先行于物质文化，所以玉器在文化交流中表现出先导性是可以理解的。

四

三大区形成及其交汇的直接后果，是文明起源过程的加速。

其实，从考古文化上划分三个大区就是在中国文明起源讨论中提出的。新的考古发现证明，这三大区在中国文明起源过程中曾起到高于其他地区的作用，这又集中表现在距今 5000 年前后的阶段。玉器和陶器所反映的个性得以充分发展和频繁的文化交流，与文明起源过程是互动的，又以文化交汇对文明起源进程的促进所起作用最大。前述南北之间红山文化与仰韶文化的交汇、东西之间大汶口文化与仰韶文化的交汇是史前时期考古文化间双向交汇的两大事件，对各区域文明起源的作用及此后文化特征的趋同和文化传统的延续影响最大。从中原区与东方区社会发展水平的比较看，大汶口文化在它的早期就已出现规格甚高的墓葬，中晚期时，这种分化进一步发展，并且出现了像大汶口遗址、陵阳河遗址、花厅遗址那样的中心聚落或墓地，特别是大汶口那样的超中心聚落和墓地[1]。而仰韶文化是在其晚期时这类分化才有较多显现，如陕西省华县泉护村随葬大型陶鹰鼎的女性大墓、甘肃省秦安大地湾遗址"坞壁式"中心聚落和"宫殿式"大房址、河南省灵宝铸鼎原仰韶文化庙底沟类型大型聚落群[2]，而尤以豫西地区表现较为突出，如出现了郑州西山古城和大河村、王湾那样的中心聚落[3]，体现了在社会发展阶段的变革中，中原晚于东方一步，邻近东南方的豫西地区先于其以西的关中地区。显然，东南区以大汶口文化为代表的古文化社会发展水平较快较高，是东西方交汇中东对西的影响大于西对东的影响的主要原因。至于仰韶文化与红山文化南北之间文化交流对文明起源所起的巨大促进作用，苏秉琦在东山嘴遗址、牛河梁遗址发现不久后就提出，象征五千年古国的红山文化坛、庙、冢遗址群在辽西地区出现，就是仰韶文化庙底沟类型与红山文化这一南一北两支文化碰撞产生的"文明火花"。他还提出晋南陶寺遗址所具有的多元文化综合体性质，则是西北与东南汇聚产生的又一个文明"火花"[4]。

令人关注的是玉器在这一文明起源进程中同样扮演了十分重要的角色。有关红山文化进入文明时代的讨论，最初就是从考证该文化玉器开始的[5]。那时我们曾提出，玉龙的出现，是文明起源诸要素的一个结晶。此后东山嘴与牛河梁遗址的发掘结果是，与"坛庙冢"三位一体组合的超中心聚落共出的，是位置在山顶正中、随葬以神化动物形玉和勾云形玉佩等成组大型玉器的"王者"之墓，它们都是五千年文明的象征。以后的深入研究还表明，红山文化具有"唯玉为葬"的习俗，这是唯玉为

① 山东省文物管理处、济南市博物馆编：《大汶口——新石器时代墓葬发掘报告》，文物出版社，1974 年。山东省文物考古研究所编：《大汶口续集——大汶口遗址第二、三次发掘报告》，科学出版社，1997 年。

② 甘肃省文物工作队：《甘肃秦安大地湾 901 号房址发掘简报》，《文物》1986 年第 2 期。苏秉琦：《关于仰韶文化的若干问题》，《考古学报》1965 年第 1 期。中国社会科学院考古研究所河南第一工作队等：《河南灵宝市北阳平遗址调查》，《考古》1999 年第 12 期。

③ 郑州市博物馆：《郑州大何村仰韶文化的房基遗址》，《考古》1973 年第 6 期。北京大学考古实习队：《洛阳王湾遗址发掘简报》，《考古》1961 年第 4 期。国家文物局考古领队培训班：《郑州西山仰韶时代城址的发掘》，《文物》1999 年第 7 期。

④ 苏秉琦：《晋文化问题——在晋文化研究会上的发言（要点）》，《华人·龙的传人·中国人——考古寻根记》第 17～18 页，辽宁大学出版社，1994 年。

⑤ 孙守道、郭大顺：《论辽河流域的原始文明与龙的起源》，《文物》1986 年第 8 期。

"礼"的表现，是以"通神独占"为中国文明起源道路特征的见证[①]。东北其他地区的发展水平虽不如红山文化，但像黑龙江省小南山遗址中高耸于山顶上、只出玉器的墓葬，也被认为是与文明起源有关的现象[②]。可见，玉器已成为红山文化乃至整个东北史前文化向文明社会迈进的一个重要标志。

良渚文化玉器与文明起源的关系已多有论述。张忠培以为，在良渚文化中，随葬玉琮同时又随葬玉钺的大墓，墓主是既掌握神权又掌握军权的显贵，地位居尊，是中国进入文明时代的一个重要特征[③]。严文明以为，在良渚文化超中心聚落的良渚遗址群内，与莫角山大型礼制性建筑共出的，是随葬以玉钺和玉琮为主的大批精美玉器的贵族坟山，玉钺是仪仗性武器，玉琮是宗教法器，大墓主人既具有军权和宗教领导权，又掌握着巨大的行政权力和经济特权，很像是最初的国王，而其中玉器上近似微雕的神徽，已是王者形象，它们都是进入初级文明社会复杂社会组织形式的表现[④]。如与红山文化从遗址群组成到玉器所表现出的规范中多变化的古国特征相比较，在良渚文化分布区内与聚落的层次性分化相应的诸大型墓地随葬玉器的数量、组合的等级差别都表现为大中心下多中心，与坛墓结构布局相应的玉器造型和纹饰，又高度规范化，这已是超越古国的特点，是夏代方国的前身[⑤]。

玉器在文明起源中所占有的显著地位，显然与中国文明起源的道路与特点有直接关系，那就是"通神及其独占"。因为史前人类视这自然生成之物——玉器为人与神沟通也即人与自然沟通的最佳工具和载体[⑥]，所以玉器在通神过程中就扮演了最主要的角色，掌握神权的王者，自然也拥有对玉器制作和使用的垄断权，玉器也因此演化成为最早的礼器。以红山文化为主要代表的东北区和以良渚文化为主要代表的东南区，虽玉器风格各异，就通神功能而言，却是相近的。即使是缺少玉器的中原区，作为反映区域特色的彩陶和尖底瓶，也大都可能与神器有关[⑦]。不同经济类型和不同文化传统的三个大区间在频繁交汇中不是产生冲突，而是在不断融合中逐步趋同，相近的思维观念应该是一个重要基础。仰韶文化的彩陶和红山文化、良渚文化的玉器在三大区的文化交汇中都异常活跃，也很能说明这一点。

最后要谈到的是，玉器和陶器在三大考古文化区形成过程中的作用和相互交流中的走向，还与古史传说中五帝时代主要代表人物的活动轨迹表现出惊人的相似之处。前述在玉器分区之初，即有与古史传说相联系的，那指的是徐旭生划分的华夏集团、东夷集团和苗蛮集团[⑧]。但徐先生所指三集团，

①　郭大顺：《红山文化的"唯玉为葬"与辽河文明起源特征再认识》，《文物》1997 年第 8 期。

②　叶启晓、干志耿、殷德明等：《东域访古》，《北方文物》1992 年第 4 期。

③　张忠培：《中国古代的文化与文明》，《考古与文物》2001 年第 1 期。

④　严文明：《文明起源研究的回顾与思考》，《文物》1999 年第 10 期；《中国王墓的出现》，《考古与文物》1996 年第 1 期。

⑤　郭大顺：《论聚落的层次性——红山文化与良渚文化的比较研究》，《良渚文化研究——纪念良渚文化发现六十周年国际学术讨论会文集》第 61~66 页，科学出版社，1999 年。

⑥　张光直论述良渚文化玉琮在巫师沟通天地人神的功能时曾讲到："玉琮用玉作原料，很可能暗示玉在天地沟通上的特殊作用。玉在古代虽然在山水中都有发现，它与山的关系显然是特别密切的。""神山是神巫上下天地的阶梯，则为山之象征或为山石精髓的玉作为琮的原料当不是偶然的。"见张光直：《谈"琮"及其在中国古史上的意义》，《文物与考古论集》第 252~260 页，文物出版社，1986 年。

⑦　苏秉琦以为："小口尖底瓶未必都是汲水器，甲骨文中的'酉'字有的就是尖底瓶的象形，由它组成的会意字如'尊'、'奠'，其中所装的不应是日常饮用的水，甚至不是日常饮用的酒，而应是礼仪、祭祀用酒。尖底瓶应是一种祭器或礼器，正所谓'无酒不成礼'。半坡那种绘有人面鱼纹之类的彩陶，反映的不再是图腾崇拜，已超越了图腾崇拜阶段，有些彩陶应属'神职'人员专用器皿。"见苏秉琦：《关于重建中国史前史的思考》，《考古》1991 年第 12 期。

⑧　徐旭生：《中国古史的传说时代》（增订本），科学出版社，1960 年。

尚未考虑包括东北地区在内的北方地区。如以东北区的红山文化、中原区的仰韶文化和东南区的大汶口文化与良渚文化这三大史前时期考古文化区的基本格局分析，展现出的则是一幅新的三集团景象。苏秉琦早在 20 个世纪 60 年代研究仰韶文化时，就曾将这一文化与古史传说的神农氏华族相联系①，而"黄帝时代的活动中心，只有红山文化的时空框架可以与之相应"②。另有提出大汶口文化与虞舜氏有关，良渚文化为先夏文化的一支的观点③。陶寺文化为陶唐氏文化则几成共识④。而陶寺墓地多元文化的综合体性质又以东南区因素为主，则可能与虞夏族先后入主中原有关⑤。如是，则新的三集团与古史传说的结合应为：以仰韶文化为主要代表、以中原粟作农业区为主要活动范围的神农氏华族集团，以红山文化为代表、以燕山南北地区为主要活动范围以渔猎为主要经济活动的黄帝集团，以及以大汶口文化和良渚文化为代表、以东南沿海稻作农业区为主要活动范围的虞夏集团。

《史记·五帝本纪》"神农氏衰，诸侯相侵伐"说的是五帝时代作为史前两个重大历史阶段的交替时期，部族交汇极其频繁。《越绝书》"黄帝之时，以玉为兵"说的是黄帝时代是中国上古史上介于石器时代和青铜时代之间的"玉器时代"或"玉兵时代"。古史对五帝时代时代特征的这些概括性记述，从史前玉器的分区研究中都得到了进一步证明。不同文化传统和不同经济类型的三个大区的考古文化，在充分发展个性的同时，不是相互排斥和分道扬镳，而是在频繁交汇中向一起汇聚，首先实现了"文化认同"，同时加速了各自跨进文明时代的步伐，从而为夏商周三代文明的兴起以至秦汉帝国的"政治统一"奠了基。玉器作为一种思维观念的载体，在其中起到其他文化因素不能替代的作用。距今 5000 年左右在中华文化起源和文明起源过程中占有特殊而重要的地位，由此可以有更深的理解。

（原载于《中国史前考古学研究——祝贺石兴邦先生考古半世纪暨八秩华诞文集》，三秦出版社，2003 年）

① 苏秉琦：《关于仰韶文化的若干问题》，《考古学报》1965 年第 1 期。
② 苏秉琦：《华人·龙的传人·中国人——考古寻根记》第 130 页，辽宁大学出版社，1994 年。
③ 刘敦愿：《美术考古与古代文明》第 487～497 页，台北允晨文化出版，1994 年。陈剩勇：《东南地区：夏文化的萌生与崛起——从中国新石器时代晚期主要文化圈的比较研究探寻夏文化》，《东南文化》1991 年第 1 期。
④ 田昌五：《先夏文化探索》，《文物与考古论集》第 99～102、104～105 页，文物出版社，1986 年。王文清：《陶寺遗址可能是陶唐氏文化遗存》，《华夏文明》（1）第 106～123 页，北京大学出版社，1987 年。俞伟超：《考古研究所四十年研究成果展览笔谈》，《考古》1991 年第 1 期。
⑤ 郭大顺：《追寻五帝》，商务印书馆（香港）有限公司，2000 年。

渔猎文化与"萨满式文明"

在人类社会发展史上，采集和渔猎是人类最早从事的经济生产活动，它当然与生产力低下，人类尚不能进行再生产，而只能靠获取自然生长的食物联系在一起；从而具有生业不稳定，社会发展也较为缓慢，尤其缺少发生质变动力的弱点。只有人类学会了耕作和饲养家畜，完成了由渔猎文化向定居的农耕文化的过渡，才具备了产生文明的条件，这就是英国考古学家 G. 柴尔德提出的、被视为人类历史发展具普遍规律的"新石器革命"。

然而，苏秉琦却提出了渔猎文化具有直接继承旧石器时代上百万年经验积累、开放而不保守的性格和与大自然和谐共处等优于农业文化的三大特点，从而在中国文明起源和统一多民族国家形成中起到不能忽视的作用①。张光直在提出以中国为代表的东方文明是不同于西方文明的"萨满式文明"的新概念时，也以渔猎文化作为文化底层②。这就提出了渔猎文化与"萨满式文明"的内在联系，进而是中国文明起源道路与特点的问题。

一

苏秉琦是以满族的开国史为实例论证渔猎文化的优势及其在包括文明起源在内的社会发展进程中的作用的。

20 世纪 90 年代初，苏秉琦在倡导重建中国史前史的过程中，提出了中国文明起源和国家形成的"三部曲"（即古国—方国—帝国）与"三模式"（即原生型、次生型与续生型）的观点，在这一关于中国文明起源的系统论述中，他把满族开国史作为中国国家起源"三部曲"和"续生型"国家最后的一个典型实例："就北方民族所建立的'续生型'国家及其对中华统一民族国家发展所起的作用来说，中国最后一个帝国——清帝国，更具有典型意义。起源于东北地区一角的女真——满族，曾经是一个发展较落后的，长期处于'四夷'地位的中华民族成分。努尔哈赤追溯他们的历史的时候就说，由他上溯六世即肇基王业之祖，在女真人社会内部分散的奴隶主政权间经历过无数次的兼并重组之后，才在距沈阳东北方向二百来公里的新宾设立了帝王之位，建立了后金国，成为一方的大国。努尔哈赤又

---

① 苏秉琦：《中国文明起源新探》第 165、166 页，生活·读书·新知三联书店，1999 年。
② 张光直：《中国古代文明的环太平洋的底层》，《辽海文物学刊》1989 年第 2 期。

进行了大量的兼并征战，到皇太极时代的 1636 年，改后金为大清，建立了满、蒙、汉三个八旗，为入主中原做了充分的政治、军事、文化以及人才各方面的准备，终于完成了清帝国的统一伟业，这是秦汉帝国以后新一轮的由北方民族入主中原建立帝国，几次重复华夏族早期从古国—方国—帝国的三部曲的翻版。"①

在这里，苏秉琦把满族开国史与渔猎文化联系起来，以为其在中国文明起源和国家形成过程中所具有的典型性和对统一多民族国家的贡献，都与渔猎文化有关。他说，起源于白山黑水间的满族是渔猎民族，渔猎民族天然没有国界概念，却能同赖以生存的自然界保持协调一致，这是渔猎民族优于农牧民族的地方。满族一开始就以一种一往无前的开拓精神，在处理民族关系方面善于总结历代经验，敢于说"长城内外是一家"。他并多次举承德避暑山庄和外八庙为例，认为清王朝以这个最具传奇色彩的建筑群代替长城，彻底改变了自秦统一以来筑长城、设重防，隔绝草原与中原，使游牧民族与农耕民族对立起来的格局。满族在文化开放性和处理民族关系方面所表现出的超越历代王朝的优势和历史地位，都是与满族作为渔猎民族所具有的开放而不封闭以及与自然界和谐的本性和优势分不开的。

苏秉琦还将满族开国史所具典型性的渊源，进一步追溯到东北地区的史前文化，以为从黑龙江新开流文化到沈阳的新乐文化，都以渔猎为特色，它们与满族文化之间，不能说没有渊源关系。1992 年他在给《沈阳文物》创刊号题辞中，就将发生在同一地点、时间却相距六七千年的前清史与新乐文化联系起来："沈阳市有'两宝'，一个是七千年前的新乐遗址所代表的文化遗存，一个是三百年前清故宫及清陵所代表的早期清政权文化遗存。它们凝聚着这一方人们精神文明和物质文明的结晶。深入一层讲，一是鲜明的个性，二是一往无前的开拓精神。"②

对渔猎文化在社会发展进程中的作用的这种新认识，近年其他学者著作中也渐多有所表述。如张忠培提出渔猎文化也可导致由旧石器向新石器时代的转化："导致旧石器向新石器时代的转变，虽然是社会经济发展的结果，但即使是发明了粟或稻作农业的黄河流域和长江中下游，这些农作物在当时人们的食品结构中仍只占很小的比重，这两个地区新石器时代人们的食物来源，仍依靠渔猎和采集。至于黑龙江、乌苏里江、松花江、嫩江乃至辽河流域的较早甚至或晚至三四千年前的新石器时代居民，是依靠渔猎经济的提高，而实现从旧石器向新石器时代转化的。"③ 干志耿等更将渔猎文化与文明起源联系起来，他们以饶河小南山高踞于山冈顶部、随葬数十件玉器的墓葬所反映的社会分化为依据，提出渔猎文化也可以产生上古文明④。

差不多同时或稍早的 20 世纪 80 年代中期到 90 年代，张光直发表了一系列研究中国文明起源的文章，提出以与自然界关系的区别为标准，东方文明是不同于西方"断裂性文明"的"连续性文明"也即"萨满式文明"的新概念。按照张光直的论述，这种萨满式的文明，有几个重要特征：

具有把世界分为天地人神等不同层次的宇宙观；

以巫觋（萨满）作为在这些层次之间沟通的媒介；

①　苏秉琦：《中国文明起源新探》第 164～165 页，生活·读书·新知三联书店，1999 年。
②　见《沈阳文物》创刊号，1992 年。
③　张忠培：《中国考古学的昨天、今天和明天》，许倬云、张忠培主编《中国考古学的跨世纪反思》（上册）第 5 页，商务印书馆（香港）有限公司，1999 年。
④　叶启晓、干志耿、殷德明等：《东域访古》，《北方文物》1992 年第 4 期。

沟通的工具大都是自然生成之物，如山、树、草药、动物等；

巫术又往往与政治结合，通过对沟通手段的独占，获取政治权力、财富和资源，从而不以西方发展技术改造自然而是以人与人间关系的变化为标志，跨进文明社会。他以为，这是中国古代文明最主要的一个特征①。

张光直还将中国这种"萨满式文明"追溯到仰韶文化。他从仰韶文化彩陶等因素中归纳出巫觋人物特质与作业的阴阳两性、特殊宇宙观、迷幻境界、动物为助手、再生等七项特征，认为与近代萨满教相符合，从而以为仰韶时代萨满教证据是"全世界萨满教的最早形式"②。虽然他在将"萨满式文明"追溯到史前文化时没有直接提到渔猎文化，但在他将商代青铜器上大量动物纹饰作为中国走"萨满式文明"的进一步证据、分析比较中国商代与中美洲玛雅文化之间的文化类似点在于旧石器时代晚期新旧大陆交流而形成了相同的巫术宇宙观时，已触及渔猎文化与萨满文明的关系。他指出，一些学者对中国商代文化与中美洲玛雅文化之间文化类似点感兴趣时，曾强调了以共同的巫术宇宙观为主要内容的旧石器时代"底层"，并已注意到亚洲东北与北美洲西北海岸印地安人在这一比较中的特殊重要性③。据此，他提出环太平洋的巫教"底层"是古代新旧大陆共同的巫术和萨满文化的宇宙观。张光直在进行这一论述时，多次列举了旧石器时代狩猎人在构筑新旧大陆这一文化底层中的作用，如提到以动物作为通神最主要的工具，是因为在渔猎时代我们的祖先与自然界动物之间的关系非常密切，动物是人在自然界里面的伙伴。

依据苏秉琦和张光直等先生的上述观点，可以对渔猎文化的优势与萨满式文明的特点再做以下三个方面的理解和归纳：

（一）首先是渔猎文化对旧石器时代上百万年积累的文化经验有直接延续的条件。苏秉琦曾说："人类智慧积累上百万年，万年太短，有名有姓的记载更少，大多数还是未知数。"④ 就是指从旧石器时代以来的文化积累及其继承。在这方面，渔猎文化因直接延续了旧石器文化的经济形态，也必然更多地保持和发扬了旧石器时代的文化传统，这与农业文化对旧石器时代的革命性变革，在文化继承方面，既有着根本的差别，对上百万年现成文化积累的直接延续，也是其优势所在。

（二）渔猎文化以随动物群流动而流动为主要生活方式，这与农耕文化固守本土的习俗有很大的不同，由此培养出开放而不封闭的文化心态，突出表现在看待外部世界的态度差别，开放的渔猎人有对各种文化，特别是不同经济类型、不同文化传统的诸文化先进因素大幅度吸收的先天优势，并能将其与本土文化有机地融为一体。有文化人类学家也曾注意到这一点。如美国文化人类学家 C. 恩伯和M. 恩伯的著作中就提到，因获取食物的随时性程度的不同，渔猎人较农业人少墨守成规而更强调独立性与自力更生，鼓励个人的创造性活动⑤，这是很有启示性的观点。考古发现还证明，渔猎经济也具有产生相对定居生活的条件，如日本以渔猎为主要经济生活的绳纹文化，就形成了若干大型或特大型的聚落，这当然十分有利于文化的生长与创造。

① 张光直：《连续与破裂：一个文明起源新说的草稿》，《中国青铜器时代》第 484~496 页，生活·读书·新知三联书店，1999 年。
② 张光直：《仰韶文化的巫觋资料》，《中国考古学论文集》第 136~150 页，生活·读书·新知三联书店，1999 年。
③ 张光直：《中国古代文明的环太平洋的底层》，《辽海文物学刊》1989 年第 2 期。
④ 苏秉琦：《中国文明起源新探》第 181 页，生活·读书·新知三联书店，1999 年。
⑤ ［美］C. 恩伯、M. 恩伯著，杜杉杉译：《文化的变异——现代文化人类学通论》第 65 页，辽宁人民出版社，1988 年。

（三）渔猎人具有与大自然和谐的本色。满族善于处理民族关系而最终统一全国，就是源于渔猎民族与大自然和谐一致的本色。与大自然的和谐也是以沟通天地人神的萨满信仰和宇宙观，其间有着本质上的一致性，从而促使以人与神沟通为主要内容的宗教祭祀活动发达，并形成以通神独占权为跨入文明社会的主要道路和特点。所以尽管萨满教的流行范围要广泛得多，但其原始在于渔猎文化之中。

二

据最新研究成果，包括红山文化在内的辽西史前文化，其主要经济生活仍然是采集与渔猎①。所以在西辽河流域史前文化中，有较多反映萨满文明的考古材料。

在西辽河流域多次发现与萨满文明有关的实证。较早的材料是距今七八千年先红山文化时期的人面具以及有关习俗。典型标本见于敖汉旗兴隆沟遗址，在牛河梁遗址也有线索。而目前发现最早也最明确的面具是在距今达 8000 年的河北省易县北福地遗址。北福地遗址第一期文化出土陶器的造型与纹饰都近于辽西地区查海—兴隆洼文化的筒形罐，玉器也为查海—兴隆洼文化特有的玉玦，应属辽西文化区范围。北福地遗址出土长达 40 厘米的陶质人面具 20 多件②，可知人面具在辽西地区起源甚早。而人面具是萨满作法的主要法器之一。与此有关的还有辽西区从先红山文化到红山文化发现的"以玉示目"和"以贝代齿"的习俗③。

---

① 一般以为，辽西地区的史前文化有较大规模的定居聚落，特别是红山文化，还拥有大规模的祭祀场所和发达的玉器，应是以农耕为主要经济活动的。但日本学者甲元真之把东北区划为采集、渔猎文化区，秋山进午也以为红山文化玉器多野生动物形象，应与发达的狩猎业有关（见［日］秋山进午：《东北地区的新石器文化》，《世界の大遗迹・9・古代中国の遗产》，讲谈社，1988 年；［日］甲元真之：《长江と黄河——中国初期农耕文化的の比较研究》，《国立历史民俗博物馆研究报告》第 40 集，1992 年）。孔昭宸等对兴隆洼等遗址出土的植物标本进行鉴定，其结果表明，这一带在 8000 年前为阔叶林与针叶林相间的森林地带（见孔昭宸等：《内蒙古自治区赤峰市距今 8000～2400 年间环境考古学的初步研究》，中国社会科学院考古研究所编著《大甸子——夏家店下层文化遗址与墓地发掘报告》第 323～333 页"附录二"，科学出版社，1996 年）。各遗址出土动物骨骼标本的鉴定结果是，多鹿、野猪等森林灌木林生活的动物。出土的生产工具，有制作精致的骨鱼叉和大量的细石器。所见较多的打制石器，虽有发掘简报称为"石锄"的，但据观察，这类石器的刃部使用痕迹较浅，达不到农耕所需要的翻土深度。发现较多的石磨盘和石磨棒，以往多将其与加工农作物的颗粒相联系，但更可能是磨碎采集坚果的硬壳和研磨果粉的。到新石器时代晚期，东北南部地区在自然环境上与新石器时代中期相比没有大的变化，仍然为温湿气候和落叶阔叶与针叶混交林带。赵宝沟遗址出有大量麋鹿和野性较强的猪等野生动物骨骼。房址内往往有细石器发现，有的如小山遗址的房址内，细石器数量近千个，说明生活在多森林地带的赵宝沟人，仍以狩猎为主要经济活动（赵宝沟遗址动物骨骼鉴定结果见中国社会科学院考古研究所编著：《敖汉赵宝沟——新石器时代聚落》第 197～201 页"脊椎动物骨骼鉴定的推论"，中国大百科全书出版社，1997 年）。富河沟门遗址出土石器达 2700 余件，都为打制石器，缺少磨制石器。细石器多而发达，主要是用作复合工具的石刃，大都体形甚为硕长，最长者长达 13 厘米，宽仅 1.5 厘米，表明用压削法从石核上剥落石片的技术已相当成熟。富河沟门遗址还发现较多骨器，以骨锥为多，次为骨刀柄、骨针、骨鱼钩、骨鱼镖。遗址出土动物骨骼种类有野猪，鹿类的麝、麋、狍，还有黄羊、狐、狗獾、洞角类、犬科、鸟类等，其中鹿类占 50%，野猪占 17%，狗獾占 9%，洞角类占 2%，整体动物群为现代东北动物区系中的山地森林型，未见草原奇蹄类，也未见大型猛兽。说明当时这一带不同于现代的沙漠草原区，而是以茂密的森林为主的山地自然景观，其经济生活可能已有原始农业，但狩猎、捕鱼占有主要地位（富河沟门遗址动物遗骨鉴定结果见中国社会科学院考古研究所编：《新中国的考古发现和研究》第 179 页，文物出版社，1984 年）。特别是近年赵志军、孙永刚等对兴隆沟、魏家窝铺等遗址做规范化浮选法取样和测定，结果显示这两处遗址的兴隆洼文化和红山文化都有黍和粟，但数量都很少，说明原始农耕活动十分有限，它们的主要经济生活仍然是采集和狩猎（见赵志军：《探寻中国北方旱作农业起源的新线索》，《中国文物报》2004 年 11 月 12 日；孙永刚等：《魏家窝铺遗址 2009 年度植物浮选结果分析》，《北方文物》2012 年第 1 期）。另从聚落环境考察，东北南部史前聚落选址在远离平川与河流的丘陵山坡，也不是农耕所要求的选址方式。

② 河北省文物考古研究所、保定市文物管理处、易县文物保管所：《河北易县北福地新石器时代遗址发掘简报》，《文物》2006 年第 9 期。

③ ［日］藤田富士夫：《环日本海の玦饰のに始源に关すゐ基础的研究》，敬和学园大学人文社会科学研究所，2004 年。郭大顺：《从"以玉视目"看西辽河流域与外贝加尔湖地区史前文化的关系——兼谈红山文化玉料的来源》，杨伯达主编《中国玉文化玉学论丛》（四编）第 3～11 页，紫禁城出版社，2006 年。

当然，最全面成熟反映"萨满式文明"特征的是红山文化发现的材料，这指的是在辽西山区牛河梁红山文化遗址发掘出以祖先崇拜为主的规模宏大的祭坛、女神庙和积石冢群三位一体组合的祭祀中心，特别是新近又发现了象征上下沟通的玉"巫人"。由于这件玉人是具萨满特征最直接的证据，特予详述。

这件玉人是在牛河梁遗址第十六地点第 4 号墓中出土的。其具体出土情况是：出土位置在墓主人的左侧盆骨外侧，面朝下，方向与人骨方向基本一致。玉人为淡黄色软玉。通高 18.5 厘米。体形圆厚，半裸体状，瘦身，身体两侧的外轮廓线较为平直，以内束的颈部和腰部将人体明确的分为头部、胸腹部和腿部三段。人体有正背面之分。在人体的正面，五官和上臂等都主要以宽而短的阴线条雕出。头部有圆顶，额上以一横线贯通，似表示头上冠有饰物，额中雕出一梭形圆洞，目与眉上弯，似月牙，鼻宽而短，鼻梁平，嘴张开，稍上翘，嘴的两侧各有一道竖纹，使两颊颧骨部显凸起状。耳廓甚窄，耳廓中部内收更甚，使耳轮不显。胸腹部主要表现的是双臂曲肘扶于胸前，双手的五指叉开，胸腹之间雕一横穿的宽带，似为腰饰的表现，臂和手也都以较宽的阴线表示。肚脐作出甚为外凸的形状。人体下部的双腿作并立状，十分规则，双足斜立，无脚趾的明确表现。人体的背面较平，也无纹饰，钻孔在颈部，为从颈部的两侧对钻一孔，又于颈后部钻一孔与之相交相通，形成三孔眼以横竖两孔相通状。

这件玉人的雕刻，无论是外形轮廓，还是具体部位，都采用了较为简略的手法，不完全是写实的，但每个部位都有清楚的交代。比较起来，雕刻的重点又放在了面部，表现五官的线条甚为密集，又不是在一个平面上，高低起伏，细部特征的表达都较为准确，整体也很紧凑而协调，显示出成熟的雕刻技法。相对而言，臂部的雕刻似更简略些，使用的线条甚直，手指只以短线表现，尚具原始性，更多的是象征性地表达手指的叉开状。通观整体雕刻，由于不是平雕，而是圆雕，尽管比较简略，仍具有很大的难度，显示出较高的水平。与以上各部位雕刻技术不同的处理手法有关的是，这件人像各部位的比例也不是完全协调的，头部较大，而身体显得瘦长而较短，因为尚分辨不出是否戴有面具，头部较大也许是与容纳面部较多的内容有关的一种设计手法。

尤其要提出的是，这件玉人整体是在表现一种特定的动态形象。从姿态上看，由于玉人从上到下通体甚直，初看似站立状，然观察其双足是斜置的，如为站立，只能以脚趾着地，人站立时双脚的正常状态为平置状，双腿并拢、双脚斜立是人体在平卧时才能有的正常姿态，所以，可推断此玉人的体态不是站立而是平卧式。玉人的目、嘴都偏于面部的上侧，加之上弯的眉目、上翘的嘴巴和内收的耳廓，都使五官呈现一种"上提状"，这与紧缩的身体相应，都是表现人在深吸气时的状态。曲肘使双臂贴于胸前，也与呼吸时深吸气的姿态相配合。所以，这件玉雕人像表现的是平卧并作深吸气的姿态。

与这一特定姿态有关的是，这件玉人还有两处甚为特殊的部位，那就是肚脐和额间。肚脐作外凸状，外鼓有一定高度，甚为明显，显然是有意作了夸大处理。额间做出形似于眼眶而立置的梭形洞孔，更是在人的脸部五官之外额外加上的部位。人体在吸气时，出现格外凸起的肚脐与外加于额间的孔洞，这已不是一般人正常呼吸时可能出现的状态，而是根据想象特意加以夸张的形象，这与红山文化玉器中对动物的神化的艺术手法是完全一致的，是人的神化的一种艺术加工手法。人在深吸气时，额间出现孔洞和肚脐高高凸起，它们一上一下，上下对应，显然是寓身体上下贯通之意的，这与通体紧缩、五官上举、双肘弯曲贴于胸前的姿态相联系，其所要表达的完全是一种以气作法的神态。故这件被神化的玉人，应为一巫者作法的形象，或可直称为"玉巫人"。

以气作法，是萨满教的特征，这是人类学家凌纯声在赫哲人的萨满教调查研究报告中特别予以强调的。他说："沟通天地人神的巫术是萨满教的宇宙观；萨满主义的基础是气生主义，气运与灵魂有关。"[①] 以这一观点分析这件以气作法的玉巫人，吸气状态与气生主义是完全对应的，也应有灵魂的观念包含在内，而上下沟通所寓天地沟通之意，正是萨满教的宇宙观。由于这件玉巫人的整体形态与萨满作法有如此多相一致的地方，故可推测这件玉巫人应与萨满通神的法器有关，而墓主人也最有可能就是一萨满身份。此外，墓葬填土中特设的石"井"，也可能有寓深埋于土内的墓主人由地而通天之意。

除玉人以外，第 4 号墓随葬的玉器中，还有一件玉凤的发现也较为重要。这件玉凤也为淡黄色，板状，长达 19.5 厘米。有正背面之分。正面作凤鸟的卧姿，回首、弯颈、高冠、圆睛、疣鼻、扁喙弯钩状，喙前端埋于翅内，羽翅作三分上扬，翅羽端作尖状，尾羽也作三分而下垂，尾羽端作圆状，背和尾羽都有羽根下的绒羽的表现。综观通体虽在一平面上雕作，体态的表达却很有层次感，如羽翅与尾翅之间、三羽翅和三尾翅间都特意雕刻出依次的上下之分的效果。阴刻的线条虽十分简略却很流畅。玉凤的背面有四对缀孔，都为竖穿，两两相对。出土时此玉凤枕在墓主人头下，可知这件玉器既不是作为装饰品，也不是缀缝于衣服上的，而是另有附着物的、单独放置的一件玉器，且是先于死者下葬的。玉凤的这种葬法与其他墓中随葬的"勾云形玉佩"的埋葬方式有一致的地方。据研究，勾云形玉佩出土状况都为竖置而反面朝上，故推断其并非一般的佩饰，可能与代替斧钺的权杖一类有关，更可能是表示神权的器物，玉凤的用途也应相近[②]。玉凤与玉人个体都甚大，是这座墓随葬玉器中的主体部分，它们共出一墓，显然是配套的，其用途可相互参照，即都具有通神工具的性质。据张光直先生研究，巫者作法通神时，动物是沟通人与神间的重要媒介和工具，而鸟类又是沟通天地的动物中最重要的一种[③]。将鸟神化为凤，以其作为通神工具的意图自然就更加明确。

三

萨满文明虽然在渔猎文化发达的东北地区表现得较为典型，但并不限于红山文化，在仰韶文化和良渚文化都有所表现。良渚文化也具有大规模的祭祀活动，这集中反映在玉器上的"神人兽面纹"。有关这种纹饰，各有解释。有学者提出，这不是神本身，而是巫在敬神作法。如杨伯达从两层花纹的区别，提出突起而呈倒梯形的面部应为面具，所以，此人非神而为作法的巫者。此分析甚有道理，即良渚文化也具萨满的基本特点[④]。虽然已知良渚文化种植栽培水稻，但经济生活仍以采集渔猎为主。中原地区仰韶文化的史前玉器虽不发达，然而构成其主要文化特征的各类彩陶器和小口尖底瓶也被认为并非都是实用器，而更多具有巫者通神使用的"神器"性质。苏秉琦先生就以为："小口尖底瓶未

① 凌纯声：《松花江下游的赫哲族》，中央研究院历史语言研究所，1934 年。
② 郭大顺：《红山文化勾云形玉佩研究——辽河文明巡礼之四》，《故宫文物月刊》第十四卷第 8 期，1996 年。
③ 张光直：《商代的巫与巫术》，《中国青铜器时代》（二集），生活·读书·新知三联书店，1990 年。
④ 杨伯达：《玉巫像辨》，《巫玉之光》第 106～113 页，上海古籍出版社，2005 年。

必都是汲水器，甲骨文中的'酉'字有的就是尖底瓶的象形，由它组成的会意字如'尊'、'奠'，其中所装的不应是日常饮用的水，甚至不是日常饮用的酒，而应是礼仪、祭祀用酒。尖底瓶应是一种祭器或礼器，正所谓'无酒不成礼'。半坡那种绘有人面鱼纹之类的彩陶，反映的已不再是图腾崇拜，已超越了图腾崇拜阶段，有些彩陶应属'神职'人员专用器皿。"[1]前述张光直先生在论述仰韶文化的巫觋资料时，也提出了类似的观点[2]。

以上都具萨满文明的特征。这样，可以将苏秉琦和张光直等先生的观点加以综合和引伸，得出渔猎人生成上古文明的两大特点：一是文化交汇是产生文明的重要动力；二是以人与神、天与地沟通及其独占，即"萨满式文明"为跨入文明的重要道路和特点。

可见，渔猎文化作为萨满文明的基础，不仅有产生文明的条件，反映着中国文明起源的道路与特点，而且代表着人类文明发展的未来。

（为 2005 年黑龙江省社会科学院拟举办的 "黑龙江流域文明国际学术研讨会" 而作）

---

[1]　苏秉琦：《关于重建中国史前史的思考》，《考古》1991 年第 12 期。
[2]　张光直：《仰韶文化的巫觋资料》，《中国考古学论集》第 136 ～ 150 页，生活·读书·新知三联书店，1999 年。

牛河梁遗址筒形器彩陶分析

牛河梁红山文化遗址已发掘和试掘的五个地点出土的陶器，以积石冢冢上所出的一种没有底部的筒形陶器为大宗，与之有关的，还有几种同样无底部的陶器，而以往红山文化遗址常见的各类陶器在牛河梁遗址出土数量则较少，故一般可将牛河梁遗址出土陶器分为两大类：一、筒形器与有关器物；二、非筒形器类①。这两类器物之中，彩陶都占较大比例。其中筒形器及有关器物都为泥质红陶，彩陶所占比例更高。非筒形器类中的彩陶则与以往所见红山文化遗址所出彩陶基本相同。这里着重介绍牛河梁遗址出土的筒形器及有关陶器中的彩陶。

一、出土及有关情况

这类无底部的、形制特殊的筒形器，最早见于喀左县瓦房遗址，是1973年调查发现的，当时因都是采集品且无复原器，曾误将底部残片带"台"的边缘也视为口部；隔年在阜新县胡头沟积石冢发现了有成排原状出土的实例，才知道这是一种无底的筒形器，带"台"的边缘为器物的底缘②（图一）。其实，在更早的1938年，赤峰红山后遗址发掘报告曾发表过一件下部残缺的彩陶残器，发掘报告将此器复原为有底部的彩陶罐，并曾一度将此复原器作为红山文化的典型器。现与牛河梁等遗址发现的筒形器相比较，红山后遗址出土的这件彩陶残器③，其实也是一件筒形器（图二）。

牛河梁遗址出土的筒形器和有关陶器，除筒形器以外，还有扁钵式筒形器（图三）和"塔"形器（图四），它们都为泥质红陶，主要出自积石冢。钵式筒形器虽口部甚内敛，体也甚扁，但底缘做法、形制与筒形器完全相同，故名；这类钵式筒形器多在外壁绘有带状彩绘图案。"塔"形器则是一种包括瓶状小口、饰窝点纹的圆鼓上腹、镂近于长方形大孔的束腰和倒置如盆形的底座共四个部分组成的大型陶器，也无底部，底座通身绘彩。

筒形器的又一重要性在于，它还是区分下层积石冢与上层积石冢的标准器。

筒形器的具体出土情况为：

---

① 辽宁省文物考古研究所编著：《牛河梁——红山文化遗址发掘报告（1983—2003年度）》，文物出版社，2012年。
② 方殿春、刘葆华：《辽宁阜新县胡头沟红山文化玉器墓的发现》，《文物》1984年第6期。
③ ［日］滨田耕作、水野清一：《赤峰红山后——热河省赤峰红山后先史遗迹》图四十二-68，图版三四-1，《东方考古学丛刊》甲种第六册，东亚考古学会，1938年。

　　在已经正式发掘的四个地点的积石冢遗存中，都有大量筒形器出土。但第三、五、十六地点（N3、N5、N16）的筒形器皆保存甚差，除第五地点（N5）与第十六地点（N16）的下层积石冢有筒形器原位保存的线索以外，都基本不见有原位的筒形器，只有大量筒形器残片出土。第二地点（N2）则有多处尚保存原位的筒形器群，从而得知这些筒形器的出土位置完全不同于所知其他新石器文化在墓葬内随葬陶器的通例，它们都立置于积石冢之上，而不是埋在冢内或墓葬内。这些筒形器在积石冢冢体上的具体位置都在冢的外界墙内，一般在冢外界墙的最下一层内侧，为单件依次成行排列。其中下层积石冢有原位保存筒形器的，为四号冢（Z4）的M4、M5与M6，它们都是在冢的圆形冢界边缘依次排列，呈圆圈状分布（图五）。上层积石冢原位保存筒形器的，有一号冢（Z1）的北界墙（图六），三号冢（Z3，为祭坛）西部内界墙外、四号冢A（Z4A）北界墙、四号冢B（Z4B）北界墙和南

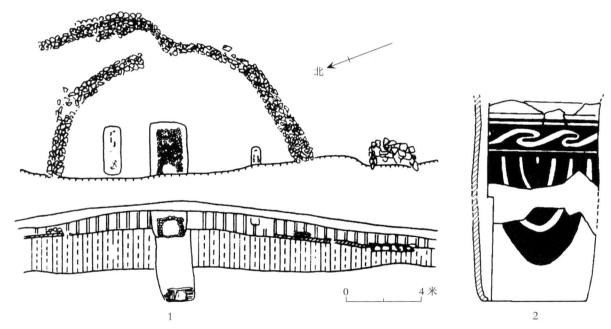

图一　胡头沟积石冢平、剖面图及出土的彩陶筒形器
1. 积石冢平、剖面图　2. 彩陶筒形器

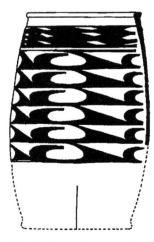

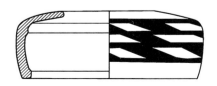

图二　赤峰红山后遗址出土的彩陶筒形器　　　　图三　牛河梁遗址出土的扁钵式彩陶筒形器（N2Z4B：L4）

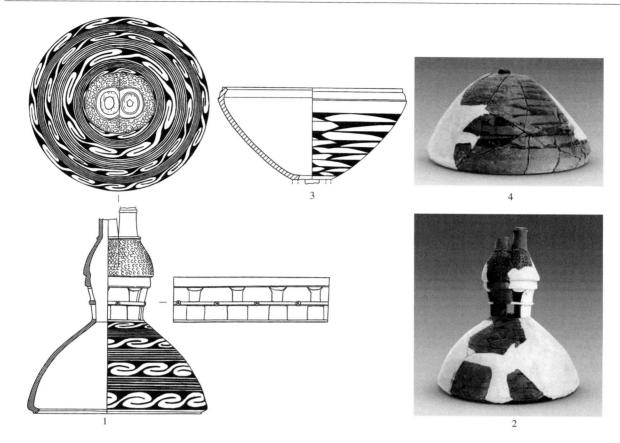

图四　牛河梁遗址出土的陶"塔"形器
1、2. N2Z2：49　3、4. N2Z4M4：W57（为底座，3 为倒置如盆形）

界墙。这些依次排列的筒形器，依冢界的走向，分作直线形排列和弧形或圆圈形排列，其中一号冢（Z1）北界墙、四号冢 A（Z4A）北墙为直线排列，三号冢（Z3，祭坛）、四号冢 B（Z4B）北墙和南墙为弧形排列。一号冢（Z1）北界墙和四号冢 B（Z4B）北墙因依次排列的原位保存筒形器数量较多，还可依排列顺序加以编号，一号冢（Z1）北界墙共编号 56 件（1～56），四号冢 B（Z4B）北墙共编号 20 件（1～20）。牛河梁第一地点也有筒形器出土，集中出土的见于一座窑穴（N1J3）。

　　牛河梁遗址出土筒形器的形制和出土情况，在下层积石冢和上层积石冢间有较大差别，而同层位的各地点和各地点的不同冢间则几乎完全相同。

　　下层积石冢与上层积石冢筒形器的区别，主要表现在出土位置和形制变化两个方面。

　　由于下层积石冢与上层积石冢规模、结构有所不同，各自冢上排列的筒形器出土情况也有所差异，其中上层积石冢因有石砌的台阶式冢界，可知筒形器排列在最下一层的外冢界以内并以垫土和垫土上铺砌的石板作为"帮衬"，而下层积石冢无明确发现的台阶式石砌冢界，筒形器的位置在冢边缘、呈圆圈状依次分布，它们实际上起到标识冢界的作用。

　　筒形器的形制演变规律。下层积石冢与上层积石冢的筒形器在形制上有明显区别：一是下层积石冢筒形器的底缘有近于口部的折沿，上层积石冢筒形器的底缘则无折沿而是在底缘内壁加厚或削出斜面做成如起"台"的形状；二是下层积石冢筒形器因底缘近于口沿，总体形状为束颈、腹中部圆鼓、近底部内收的形制，而上层积石冢筒形器则一般为口小、束颈、腹壁斜直、底部较大；三是在外壁的

2

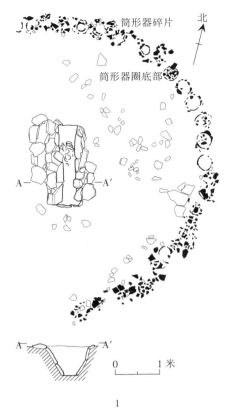

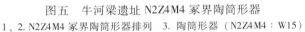

1

3

图五　牛河梁遗址 N2Z4M4 冢界陶筒形器
1、2. N2Z4M4 冢界陶筒形器排列　3. 陶筒形器（N2Z4M4：W15）

装饰上，上层积石冢筒形器的口部以下饰凹弦纹带，凹弦纹带以下施彩到近于底部，凹弦纹与彩绘之间以一道凸棱相隔，下层积石冢筒形器则无此弦纹带和凸棱装饰（图七）。在牛河梁遗址发掘报告中分别将其称为 A 型筒形器（上层积石冢）和 B 型筒形器（下层积石冢）。由于以上两种型式的筒形器在牛河梁遗址及牛河梁遗址以外其他遗址的积石冢具有普遍性，如阜新胡头沟、喀左东山嘴、凌源田家沟（西梁头）、敖汉草帽山积石冢筒形器都具牛河梁遗址上层积石冢筒形器特点①，牛河梁遗址群范围内外也发现有多处单纯出下层积石冢筒形器的遗存，故牛河梁遗址下、上层积石冢筒

① 方殿春、刘葆华：《辽宁阜新县胡头沟红山文化玉器墓的发现》，《文物》1984 年第 6 期。郭大顺、张克举：《辽宁省喀左县东山嘴红山文化建筑群址发掘简报》，《文物》1984 年第 11 期。王来柱：《凌源市西梁头红山文化石棺墓地的发掘与研究》，《玉魂国魄——中国古代玉器与传统文化学术讨论会文集》（四）第 11～33 页，浙江古籍出版社，2010 年。

图六　牛河梁遗址 N2Z1 北冢界墙内
成行排列的陶筒形器

形器可以作为红山文化积石冢划分早晚的标准器。除此，在牛河梁遗址第二地点四号冢 B（N2Z4B）北墙所出筒形器，口、底及器形近于上层积石冢筒形器而体短且无弦纹装饰，故称为短体筒形器（图八）；第一地点 J3（N1J3）所出筒形器，口、底部及器形虽近于上层积石冢筒形器，且口下也有凹弦纹带装饰，但上部有外折，凹弦纹也较 B 型筒形器为疏朗，又与上层积石冢筒形器有明显区别，故也另称为折沿筒形器（见图七，2）。后两类筒形器在时间上晚于下层积石冢筒形器，与上层积石冢筒形器的时间关系，主要从口沿由圆厚到翻卷的变化看，似都较早。由于后两类筒形器在其他红山文化遗址中尚无或极少有明确出土的实例，故暂未列入筒形器演变序列而单列称谓。

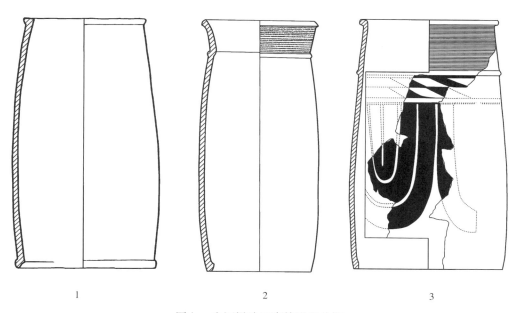

图七　牛河梁遗址陶筒形器分期
1. 下层积石冢（N2Z4M5：W2）　2. 第一地点（N1J3：13）　3. 上层积石冢（N2Z4A：20）

筒形器的功能。由于筒形器不是墓葬随葬品，而是成群置于积石冢的冢体之上，必有其特定的功能。曾以其无底部而被推测为"器座"或"鼓"[①]；又因有成排置于积石冢最下一层冢界的情况，推测或与保护积石冢冢体有关，起"坝"的作用；后考虑到这类筒形器及有关器物都是积石冢必备的组成部分，而积石冢既与庙坛为组合，本身讲究方圆的结构等也有种种祭祀迹象，从而以为这类形制特殊的筒形器及有关陶器，应都与祭祀有关，可能即表示上下贯通之意。

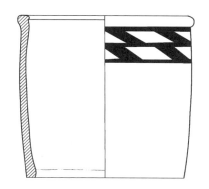

图八　牛河梁遗址出土的短体彩陶筒形器（N2Z4B：5）

2012 年在内蒙古敖汉旗兴隆沟红山文化遗址出土一件陶塑人像，其身体部分为空心的圆筒形，无底部，底缘部分加厚起"台"，形制十分接近于积石冢的筒形器，头顶正中一孔，以寓上下贯通之意，应就是一件外壁装饰为人形的筒形器，从而进一步证明这类筒形器的功能确与祭祀有关（图九）。

① 陈星灿：《红山文化彩陶筒形器是陶鼓推考》，《北方文物》1990 年第 1 期。

图九　内蒙古敖汉旗兴隆沟遗址出土红山文化陶塑人像

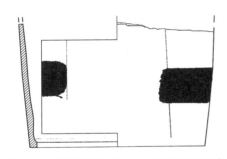

图一〇　牛河梁第二地点一号冢北冢界墙
以竖刻线为界的彩陶筒形器（N2Z1：3）

二、筒形器彩陶的分类与组合

下层积石冢的筒形器以素面为主，彩陶较为少见。上层积石冢的筒形器则多数都有彩绘，如筒形器出土数量较多的第二地点各个冢，一号冢北界墙所出 60 件，全部都为彩陶；二号冢缺少可复原器，从残片看，也多为彩陶；四号冢上层积石冢冢 A 北墙所出及冢 B 北墙所出 20 件，都为彩陶。这类筒形器上绘彩有一个很显著的特点是常见半面绘彩，绘彩的一面朝外，并标出彩绘区与非彩绘区间的界线，有以彩道为界的，更多是以竖刻线为界线，这以一号冢北墙筒形器较为典型（图一〇）。

（一）筒形器彩陶母题分类

上层积石冢筒形器的彩陶母题，可分为垂鳞纹、勾连花卉纹和几何纹共三大类（图一一）。下层积石冢所见彩陶母题，只有勾连花卉纹一类（图一二）。内蒙古阿鲁科尔沁旗曾出土一件属于红山文化的彩陶罐，也为半面绘彩，图案呈带状分布，分为上、中、下三带，中部较宽，为垂鳞纹，上下较窄，上为菱形几何纹，下为勾连花卉纹，所采用的三大类母题，与牛河梁遗址筒形器彩陶分类完全

勾连花卉纹　　　　　垂鳞纹　　　　　　几何纹　　　　　　　　　其他

图一一　牛河梁上层积石冢陶筒形器彩陶图案分类

图一二　牛河梁下层积石冢陶筒形器及彩绘图案（N2Z4L：1）

图一三　内蒙古阿鲁科尔沁旗彩陶罐

图一四　内蒙古赤峰蜘蛛山
垂鳞纹彩陶罐（T1③：47）

图一五　河北蔚县四十里坡
垂鳞纹彩陶罐

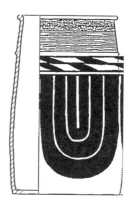

图一六　牛河梁垂鳞纹与菱形方格纹
组合彩陶筒形器（N2Z4A：20）

相同（图一三）。由此可以说明，牛河梁遗址筒形器彩陶母题三大类的划分，在红山文化彩陶中具有一定的普遍性。以下对这三类彩陶母题分别加以介绍。

1. 垂鳞纹

完整器见于赤峰蜘蛛山遗址和河北蔚县四十里坡遗址（图一四、一五），后者图案结构较为稀疏，可能时间较晚。筒形器上的垂鳞纹最早见于阜新胡头沟红山文化积石冢。牛河梁遗址所见绘垂鳞纹的筒形器，多见于第二地点四号冢（N2Z4）（图一六）。

与垂鳞纹相关的，是龙鳞纹。这类龙鳞纹最早见于赤峰红山后遗址，为陶器残片（图一七，1），后在敖汉旗采集到一件可复原的绘龙鳞纹的彩陶瓮（图一七，2）。其特点：一是填彩与空白相间；二是表现龙鳞的"瓦"状单元连续，图案规整，呈带状分布，与陶寺墓地和夏家店下层文化彩绘陶器上的龙鳞纹基本相同，也十分接近于商周时期青铜器上的龙鳞纹；三是尚未发现龙的首部；四是所见甚少。这种龙鳞纹在当地早于红山文化或与红山文化早期相当的赵宝沟文化中已见端倪，为刻划纹，是鹿、鸟、猪身体部位上的装饰[1]（图一八）。可知这种龙鳞纹最初是对动物神化的一种表现方式。

[1]　中国社会科学院考古研究所内蒙古工作队：《内蒙古敖汉旗小山遗址》，《考古》1987 年第 6 期。

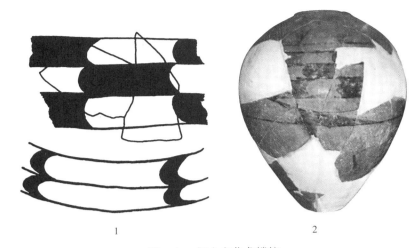

1　　　　　　　　　　2

图一七　红山文化龙鳞纹
1. 红山后遗址龙鳞纹彩陶罐　2. 赤峰敖汉旗采集的龙鳞纹彩陶瓮

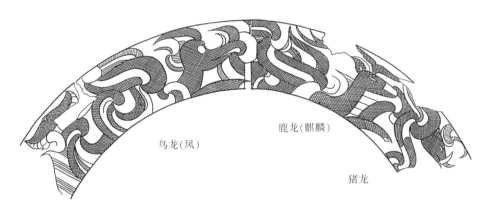

图一八　赵宝沟文化陶尊（小山 F2：2 – 30）动物纹上的刻划龙鳞纹

2. 勾连花卉纹

上下相错相对、作勾连状为一个基本单元，并都以单元连续，呈带状分布。此类图案主要见于牛河梁第二地点（N2）和第五地点一号冢（N5Z1）的上层积石冢，也见于牛河梁第二地点四号冢（N2Z4）及第十六地点（N16）的下层积石冢，可知勾连花卉纹为较早施用于筒形器上的彩陶母题之一（见图一二）。

3. 几何纹

所见类型较多，有大斜线三角折线纹、直角三角纹和等腰三角纹、菱形纹、折线纹、平行宽带纹等。大斜线三角折线纹见于牛河梁遗址第二地点二号冢（N2Z2）、第五地点一号冢一号墓（N5Z1M1）填土等和第十六地点（N16），是筒形器上较为常见的一种彩陶母题（图一九）；等腰三角纹主要见于牛河梁遗址第二地点二号冢（N2Z2）、第五地点一号冢（N5Z1）（图二〇）；直角三角纹主要见于牛河梁第二地点四号冢（N2Z4）、第十六地点上层冢（N16Z1）（图二一）；平行宽带纹主要见于第二地点一号冢（N2Z1）（见图一〇）；菱形纹主要见于第二地点四号冢 A、B（N2Z4A 和 N2Z4B）（见图八），其他地点也有出土，也是较为常见的一种彩陶母题。

图一九　陶筒形器（N5H19：10）上的大斜线三角折线纹

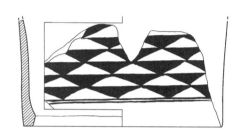

图二〇　陶筒形器（N2Z2M2：T8）上的等腰三角形纹

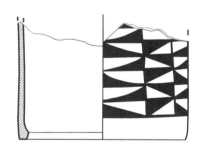

图二一　陶筒形器（N2Z4A：1）上的直角三角形纹

（二）筒形器彩陶图案组合分类

可分出同类母题的连续组合和不同母题组合共两种。同类母题组合见于勾连花卉纹、几何纹中的直角三角纹和等腰三角纹，这些花纹图案的组成，除勾连花卉纹和菱形纹有红山文化彩陶图案常见的呈带状分布以外，其他几种几何形花纹图案都不是这种呈带状的分布，如直角三角纹和等腰三角纹都为单元母题相连相错如棋盘格式组成整幅图案，大斜线三角折线纹则为斜线平行呈上下相对的三角组成的大幅图案。不同母题组合所见共两种，一类组合为大三角勾连折线纹加勾连花卉纹，见于牛河梁第二地点四号冢（N2Z2）、第十六地点（N16）西侧墓和上层冢（N16Z1）（图二二）；一类组合为菱形方格纹加垂鳞纹，只见于牛河梁第二地点四号冢（N2Z4）（见图一六）。这两种组合中都有主次之分，前一种组合以大三角勾连折线纹为主体图案，勾连花卉纹呈带状分布于主体图案的上方；后一种组合以垂鳞纹为主体图案，菱形方格纹也呈带状分布于主体图案的上方。

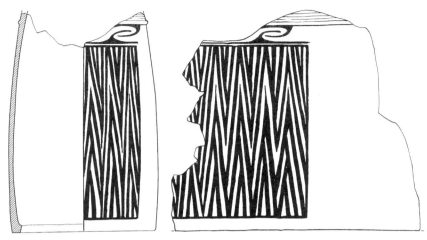

图二二　陶筒形器（N16Z1①：1）上的彩陶纹样组合（半面彩及彩界）

这里要特别提到的是大斜线三角折线纹。这种由三角折线组成的彩陶图案，目前见于牛河梁遗址和半拉山遗址。它是以每个三角加折线组成的单元作为一幅，整幅布置在筒形器腹面上，每一单元所占筒形器的腹面宽度在 30 厘米以上。虽然这种三角折线纹全部由直线组成，但每条的外轮廓线的长度都与整幅图案的幅宽相近，即都在 30 厘米上下；每条直线一般需用数笔描成，但绘法精致的，似有为一笔呵成；直线与直线之间所留红地的距离则甚窄，多在 0.5 厘米左右，有的不到 0.3 厘米；它们又是在筒形器的曲面上成画，要达到线条笔直，整体图案布局又是将单元与单元之间既上下相对，又相连相错，所显示的彩绘技法和图案布局达到相当高的水平。它们只能出自代代相传的专业人士之手。

三、归纳与讨论

对以上牛河梁遗址彩陶筒形器出土情况及彩绘母题和图案的分类介绍，可做如下归纳和引申：

（一）各积石冢所用筒形器彩陶图案各有不同。以第二地点（N2）各冢为例，一号冢北界墙以宽带纹为主，二号冢以大斜线三角折线纹为主，四号冢以垂鳞纹为主。有组合的还可看出主次，如大斜线三角勾连折线纹和垂鳞纹都作为主体图案，勾连花卉纹和其他几何纹则只有单独使用，或与主体花纹相配合，不见与其他类花纹相配作为主体花纹的，说明各类花纹图案等级有差别，大斜线三角折线纹和垂鳞纹的级别应较高。从出土情况看，以大斜线三角折线纹为主图案、配以勾连花卉纹的组合出于有中心墓的第二、五、十六地点积石冢，可能说明这类最能显示红山文化彩绘技法水平的母题规格更高。而以垂鳞纹为主图案、配以菱形方格纹的组合，只见于第二地点四号冢（N2Z4），应是具有专一性的一种彩陶图案。

（二）由于筒形器全部列置于积石冢体之上，成群分布，又有彩绘一面朝外的特点，可推测筒形器上所绘彩色图案，其表达方式与埋于墓内或随葬于居住址的彩陶器有所不同。如果说后者重于装饰性，那么前者在各个积石冢及不同积石冢单元的区别，应更具有各积石冢所代表的群体标识性含义。

（三）牛河梁筒形器彩陶所见区域文化关系。一般以为，红山文化彩陶是吸收中原地区史前文化彩陶因素主要是后冈一期文化和仰韶文化庙底沟类型的成果①。其具体表现为：勾连花卉纹为吸收仰韶文化庙底沟类型花卉纹而形成，是其简化形式；垂鳞纹和龙鳞纹为红山文化使用仰韶文化彩陶技法形成的具有本文化特色的彩陶图案；在彩陶所反映的红山文化与周边文化关系方面，更值得注意的是牛河梁遗址筒形器常见的各种连续或棋盘格式分布的等腰三角纹和直角三角纹，以及菱形纹、折线勾连纹和大斜线勾连纹等几何纹。这些几何纹在中原地区史前文化彩陶中找不到来源，倒是在西亚地区史前文化中常见，故可认为，牛河梁遗址筒形器上的这些几何纹很可能与西亚彩陶花纹有关②。这种连续或棋盘格式分布的几何形彩绘图案，在内蒙古中南部地区史前文化中也有类似发现，如与红山文化晚期大约同时的海生不浪文化③，故包括内蒙古中南部、冀北、晋北和陕北这三北地区在内的"以燕山南北长城地带为重心的北方地区"的西区，可视为从中西亚到辽西地区彩陶交流的中间环节，似有一条由西向东传播的"彩陶之路"。

（四）彩陶在红山文化中的地位。在红山文化诸多文化因素中，以饰压印"之"字纹的夹砂质筒形罐为代表的当地陶器与以泥质红陶彩陶为代表的外来因素，两者既泾渭分明，又融为一体，既非替代，也非简单复合，更非模仿，而是在东北南部地区创新出一种新文化，其表现的多元文化特征之显明，为史前文化所仅见。最值得注意的是，彩陶在牛河梁等具祭祀性质的遗址中所占比例要远大于居住遗址。红山文化积石冢全部摆放彩陶筒形器而不见生活用的当地陶器，女神庙目前试掘出土的陶祭器，也全部为泥质红陶和彩陶，而未见夹砂陶类，这些现象都在表明彩陶在红山文化中是以非实用性为主的，从而表现出彩陶在红山人的精神领域中占有更为重要的地位。同时，彩陶作为一种外来因素在红山文化中"落地生根"（苏秉琦语），反映其作为一种非实用的文化因素，在文化交流中扮演了更为活跃的角色，也从一个方面为牛河梁遗址这样规模宏大的祭祀遗址在辽宁西部的出现是以文化交汇为原动力的观点提供了一个佐证④。

（五）彩陶与玉器的比较。彩陶与玉器，是史前时期艺术含量较高的两种文化因素，它们在约距今6000～5000年前后曾共存于中华大地，却各有主要分布地域，在诸考古文化中不兼有或有共出而有主次。黄河中上游的仰韶文化和马家窑诸文化为彩陶主要分布区，玉器少见，从黄河下游到东南沿海地区的大汶口文化、凌家滩文化、崧泽文化到良渚文化，则为玉器主要分布区，彩陶极少。唯辽西地区的红山文化，彩陶与玉器在同一考古文化中并存，从而可一窥这两种艺术形式间的相互关系。初步观察结果是，这两种艺术载体，不仅质地完全不同，而且无论造型、图案和技法都显示为两种艺术思维系统，其间应有相互影响关系，但相互关系尚不明朗，可举出的实例如都以龙形象为题材，但表现

---

① 苏秉琦：《纪念仰韶村遗址发现六十五周年（代序言）》，《苏秉琦文集》（三）第40～46页，文物出版社，2009年；原载《论仰韶文化》，《中原文物》1986年特刊。白寿彝总主编、苏秉琦主编：《中国通史》第二卷《远古时代》第392页，上海人民出版社，1994年。

② 苏秉琦：《关于辽河文明——与日本富山电视台内藤真作社长谈话》，《苏秉琦文集》（三）第195页，文物出版社，2009年。

③ 内蒙古历史研究所：《内蒙古中南部黄河沿岸新石器时代遗址调查》，《考古》1965年第10期，第490页图五－7。北京大学考古系编：《考古学研究》（三）第215页图二三－4、12、17，第221页图二七－16，科学出版社，1997年。

④ 苏秉琦以为，牛河梁红山文化坛庙冢遗址是红山文化与仰韶文化南北交汇的产物。见苏秉琦：《晋文化问题——在"晋文化研究会"上的发言（要点）》，《苏秉琦文集》（三）第7～8页，文物出版社，2009年。

形式各有不同，或以为作为红山文化重玉之一的勾云形玉器有来自勾连花卉纹彩陶的可能①。这两种艺术形式共存于同一文化而以差别为主又有所联系的态势，一方面说明彩陶和玉器渊源不同，红山文化的彩陶是对黄河流域仰韶文化的吸收，是外来的，玉器则是以当地文化自身发展为主的，它们的并存繁荣，是红山人对待异质艺术思维和艺术形式有较高容纳度的表现；另一方面则说明，这两种不同的艺术思维及其载体，它们由最初的各自发展，到相互影响、融合，其间的演变过程，对探索包括此后彩绘陶和青铜器花纹在内的中国传统图案艺术的起源、形成和发展，都具有前导性意义。

　　［原载于中国社会科学院考古研究所、河南省文物考古研究所、三门峡市文物考古研究所编（赵春青、贾连敏主编）：《彩陶中国——纪念庙底沟遗址发现60周年暨首届中国史前彩陶学术研讨会论文集》，上海古籍出版社，2020年］

---

① 苏秉琦先生称红山文化勾云形玉器为"玉雕玫瑰"。见苏秉琦：《华人·龙的传人·中国人 ——考古寻根记》，《苏秉琦文集》（三）第127页，文物出版社，2009年。

旋转技术在红山文化玉器制作中的应用[*]

红山文化玉器制作中反映旋转技术水平的主要是空心管钻孔，其次是实心钻隧孔，还有玉器的成型和饰纹可能也使用了其他旋转技术。现以牛河梁遗址正式发掘出土的玉器标本为主从这三个方面加以讨论。其中部分标本做过微痕观察[①]。

一、实心钻隧孔

红山文化玉器以在背面实心钻隧孔为其重要特点，牛河梁遗址出土玉器中钻隧孔的共9例，多见于片状成型玉件的背面，这是不同于两面透孔的一种钻孔和系孔方式，也是为保持正面纹饰的完整而采取的一种难度较大的钻孔方式。隧孔有一器一孔和一器多孔成组的。这里重点介绍牛河梁遗址在背面钻成组隧孔的玉器，共5例，它们都为较大型的片状玉器。

标本一

N2Z1M23：3，龙凤玉佩。长10.3、宽7.8、厚0.9厘米。背面四孔，有两孔为刻槽后钻，一孔为一侧刻槽，一孔为平面直接钻。刻槽后钻的三孔，有两孔在器的下部，一侧刻槽的一孔在紧靠器顶部近中央部位，这三孔刻槽后的槽底较薄部分，都被就近后钻的透孔所利用（图一）。

1   2   3

图一　龙凤玉佩（N2Z1M23：3）
1. 正面　2. 背面　3. 背面钻孔细部

---

* 与辽宁省博物馆孙力合著。
① 辽宁省文物考古研究所编著：《牛河梁——红山文化遗址发掘报告（1983—2003年度）》，文物出版社，2012年。

标本二

N2Z1M26：2，兽（鸮）面玉佩。长 12.9、宽 9.5、厚 0.6 厘米。背面三孔，皆为在平面上直接钻孔。三孔呈三角状分布，一端正中一孔，另端对称两孔（图二）。

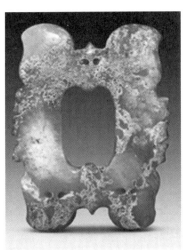

图二　兽（鸮）面玉佩（N2Z1M26：2）及其背面隧孔

标本三

N5Z1M1：4，勾云形玉器。长 20.9、宽 12.4、厚 0.9 厘米。背面钻四个隧孔，为横竖各钻两孔，四孔对称分布，器竖置时隧孔为两两相对。这四个隧孔皆为在平面上直接钻孔。孔系中部极细，一孔系中部已断（图三）。

标本四

N16M4：1，玉凤。长 20.43、最宽 12.71、最厚 1.24 厘米。背面钻四个隧孔。后部两孔为刻槽后钻，前部一孔为平面直接钻，另一孔是在平面与侧边相交处斜钻（图四）。

标本五

N16－79M2：1，勾云形玉器。背面四隧孔皆刻槽后钻，对称分布，是顺器短边横钻，即竖置时为系孔最佳位置，这同 N5Z1M1：4 勾云形玉器隧孔使用方式相近（图五）。

以上有成组隧孔的，有 1 件是全部隧孔都为刻槽后钻的，有 1 件为全部隧孔是在平面上直接钻成的，其他 3 件都是部分使用刻槽后钻隧孔，部分在平面上直接钻隧孔。以上刻槽后钻隧孔的共 8 孔，在平面上直接钻隧孔的共 9 孔。此外还有一例为一侧刻槽一侧平面钻孔，一例为由平面向侧边斜钻孔。

牛河梁遗址玉器中背面钻隧孔的还有：N2Z1：C8 玉凤首、N5Z2M2：1 玉扣饰、N16 西侧墓葬 ①：10 玉龟、N16－79M2：9 玉鸟。都为单隧孔。

另，东山嘴 TE6②G1：1 双龙首玉璜，长 4、宽 0.4 厘米；背面钻隧孔一个，为在体形较小、面较平而甚窄的面上直接钻孔（图六）。TC6②：1 绿松石鸟饰，长 2.8、宽 2.4、厚 0.4 厘米；背面也钻隧孔一个，为在形体较小且甚薄的平面上直接钻孔（图七）。还有胡头沟等地所出玉器也多见在器的背面钻隧孔的①。

①　方殿春、刘葆华：《辽宁阜新县胡头沟红山文化玉器墓的发现》，《文物》1984 年第 6 期，第 3 页图七－7～9。郭大顺、张克举：《辽宁省喀左县东山嘴红山文化建筑群址发掘简报》，《文物》1984 年第 11 期，第 9 页图十九－1、2。

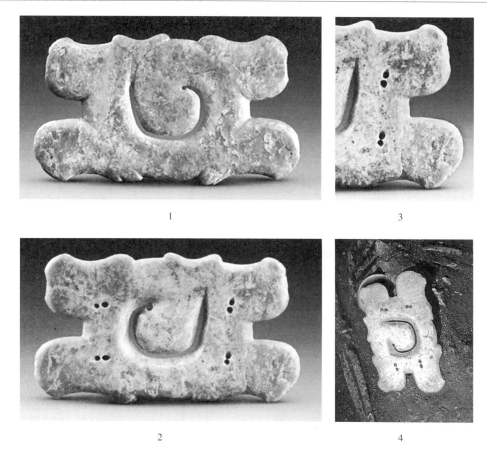

图三　勾云形玉器（N5Z1M1：4）
1. 正面　2. 背面　3. 背面隧孔细部　4. 出土状态

图四　玉凤（N16M4：1）
1. 正面　2. 背面隧孔

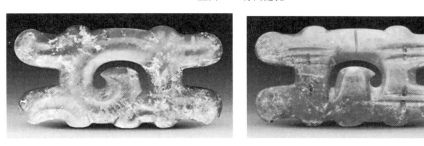

图五　勾云形玉器（N16－79M2：1）
1. 正面　2. 背面隧孔

图六　东山嘴遗址出土双龙首玉璜
（TE6②G1：1）

图七　东山嘴遗址出土绿松石鸟饰
（TC6②：1）

隧孔的坚实程度及其系挂时的承受力，与孔梁的宽度和厚度有直接关系，但在片状物上钻隧孔，其宽度和厚度都受到片状物较薄的限制，所以在片状物上钻隧孔是实心钻孔中难度较大的一种钻孔工艺。为此，有采用先刻槽再钻孔的费工方法，如牛河梁遗址 N16－79M2：1 勾云形玉器背面四隧孔皆刻槽后钻孔，N2Z1M23：3 龙凤玉佩四隧孔中有两孔为刻槽后钻；但也有采用难度较大但省时省工的在平面上直接行钻的方法，如牛河梁遗址 N2Z1M26：2 兽面玉佩和 N5Z1M1：4 勾云形玉器背面分别钻的三个隧孔和四个隧孔，N2Z1M23：3 龙凤玉佩四隧孔中的两孔，它们都是在厚不到 0.1 厘米的片状玉的平面上直接行钻的，其钻孔难度更大，为此不免有失败的实例，如 N5Z1M1：4 勾云形玉器有一孔的孔梁正中残断，可能就与平面钻且孔梁甚细有关，东山嘴遗址 TC6②：1 绿松石鸟饰，厚仅 0.4 厘米，由于在平面上直接钻孔，孔透出到正面，但这种失败的情况目前仅见此两例。

二、空心管钻孔

空心管钻技术在红山文化玉器制作中使用较为普遍。这里选择孔径较大的环、镯及玉雕龙的内孔以及玉芯为例。

标本六

N2Z1M1：1，玉环。出土位置在头顶左侧。为空心管钻特大孔。环体外径最大 11、内径最大 9 厘米。经微痕观察，可见内孔缘钻孔后未再做如红山文化常见的磨光等加工，管钻的钻痕清晰。为单面钻，孔壁稍斜直，故出现在近半面钻透时敲击，另半面边缘可见敲击痕。从旋转纹和边缘看，纹细而密、平行，可知旋转速度甚快（图八）。

标本七

N2Z1M21：15，玉镯。出土位置在右手腕处。直径 7.8、孔径 6.2、厚 0.7 厘米。经微痕观察，镯孔缘有同心圆纹，知为空心管钻，且为对钻（图九）。

标本八

N2Z1M21：14，兽面形玉牌饰。出土位置在腹部。高 10.2、最宽 14、厚 0.4 厘米。片状，体甚薄。

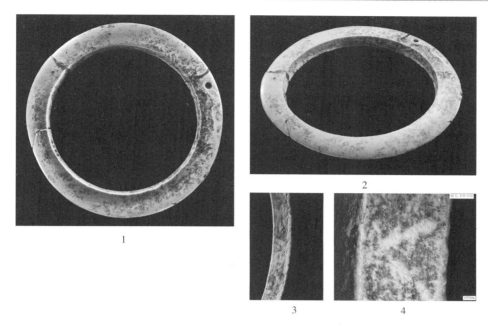

图八 玉环（N2Z1M1：1）

1. 玉环 2. 管钻内孔缘 3. 管钻内孔缘细部 4. 内孔缘管钻痕

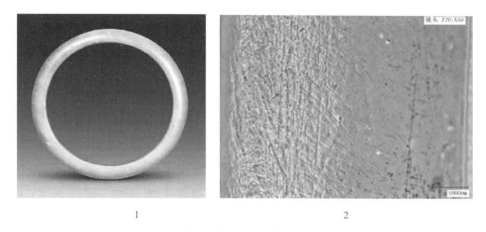

图九 玉镯（N2Z1M21：15）

1. 玉镯 2. 内孔缘管钻痕上修磨痕

对此件透孔双目和部分刻纹进行微痕观察，结果是：双目边缘有清晰的管钻的同心圆弧线，部分边缘遗有管钻后再修正的锉痕，可确定为空心管钻，且为两面对钻（图一〇）。

标本九

N16M4：3，玉镯。出土位置在右手腕处。直径7.6、孔径6、厚0.9厘米。镯孔缘经磨光，经微痕观察可见，内孔缘多数部位的管钻痕被后加工的磨痕加盖已不存，不过仍有个别部位可看出为管钻形成的细密的同心圆，故仍可确定为空心管钻镯孔并成型（图一一）。

标本十

玉雕龙。巴林左旗十三敖巴乡尖山子村刘家屯东山西坡采集。高8.2、宽6.2、厚3.4厘米，中部大孔径2.68厘米。大孔以空心管对钻而成，内孔缘近中心部位遗有对钻后敲击取芯所遗的台阶痕（图一二）。

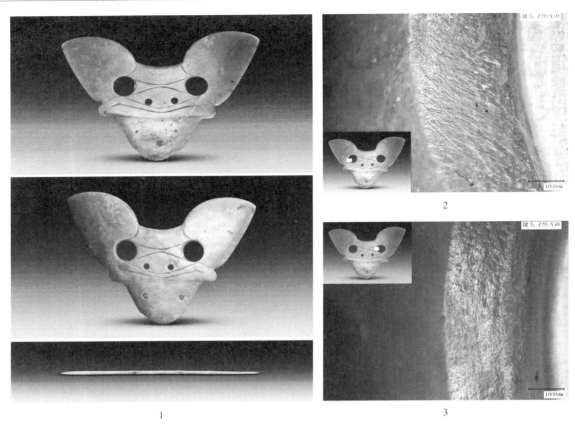

图一〇　兽面形玉牌饰（N2Z1M21∶14）

1. 玉牌饰各面　2、3. 眼孔管钻痕

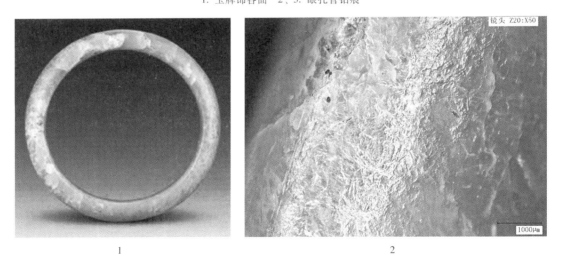

图一一　玉镯（N16M4∶3）

1. 玉镯　2. 内孔缘管钻痕

标本十一

玉雕龙。敖汉旗萨力巴乡干饭营子出土。高7.5、宽5.8、厚2.4~2.7、大孔径1.9~2.7厘米。大孔以空心管两面对钻而成，内孔缘经打磨，但仍留有钻孔时的旋转痕，并残留有钻孔后敲击取内芯时所遗留的剥芯凸棱（图一三）。

图一二　巴林左旗尖山子玉雕龙管钻大孔　　　图一三　敖汉旗干饭营子玉雕龙管钻大孔

图一四　玉芯（N2Z3：9）

图一五　玉芯（N2Z3：10）

标本十二

N2Z3：9，玉芯。直径4、芯厚3.2～3.6厘米。芯外壁打磨加工，可见从两面管钻、中间敲击所遗内芯剥离的凸棱（图一四）。

标本十三

N2Z3：10，玉芯。直径2.45、芯厚0.9～1.05厘米。体虽甚薄，仍采取两面对钻法（图一五）。

标本十四

N16M4：4，玉人。出土位置在腰部左侧。通高18.5厘米。背面颈部正中以空心管钻一洞孔，洞孔底内端遗留有圆凸状短内芯（图一六）。

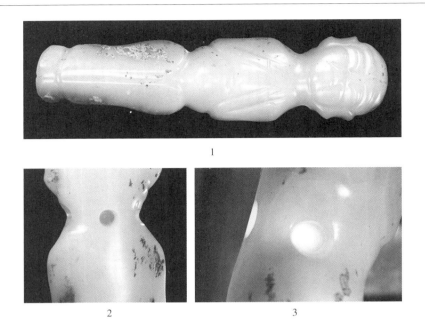

图一六　玉人（N16M4：4）
1. 玉人（平卧状）　2. 背面颈部穿孔　3. 背面管钻洞孔底遗玉芯

图一七　查海遗址出土玉玦（T0407②：1）
1. 玉玦　2. 内孔缘管钻痕

标本十五

查海遗址 T0407②：1，玉玦。外径 3.8～4.0、孔径 1.7、厚 0.1、切口 0.2～0.3 厘米。孔缘经微痕观察，为空心管两面对钻而成（图一七）。

对以上标本管钻现象加以归纳：

关于对钻。空心管钻钻孔大多为两面对钻，这在红山文化和其他史前文化中都为最常用的钻孔法。要特别提到的是，牛河梁遗址发现的在薄体上两面对钻的实例，即 N2Z1M21：14 的兽面形玉牌饰，该玉件厚仅 0.4 厘米，在如此薄的片状体上也以两面对钻，这除了工艺的传承外，应与对钻的优点有很大关系，如两面对钻对孔的位置和孔壁的走向易于掌握，也可使孔壁较直，孔缘也较为规整，且行钻时较为省力等。由于体甚薄，从未钻一面可透见另面已钻孔的部位，故可较好地掌握钻孔的位置，使两面的孔径达到几乎重叠的效果。牛河梁遗址发现的两件钻芯中的一件，厚仅 1 厘米左右，也为两面钻孔，一面钻孔的厚度仅 0.45~0.525 厘米，也很能说明这一点。

关于大口径空心钻管的使用。这以 N2Z1M1：1 玉环最为明确。此件环内孔径达 9 厘米，却是使用空心管行钻的，所使用的空心钻具的直径当近于 9 厘米。与此有关的，是环镯类管钻的施用。环镯类在红山文化玉器中所占比重较大，牛河梁遗址正式出土的 177 件玉器中，环镯类共 56 件，占到 26%。其中直径在 8 厘米以上（包括 8 厘米）即直径较大的 7 件；体厚在 0.4 厘米以下（包括 0.4 厘米）即镯体较细的 8 件；内径 9 厘米的 1 件，6~6.9 厘米的 10 件，5~5.9 厘米的 24 件，2.9~3.71 厘米的只 3 件（图一八）。进行微痕观察的 2 件，内孔全部为用空心管管钻。因这类环镯类孔径都较大，当都是使用大孔径的空心钻管实施管钻的。

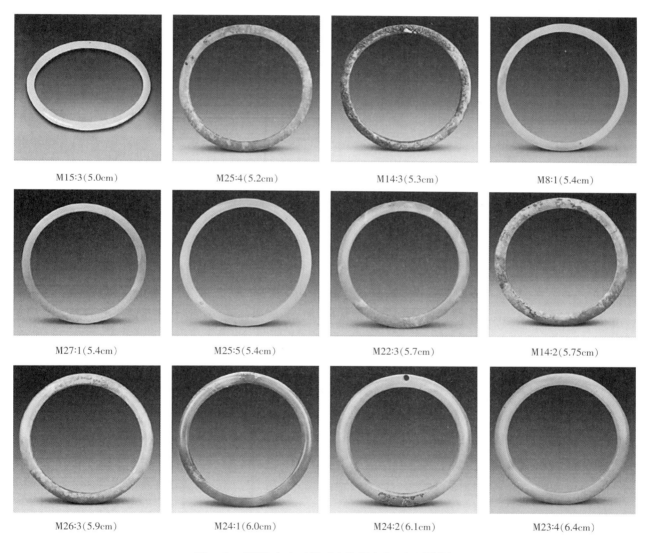

M15:3（5.0cm）　　M25:4（5.2cm）　　M14:3（5.3cm）　　M8:1（5.4cm）

M27:1（5.4cm）　　M25:5（5.4cm）　　M22:3（5.7cm）　　M14:2（5.75cm）

M26:3（5.9cm）　　M24:1（6.0cm）　　M24:2（6.1cm）　　M23:4（6.4cm）

图一八　N2Z1 出土玉镯（内孔径在 5~6.4 厘米）

还要强调的是，环镯类因造型简单，又无纹饰，往往不引人关注。近从选料和制作两个方面观察发现，环镯类其实是当时较被重视的一种玉类。这一是环镯作为手腕佩饰的功能是不以造型饰纹而以质地纯净取胜的一种玉类，所以其选料要尽量少有瑕斑，而且所用为块料，用料尺寸也要足够，为此，需选大块而且质纯的玉料，这在以河磨玉为主料的红山文化来说是选料时需要较为仔细挑选的；现又从旋转技术的使用上注意到，环镯类本体甚为细窄，孔面远大于实面，故管钻的内孔其实也是环镯类成型过程的一个主要程序，而且加工甚细的环镯体极易因钻力和震动而断裂，所以环镯类其实是制作难度甚大的一种玉类，这就从选料和制作难度两方面进一步证明，环镯类确为红山文化玉器中地位较为重要的一种玉类。而且环镯大都尺寸相近，所出钻芯较不少玉器的尺寸为大，但也绝少发现以环镯类钻芯为料再加工器物的实例，邓聪先生以为，这一现象是制作地与消费地不在一个部族内进行的缘故[1]。

使用空心管钻的实例还要提到 N16M4：4 的玉人。该玉人背面颈下的空心管钻洞孔，为先正面管钻一孔，然后从两侧以实心钻通，是空心管钻与实心钻两种钻孔技术相结合的一例。对此，邓聪先生曾有详细描述，玉人"是实心钻与空心钻互用开孔。玉人背面颈部正中，以管钻开孔但不透穿。因此钻孔底部，遗留有圆凸小玉芯。其次由颈部两侧用实心钻各开一孔向中间对钻，与管孔壁中互通"[2]。

三、其他旋转法饰纹

从对以下 3 件标本的观察，可知红山文化还有以其他旋转法饰纹的做法。

标本十六

N 采：5，玉龙。高 15.6、宽 10.7、厚 4.2 厘米。此件有阴刻甚圆的目部。经对目部的阴刻线做微痕观察，可见局部有细密的同心圆纹，但此件首部曾先做过打洼处理，目部有浅凹面，不宜再行管钻，故疑为使用圆形"导规"一类依托物旋转刻纹而成（图一九）。刻纹一侧边较直而整齐，另一侧边则缓而多短线刻纹也是依托物旋转刻纹的证明。

1　　　　　　　　　　2
图一九　建平县采集玉雕龙（N 采：5）
1. 玉雕龙　2. 眼部的弧线刻纹

① 辽宁省文物考古研究所编著：《牛河梁——红山文化遗址发掘报告（1983—2003 年度）》第 539 页，文物出版社，2012 年。
② 辽宁省文物考古研究所编著：《牛河梁——红山文化遗址发掘报告（1983—2003 年度）》第 539 页，文物出版社，2012 年。

相近的工艺还见于前述标本八兽面形玉牌饰（N2Z1M21：14）（图二〇）。该玉件在空心管对钻的双目周围有其他阴刻线，初看也似使用旋转技术，经微痕观察，可看出有多道长或短直线相交处，知非以空心管钻，但也有细密的圆弧线，如耳下弧形的阴刻线也有显示为细密的同心圆纹，不过发现刻纹的两边也同于 N 采：5 玉龙的刻纹，即为与空心管钻刻纹较为对称的两侧边不同，呈现一侧边较直而齐整、另一侧边则缓而多短线刻纹的情况，由此推测，这件兽面形玉牌饰也是采用了以圆弧状的"导规"一类作依托物实行旋转式手刻所致。另，有疑该玉件的双耳和颚顶边缘都是正圆形的一部分，故推测这些部位是使用截具旋转成型的。经观察，耳部边缘非正圆，为不规则的曲线，再从微痕观察得知，此耳边缘的加工痕迹延伸到壁面，形成明显的短刻线，耳的边缘也无同心圆曲线加工痕迹，故此玉件并非使用截具成型。

另，标本四，N16M4：1 玉凤的目部也较圆，初看也疑使用管钻，经微痕观察，目虽较圆，局部且显细密同心圆纹，但此同心圆纹的纹线较短，非空心管钻痕迹，疑为以手刻顺势而形成，非用旋转技术所为（图二一）。

图二〇　兽面形玉牌饰（N2Z1M21：14）上弧线刻纹

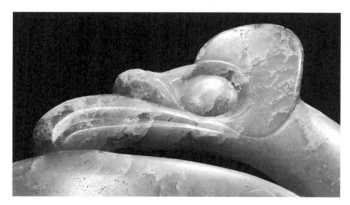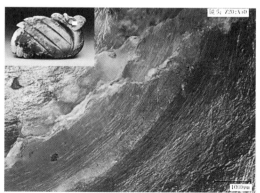

图二一　玉凤（N16M4：1）眼部及其微痕

此外，陈启贤先生对巴林右旗博物馆藏玉蚕蛹（陈文称"玉蚕"）两处观察结果。一为："玉蚕眼圈放大至 120 倍，呈现沟边圆缓，沟壁沟底粗糙满布锐利同向断续圈形凸脊与凹槽现象。此现象乃管状工具带动湿沙单向旋钻玉材形成。"另一为："呈现沟边圆缓，沟壁陡直，沟底粗平满布晶粒状凸点、晶团状凸洼现象。此现象乃管状工具带动湿沙往复旋转玉材形成。"①

在红山文化玉器中，还有一体使用多类型钻孔的情况，如 N2Z1M21：14 兽面形玉牌饰，除两面对行管钻的双目以外，另有实心钻的双鼻孔；还多见孔面大于实面的玉器，这除了体细而孔大的环镯类以外，如 N2Z1M17：1 双人首三孔玉梳背和 N16－79M1：4 双兽首三孔玉梳背，也都是在不大的体面上布置多个较大的钻孔，这些都可视为红山文化钻孔技术成熟的表现。

四、问题与讨论

（一）以上所举红山文化玉器中使用旋转技术的诸标本中，以前述 N2Z1M1：1 玉环环孔直径达 9 厘米的大孔径管钻技术最为突出，多件孔径在 5～7 厘米的玉环、镯也大都以较大直径的空心管钻钻孔。对于这样大孔径的空心管的快速带动，需有较大功力的设施才能为之，是为推测钻管钻孔使用机械旋转技术的可能性提供了依据。也由此可以想见红山文化管钻技术的发达程度。

空心管管钻以外的其他旋转方式，我们推测如使用圆形依托物为导规进行旋转式刻纹，使用有圆弧边为依托物进行刻纹等，当都为另一类旋转技术的使用。

（二）制玉技术制度化的趋向，还体现在管钻技术使用的局限性上。因为红山文化玉器中以环状成型的器物，除环镯类外，还有玉璧和斜口筒形玉器。红山文化的玉璧非通常所见以旋转技术成型的璧面平整的正圆形，而是以内圆外方形、两边薄如刃而中部鼓的形制为特点，表明红山文化玉璧的固定形制，确为追求特定内涵而特意为之，而非制作技术问题。红山文化玉器中另一类大器——斜口筒形玉器，也使用近边缘实心钻透再以线切割掏芯的费工费时的工艺，其追求的特定内涵与玉璧是相近的。从中可以推想，红山文化玉器的特定造型已使玉器的制作工艺呈现制度化趋势。

（三）从对查海玉玦的微痕观察得知，早在查海—兴隆洼文化时期，部分玉器如玉玦的制作已使用管钻技术。特别是邓聪先生从 2012 年出版的《查海——新石器时代聚落遗址发掘报告》中，发现查海遗址可能有与"轴承"有关的石钻（图二二），被视为目前发现的时代最早的"石轴承"，为查海—兴隆洼文化在玉器钻孔时使用机械装置提供了实证，极其珍贵②。查海—兴隆洼文化管钻技术的率先使用，是红山文化玉器旋转技术成熟的渊源，说明旋转技术特别是较为先进的管钻技术，在辽西地区已有较长时间的历史。海城小孤山旧石器时代晚期洞穴遗址也发现有两面对钻的钻孔骨针，而晚于小孤山遗址的北京山顶洞人发现的骨针则是以剔挖法形成针孔的，说明辽河流域旋转技术的使用还可追溯到更早，且具有超前性（图二三）③。

此外，在微痕观察时发现，玉凤（N16M4：1）背面有钻隧孔所做的刻槽，刻槽只一侧保留有甚直的棱边，另一侧则较为平缓，且在与棱边相连的底部，可见如波浪的连续浅凹窝（图二四），具有使用砣具形成的微痕特征，所以提出当时已有使用砣具制作玉器的可能。

① 中国社会科学院考古研究所公共考古中心等编著：《玉文化论丛4》（红山文化专号）第 141～142 页，众志美术出版社，2011 年。
② 辽宁省文物考古研究所编著：《查海——新石器时代聚落遗址发掘报告》（下），图版二四〇－2、5，文物出版社，2012 年。
③ 辽宁省文物考古研究所编著：《小孤山——辽宁海城史前洞穴遗址综合研究》第 146～148 页，图版三－2～4 和图版四－1、2，科学出版社，2009 年。

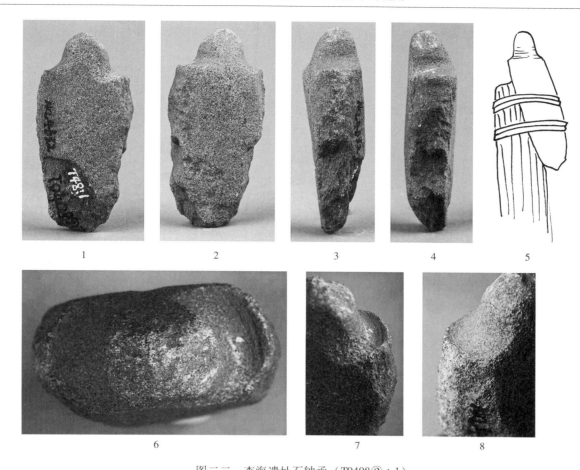

图二二　查海遗址石轴承（T0408②：1）
1. 正面一　2. 正面二　3. 侧面一　4. 侧面二　5. 使用方法推测　6. 上端部　7. 肩部一　8. 肩部二

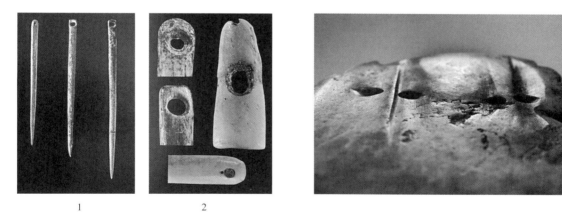

图二三　海城小孤山遗址骨针与穿孔坠饰　　　　图二四　玉凤（N16M4：1）隧孔刻棱及底部浅凹窝
1. 钻孔骨针　2. 兽牙穿孔坠饰

（原载于香港中文大学中国考古艺术中心邓聪主编《澳门黑沙史前轮轴机械国际会议论文集》，澳门民政总署文化康体部，2014 年）

大甸子墓地玉器再分析

近年，随着古代玉器研究的进展，大甸子夏家店下层文化墓地出土玉器逐渐引起关注①。杨晶、刘国祥各有综合研究文章，分别从玉器造型、分类、功能、性别差异以及不同文化归属等方面做了较为全面的分析②。笔者作为大甸子墓地发掘和发掘报告编写的参加者，配合"中国古代玉器与传统文化学术讨论会"的"夏时期玉器"主题，重点从介绍该墓地出土的重要玉器和重要墓葬的玉器出土情况、组合关系入手，对夏家店下层文化玉器所具时代特征和自身特征、等级差别、文化的继承和交流等方面再做进一步论述。

一

大甸子遗址共发掘墓葬 804 座（其中无随葬品的墓葬 119 座）。墓中随葬的装饰品类较为丰富，尤其多样。从材质可分为玉石类（玉、石、玛瑙、绿松石），骨、贝、蚌和蚌仿贝类，金属类（铜和金饰）共三大类；从功能可分为头饰和耳饰、手饰和臂饰、项饰、足饰四类。依据发掘报告墓葬登记总表二统计，大甸子共 170 座墓随葬各类装饰品，占墓葬总数的五分之一以上，占有随葬品墓葬的近四分之一。其中 141 座墓中有玉饰件或玉石珠随葬，占墓葬总数的近五分之一，占有随葬品墓葬的五分之一以上。

为了对大甸子玉器有更为准确的认识，需对与出土玉器关系较大的诸多墓葬因素，在发掘报告所述的基础上做三方面的补充③：

一是墓地分期。发掘报告分为一、二两期，此后以 A 型鬲的演变为标准之一，辨认出墓地最早的几座墓（典型早期墓如 M940、M472），依此可将墓地分期调整为早、中、晚三期。早、晚期墓均较少，尤其是早期墓即墓地开始形成时期的墓葬甚少，而以中期墓数量最多，中期又可分作前、后两期。玉器主要出土于中期墓葬中。

二是墓地分区。仍依发掘报告分为北、中、南三大区，具体区界可稍作调整。北区和中区的具体

---

① 中国社会科学院考古研究所编著（刘观民主编）：《大甸子——夏家店下层文化遗址与墓地发掘报告》，科学出版社，1996 年。
② 杨晶：《大甸子墓地玉器及相关问题》，见张忠培、许倬云主编《中国考古学跨世纪的回顾与前瞻》（1999 年西陵国际学术研讨会文集）第 245～253 页，科学出版社，2000 年。刘国祥：《大甸子玉器试探》，《考古》1999 年第 11 期。
③ 有关大甸子墓地分期、分区等的补充研究，详见郭大顺：《大甸子墓地初析》，见北京大学考古文博学院编《考古学研究》（三）第 1～6 页，科学出版社，2000 年。

区界可以位于北区最北端的早期墓葬 M940 和中区最早墓葬 M472 及其上下延长线为大致界线；南区以墓地最南部一块为主，还可包括北、中区的东西两侧边所分布的墓葬，这样，南区就以墓区的最南部为主，两侧各向北边接续，形成一个"U"形的区域。如将分区与分期结合起来看，北、中两区开始与结束时间都较早，且这两区开始与结束时间大致平行，由于早期墓葬较少，所以北、中区大部分墓葬属于中期；南区则开始与结束时间均晚于北、中区，大部分墓葬属于晚期。大甸子出土玉器的墓葬在各个区都有分布，又相对集中于北、中两区，这同中期墓葬出土玉器较多是相对应的。

三是墓葬等级的划分。发掘报告依墓圹长度对墓葬等级划分为大、中、小三型或三等，将这三型之外的残墓作为第四型。就墓葬所反映的墓主人身份地位来说，可以墓圹长度和墓葬深度、随葬陶器组数（一般以一鬲扣一罐或加一小型壶、尊为一组）、殉牲数量和部位（即猪和狗的数量以及填土殉整猪和壁龛殉猪趾的不同殉葬方式）的对应差别为主要依据，结合葬具的有无和高低大小、壁龛的大小、兽面纹等重要彩绘母题的使用等，可以将这 804 座墓较为准确地分为大、中、小三个等级，大型墓中，又可分出 4 座特大型墓（M371、M612、M726、M905）。从不同等级墓葬在各区分布看，大型墓在北区较多，中区次之，南区最少，4 座特大型墓有 2 座出在北区（M726、M905），中区 1 座（M371），可能属于南区的 1 座（M612）。玉器在大、中型墓中出现比例较高。

大甸子随葬玉饰件和玉石珠的 141 座墓中，共在 38 座墓中随葬玉饰件 53 件。此外，随葬玉石珠共 1906 枚（包括 M756 随葬的圆片状石珠 842 枚），其中有 14 座墓随葬玉珠 36 枚，其他为玛瑙珠、绿松石珠和白石珠。玉珠单独出土的有 9 座墓都出于胸腰之际，出多件玉珠的有 5 座墓，为与白石珠、玛瑙珠相间串缀的项链。白石珠、绿松石珠还有与铜耳环组合作为耳部坠饰以及石珠与贝、蚌、骨饰共出的实例。本文主要对玉饰件进行分析，但由于有玉饰件和玉石珠共出墓葬 16 座，故应考虑到有的玉饰件也可能与项链等组饰件有关。

二

大甸子墓葬出土的这批玉饰件，一般从文化属性将其分为三大类，即：与当地及邻境地区较早时期的兴隆洼文化、红山文化有关的玉器；与同时期周邻地区有关的玉器；具夏家店下层文化自身特点和同时代特点的玉器。现依据发掘报告和档案提供的资料，在发掘报告描述的基础上，再对其中较为重要的玉器的出土情况、组合关系做如下介绍（括号内的玉器名称为发掘报告对玉器的定名）。

（一）具红山文化玉器特点的玉器

这批玉饰件中最为引人注意的是多件具红山文化玉器特点的玉器：

玉璧（M853：13，璧形坠）（图一），淡绿色玉泛黄，局部显红褐色瑕斑。外径 8.2 厘米，厚 0.4 厘米。内缘圆、外缘方圆，内外边缘薄而中部鼓，顶边正中部位稍有内凹，近顶边钻双孔。该墓主人为成年男性。据档案，玉璧出于头部右侧。该墓另有绿松石珠出于头部左侧，绿松石片出于脚部。该墓同葬石钺 1 件，壁龛随葬陶器 6 件，包括鬲、罐、小壶、小尊各 1 件，全为彩绘陶，盉与爵各 1 件。填土殉整猪一具。属大型墓。

玉臂饰（M659：7）（图二，1），淡绿色玉泛黄。曲面弦长 7.1 厘米，宽 6.8 厘米。一侧较窄，较宽一侧中部外突如尖，四角各钻一孔，曲面饰"回"字形瓦沟纹。该墓主人为成年男性。据发掘报告，玉臂饰缚于左肱骨外侧。墓内还随葬一枚长管状玉珠（M659：8）（图二，2），长达 6.1 厘米，为该墓地最长的一枚玉珠，出土位置在玉臂饰上方。另在墓主人左耳部出有绿松石珠 6 枚。该墓出陶器一组，为云纹彩绘鬲、兽面纹彩绘罐各 1 件，罐盖面绘盘龙纹。墓主右手臂处出骨匕 1 件，足部出骨镞 2 件。填土殉一猪一狗。属大型墓。

图一　玉璧（M853：13）

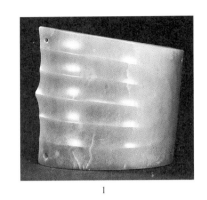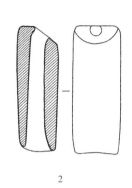

图二　M659 出土玉饰件

1. 玉臂饰（M659：7）　　2. 长管状玉珠（M659：8）

斜口筒形玉器（M833：2，筒形器）（图三），淡黄色玉。高 14 厘米，内径长径 6.4、短径 4.4 厘米。斜口一端口径较大，平口一端口径较小，平口端无钻孔。该墓主人为女性。据发掘报告，斜口筒形玉器出土于腰部。墓内无其他玉器出土，壁龛出陶器一组（一鬲扣一彩绘罐，旁一鼎），无其他装饰品随葬。属中型墓。

勾形玉器（M308：1，雕花坠）（图四），淡绿色玉。长 7.1 厘米，厚 0.7 厘米。弯勾形体，体中磨出瓦沟纹，以下有栏，栏下为柄。从线图看，该器柄的末端有榫，榫端单孔。该墓主人为女性。据档案，勾形玉器出土于胸部左侧，榫柄朝上。为这类勾形玉目前所知唯一有出土位置和出土状态的实例。此墓主人颈下到左上臂骨还散有绿松石珠 8 枚，应为串珠。壁龛随葬彩绘陶罐 1 件。属中型墓。

勾云形玉器（M821：5，镂花坠）（图五，1），长 6.9 厘米，高 3.3 厘米。墓主性别不明。据发掘报告，这件勾云形玉器出土于胸部。该墓同出绿松石珠 1 枚，玛瑙珠 2 枚，片状弧形玉坠 1 件（M821：3）（图五，2），位置在颈下，似为由玉佩饰和石珠组成的项链。壁龛出个体较大的彩绘陶尊 1 件。填土殉猪 1 只。属中型墓。

勾云形玉器（M373：7，矩形镂花坠）（图六），淡绿泛黄色玉。近半残缺，残长 2.75 厘米，高 1.7 厘米。该墓主人为女性。据档案，勾云形玉器出土于胸部。颈部出玉珠（3 枚）与玛瑙珠（10 枚）相间串缀的项链。壁龛随葬彩绘陶鬲和绘夔龙纹彩绘的罐（瓿）各 1 件。属中型墓。

玉鸟（M1257：4，雕花坠）（图七），深绿色。宽 3 厘米，厚 0.5 厘米。头部双目略有表现，肩稍耸起，以较粗的刻线表现尾羽，近中心钻单孔。墓内无其他玉器随葬。该墓主人为成年女性。壁龛随葬一组陶器（鬲 1、罐 1、壶 1）。属中型墓。

雕花斜口筒形玉饰（M458：2，臂饰）（图八，1），淡绿色玉。平口短径 4.8、长径 6 厘米，壁厚 0.4 厘米。一端斜口，另一端平口，横断面呈椭圆形。此器为红山文化斜口筒形玉器改制，是将斜口

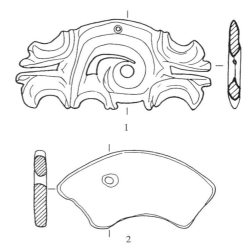

图三　斜口筒形玉器　　　　　图四　勾形玉器　　　　　图五　M821 出土玉饰件
（M833：2）　　　　　　　　（M308：1）　　　　1. 勾云形玉器（M821：5）　2. 片状弧形玉坠（M821：3）

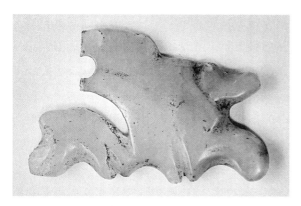

图六　勾云形玉器（M373：7）　　　　　　　　图七　玉鸟（M1257：4）

筒形玉器斜口一端的上部平截，以长面为正面并雕纹。雕纹使用起地阳纹技法碾磨出中心三层圆形、两侧弯曲勾连的主纹，并以阴刻线纹技法刻出网格纹、"人"字纹、平行曲线纹等地纹，还间以镂雕。该器形体较小、壁较薄，曲面弧度甚大且曲度多变化，却雕出满花；总体设计是依据斜口形成的一面长一面短的器物形制特点，成功克服了曲度多变可能造成的图案比例失调，巧妙地构思出前高后低、左右对称、有主有次的图案；阳纹所起棱线形成的主纹，左弯右曲，上下勾连，线条却极为流畅自如，各部位丝丝相扣，联系紧密，使图案从前到后，从中心到边缘，有很强的整体感；为突出图案的层次性，主纹有较大而过渡平缓的深浅落差，相间的地纹和上下的窄带边缘的阴刻线，都较为密集，并在中心上下及两侧谨慎布局虚实效果恰到好处的镂孔。这件雕花斜口筒形玉饰件，不仅是目前发现的夏家店下层文化制作最精湛的一件玉器，而且在先秦时期众多玉器中也是较为少见的一件工艺含量较高的玉雕工艺品。

　　此墓内共出的玉器还有玉璧1件（M458：1，璧形坠）（图八，2）、直条形玉坠1件（M458：3）（图八，3）。玉璧直径长2.7～3.1厘米，形较小，绿色玉，也为外缘方圆形、内外缘磨薄似刃、璧面

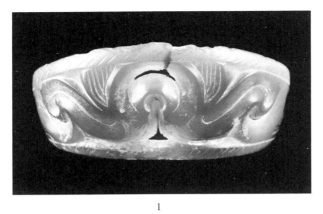

图八　M458 出土玉饰件
1. 雕花斜口筒形玉饰（M458：2）　　2. 玉璧（M458：1）　　3. 直条形玉坠（M458：3）

圆鼓的形制。直条形坠为白色玉泛青，顶端收尖。它们与雕花斜口筒形玉饰都集中出土于墓葬中部，因墓内人骨腐蚀不存，其在人体上的具体位置已不清。此墓墓长仅 134 厘米，宽仅 44 厘米，残深不到 50 厘米，不仅无人骨，也未有陶器随葬。从现场观察分析，可能为一儿童墓。

　　大甸子墓地玉器中，除具红山文化特点的玉器以外，还出有具当地兴隆洼文化（或赵宝沟文化）特点的玉石玦（玦形坠）多件。据发掘报告，玉石玦共出土 10 件，5 件为玦的残段，皆在折断处磨平，多数在一端穿孔，它们出在 5 座墓中，2 座男性墓出在耳下，3 座女性墓出在腰间或胸前。完整的 5 件出于 4 座墓中，皆在耳部，或左或右。如 M1214 出土 2 件，为左、右耳下各 1 件，其中一件（M1214：1）（图九，1），外径 3.2 厘米，内径 1.4 厘米，最厚 0.7 厘米，玦体起棱。此墓为小型墓，无其他随葬品。M1032 出玉玦 1 件（M1032：4）（图九，2），玦体较为扁平，内、外缘圆。玉玦出土于左耳部，右耳部为一铜耳环。此墓主人为成年男性。随葬一石钺，无壁龛的设置。填土出一组陶器（鬲 1、罐 1），殉猪骨和狗骨。为中型墓。

　　大甸子墓地中，所出时代较早的玉器还有一件玉牙璧（M454：27，璇玑形坠）（图一〇），为残器，色淡绿。外径 4 厘米，厚 0.2 厘米。璧体磨光，外缘磨薄，一侧边钻一小孔，残断面也经加磨。此类玉牙璧较早见于山东半岛的大汶口文化晚期到龙山文化时期和辽东半岛的小珠山中层文化（长海县吴家村遗址采集品）和小珠山上层文化（营城子东大山和四平山积石冢）[①]。近年在偏堡文化（普兰店三堂遗址下层）中也有出土，尤其是靠近辽西地区的扎鲁特旗有小河沿文化和偏堡文化陶器共存的南宝力皋吐遗址，其中出有玉牙璧[②]。长海县广鹿岛吴家村遗址和内蒙古通辽扎鲁特旗南宝力皋吐遗址所出玉牙璧，多有接近红山文化玉璧的做法，即璧内、外缘磨薄而璧面显圆鼓。大甸子所出这件玉牙璧也具同样形制，所以这件玉牙璧来自相邻的辽东半岛史前文化的可能性更大。

───────────

① 东大山积石冢 3 号石室墓玉牙璧见［日］辽东先史遗迹发掘告书刊行会：《文家屯——1942 年辽东先史遗迹发掘调查报告书》第 78 页图 49 及图版 24－1，2002 年。四平山积石冢玉牙璧见［日］澄田正一、小野山节、宫本一夫编：《辽东半岛四平山积石冢の研究》，亚细亚印刷株式会社，2008 年。
② 三堂遗址下层玉牙璧见辽宁省文物考古研究所、吉林大学考古学系、旅顺博物馆：《辽宁省瓦房店市长兴岛三堂村新石器时代遗址》，《考古》1992 年第 2 期，第 110 页图五－9。南宝力皋吐遗址玉牙璧见内蒙古自治区文物考古研究所、扎鲁特旗人民政府编著：《科尔沁文明——南宝力皋吐墓地》第 149 页，图 89，文物出版社，2010 年。

M454 为中型墓。出土玉器 3 件，除这件残玉牙璧外，还有玉珠、玉管各 1 件。从档案可知，玉管出于头部左侧，玉牙璧出土位置不清。此墓还出较多绿松石珠（17 枚）、白石珠（12 枚）和玛瑙珠（21 枚），它们散布于墓内中上部，可能为项链散乱所致。另共出铜指环 4 件。

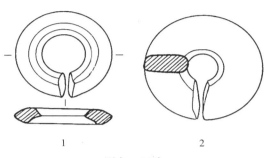

图九　玉玦
1. M1214：1　2. M1032：4

图一〇　玉牙璧（M454：27）

（二）与同时期周邻地区有关的玉器

主要为一件玉蝉（M383：6，雕花坠）（图一一，1）。这件玉器器形甚小，淡绿色泛白。在较厚的长方形片状体上，从两侧边各以两道刻槽分出头、腹、尾部，头部雕出凸起的双目，两侧边起花牙，尾稍外展，近中部钻一孔。为一件典型的石家河文化玉蝉。出土位置在人体头部下方，共出似动物形玉饰件 1 件（M383：11，雕花坠）（图一一，2），长 3.8 厘米，厚 0.5 厘米。为较厚的长方片状，顶端圆平，近顶钻一孔，两侧各雕出左右成对的两组对称

图一一　M383 出土玉饰件
1. 玉蝉（M383：6）　2. 动物形玉饰件（M383：11）

的似足的花牙，另端起尖，似尾。作风有与玉蝉相近处，也可视为又一件具石家河文化特点的玉器。此墓墓主头下胸前还出绿松石珠 3 枚，足部散布贝饰，右上臂处置石钺 1 件，壁龛随葬彩绘陶器一组（鬲 1、罐 1）。填土殉一狗。该墓主人为男性。属中型墓。

（三）具夏家店下层文化自身特点和具同时代特点的玉器及有关墓葬

重点为 M371 和 M317，这两座墓各出玉佩饰一组。

M371 共随葬玉器 5 件，都置于壁龛内，计圆锥形玉坠 1 件、圆柱形玉坠 1 件、弯条形玉坠 2 件、楔形坠 1 件。

圆锥形玉坠（M371：31，圆柱形坠）（图一二，1），质地为白玉泛青灰色。体甚为细长，长达 15 厘米，直径不到 0.8 厘米。顶端圆头状，下为亚腰形长柄，中段为细长的圆柱体，末端缓收为尖状，近顶端钻单孔，体中部钻双孔一组。此器整体变化较多却又十分规整，磨制甚为精工，为本墓地出土玉器中个体较大、制作较精、也具代表性的一件玉器。

圆柱形玉坠（M371：32）（图一二，2），质地与 M371：31 相同。形体较前者为短，且较为粗硕，顶面平，近顶刻横线纹，另端稍有起尖，钻孔为从顶面向下又通向一侧的弯孔，应有特定用途。

弯条形玉坠（M371：16）（图一二，3），质地近于圆柱形玉坠。两件尺寸相近，长9.6厘米，宽1.1厘米，厚0.4厘米。弯体较长而宽，器体较为扁平，近顶部钻单孔。

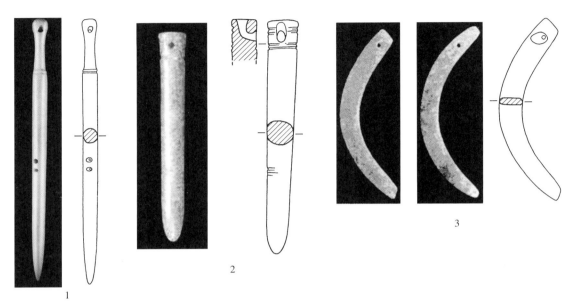

图一二　M371 出土玉坠

1. 圆锥形玉坠（M371：31）　2. 圆柱形玉坠（M371：32）　3. 弯条形玉坠（M371：16）

M371 是大甸子墓地出土玉器数量最多的一座墓葬。位于中区，属特大型墓。墓主人为成年男性。该墓深度超过5米，尤其是壁龛甚为宽大（图一三）。随葬三组陶器，其中包括该墓地中个体最大的彩绘陶器——陶罍和陶鬲，器上分别彩绘龙纹、兽面纹图案等（图一四，1～3）。还有墓地唯一的铅首杖和漆盾（？）发现，填土内殉牲数量也为墓地最多（四猪二狗）。

另一件圆柱形玉坠出于 M810（M810：2）（图一五），质地与 M371：31 相近。形制则为通体圆柱状，近顶端钻孔较大，另端不起尖。此墓同时出土由玉珠（1枚）、玛瑙珠（24枚）、松石珠（11枚，其中管形3枚）组成的项链一串。圆柱形玉坠出土位置在胸中部项链的最下方正中。据档案，墓内还出玉环1件，位置也在胸中部，可考虑它们是否为项链的组成部分。壁龛出彩绘陶器一组（绘变形鱼蛇纹贯耳长筒罐1、壶1）。该墓主人为成年女性。属中型墓。

M317 随葬玉器 3 件，为直条形坠 1 件、弯条形坠 2 件。

弯条形玉坠（M317：7、8）（图一六，1），白色玉泛青。一长6.1厘米，宽1.1厘米，厚0.5厘米，一端钻单孔，钻孔处较薄；另一长6厘米，宽0.9厘米，厚0.4厘米，体较细，顶端尖，近顶钻单孔，钻孔处磨薄。据发掘报告，弯条形坠出于墓主胸前。

直条形玉坠（M317：6）（图一六，2），白玉泛青。长4.9厘米，宽0.9厘米，厚0.35厘米。长条片状，顶部由一面钻单孔。

M317 还随葬有由 10 枚玉珠、16 枚白石珠和 54 枚玛瑙珠组成的项链，是墓地出玛瑙珠最多的一座墓。从弯条形玉坠出土位置分析，也可考虑与项链有关。M317 为中型墓。墓主人为年龄 11 岁的女性。

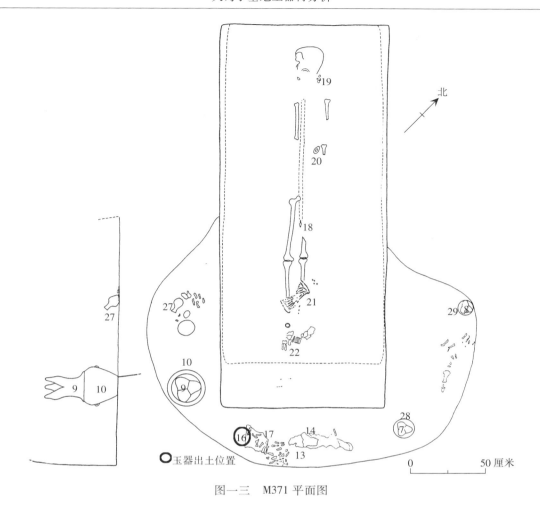

图一三　M371 平面图

图一四　M371 出土彩绘陶器

1. 龙纹彩绘陶鬲（M371：9）　2. 兽面纹彩绘陶罍（M371：10）　3. 兽面纹彩绘陶鬲（M371：7）

　该墓随葬彩绘陶器一组 3 件，为鬲 1、罐 1、尊 1，陶罐彩绘兽面纹（图一七）。

　具夏家店下层文化特点的重要玉器还有：

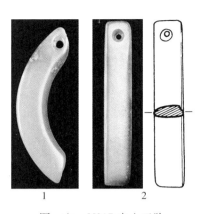

图一五　圆柱形玉坠
（M810：2）

图一六　M317 出土玉坠
1. 弯条形玉坠（M317：8）
2. 直条形玉坠（M317：6）

图一七　兽面纹彩绘陶罐
（M317：2）

有齿直条形玉坠 2 件。分别出于两座墓的壁龛中。

M706：1（图一八，1），长 8.2 厘米，宽 1 厘米，厚 0.45 厘米。长条片状，上部两侧各刻出对称齿牙一组，每组三齿。出于壁龛中部。墓主为成年男性，右上臂处置石斧（钺）1 件。壁龛内随葬三组彩绘陶器，为鬲 2、罐 2、壶 1 件，另有鬹、爵各 1 件。填土殉猪两只。为大型墓。

M905：13（图一八，2），白色玉泛青。长 9.74 厘米，宽 1.4 厘米，厚 0.5 厘米。长条片状，上端窄而薄，下端尤薄，上、下部两侧各刻出齿牙一组，每组三齿，相互对称。M905 属特大型墓，深达 6 米以上。墓主为老年男性，左上臂处置石斧（钺）1 件。壁龛扩至墓侧端两壁，随葬包括陶鬹、爵和鬲彩绘陶 3 件以及鼎 1、罐 4、长筒罐 1 等四组陶器，较大的一件鬲口部嵌贝，还有觚、盒等漆器。填土殉葬一猪一狗。有齿直条形玉器与漆器置于壁龛的中部东侧。

矩形玉坠（M372：1）（图一九），长 4.3 厘米，宽 2.2 厘米，厚 0.25 厘米。长方形片状，近顶端钻单孔。出土位置在颈下，有孔的一端朝下。该墓随葬陶器一组（鬲 1、罐 1、壶 1），墓内无其他装饰品随葬。墓主人为成年女性。为中型墓中较小墓葬。

石锥状物（M726：12，白石柄状物）（图二〇），白石质。圆柱状，体较短粗，顶端收分，近顶处显粗糙，末端趋尖。长 5.4 厘米，最大横截面直径 1.1 厘米。M726 为本墓地最大墓葬之一，墓深近 8 米，葬具高近 2 米，设三龛，为本墓地最深、葬具最高且唯一设多龛的一座墓。墓主为老年男性。墓主右上臂处横置一玉斧（钺），有附贝的头饰和绿松石珠组成的耳饰，下腿部有嵌贝的装饰物。龛内各葬一组包括鬲和罐的陶器，全为彩绘陶，中龛置陶鬹、爵和漆觚，石锥状物置于中龛的中部。唯陶器较小，填土殉牲数量较少（一猪一狗）。

有领玉环（M453：8，玉臂饰）（图二一，1），湖绿色玉。外径 7.7 厘米，内径 6.3 厘米，高 2 厘米，环壁厚 0.4 厘米。此玉环与一般所见玉环相比，制作十分精致，器体较大，尤其厚实，环体及环领都甚为规正，色泽深，出土时套在墓主人手腕上。共出玉器还有环、玦、璧各 1 件。玉环（M453：6），外径 4.7 厘米，内径 3.6 厘米。横截面为椭圆形，内缘一处略凹进（图二一，2）。玉璧（M453：21，璧形坠），据发掘报告，出土位置应在腰胸之间。此墓还随葬有由白石珠、玛瑙珠、玉珠共 70 枚组成的项链。据发掘报告，玉环"串系在项链上，垂于胸前"。同出铜耳环 4 枚，左、右耳各

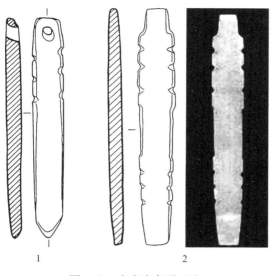

图一八 有齿直条形玉坠
1. M706：1 2. M905：13

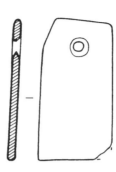

图一九 矩形玉坠
（M372：1）

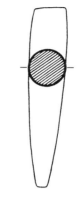

图二○ 石锥状物
（M726：12）

2 枚，铜指环 3 枚。报告表一五描述此墓铜耳环："左与松石珠 6 枚合缀，右与松石珠 18 枚合缀。"壁龛内随葬彩绘陶器一组（鬲 2、罐 1）。值得注意的是，壁龛内还出有半成品的石珠（M453：20、22，白石珠坯料）、磨石（M453：14）、红色研磨石（M453：13）和研磨器（M453：17）（图二二，1～5）。填土内随葬一整猪。该墓主人为成年女性。属大型墓。绘彩所用工具及半成品珠饰的随葬，表明墓主人在整个墓地的特殊身份，应是与玉器和彩绘陶器制作有关的工匠兼巫者一类人物的墓葬。有领玉环多见于大汶口文化晚期和龙山文化时期，大甸子墓葬所出仅此一件，可视为受山东新石器时代文化影响或具共同时代特点的玉器。

图二一 M453 出土玉环
1. 有领玉环（M453：8） 2. 玉环（M453：6）

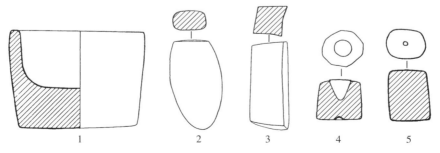

图二二 M453 出土石饰件
1. 研磨器（石杯）（M453：17） 2. 红色研磨石（M453：13） 3. 磨石（M453：14）
4. 白石珠半成品（M453：20） 5. 白石珠坯料（M453：22）

三

大甸子墓地同时出现这三类时代不同、文化属性不同的玉佩饰，必然涉及复杂的文化内涵和文化关系。再做些具体分析。

就具当地兴隆洼文化和红山文化特点的玉器来说，可能存在三种情况：一是前期玉器的直接传承，二是对前期玉器的改制，三是对前期玉器的仿制。

图二三　上石匠沟夏家店下层文化墓葬
出土玛瑙玦（一墓共出，为一对）

（一）直接传承

夏家店下层文化玦较为多见。大甸子墓地共出 10 件玉石玦，位置也多在耳部，说明也主要是作为耳饰对待的。据考古调查和试掘材料，具夏家店下层文化特点的玦饰，在夏家店下层文化遗址和墓地中已出土多例。如大甸子附近的上石匠沟清理的墓葬，其特点是：质地多为青白色玛瑙质，玦体甚细，玦面起棱明显，有的直径甚大（图二三）。而大甸子出土的玉石玦，多体较肥厚，不起棱或起棱不显，普遍具兴隆洼文化（个别可能属赵宝沟文化）玉玦特征，应视为由当地早期文化直接传承下来的。饶有兴味的是，M1032 玉玦出土于左耳部，右耳部为一铜耳环，显然是以"一玉一金"作为一副来对待和使用的。

由当地早期文化直接传承下来的，更见于多件具红山文化特点的玉器：

M853 所出玉璧，M308 所出勾形玉器，M659 所出玉臂饰，质地、色泽、尺寸、形制甚至细部处理，都同于红山文化同类器，应就是由红山文化直接传承下来的。M833 所出斜口筒形玉器虽色泽偏黄，但从尺寸、形制看，也同于红山文化同类器，平口端无穿孔，与牛河梁遗址下、上层积石冢所出斜口筒形玉器比对，应是较早特征，所以这件斜口筒形玉器也来自于红山文化。M1257 所出玉鸟，虽然无红山文化玉鸟常见的背面钻隧孔，而是近中部钻一透孔，但从总的形制和尺寸看，也应为由红山文化直接传承下来的玉器。还有 M458 的玉璧，虽体形较小，但外缘方圆和内外缘薄而璧体中鼓的形制和淡绿色的玉质，仍为红山文化玉器的直接传承。

（二）改制品

玦和环（弧形坠）残件。据发掘报告，该墓地所出 5 件玦的残段，折断的一端都经磨制加工，多数一端有穿孔，其中有 2 件出于 2 座男性墓中，位置也在耳部。如 M25：1，横截面呈五棱形，应是对兴隆洼文化玉玦的加工。此外，M817：3 和 M1102：7 被称为弧形坠，发掘报告以为是"断裂的玉环，修治两端穿孔而成"，也可能是对红山文化玉环或玉镯残件的加工改制。

M454 所出残玉牙璧，残断处也已磨平，一侧边钻孔，应是对来自辽东半岛史前文化玉牙璧残件的加工改制。

改制品中最重要的是 M458：2 雕花斜口筒形玉饰。这件玉器将红山文化多见的斜口筒形玉器上部平截再用的做法也见于旧藏品，如辽宁省博物馆20世纪60年代收藏有两件这样的残器[1]（图二四，1、2）。大甸子这件的花纹有边框和主地纹的图案布局及多种刻纹都不见于当地红山文化和其他早期玉器，器上也无因年久磨损痕，应为夏家店下层文化时期所雕。而且后世在红山文化斜口筒形玉器上雕纹的实例也不只一件，如大英博物馆藏品和上村岭虢国墓出土品，都为以长面为主做成人或兽面纹[2]。大英博物馆藏品为一件完整的红山文化斜口筒形玉器（图二四，3），边缘有加工，花纹为仿铜器的饕餮纹，可明确花纹为商代晚期前后加刻；虢国墓的一件为红山文化斜口筒形玉器长面的残片，是先在完整器上刻纹，后又截器，刻纹图案特点不同于虢国墓所属的西周晚期青铜器流行的花纹（图二四，4），而接近于夏家店下层文化彩绘陶器上的兽面纹，推测截器和刻纹年代可能为夏家店下层文化时期。

图二四　旧藏斜口筒形玉器
1、2. 辽宁省博物馆旧藏　3. 大英博物馆藏品　4. 上村岭虢国墓出土残件

（三）仿制品

主要指 M373 和 M821 出土的勾云形玉器。这两件勾云形玉器个体甚小，都只及红山文化所见同类勾云形玉器的一半，M821：5 淡绿色间白斑的色泽，也与红山文化玉器常见玉料有所不同。不过这两件勾云形玉器的形制和制玉技法与红山文化相同，M373：7 淡绿泛黄的色泽也同于红山文化玉器，是否为夏家店下层文化时期对红山文化玉器的仿制，尚待进一步考证。

大甸子玉器除由当地直接传承、改制和仿制之外，反映出与其他地区交流的玉器，最明显的就是 M383 所出玉蝉。如前述，这件玉蝉除规格与造型同于石家河文化外，浅绿泛白的质地以及大小也完全相同，应就是来自石家河文化。同墓所出似动物形玉坠饰，从质地和器面、周边起近于扉棱的花牙等造型作风看，极有可能也来自石家河文化。

有领玉环也如前述，可视为受山东史前文化影响或具共同时代特点的玉器。

这里要特别提到的是，大甸子墓地出土较多红玛瑙珠。黄翠梅教授以为，它们可能来自西部境外地区，而夏家店下层文化的先人们对红玛瑙等多色彩装饰的喜好，对西周以来中原等地区盛行的以玛瑙珠为主要内容之一的组玉佩有较大影响[3]。

① 郭大顺、洪殿旭：《红山文化玉器鉴赏》（增订本）第162页，图6-4，文物出版社，2014年。
② 郭大顺、洪殿旭：《红山文化玉器鉴赏》（增订本）第76页，图1-42，文物出版社，2014年。
③ 黄翠梅：《红霞翠影·瑶华缤纷——大甸子墓地的珠管串饰及玉石佩饰》，《玉魂国魄——中国古代玉器与传统文化学术讨论会文集》（六），浙江古籍出版社，2014年。

大甸子墓地所出玉器中，尚未见有大约同一时期龙山文化到夏时期主要玉器造型和花纹，如琮、铲、牙璋和"介"字形帽花边为代表的造型和以人面、兽面纹为主题的花纹。墓地所见具夏家店下层文化特点的玉器，主要为各类坠饰，如圆锥形坠饰、圆柱形坠饰、直条形坠饰、带齿直条形坠饰、弯条形坠饰以及矩形坠等。它们透露出夏家店下层文化自身玉器的一些特点：

1. 玉料。这几类玉器，质地相同或相近，都为白玉泛青或青灰色，不同于红山文化玉器以淡绿泛黄色并多附红褐色或白色瑕斑的玉料，同样，也多不同于该墓地所出与当地早期文化和邻区文化有关的其他两类玉器的玉料，说明它们各自玉料的产地不同。

2. 形制。多为长条形钻孔、形制相近的坠饰；圆锥形、圆柱形和条状坠饰都具明显时代特点，直条状玉件扁平的坠面、器边明显的棱角以及两侧边所饰齿牙，是当时切割技术成熟的表现，时代特征更为明显。

3. 组合与功能。可分几种情况：

从 M371 的出土情况看，圆锥形玉坠饰、圆柱形玉坠饰是与弯条形玉坠饰、楔形玉坠等同为一个玉器组合的。

形制类似的玉器，在陶寺遗址的墓葬中有所发现，如直条状玉坠饰与矩形玉坠饰。而陶寺墓葬所出的这类玉器，是作为头饰组合的坠饰，共同作为组合的还有玉璧，有的玉璧具红山文化特点。大甸子这类玉坠饰多单独出现，不过在 M458 所出玉器中，也有玉璧与直条形玉坠的组合，玉璧也具红山文化特点，这与陶寺头饰组合十分相近，推测也可能是与头饰组合有关的玉饰件[①]（图二五，1、2）。至于个别墓葬有玉饰件与玉石珠项链共出，从出土位置看，也有共为一个组合的线索。

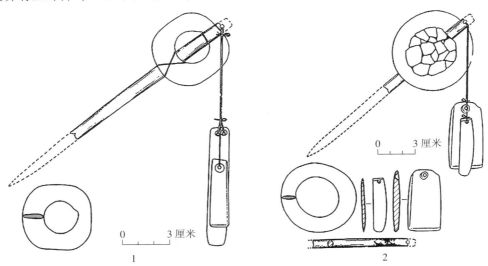

图二五　陶寺墓葬出土头饰组合
1. M2036 出土　2. M3018 出土

M706 和 M905 所出带齿直条形玉器，都出在壁龛内，M905 的带齿直条形玉器无穿孔，它们的功能与其他出于葬具内的穿孔坠饰应有所不同，其造型接近于二里头文化的"玉柄形器"。此类玉柄形

① 高炜：《龙山时代玉骨组合头饰的复原研究》，见《海峡两岸古玉学会议论文集》第 321～328 页，台湾大学理学院地质科学系印行，2001 年。

器，近来有多位学者论证其可能与祭祀"神祖"的牌位有关①。大甸子墓地的两件带齿直条形玉器（以及 M726 的石锥状物），都出于大型或特大型的成年或老年男性墓中，M905 的带齿直条形玉器形体较大，是否也具类似的象征性意义，值得关注。

4. 大甸子墓地常有相邻墓葬规模、随葬器物相近的情况，这在玉器随葬中也有反映。如墓地出土玉器较多且具夏家店下层文化自身特点的 M371 和 M317，这两座墓葬都在中区西部，属同一亚区，位置相距甚近，且都出有饰兽面纹图案的彩绘陶器。两座墓玉器质地、种类和组合有相近处，但 M371 玉器规格要明显高于 M317，M371 为特大型墓，墓主人为老年男性，而 M317 为少年女性。他们可能是有亲缘关系的权贵家族成员。发掘报告也详细论证过各区内不同茔域的区分所具家族性"族坟墓"的意义，并且是以 M371 和 M317 有相同的动物面目图案纹饰为典型例证之一来进行具体分析的②。这两座墓相近的玉佩饰组合，既为此提供了进一步的证据，且作为大甸子人群具代表性成员，其玉器类型、组合也是对夏家店下层文化玉器自身特点的集中展示。

四

大甸子墓地出土玉器中，除了玉饰件和玉石珠以外，玉石斧（钺）是另一个重要内容。

大甸子墓地共有 101 座墓中出有玉石斧（钺），共 101 件，即每墓随葬斧（或钺）1 件。这 101 座墓，除 16 座墓主性别未定以外，其余 85 座都为男性墓。发掘报告将这 101 件玉石斧（钺）分为两大类，体形扁方的称钺，共 34 件；体形窄长的称斧，共 67 件。本文分别称为石钺和玉石斧（钺）。

石钺（图二六，1、2），体形扁宽，束腰，体较厚。34 件中 8 件有"内"。钺未见玉质，33 件出于中型墓，只 M853 出盉与爵，可列入大型墓。不见于特大型墓。

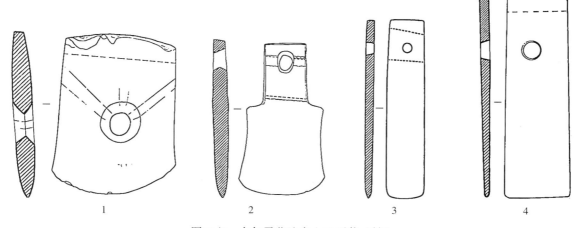

图二六　大甸子墓地出土玉石斧（钺）
1. 石钺（M444：6）　2. 石钺（M483：4）　3. 玉斧（钺）（M726：21）　4. 玉斧（钺）（M648：10）

① 刘钊：《安阳后岗殷墓所出"柄形饰"用途考》，《考古》1995 年第 7 期。曹定云：《论"惟殷先人，有册有典"及相关问题》，《考古》2013 年第 9 期。邓淑苹：《万邦玉帛——论夏时期玉器多元性的意义》，《玉魂国魄——中国古代玉器与传统文化学术讨论会文集》（六），浙江古籍出版社，2014 年。杨美莉：《中国古代的"玉兵"——多孔刀形玉兵系列之四》，《故宫文物月刊》总第 162 期，1996 年（文中提到林巳奈夫发于《泉屋博古馆纪要》第十二卷的《圭について》一文也有类似观点）。
② 中国社会科学院考古研究所编著（刘观民主编）：《大甸子——夏家店下层文化遗址与墓地发掘报告》第 195～221 页，科学出版社，1996 年。

玉石斧（钺）（图二六，3、4），体形窄长，一般长宽比为 3∶1 或以上。其中 6 件为玉质，出于 6 座墓中。

据发掘报告表七，这 6 件玉斧（钺）被列入体形较长的 I 型斧。其共同特点是体形较大，通体精磨，体甚窄长而薄，长度在 15 厘米，宽度在 5 厘米左右，厚度仅 0.6~0.8 厘米，边缘磨制起棱，横断面呈长方形。上（顶边）窄下（刃边）宽，个别上下宽度近等（如 M726∶21），顶边平直，有的刃部也甚平直（如 M648∶10），部分钻双孔（如 M672∶17、M375∶5），其形制十分接近于传世和出土的龙山文化至夏时期的平首玉圭[①]。这 6 件玉斧（钺）都有明确的出土位置，如 M726∶21、M672∶17 玉斧（钺）都横置于上臂近上端，M666∶13 玉斧（钺）横置于腰部，可知夏家店下层文化时期这类近于平首玉圭的玉质斧（钺）的使用，仍是作为斧钺类的横置而非玉圭的竖置、刃部朝上的状态。

除这 6 件玉斧（钺）以外的石斧（钺）类，多为大理岩质，体较厚，厚度大多在 2 厘米左右，边不起棱或起棱不显，横断面呈椭圆形，与玉质斧（钺）在形制上差别较大。不过也有形制与玉质斧（钺）相近的石斧（钺），如 M715 所出石斧（钺）（图二七，1~4），虽为石质，但磨制精，边缘起棱明显，且有附于木柄两端的铜帽和铜镦，规格较高，也可列入近似圭形的斧（钺）类。

与体甚窄长的近于平首圭形的玉石斧（钺）相比，石钺的形制扁宽，近刃部的两侧边略向内凹，即被称为"风"字刃，体较厚，其中带"内"的石钺在大甸子墓中发现多例，其形制已十分接近商代铜钺，是从斧类分化出来的较为进步的形制。但大甸子所出石钺未见玉质，且大都出于中型墓，特大型墓不见；而玉斧（钺）有出于大型墓（如 M672）甚至特大型墓（如 M726，M905 为石斧）者，说明斧（钺）类特别是玉斧（钺）与石钺不仅在形制上完全分化，而且质地和等级上也有较大区别，即从斧类分化出来的石钺，与近于平首圭形的玉石斧（钺）相比，等级偏低。

邓淑苹于 20 世纪 70 年代就曾提出平首玉圭是由石斧类演变而来[②]，大甸子玉石斧（钺）与石钺在形制、质地和等级上的差别，为这一演变提供了进一步证据。依此向前追溯，可见玉石斧（钺）与石钺的分化及玉石斧（钺）向平首玉圭的演变，应有一个较长的过程，演变脉络也逐渐清晰起来，这已有多处较早的实例可寻。在辽西地区，敖汉旗小山遗址所出赵宝沟文化石斧（钺）[③] 形制就近于平首圭形，红山文化已有窄长玉斧与体形较扁宽的石钺的区别，与红山文化交错分布、时代相当于红山文化晚期的内蒙古通辽哈民忙哈遗址 F37 已出有近于平首圭形的玉斧（钺），且为双孔[④]。东南沿海地区马家浜文化已有这类窄长形双孔石斧（钺）露头，崧泽文化和凌家滩墓地都已可见窄条形玉石斧（钺）与扁宽形石钺的区别。尤其要提到的是，中原地区仰韶文化虽然出土玉器甚少，但灵宝西坡墓地随葬的 16 件玉石斧（钺），却都可归入这种长条形玉石斧（钺）类，且有明确出土状态的全部都不

① 刘敦愿：《记两城镇遗址发现的两件石器》，《考古》1972 年第 4 期。邓淑苹：《故宫八件旧藏玉圭的再思》，《故宫学术季刊》第 19 卷第 2 期，2001 年。

② 邓淑苹：《圭璧考》，《故宫学术季刊》第 11 卷第 3 期，第 67 页，1977 年。高炜：《陶寺文化玉器及相关问题》，邓聪编《东亚玉器·1》第 195 页，香港中文大学中国考古艺术研究中心，1998 年。

③ 中国社会科学院考古研究所内蒙古工作队：《内蒙古敖汉旗小山遗址》，《考古》1987 年第 6 期，第 497 页图一七，图版壹－2。

④ 内蒙古文物考古研究所、吉林大学边疆考古研究中心：《内蒙古科左中旗哈民忙哈新石器时代遗址 2011 年的发掘》，《考古》2012 年第 7 期，第 26 页图一五－8，图版肆－1。

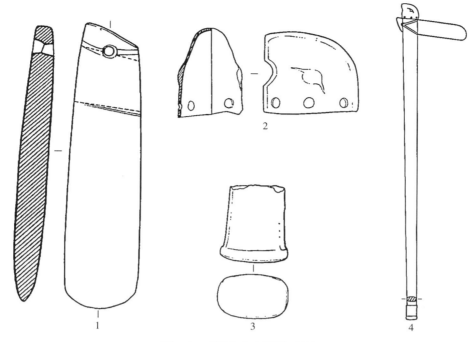

图二七　M715 出土石斧（钺）

1. 石斧（钺）（M715：13）　2. 铜帽（M715：14）　3. 铜镦（M715：15）　4. 石斧（钺）复原（M715）

是作为斧钺的横置而为用作圭类使用的竖置；同一文化类型的华县泉护村 M701 的石斧（钺）也有相同的出土状态。玉石斧（钺）在墓葬中作竖置状态在华山脚下的末期仰韶文化已具规律性①，这可能说明在玉石斧（钺）向平首玉圭演变过程中，中原地区是一个不可忽视的地区②。

五

　　从红山文化到夏家店下层文化，埋葬习俗产生了很大变化。就等级观念的表达而言，这时已非红山文化时期的"唯玉为葬"，而是从墓葬规模、葬具、随葬猪狗、壁龛、陶器组合、彩绘花纹等多个方面表现出来，随葬器物则以彩绘陶器为主，与玉器同时作为装饰品的还有其他材质和类型器物。从玉器出土情况看，目前夏家店下层文化调查遗址数千处，发掘遗址数十处，所知只极少遗址有小件玉器发现，如丰下遗址所出玉鸟③（图二八）；墓地虽发掘很少，但如大甸子附近的范杖子墓地，发掘百余座，几无玉器随葬。而大甸子遗址和墓地及出土玉器反映了夏家店下层文化等级较高的中心聚落及玉器使用情况。由此可见，与彩绘陶器相比，玉器在夏家店

图二八　丰下遗址出土玉鸟

---

① 北京大学考古系著、中国社会科学院考古研究所编（主编苏秉琦，撰稿张忠培、杨建芳）：《华县泉护村》第 74 页，图 52，科学出版社，2003 年。

② 中国社会科学院考古研究所、河南省文物考古研究所编著：《灵宝西坡墓地》，文物出版社，2010 年。

③ 辽宁省文物干部培训班：《辽宁北票县丰下遗址 1972 年春发掘简报》，《考古》1976 年第 3 期。又见郭大顺、洪殿旭：《红山文化玉器鉴赏》（增订本）第 71 页，图 1－37，文物出版社，2014 年。

下层文化中已不占主要地位，几成附属品。即使如此，仍然可以从大甸子墓地出土玉器对夏家店下层文化的内涵有多方面认识。

一是关于玉器所反映的等级差别。包括玉饰品在内的装饰品在大、中型墓中随葬率较高。有接近40%的大、中型墓中有各类装饰品随葬，其中随葬玉石装饰品的大、中型墓也占到大、中型墓的近30%，约20座大型墓和特大型墓中只2座墓不随葬装饰品，其中的4座特大型墓全部都有玉器随葬，这说明玉器仍然是当时等级制度的一个标志。

二是关于当地文化的传承。从红山文化经小河沿文化到夏家店下层文化，其间有跳跃式变化，但仍有继承关系可寻。表现在玉器上，虽然传承方式已缺乏创新，而是以传世和仿制的方式直接继承，但红山文化和具红山文化特点的玉器达10余件，且多数个体相对较大，在大甸子玉器中占有主要地位。从出土状态分析，大甸子墓葬所出一些重要的红山文化和具红山文化特征的玉器出土位置，如M833：2斜口筒形玉器出在腰部，M659：7饰瓦勾纹臂饰出在左上臂处，M821：5勾云形玉器出在胸部，与牛河梁红山文化墓葬中所出同类器位置相同或相近，也暗示功能的相近，都说明这种传承的顽强。相较于红山文化对前代的传承主要表现于陶器和其他方面，尚未见有前一阶段玉器在红山文化时期出现，夏家店下层文化则在陶器方面较前代已有较大变化，传承脉络不够显著，而玉器不仅传承红山文化，还"隔代"传承兴隆洼文化，其间的文化关系，值得继续深入研究。

三是关于同相邻文化的交流和夏家店下层文化的多元性。大甸子所见夏家店下层文化时期玉器，具多元性和时代性强的特点。夏家店下层文化的多元性还表现于人种和陶器等多个方面。人种的多元性，据发掘报告对大甸子墓地的人种鉴定结果，大甸子可分为两种类型的人群，一是与中原地区居民有较亲近关系的东亚蒙古人种，一是与长城地带及东北地区前期居民相关联的接近东亚人种又显示出北亚蒙古人种相似因素的人种[1]，这同夏家店下层文化的文化面貌既具地域性又同中原地区夏商文化有着千丝万缕的联系是相应的。陶器的多元性还表现在与其东邻的高台山文化的交流，大甸子墓葬中有15座墓出有具高台山文化的素面红陶器30余件，M459更在壁龛中摆放两组陶器，一组为具夏家店下层文化特点的黑陶鬲扣黑陶罐，一组为具高台山文化特点的素面红陶钵扣素面红陶壶（图二九），后者的随葬方式也与高台山墓葬相同。发掘报告由此推测，这是社会基层组织由血缘关系向地缘关系转变过程在考古学文化上的反映[2]。夏家店下层文化还表现出与北方草原地区的关系，如大甸子墓地所出蛇纹鬲、鬶和爵所饰篦点纹等，装饰品则有一端作扇面形的金属耳环[3]。所

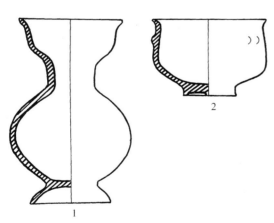

图二九　大甸子M459出土高台山文化陶器
1. 红陶壶　2. 红陶钵

---

① 中国社会科学院考古研究所编著（刘观民主编）：《大甸子——夏家店下层文化遗址与墓地发掘报告》第262页，科学出版社，1996年。
② 刘晋祥：《大甸子墓地乙群陶器分析》，见《中国考古学研究——夏鼐先生考古五十年纪念论文集》第101~104页，文物出版社，1986年。
③ 参见林沄：《两个现象，一种假设》，见《中国北方古代文化国际学术研讨会论文集》第22~25页，中国文史出版社，2004年。

以，夏家店下层文化玉器表现出的时代性和多元性都并非偶然。不过，夏家店下层文化与遥远的长江流域石家河文化关系则只见于玉器，陶器尚不明显，这又再一次说明，作为思维观念载体的非实用的玉器在文化交流中的活跃程度要高于与生活有关的陶制品。

四是大甸子玉器作为龙山文化到夏时期玉器的一个组成部分，还从一个侧面反映出这一时期玉文化发展的一些走向和特点：由仰韶时代到龙山时代，是中国上古文化由个性充分发展为主并频繁交汇到以传播为主导致最初文化共同体的形成时期，这一时代变革的大趋势在玉器方面有典型表现。

在这一时代变革的大趋势中，文化关系由仰韶时代的南北交流为主到龙山时代的东西结合为主；玉文化则北方平静、中心有向东方转移的趋势。在距今 4000 年前后，海岱区的龙山文化在吸收红山文化、良渚文化玉器工艺和造型的基础上，在切片、镂孔、镶嵌以及扉牙、细镂花边、减地阳纹等制玉工艺，以牙璋、牙璧、圭和"介"字形帽花边为代表的造型，以神人面、兽面纹为主题花纹和纹饰分层、分主次等方面，都有很多创新①，并成为继红山文化、良渚文化之后由东向西传播的主要使者，从而与"三北"地区共同促成了"龙山时代"的到来②。在大甸子玉器中，也时时会感受到来自东方的影响。从中表现出玉器作为文化交流中最为活跃的文化因素，其传承与传播，在龙山文化到夏时期达到一个高峰，成为中华文化共同体最初形成的一个显著标志。

从大甸子出土的多例近于圭形的玉石斧（钺）及其与平首玉圭的关系，可联想到对各类玉礼器演化过程具体轨迹的追索。海岱地区除明确的玉圭外，还有时代较早的牙璋出现，这些都显示出，从龙山时代到夏时期，是玉器礼器化以至其所体现的礼制走向成熟和定型的一个关键期③。

［原载于杨晶、蒋卫东执行主编：《玉魂国魄——中国古代玉器与传统文化学术讨论会文集》（六），浙江古籍出版社，2014 年］

---

①　邵望平、高广仁：《从海岱系玉礼器的特征看三代礼制的多源一统性》，见《第二届中国古代玉器与传统文化学术讨论会专辑》第 22～38 页，杭州出版社，2004 年。

②　"三北"指冀北、晋北、陕北和内蒙古中南部。苏秉琦先生以为，三北地区是三袋足器的起源地，从而是龙山时代形成的"风源"所在。见苏秉琦：《环渤海考古的理论与实践（提纲）》，《苏秉琦文集》（三），文物出版社，2009 年。

③　牟永抗先生以为"平首圭的出现，作为礼制发展完善的一个标志"。见牟永抗：《南丫岛"牙璋"探微——关于玉礼兵的若干思考》，《牟永抗考古学文集》第 402～412 页，科学出版社，2012 年；原载于《南中国及邻近地区古文化研究——庆祝郑德坤教授从事学术活动六十周年论文集》第 145～151 页，香港中文大学，1994 年。

对话远祖

——红山文化人体雕像解析

5000 年前活动于东北南部的红山文化先人，有许多艺术创造。除了世人熟知的玉器以外，人体雕塑是又一项主要内容。

红山文化的人体雕塑最早于 1963 年发现于内蒙古赤峰市西水泉遗址，引起较多关注的是 1979 年在辽宁喀左东山嘴遗址的发现，而以 1983 年在辽宁朝阳牛河梁女神庙遗址发现的女神塑像群最为重要。此后，赤峰、朝阳地区又不断有新的发现。现依质地和规模分类加以介绍。

一、标本举例

依质地可分为泥塑和陶塑、石雕和玉雕两大类。依规模可分为小型（高在 10 厘米左右）、中型（小于真人原大）、大型和特大型（等于或大于真人原大）三类。

A. 泥塑和陶塑。共选标本 15 例。其中泥塑 6 例，陶塑 9 例。

标本 A1

陶塑小型人像，赤峰西水泉遗址一号灰坑出土。为泥质褐陶。半身，头部残缺，残高 3.8 厘米。胸部乳房突起，下部周边刻划短竖条纹（图一）。发掘者认为属女性塑像，但发表后并未引起注意①。

标本 A2～A4 为东山嘴遗址出土②。遗址位于喀左县城东南大凌河西岸的高冈上。1979 年在这里发掘出一组南圆形（祭坛）、北方形的石砌建筑组合（图二）。陶塑人像残块出土于祭坛及附近。均为泥质红陶。

标本 A2

陶塑小型人像，圆雕，表面打磨光滑。头和右臂缺失，残高 5 厘米。裸体，倚坐式，腹部隆起，臀部肥大，左臂弯曲贴于上腹部，以三角窝形表现阴部，是典型的"妇女小雕像"（图三，1、2）。

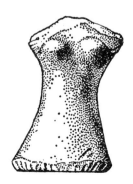

图一　赤峰西水泉出土陶塑女性
人像（H1：3）

①　中国社会科学院考古研究所内蒙古工作队：《赤峰西水泉红山文化遗址》，《考古学报》1982 年第 2 期。
②　郭大顺、张克举：《辽宁省喀左县东山嘴红山文化建筑群址发掘简报》，《文物》1984 年第 11 期。

图二　东山嘴遗址

1　　　　　　　　2　　　　　　　　3　　　　　　　　4

图三　东山嘴出土陶塑孕妇像
1. TD9②∶7 正面　2. TD9②∶7 侧面　3. TD8②∶5 正面　4. TD8②∶5 侧面

标本 A3

陶塑小型人像，残高 5.8 厘米。形体同于标本 A2，只残躯稍长，表面未打磨，阴部记号为放射状刻线（图三，3、4）。

标本 A4

陶塑中型人物坐像，为同一个体的上下残件各一块。上、下部残件各宽 22 厘米。裸体。上身为片状，在外鼓的正面塑出交叉的双手臂，以右手握左手的手腕部，交叉于腹部中间；下身近圆雕，有空内腔。盘膝正坐式，右腿搭在左腿上，脚心向外，底部平整并满饰席纹（图四）。

1　　　　　　　　　　　　　　　　　　2

图四　东山嘴出土陶塑人像残件
1. 上部残件（TD10②：9）　　2. 下部残件（TD10②：10）

图五　牛河梁第一地点女神庙及女神头像出土位置

　　标本 A5～A12 为牛河梁遗址出土①。牛河梁遗址为女神庙与围绕其外的祭坛、积石冢群组成的占地约 50 平方千米的遗址群。女神庙仅试掘就获得泥塑的人像手、上臂、肩部、乳房，还有耳和眼球等数十块，它们分属于 6～7 个个体。体形多为真人原大。在被扰动的西室外，采集到相当于真人 2 倍大的上臂、腿部、乳房等；更在女神庙的主室正中央，发现相当于真人约 3 倍大的耳与鼻部。特别是在女神庙的主室西侧，发现了一尊较为完整的女神头像（图五）。庙附近的积石冢和窖穴也发现有泥塑和陶塑残件。

　　标本 A5

　　泥塑特大型人像鼻部（N1J1B：18），出土于女神庙主室中部。为鼻左下侧残件。可见近圆形的鼻

<hr />

　　①　辽宁省文物考古研究所编著：《牛河梁——红山文化遗址发掘报告（1983—2003 年度）》，文物出版社，2012 年。以下所引牛河梁标本均见此发掘报告。

梁、左鼻翼及左鼻孔。仅鼻孔径就达 1.8 厘米（图六）。

标本 A6

泥塑特大型人像耳部（N1J1B：16），出土于女神庙主室中部。表面粗糙，遗留捏塑痕，有耳轮的表现。长 12 厘米（图七）。

标本 A7

泥塑大型人像头部（N1J1B：1），出土于女神庙主室西侧。通高 22.4 厘米，相当于真人原大。较完整，只头顶部残缺。头像后部有贴于庙墙壁的痕迹，属于高浮雕。表面打磨且涂朱。额上塑箍饰，鬓角处塑系带。嵌玉片为睛（图八）。

标本 A8

泥塑大型人像手部（N1J1B：2），出土于女神庙中室。长 12 厘米。为左手，作握拳下托状（图九）。

女神庙内还发现有盘坐姿态的人像，与东山嘴标本 A4 姿态相同，可能表明这种盘坐的姿态，是当时神像的一种固定姿态（图一〇）。

标本 A9

陶塑小型人像头部残件，出土于女神庙南部灰坑。泥质褐陶。通高 3.1 厘米。头顶有发迹的表现，并间以数个小圆坑。圆眼，眼窝大而深，鼻梁直，吻部甚为外突，嘴部圆鼓突出，作吹喊状。无耳的表现（图一一）。

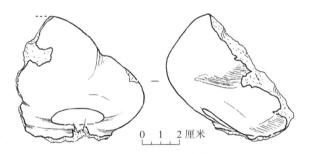

图六　牛河梁第一地点 J1B 出土泥塑人像鼻部残件（N1J1B：18）

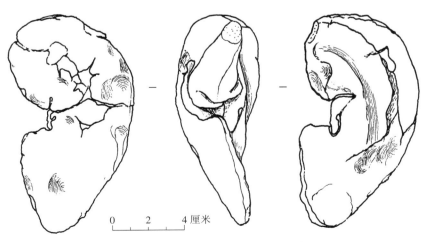

图七　牛河梁第一地点 J1B 出土泥塑人像耳部残件（N1J1B：16）

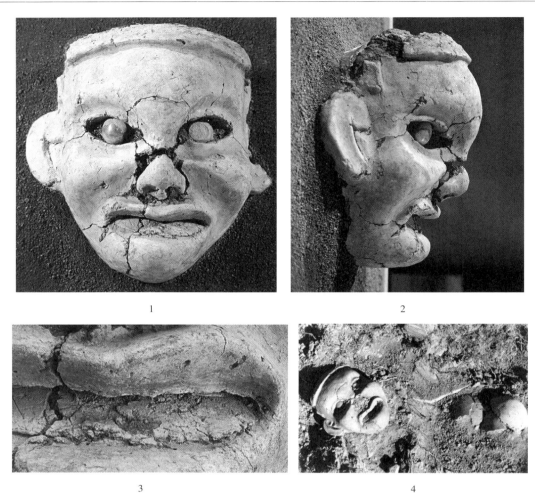

图八　牛河梁第一地点出土泥塑女神头像（N1J1B：1）

1. 正面　2. 侧面　3. 唇部（可见右上嵌蚌片痕）　4. 出土状态

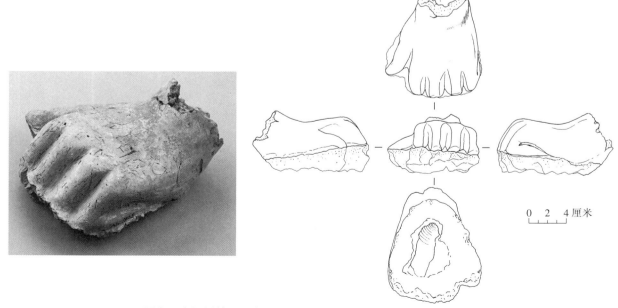

图九　牛河梁第一地点 J1B 出土泥塑人像手部残件（N1J1B：2）

图一〇　牛河梁第一地点女神庙中室西侧剥离出的女神坐像残件（未提取）

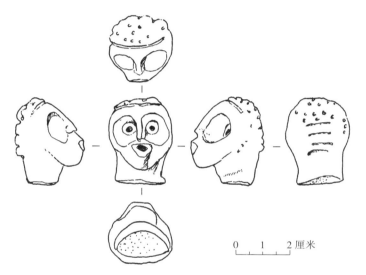

0　1　2 厘米

图一一　牛河梁第一地点 H3 出土陶塑人像头部残件（N1 采：5）

标本 A10

陶塑大型人像面部残件，第三地点积石冢围沟内出土。约相当于真人原大。可见宽鼻头和高隆起的上下唇，鼻翼和人中有细加工，甚为写实和富有表情（图一二）。

标本 A11

陶塑小型人像，牛河梁第五地点二号冢出土。圆雕，头部和右腿残缺，残高 9.6 厘米。裸体，立式，有双乳的表现，腹微鼓，背部内凹，体形曲线明显，应为女性。上臂弯曲，抚于腹前，塑出左足特征及半高筒的皮靴一类（图一三）。

标本 A12

泥塑大型人像手部残件，第十六地点出土。约当真人原大。为食指、中指、无名指三指并列的手指端部残件，可见写实的指甲（图一四）。

标本 A13

泥塑手部残件，建平县东山岗积石冢出土。冢前设祭坛。塑像残件可见为多指并拢状（图一五）。

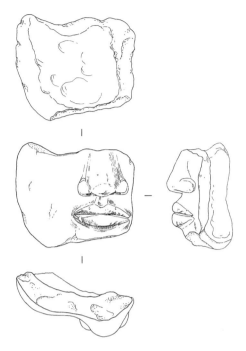

图一二　牛河梁第三地点出土陶塑人面残件（N3G2：1）

1　　　　　　　　　　2　　　　　　　　　　3

图一三　牛河梁第五地点二号冢出土陶塑小型人像（N5SCZ2：4）
1. 正面　2. 侧面　3. 背面

标本 A14

陶塑人像陶器，敖汉旗兴隆沟遗址房址内出土[①]。为在筒形器上浮雕全身人物。头部完整，可见头上冠饰，眼眶内填泥饼为睛；体为盘坐式，双手交叉。器为圆筒形，无底，底缘内侧有近似起"台"的做法（图一六）。人物头顶有一穿孔，其造型与所表现的上下贯通之意近于红山文化积石冢上的陶筒形器，故这应是一件有人物装饰的筒形器。

———————————

[①]　索秀芬、李少兵、田广林：《论红山文化坐姿人形造像的性质》，见辽宁省文物考古研究所编《红山文化学术研讨会论文集》，辽宁人民出版社，2013 年。

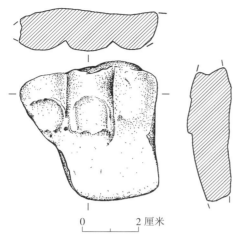

图一四　牛河梁第十六地点出土泥塑
人手残件（N16J1①：24）

图一五　建平县东山岗积石冢出土
泥塑人像手部残件

图一六　敖汉旗兴隆沟出土陶塑人像陶器

标本 A15

三人蹲坐陶塑像，敖汉旗兴隆沟遗址第 2 地点 21 号灰坑出土。高 5.2、底径 4.2 厘米。为三裸体女性手臂相交，相拥相抱，有以为似跳舞状（图一七）。从都为蹲踞的姿态看，同于红山文化其他玉石雕和泥塑人像的姿态，可能仍是与祭祀有关的塑件。

B. 石雕和玉雕。选标本 6 例。其中石雕 2 例，玉雕 4 例。

标本 B1

石雕人像头部残件，敖汉旗四家子镇草帽山 2 号积石冢出土[①]。也为冢与祭坛组合。石雕人像出于冢的后中部。为圆雕，残高 18 厘米。红砂岩质，表面较粗糙，但雕工讲究。面部较长，五官清晰：目

----

① 《敖汉旗发现红山时代石雕神像》，《中国文物报》2001 年 8 月 29 日。

图一七　敖汉旗兴隆沟出土陶塑三人像

微闭，显清晰而准确的眼球轮廓，嘴也微闭，宽鼻梁，圆鼻头。头顶以上规整似弯板状饰，为从环绕额部一周的带状发箍伸出的前宽后窄的束发（图一八）。

标本 B2

石雕人像，那斯台遗址采集。为跪坐的全身像，高 19.4 厘米，通体磨光。头顶有三层"相轮"形装饰，顶部平齐。面部轮廓近菱形，突出三角形鼻部及甚下斜的目部。两臂于胸前作合掌状，束腰，跪坐式，赤脚（图一九）。由于标本为采集品，该遗址还有赵宝沟文化和兴隆洼文化陶片，其年代和文化所属不明确，但不会晚于红山文化①。

标本 B3

双人首三孔玉梳背饰件，牛河梁第二地点 1 号冢出土。横长 7 厘米。白色，约为页蛇纹岩质。通

图一八　敖汉旗草帽山出土石雕人像头部

图一九　巴林右旗那斯台采集蹲踞石雕人像

① 巴林右旗博物馆：《内蒙古巴林右旗那斯台遗址调查》，《考古》1987 年第 6 期。

体扁平，下部有窄榫部，榫面钻三孔。两端人头像雕法较为粗简，但人的眼、鼻、嘴部都甚为清晰，鼓目，圆鼻头，下颚尖，头顶有冠饰的表现，冠上刻斜线（图二〇）。出土时位于人头骨下，是这类三孔玉器为梳背饰的新证据。

标本 B4

玉人，出土于牛河梁第十六地点4号墓即中心墓人骨盆骨左外侧，面朝下。淡青色河磨软玉，头顶遗有玉料深褐色石皮。通高18.5厘米。圆雕，半裸体，女性。头部有圆顶，额上箍饰。目、嘴、鼻和上臂都以宽而短的阴线雕出。五官紧凑上提，嘴微张，目上弯，耳廓中内凹，双臂曲肘扶于胸前，双足斜立，肚脐高耸如尖，额间一菱目形洞。通体瘦长，整个身体作平卧吸气且表达上下贯通之意。背面较平，颈部处纵横两孔相交（图二一）。

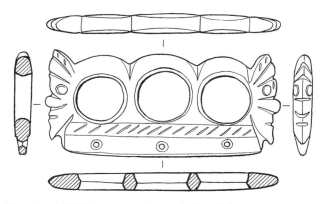

图二〇　牛河梁 N2Z1M17 出土双人首玉梳背（N2Z1M17：1）

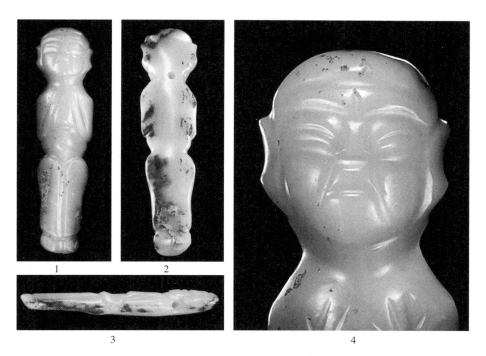

图二一　牛河梁 N16M4 出土玉人（N16M4：4）
1. 正面　2. 背面　3. 侧面（仰卧式）　4. 细部

1　　　　　　　　　　　　　2

图二二　北京故宫博物院藏玉坐人
1. 正面　2. 背面

标本 B5

玉坐人，北京故宫博物院藏品。高 14.6 厘米。青黄色间玉璞皮及赭色斑。长角高耸，有尖耳，面部狭窄，五官不显，双手扶膝，细腰，隐有阴部表现。背上部对钻一隧孔（图二二）。另，美国克利夫兰博物馆和瑞典远东博物馆各收藏一件类似玉坐人。

标本 B6

熊人合体玉坐人，剑桥大学费芝威廉姆博物馆收藏。高 12.2 厘米。选河磨玉为料，色泽淡绿间褐红瑕斑。蹲踞式，有熊首及双前肢高举于人头顶之上的熊冠，人正面似裸体，背面有人体肌和腰带的表现（图二三）。

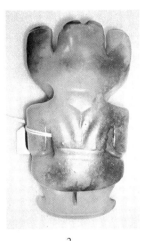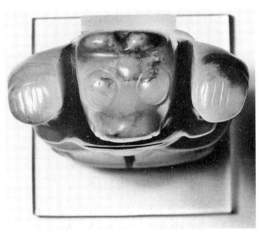

1　　　　　　　2　　　　　　　3　　　　　　　　　　4

图二三　剑桥大学费芝威廉姆博物馆藏玉熊人
1. 正面　2. 背面　3. 侧面　4. 顶面

有学者以为以上两件标本为人披兽（熊和牛）皮的人兽合体玉器，是合理的解释①。

二、工艺试析

对于这批人体雕像的艺术成就，需不断有艺术史方面的深入解读。笔者有幸接触过部分重点实物，觉得有以下三个方面值得强调。

一是圆雕技法的掌握。

这批红山文化人体雕像使用了平雕、浮雕、高浮雕和圆雕等雕塑的全部基本技法。特别是有多件圆雕作品，其中如东山嘴的两件小型孕妇塑像，除明确的孕妇特征外，还有上臂曲、体侧倾、倚坐式

---

① 孙守道：《红山文化"玉熊神"考》，《中国文物世界》第 140 期，1997 年。邓淑苹：《谈谈红山系玉器》，《故宫文物月刊》第 189 期，1998 年。又见徐琳：《三尊"红山玉人"像解析》，《中国社会科学报》2010 年 2 月 2 日。

等动作的表现，尽管多特征和体态变化，但在人体各个部位、相互关系以至在整个体形的把握上，都不失协调统一；多件玉石雕圆雕作品中，草帽山石雕人像属大中型人体雕像，形象却极度写实，从头顶到面部的每道工序雕造得都很到位，呈现神者安详而不张扬的状态；还有海内外博物馆收藏的多件玉坐人，已是非单一题材的人兽合体，又表现曲度甚大的坐姿，雕造技法要求较高；这些都是反映红山文化人体雕塑艺术水平的代表作品，说明红山人已经熟练掌握了圆雕人像的工艺。

二是对大型人体的塑造。

主要实例为牛河梁遗址女神庙的一批泥塑人体雕像。这批人体雕像都为相当真人大小甚至真人 2~3 倍大的大型和特大型雕像，而且都为全身像，这无疑加大了塑造的难度。对这批大型雕像基本工序的初步观察结果是：先立骨架、上堆粗泥，再用中泥塑造，外用细泥加工打磨。这样选料分层塑造，使大型人像虽甚为厚重，却能保持不塌不裂不变形。此外，人像的姿态也是多种多样的。从体态看，可分为盘坐、倚坐与跪坐。其中大型像大都为盘坐式。从手部残件看，则有握拳、按掌等。不仅每一形象和动作都塑造得甚为准确，而且从贴塑于庙拱形墙壁、额头高起、紧收下颌的女神头像看，当时已注重对大型神像仰视效果和实际比例的调整。可见，红山人已经比较全面地掌握了对大型人体的雕塑技法。

三是写实与夸张的结合。

这批人体雕像虽然写实性很强，又在写实的基础上予以神化，但非过分夸大。这也以牛河梁遗址的女神头像最具典型性。这尊头像从五官比例和形象分析，完全是写实的，但斜立的双眼，外眦的上唇，凸起的双颊，尤其是以玉为睛，都明显是使用了艺术夸张的手法，这大大增加了神化效果，却并不失真，而使人物更富有生命力。近对这件女神头像的下唇作近距离观察，原以为是断裂面，其实唇面甚为光滑，非断裂，而为贴面，当另有镶贴的牙齿。凑巧的是，林西县白音长汉和兴隆沟遗址第22号房址发现的兴隆洼文化石雕人像就有镶嵌或贴附蚌片为齿的做法①（图二四、二五），牛河梁这尊女神头像上唇的左上边缘也找到了以蚌代齿的痕迹（见图八，3）。可知，这尊女神头像是调动了多种手法大力加以神化，从而以写实与神化的完美结合使红山人人体雕塑工艺水平达到一个新的高度。

图二四　敖汉旗兴隆沟 F22 出土　　　　　图二五　林西县白音长汉遗址出土
　　　　贴蚌齿石雕人像　　　　　　　　　　　　嵌蚌质齿石雕人面（AT27②：7）

① 中国社会科学院考古研究所内蒙古第一工作队：《内蒙古赤峰市兴隆沟聚落遗址 2002~2003 年的发掘》，《考古》2004 年第 7 期。

三、功能推测

关于这批红山文化人体雕像的功能，尚在探讨中。依目前的认识，可分为可能供奉以受人们膜拜的"崇拜偶像"和"非崇拜偶像"两大类。

牛河梁女神庙内围绕主神的群神塑像应都为崇拜偶像，东山嘴、牛河梁第三地点和第十六地点、建平东山岗和敖汉草帽山设祭坛的积石冢所出大中型泥塑和石雕也应都与崇拜偶像有关。小型像，无论是玉雕还是泥塑，可能都为非崇拜的偶像。关于它们的具体功能，有人认为，如东山嘴遗址的小型孕妇雕像，可能是祭祀者在祭祀时随身携带，祭祀后置于家中供奉的神像。不过，牛河梁遗址第十六地点4号墓随葬的玉人，本体做成巫者作法形象，又为中心大墓主人所拥有，墓主人应即一大巫，其随身携带的玉巫人，更可能是巫者用以通神的工具。至于那几件人兽合体的玉坐人，是神还是作法的巫者，可进一步考证。

接着要探讨的问题是，在中国的史前时期为什么只有红山文化的人体雕塑艺术得以发展起来？祖先崇拜在这里产生较早，可能是主要原因。即牛河梁遗址的女神庙和积石冢群中作为崇拜偶像的大中型人体雕像，应都为祖先崇拜的偶像。

我们先是从以下两方面认识这一问题的。

一是人体雕像的塑造不仅注重写实性，他们还可能是模仿真人塑造的。这最初是从泥塑臂腔内遗有骨骼碎片联想到的，后又观察到塑像有对人体细部的忠实描述。实例如胡头沟积石冢和牛河梁遗址第二地点1号冢的墓葬中都有特殊的单耳坠习俗[1]，女神头像残缺的左耳耳垂上部可看出有一穿孔，完整的右耳耳垂部却并无穿孔，也应是这种单耳坠习俗的表现。正如苏秉琦先生对女神头像的评价："'女神'是由五千五百年前的'红山人'模拟真人塑造的神像（或女祖像），而不是由后人想象创造的'神'，'她'是红山人的女祖，也就是中华民族的共祖。"

二是对远祖与近亲的区别。牛河梁遗址是庙与墓组合，而积石冢墓群中又有设坛的冢坛组合的规律，积石冢旁还常有其他祭祀遗迹，这应是对祖先亡灵崇拜的遗迹，而中心的女神庙当为更高层次的祭祖场所。依巫鸿观点，当时的崇拜对象已有"近亲"与"远祖"的观念和分别[2]。由于积石冢大型墓特别是中心大墓都为男性，可知对近亲的祭祀对象主要应为男性祖先。

对红山文化祖先崇拜的进一步认识是"个祖与共祖"和"女神与男祖"概念的提出。

"个祖与共祖"是受前述苏秉琦先生有关"共祖"说的启示，从牛河梁女神庙与积石冢不同规格的崇拜偶像的比较中得以印证的。牛河梁遗址女神庙，所出人体雕像不仅个体属大型甚至特大型，而且不只一尊，是围绕主神的群神组合；庙又独立于积石冢和祭坛之外，处于被积石冢和祭坛所环绕的主梁顶部，是整个遗址群的主体，显示其不属于某一个如聚落或聚落群及其所代表的氏族、部落，而只能是共属于整个文化共同体的。这座女神庙当为红山文化这一文化共同体共同崇拜的先祖神，即

---

① 胡头沟 M3-3 和 M3-5 各随葬一件绿松石质的鱼形耳坠。见方殿春、刘葆华：《辽宁阜新县胡头沟红山文化玉器墓的发现》，《文物》1984 年第 6 期。

② 巫鸿：《从"庙"至"墓"——中国古代宗教美术发展中的一个关键问题》，《庆祝苏秉琦考古五十五年论文集》，文物出版社，1989 年。

"共祖"。而东山嘴、牛河梁遗址第三地点和第十六地点、建平东山岗和敖汉草帽山积石冢等出土的陶泥塑或石雕人像，虽然也都是被崇拜的偶像，但规模要远较牛河梁遗址女神庙的为小，当为每座山冈积石冢所代表的各个社会单元所崇拜的偶像。说明红山文化的祭祀场所和崇拜偶像是分层次的。红山文化的每个社会单元都有自己的祖先神，而整个红山文化又有该文化共同体共同的祖先神。是为"个祖与共祖"的区别。

"女神与男祖"概念的提出，则是由于牛河梁女神庙和各地点积石冢所见人体塑像，能辨认出性别特征的，都为女性，为此，有学者归纳为"女神男巫"[1]，不过笔者认为称"女神男祖"可能更确切些。这是因为在牛河梁遗址的各积石冢辨认出一种特异型的"塔"形陶器。此类器不仅个体较大，而且造型甚为独特与复杂，可分出瓶形小口、圆鼓饰窝点纹的上腹和裙边、饰成排大镂孔的束腰和满绘彩色图案的底座等四个部分，尤其是瓶状口部的两侧还各附一椭圆状竖錾，可知此器其实是男性崇拜物，或可直称为"祖"形器（图二六、二七）。这类"祖"形器，在积石冢所见数量甚少，多只一件或几件，所处位置在冢的中心。值得特别提到的是，在女神庙内也出有一件这类器的残片，器壁厚达1.5～2厘米，质地纯洁而坚硬，器的裙边直径约50厘米，底座残片壁近直，显示该器体形特大特精，复原高度可达1.5米以上，应非一般祭器，而应是庙内与女神塑像并存的男性崇拜物。许倬云先生将文献与考古资料相结合，考证中国从史前到夏商周三代时期神与祖的区别与联系[2]。红山文化作为偶像崇拜的大中型人体塑像只有女性而男性以器物表示，表明在史前时期可能已经出现女神与男祖的观念划分。

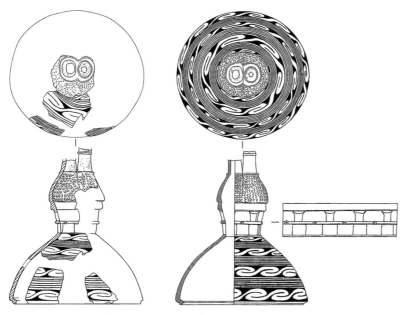

图二六　牛河梁 N2Z2 冢上出土陶"塔"形器及复原（N2Z2：49）

图二七　建平县东山岗出土
陶"塔"形器上部残件

① 易华：《红山文化定居农业生活方式——兼论游牧生活方式的起源》，《红山文化研究——2004 年红山文化国际学术研讨会论文集》，文物出版社，2006 年。
② 许倬云：《神祇与祖灵》，《玉魂国魄——中国古代玉器与传统文化学术讨论会文集》，燕山出版社，2002 年。

　　既有围绕主神的群神不同层次，又有远祖与近亲、个祖与共祖的区别，还有女神与男祖的分野，表明5000年前的红山文化已进入了祖先崇拜的高级阶段。其实，祖先崇拜作为中国古代最主要的崇拜形式，一直被延续下来，必有一个漫长的发展过程。安阳殷墟西北岗王陵区（约公元前1200年至前1046年）内上千座祭祀坑和卜辞中对先公先王的各类祭祀礼仪的记载表明，3000多年前商代的祖先崇拜已非常发达，向上追溯到5000年前，是完全可以理解的。而且，辽西地区在先红山文化时期就经常有石雕人像发现（图二八、二九），且在雕塑手法上表现出明显的承袭关系，如前述的"以蚌代齿"。

　　一般以为，中国古代祖先崇拜的发达并不表现在偶像崇拜，而是以牌位替代，即所谓"宗"①。以上红山文化祭祀遗存的发现大大改变了这种状况，还促使我们做这样的设想：在中国历史的史前时期，为既有以偶像为祭祀对象的女性祖先即女神崇拜，又有以象征物为祭祀对象的男祖崇拜；夏商周三代，随着男性地位的进一步提高和对女性祖先回忆的淡化，以象征物为祭祀对象的男性崇拜彻底代替了以偶像为祭祀对象的女神崇拜，从而切断了中国古代人物雕塑艺术发展的条件。这是否可以视为中国古代人物雕塑艺术未能进一步发展起来的原因？有待进一步探讨。

 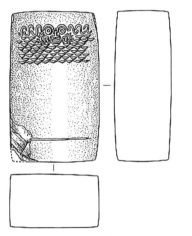 

图二八　白音长汉出土兴隆洼文化　　　　　图二九　阜新塔尺营子出土查海—兴隆洼文化
　　　　石雕人像（AF19②：4）　　　　　　　　　　神人面石雕件（编号9295）

　　最后说一点影响与交流。辽西地区作为东北与东北亚的前沿地带，与西亚与新大陆的人体雕像有可比性。草帽山工艺成熟的石雕人像是进一步的比较材料。由此而提出的西辽河流域史前时期特别是红山文化晚期人体雕像的发达是否有来自西部的因素和对东北亚甚至更远的环太平洋地区的影响，也是尚待进一步的发现和考证的课题。

　　（邓淑苹先生对此文提出中肯修改意见，谨表谢意。原载于《故宫文物月刊》第387期，2015年）

① 杨宽：《古史新探》，中华书局，1965年。俞伟超：《先秦两汉美术考古材料中所见世界观的变化》，《庆祝苏秉琦考古五十五年论文集》，文物出版社，1989年。

从史前考古研究成果看古史传说的五帝时代

有关五帝时代的历史，文献记载少，翔实程度低，不同理解多。所以，复原五帝时代历史，主要依靠考古学，老一辈学者对此寄予希望①。考古学者既要避免以往的简单比附，也不因此而过于谨慎，应抱积极态度。因为这是考古学者特别是史前考古学者义不容辞的责任，要"念念不忘"（苏秉琦语）。同时考古学作为一门独立的学科，要实现考古与古史传说的有机结合，有一个依靠本学科的理论指导和方法论问题，而不是消极等待有类似于殷墟那样可以直接对号的文字发现。而且随着考古成果的积累，我们还体会到，文献记载的可信度和理解的准确度，要靠考古学研究成果来检验和相互印证。

可喜的是，目前从中华多元一体的历史发展大势看待包括五帝时代的史前时期，在历史考古界已渐多共识。多认识到五帝时代不只《史记》中所记的那五个代表人物，更不是几个代表人物前后一脉相承的关系，而是众多部族集团并行发展、相互接触交流的形势，这就使考古与古史传说五帝时代结合的眼界大为开阔。

我于 2000 年在香港出版《追寻五帝》一书，又于 1998 年北京大学百年校庆期间举办的国学研讨会和 2005 年在郑州召开的"文明起源与五帝时代——考古与历史的整合"会上，分别以"考古追寻五帝踪迹——苏秉琦主编《中国通史·远古时代》学习笔记"和"考古追寻五帝时代续论"为题，遵照苏秉琦先生的研究思路和观点，从时空框架和时代特点这两方面入手，对史前考古与古史传说的五帝时代做进一步整合②。从目前研究状况和成果看，确定五帝时代的时空框架和时代特点，是将考古与文献进行整合的最佳结合点。为此，本文仍以此为主要内容进行论证。

一

关于五帝时代的年代与分期。

一般将五帝时代定在龙山时代，这也可能与辛亥革命对黄帝纪年的综合认定有关③。苏秉琦先生

① 历史学家李玄伯说过："用载记来证古史，只能得其大概……要解决古史，唯一的方法就是考古学。"见李玄伯：《古史问题的唯一解决方法》，《现代评论》第 1 卷第 3 期，1924 年。

② 郭大顺：《追寻五帝》，商务印书馆（香港）有限公司，2000 年；辽宁人民出版社，2010 年再版。郭大顺：《考古追寻五帝踪迹——苏秉琦主编〈中国通史·远古时代〉学习笔记》，《文化的馈赠——汉学研究国际会议论文集·考古学卷》，北京大学出版社，2000 年。郭大顺：《"考古追寻五帝踪迹"绪论》，《中原文物》2006 年第 3 期。

③ 参见宋健：《超越疑古　走出迷茫》（1996 年 5 月 16 日在"夏商周断代工程"会议上的发言提纲），《光明日报》1996 年 5 月 21 日；《辽海文物学刊》1996 年第 2 期转载。

则从考古学的年代、分期、社会变革等方面分析，除了将五帝时代的下限仍定在龙山时代以外，主要是将五帝时代的上限定在距今5500年前后的仰韶文化后期：

"五帝的时代究竟相当于考古学上的哪个时代，假如这个判断（指二里头文化更像是夏文化——郭注）没有大错，那么五帝时代的下限应是龙山时代。"

"五帝时代之始，战争连绵不断。这种情况只有在社会财富有所积累，社会分化日趋尖锐的情况下才能发生。从考古学文化来看，这是仰韶后期即相当于公元前3500年以后的事，所以五帝的时代上限应不早于仰韶时代后期。"

有关五帝时代的年代研究，又以考古学分期与文献记载五帝时代阶段划分这两者的对应最切中要害。这也见于苏秉琦先生的一段分析：

"按照古史传说，五帝的时代又可分为两大阶段，黄帝至尧以前是第一阶段，尧及其以后是第二阶段。先秦儒家言必称尧舜，《尚书》就是从《尧典》开始编纂的。墨家常是虞夏商周连称，把尧舜的历史同三代相联系而与以前的历史相区别。问题是这两个阶段能否同考古学文化相对照。仰韶时代与龙山时代之间确实有一个明显的变化，无论从农业和手工业的发展，社会的分工与分化，还是从文化区系的重新组合等各方面都看得出来。"①

以彩陶为主要特征之一的仰韶文化及以其为代表的仰韶时代，以黑陶为主要特征之一的龙山文化及以其为代表的龙山时代，这两个时代的划分，是中国近百年来史前考古研究最重要的成果②。虽然对仰韶文化与龙山文化的关系经过了"东西二元对立说"到前后承袭、区域划分又相互影响等认识的不断深化，但将中国新石器时代最繁荣时期以大约距今5000年为界划分为两个大的时代是明确无疑的③。以此与文献记载的五帝时代前期与五帝时代后期相对应，是从考古学研究五帝时代的前提。

这样，关于五帝时代时间框架的考古与历史整合的结果为：五帝时代可以分为前期和后期，即以黄帝为代表的前期和以尧舜为代表的后期。考古学上大约以距今5000年为界的仰韶时代晚期到龙山时代，即为五帝时代前期与后期在考古学上的反映。

以仰韶文化后期作为五帝时代的上限，以仰韶时代与龙山时代的考古学分期将文献记载古史传说五帝时代前后期的线索明朗化，为五帝时代历史的研究建立了科学的时间框架，同时由于理顺了这一整合研究的时代顺序，头绪极其繁杂的五帝时代也因此向系统化方向迈进了一大步。

二

五帝时代的时间框架确定后，五帝时代的空间框架和时代特点，即诸多有影响的部族和代表人物的分布地域，他们的活动轨迹和相互关系，就成为用考古材料复原五帝时代历史的重头戏。

关于上古时期主要部族的分布，有20世纪三四十年代徐旭生、蒙文通等治古史家依古史传说提出

---

① 以上所引均见苏秉琦主编：《中国通史》第二卷《远古时代》序言，上海人民出版社，1994年。
② 参阅严文明：《龙山文化与龙山时代》，《文物》1981年第6期；后收入严文明著《史前考古论集》第24~34页，科学出版社，1998年。张忠培：《仰韶时代——史前社会的繁荣与文明时代的转变》，《故宫博物院院刊》1996年第1期；后收入张忠培著《中国考古学：走向与推进文明的历程》第143~196页，紫禁城出版社，2004年。
③ 参见裴文中：《中国史前时期之研究》，商务印书馆，1948年。陈星灿：《中国新石器时代考古的早期研究》，严文明主编《中国考古学研究的世纪回顾·新石器时代考古卷》，科学出版社，2008年。

的史前三大集团的划分。三大集团指中原华夏（河洛）、东方夷族（海岱）和南方蛮族（江汉）①。60年代苏秉琦先生在研究中原区与东南区文化关系时，从考古文化方面提出过中原地区后期仰韶文化、鲁南苏北青莲岗—大汶口诸文化和江汉间屈家岭文化三个文化区的划分及相互交流，以为是受到此前史学前辈们的启发②。当时都尚未提到长城地带的北方地区。不过70年代末到80年代初苏秉琦先生在创建考古学文化区系类型理论，将中国人口密集地区古文化划分为六个大区时，已将"以燕山南北长城地带为重心的北方地区"纳入其中，并赫然列于六大区之首③，虽然当时红山文化的考古新发现尚刚刚露头；苏先生并倡议吉林大学与河北省文物研究所在古史传说有黄帝与炎帝、蚩尤活动记载的桑干河上游选点发掘，发现了仰韶文化庙底沟类型与红山文化共出的遗存④；苏先生还回忆他与梁思永先生的一次有关"三集团"划分的对话：梁先生说他有他的"三集团"想法，可惜当时未再深入谈出它的具体内容。从梁先生于20世纪30年代初在西辽河流域调查时，特别关注赤峰地区和沙锅屯遗址彩陶遗存的发现和由此而生的长城南北文化的接触，并把此现象与古史传说相结合的思路推测⑤，梁先生的"三集团"说很可能包括了长城以北地区。

所以当20世纪80年代初牛河梁遗址刚一发现，苏先生在提出中华五千年文明曙光的同时，就将红山文化及其与仰韶文化的北南关系作为以考古学为依据研究五帝时代历史的一个突破口，以北方区与中原区、东南区为五帝时代诸代表人物和部族活动的三个主要区域，并从这三大区诸考古文化之间的交流中寻找五帝时代诸代表人物和部族的活动轨迹：

"关中华山下庙底沟类型仰韶文化——冀西北桑干河上游三种不同渊源文化相汇合——大凌河上游红山文化后期坛庙冢（文明火花）——河套出现酉瓶与斝（原始鬲）衔接形成如甲骨文所示三部曲（Υ—$\clubsuit$—$\heartsuit$）（火花）——晋南陶寺大遗址文化多源性反映源于西北方古文化系与源于东南方古文化系之间的大融合。其时、地、文化面貌与传统史学《五帝本纪》相符合（火花），从距今六千年到距今四千年间先史考古与文献史料汇合。"⑥

"七千年前华山脚下的仰韶文化，沿太行山向北发展，与辽西大凌河流域的红山文化碰撞，又同河套文化结合，三个原始文化结合在一起，又折回到晋南，就是陶寺。在晋南与东南沿海、西部地区结合在一起。或者说，华山一个根，泰山一个根，北方一个根，三个根在陶寺结合，这就是五帝时代的中国。"⑦

结合苏先生在其他文章中的有关论述，对以上观点可再做三个方面的解读：

---

① 蒙文通：《古史甄微》，商务印书馆，1933年。徐旭生：《中国古史的传说时代》（增订本）第20、37~127页，科学出版社，1960年。

② 参见苏秉琦：《关于仰韶文化的若干问题》，《考古学报》1965年第1期；又见苏秉琦：《山东史前考古》，《山东史前文化论集》，齐鲁书社，1986年。以上两文分别收入《苏秉琦文集》（二）第173~202页、第312~314页，文物出版社，2009年。

③ 苏秉琦：《建国以来中国考古学的发展——在北京市历史学会、中国历史博物馆举办的纪念中国共产党六十周年报告会上的讲话》，《史学史研究》1981年第4期；后收入《苏秉琦文集》（二）第282~287页，文物出版社，2009年。

④ 张家口考古队：《一九七九年蔚县新石器时代考古的主要收获》，《考古》1981年第2期。

⑤ 梁思永说："长城南北几个新石器时代晚期的文化系统的相对的时代关系确定之后，我们才能脚踏实地地去作对比上古史与考古学发现的工作。"见梁思永：《热河查不干庙等处所采集之新石器时代石器与陶片》，《梁思永考古论文集》第144页，科学出版社，1959年。

⑥ 苏秉琦：《从中国文化起源到中国文明起源（提纲）》，《华人·龙的传人·中国人——考古寻根记》第101页，辽宁大学出版社，1989年；后收入《苏秉琦文集》（三）第124~126页，文物出版社，2009年。

⑦ 苏秉琦：《现阶段烟台考古——在"第一次环渤海考古座谈会"上的讲话》，《苏秉琦文集》（三）第118~119页，文物出版社，2009年。

（一）五帝时代诸代表人物的活动地区即五帝时代的空间框架，中原是主要地区（五帝时代前期以华山周边为中心——华山一个根，五帝时代后期以晋南—陶寺为中心），与之并立的有东方的大汶口文化到山东龙山文化（即泰山一个根）和东南方的凌家滩文化、崧泽文化到良渚文化，特别是还将相当于五帝时代前期的红山文化和相当于五帝时代后期的河套地区诸考古文化为代表的北方纳入视野（北方一个根）。这就是说，五帝时代主要族属及诸代表人物的活动范围远不限于中原地区，不仅包括东方和东南沿海，还包括东北南部的西辽河流域和其以西的"三北"（冀北、晋北、陕北和内蒙古中南部）地区。

（二）五帝时代又是各人群及其文化接触交流十分活跃的时期。"神农氏衰，诸侯相侵伐"（《史记·五帝本纪》）就是对前五帝时代（神农氏时代）和五帝时代两个不同发展阶段的时代交替，一个新时代开始及这个新时代特点（多区域多文化交汇频繁，形式多样）的概略而准确的描述。考古学上的印证是：从仰韶时代后期开始，各地区考古学文化以形成个性为主且频繁交汇，相互吸收，你中有我，我中有你，导致龙山时代诸考古学文化的共性大为增加，中华文化共同体得以最初实现。这其中，红山文化与仰韶文化的北南交汇，西北与东南的交汇为五帝时代文化交汇的主流。

（三）交汇的导向先由中原影响四周为主，从仰韶文化后期开始，以四周向中原汇聚为主和由西北及东南向中原汇聚。苏先生形象地比喻为"由光、热等向四周放射"到"车辐聚于车毂"①，具体就是"三个根在陶寺结合"。

这样，从考古学看五帝时代的空间框架和时代特点，不仅扩大了五帝时代诸代表人物和集团的分布范围，而且也使他们的活动轨迹多有可寻。所以苏秉琦先生说："当我们提出，从华山脚下延伸到大凌河流域和河套地区，再南下到晋南，这一古文化活动交流的路线时，我们并没有引《五帝本纪》，但却与《史记》记载相同，我们是从考古学角度提出自己的观点，再去对照历史传说，就可以相互印证，这不是生搬硬套的比附，而是有机的结合。多少年来梦寐以求的历史与考古的结合终于找到了一条理想的通路。"②

三

至于五帝时代主要部族的诸代表人物与考古学文化的对应，则是一个更为敏感的题目，但也不是没有线索可寻。

依考古学文化区系类型理论，各大区系考古学文化所代表的部族集团大都是同步发展的，同时又具有不平衡的一面，各区系诸考古学文化所起的作用也不是等同的，而是有主有次、此消彼长的。在诸多考古学文化中寻找和分辨主要、甚至更主要的考古学文化和它们的中心遗址，与史书所记五帝时代代表人物相比对，可能是较为有效的途径从而更能接近历史真实。目前从考古学上可确认的与五帝时代有关的几大地区的主要考古学文化大都已显现，即相当于五帝时代前期的西辽河流域的红山文化，中原地区的仰韶文化庙底沟类型，海岱地区的大汶口文化早中期，长江下游的凌家滩—崧泽文化；相当于五帝时

---

① 苏秉琦：《华人·龙的传人·中国人——考古寻根记》，《中国建设》1987年第9期；后收入《苏秉琦文集》（三）第127～129页，文物出版社，2009年。
② 苏秉琦：《文化与文明》，《辽海文物学刊》1990年第1期；后收入《苏秉琦文集》（三）第74～79页，文物出版社，2009年。

代后期的大汶口文化晚期、龙山文化和良渚文化。红山文化、良渚文化、中原龙山文化和三北地区龙山文化都已找到各自的中心遗址——即牛河梁遗址、良渚遗址、陶寺遗址和石峁遗址，华山脚下的西山遗址、泰山南麓的大汶口遗址、长江下游的凌家滩遗址也都接近于该文化中心遗址的规格。红山文化的"坛庙冢"和"玉龙凤"与大汶口、崧泽、屈家岭诸文化的"鼎豆壶"以及良渚文化的"钺璧琮"组合，分别由西辽河流域和东南地区向中原地区汇聚，长期成为中国传统礼制的典型载体，三北地区也被认定为中华古文化代表性化石——三袋足器的起源地①，这些都表明，中原地区以外的西辽河流域的红山文化、东方的大汶口文化、环太湖地区的良渚文化和三北地区的龙山文化，在五帝时代都绝非配角。

就红山文化来说，有依据女神庙的黄土塑像联想到女娲氏"抟黄土作人"的故事，有以红山文化多龙蛇形象与蚩尤的字意产生联想，有将牛河梁发达的宗教祭祀遗迹推定为颛顼的"绝地天通"，更有以为红山文化即"商先文化"②，这其中尤以证明五帝时代前期诸代表人物如黄帝族在北方活动记载的可信性最为紧要。

关于五帝时代前期代表人物的活动地域，一般限于从中原地区寻找。不过老一辈史学家已注意到古史记载黄帝族的活动多与北方地区有关，如黄帝族非定居农业的"往来迁徙无常处"习俗，黄帝与炎帝、蚩尤战于华北平原北部的涿鹿之野，以及周初封黄帝之后于燕山脚下的蓟等③。红山文化的考古新发现正为此提供越来越多的考古学证据，如红山文化与仰韶文化北南交汇导致规模宏大的祭祀建筑群出现，从而使辽河流域在中华文明起源进程中"先走一步"的观点，红山文化在精神领域的众多创造发明和作为中国礼制一个重要源头，以及与此有关的红山文化女神像为中华"共祖"，红山文化为中华古文化"直根系"的观点④，还有经多年考证终可论定的红山文化发达的熊崇拜等⑤。所以苏秉琦先生说："黄帝时代的活动中心，只有红山文化的时空框架可以与之相应。"⑥

红山文化还是一个神权至上的社会，这又同古史传说中颛顼帝"绝地天通"的记载相吻合。不过，除红山文化外，良渚文化也有发达的通神玉器和祭祀遗址，就是仰韶文化，其彩陶和小口尖底瓶，有的也不是一般生活用具，而是巫者专用的神器，说明这三大区诸考古文化有着共同的思想观念和走向文明的共同道路，那就如张光直先生所说，除了生产力的发展，通神独占取得政治权力是进入文明社会的主要动力⑦。所以，古史所记颛顼的宗教改革，首先不是一个人甚至一个部族的活动，而是五帝时代主要是五帝时代前期的又一个重要时代特点。

---

① 苏秉琦：《华人·龙的传人·中国人——考古寻根记》，《中国建设》1987 年第 9 期；后收入《苏秉琦文集》（三）第 127 ~ 129 页，文物出版社，2009 年。

② 分别见干志耿、孙守道：《关于牛河梁之行的通信》，《北方文物》1992 年第 3 期。陆思贤：《红山裸体女神像为女娲考》，《北方文物》1993 年第 3 期。蔺新建：《红山文化与古史传说》，《北方文物》1987 年第 3 期。张博泉：《对辽西发现五千年前文明曙光的历史蠡测》，《辽海文物学刊》1987 年第 2 期。干志耿、陈连开：《商先起源幽燕说》，《历史研究》1985 年第 5 期。付朗云：《牛河梁女神庙族属考》，《北方文物》1993 年第 1 期。

③ 吕思勉先生以为炎黄之战是主农耕与主游牧两习性不同民族间的战争。见吕思勉：《三皇五帝考》第八节"炎黄之争考"，《古史辨》第七册中编第 366 ~ 367 页，开明书店，1941 年。

④ 郭大顺：《为什么说红山文化是中华古文化的"直根系"？》，《辽宁师范大学学刊（文史哲版）》2016 年第 2 期。

⑤ 郭大顺：《猪龙和熊龙》，《鉴赏家》1996 年夏季号，上海译文出版社。

⑥ 苏秉琦：《论西辽河古文化——与赤峰史学工作者的谈话》，《北方民族文化》1993 年。

⑦ 苏秉琦：《关于重建中国史前史的思考》，《考古》1991 年第 12 期；后收入《苏秉琦文集》（三）第 175 ~ 184 页，文物出版社，2009 年。张光直：《仰韶文化的巫觋资料》，《中国考古学论文集》第 136 ~ 150 页，生活·读书·新知三联书店，1999 年。

关于五帝时代后期考古与古史传说研究成果，多位学者都认为陶寺文化为陶唐氏尧的遗存①。然而陶寺遗址体现出的多元性文化的综合体性质，可能表明陶寺文化所包括的部族并不单一。举例：

大汶口文化晚期陶礼器在陶寺早期墓葬中大量出现②。联系舜继尧位要"之"（到）中国（《孟子·万章上》："夫然后之中国，践天子位焉。"），又有舜为东夷人的记载（《孟子·离娄章句下》："舜生于诸冯，迁于负夏，卒于鸣条，东夷之人也。"），说明舜可能来自东方。所以有学者以为大汶口文化即虞舜文化，是可信的③。

陶寺墓地还常有良渚文化特有的玉琮和石俎刀出现。良渚文化所在的江浙地区，多有夏禹传说。如《国语·鲁语》："昔禹致群神于会稽之山"；《墨子·节葬下》："禹东教乎九夷，葬会稽之山"；《史记·夏本纪》："帝禹东巡狩，至于会稽而崩"等。所以有学者以为良渚文化即先夏文化④，陶寺墓地所见良渚文化因素可能为夏人由东南进入中原地区的反映。良渚遗址近年又发现了以防水和导水相结合的封闭式城墙、堤坝、沟泗和码头等规模宏大又相当完整的水利系统⑤，良渚古城发掘者还提出良渚文化中心所在的余杭，原名"禹航"，传说是大禹治水在此停航登陆之地⑥，这些新的考古发现与五帝时代后期夏禹父子洪水与治水传说的越趋接近，也正在为良渚文化即先夏文化找到更有说服力的证据。

与东南地区相对的西北方向的三北地区，在大约距今四五千年间，也是一个文明火花迸发地带。标志有二：一是实现了由小口尖底瓶向三袋足器的最初演变，并从晚期尖底瓶和早期斝鬲形制与甲骨文"丙""酉"等象形字的雷同找到了殷墟卜辞干支文字初创时的物证，从而以三袋足器的起源地而被视为龙山时代形成的"风源"所在⑦；二是以石峁巨型石城址为代表的三北地区石城址群的发现，使这一风源更为强劲⑧。近年，研究者因石峁古城的发现，纷纷将其与五帝时代诸代表人物相比附，但从时代和地域与文献记载都难以对应，尚待更有说服力的论证。

最后再谈谈五帝时代的中原地区。除了陶寺遗址与陶唐氏尧文化有关以外，遗址密集分布、堆积丰厚且工作成果积累甚多的仰韶文化，特别是仰韶文化后期，虽然尚待如牛河梁、良渚那样的中心聚落的发现，但在这方面已有不少线索：河南省灵宝西坡仰韶文化遗址发现的大房址、包括带回廊的特大房址（F105），甘肃省秦安大地湾由前堂、后室、左右侧室甚至前厅组成的原始殿堂（F901）⑨，豫

---

① 田昌五：《先夏文化探索》，《文物与考古论集》第 99～102、104～105 页，文物出版社，1986 年。王文清：《陶寺遗址可能是陶唐氏文化遗存》，《华夏文明（1）》第 106～123 页，北京大学出版社，1987 年。俞伟超：《考古研究所四十年研究成果展览笔谈》，《考古》1991 年第 1 期。

② 高炜：《汾河湾旁磬和鼓——苏秉琦先生关于陶寺考古的论述》，《苏秉琦与当代中国考古学》第 666 页，科学出版社，2001 年。

③ 刘敦愿：《美术考古与古代文明》第 487～497 页，台北允晨文化出版，1994 年；又见《山东宁阳堡头大汶口墓地和有虞氏关系问题的探索》，《大汶口文化讨论文集》第 219～236 页，齐鲁书社，1979 年。

④ 陈剩勇：《东南地区：夏文化的萌生与崛起——从中国新石器时代晚期主要文化圈的比较研究探寻夏文化》，《东南文化》1991 年第 1 期。

⑤ 浙江省文物考古研究所：《杭州市良渚古城外围水利系统的考古调查》，《考古》2015 年第 1 期。

⑥ 刘斌：《寻找消失的王国——良渚遗址的考古历程（良渚古城发现记）》，《庆祝张忠培先生八十岁论文集》第 158～170 页，科学出版社，2010 年。

⑦ 苏秉琦：《谈"晋文化"考古》，《文物与考古论集》第 49、50 页，文物出版社，1986 年；后收入《苏秉琦文集》（三）第 25～36 页，文物出版社，2009 年。

⑧ 陕西省考古研究院、榆林市文物考古勘探工作队、神木县文体局：《陕西神木县石峁遗址》，《考古》2013 年第 7 期。

⑨ 河南省文物考古研究所等：《河南灵宝西坡遗址 105 号仰韶文化房址》，《文物》2003 年第 8 期。中国社会科学院考古研究所等：《河南灵宝西坡遗址庙底沟类型两座大型房址的发掘》，《考古》2015 年第 5 期。甘肃省文物工作队：《甘肃秦安大地湾 901 号房址发掘简报》，《文物》1986 年第 2 期。

西地区有夯土城墙的郑州西山古城①以及新近发现的陕西杨官寨包括壕沟、城墙在内的超百万平方米的大型聚落址和墓地②等，预示着中原地区有可能发现规模更大、规格更高的聚落中心和建筑群。

为此，这里特为介绍中原地区尚未被关注的两个现象：一是斧演化为圭的最早线索。这集中表现于灵宝西坡仰韶文化末期墓葬中玉斧的出土状态；该墓地已发掘墓葬中，有 10 座墓出长条形玉斧（钺） 16 件，其中 9 座墓共 13 件斧（钺）非通常所见的横置出土状态，而一律为与身体方向一致的竖置，且刃部朝上，刃部都没有使用痕迹，穿孔及周围也没有捆绑摩擦痕迹③。平首圭来自玉斧，竖置的玉斧就是向玉圭演化的前奏。而圭既是玉礼器中的重器，又是传承力最强的玉礼器，所以圭的出现是玉器发展史上具标志性的事件，中原地区可能是圭起源最早的地区。二是汉中郑南县龙岗寺墓葬随葬的两件玉刀，体起中棱并在近头端改作斜棱，已显露戈的特征④。说明戈作为中国上古时期特有的武器和礼器，其最初起源地也可能与中原地区有关。

所以，五帝时代的中原大地，首先是众多重要文明因素原生地，同时作为汇聚周邻各地文化精华的熔炉，又表现出强大的吸引力和包容性，是五帝时代诸多部族和代表性人物活动的重地。还有仰韶文化与红山文化在桑干河上游的南北交汇，被视为与文献记载五帝时代前期诸代表人物"战于涿鹿之野"的历史性事件有关。如苏秉琦先生所言："当仰韶与红山一旦进一步结合起来，中国文化史面貌为之一新。"⑤ 郑州大学李民先生撰文以为，黄帝部族可能是由中原北上到燕山以北又南下中原的，也是值得进一步讨论的观点⑥。

从以上论述可见，中国史前考古近三十年来的一项主要成果，就是证实了中国历史上确有一个五帝时代。这一时代的特点，是由各区域诸考古学文化以发展个性为主并频繁交汇，导致最初文化共同体的形成。其间影响中华历史命运的一个重大抉择是，虽然各区域诸考古学文化和它们所代表的五帝时代诸代表人物和部族之间的文化传统和经济类型并不相同，有的还差异甚大，却未分道扬镳，而是向一起汇聚，首先在"文化认同"基础上实现了"认同的中国"，从而为夏商周三代"普天之下，莫非王土；率土之滨，莫非王臣"的"理想的中国"及秦汉大帝国的建立和中华统一多民族国家形成的"现实的中国"奠定了第一块基石。所以，五帝时代作为中华文明史的肇始期，也是开始走向文化一统的时代，还是中华传统初现的时代，是中国历史上内容最为丰富多彩的一个伟大时代，是亟需历史学家和考古学家携手合作、大书特书的一个时代。

（为 2019 年 9 月郑州召开的"五帝时代与中华文明学术研讨会"提交的论文，2019 年 11 月定稿于海南省东方市汇艺蓝海湾。原载于《中原文物》2020 年第 6 期）

---

① 张玉石：《西山仰韶城址及相关问题研究》，许倬云、张忠培主编《中国考古学的跨世纪反思》（上册）第 175～194 页，商务印书馆，1999 年。
② 陕西省考古研究院：《陕西高陵县杨官寨新石器时代遗址发掘简报》，《考古》2009 年第 7 期。
③ 中国社会科学院考古研究所编著：《灵宝西坡墓地》，文物出版社，2010 年。
④ 陕西省考古研究所编著：《龙岗寺——新石器时代遗址发掘报告》，文物出版社，1990 年。
⑤ 苏秉琦：《纪念仰韶村遗址发现六十五周年（代序言）》，《论仰韶文化》，《中原文物》1986 年特刊。
⑥ 李民：《黄帝的传说与燕文明的渊源》，《中原文物》1996 年第 1 期。

东北考古与大连地区考古

一、东北地区考古的新认识

（一）东北考古是中国近代考古开展最早的地区

甲午战争之后，1895 年 4 月中日签订《马关条约》。8 月，日本考古学者鸟居龙藏就从大连登陆，在辽东半岛做田野考古调查。这次考古活动被研究中国史前考古学史的学者称为中国近代考古学的"萌芽期"。1921 年 6 月，被聘为北洋政府地矿部顾问的瑞典地质学家安特生在辽西考察煤矿资源时，发现辽宁锦西县沙锅屯史前洞穴遗址，当即对其进行考古发掘。从 1923 年发表的相关考古报告看，是使用了近代田野考古方法进行发掘的。一般将 1921 年 9 月河南省渑池县仰韶村遗址的发掘作为西方近代考古引入中国后的首次田野考古发掘，沙锅屯洞穴遗址的发掘是在仰韶村遗址发掘之前几个月进行的，所以被视为近代中国考古正式田野发掘的开始。可见，东北考古是中国考古开展最早的地区之一，在中国考古学史上占有很重要的地位。

（二）东北考古的发展与新认识

20 世纪五六十年代，相对于黄河流域以及长江流域规模较大的考古工作的开展，东北地区考古工作显得比较平静。但也不乏重要成果，如 20 世纪 50 年代初吉林"西团山文化"的发现与发掘，辽阳三道壕等地汉魏时期遗址和墓葬的发掘。东北地区考古工作取得显著进展是在 20 世纪 70 年代以后，不仅发现和发掘的地点大幅度增加，尤其是规模较大的考古发掘和系统材料的积累渐多，在东北考古学文化的分区和分期逐步建立的基础上，对东北作为一个大的考古文化区，有了一些新的认识：

1. 将东北区和北方区（"三北"区）加以区分

20 世纪五六十年代的综合性论著中，一般将东北区归为北方区。其实北方区与东北区是既有区别又有联系的两个考古文化大区。北方区包括河北北部、陕西北部、山西北部以及内蒙古中南部，或称"三北"地区。三北地区历代以游牧文化为主，是随着中原文化和北方游牧文化的消长而南来北往的交错区域。就史前文化来说，内蒙古中南部地区既有具当地特点的庙子沟文化等，也可以见到典型的仰韶文化、龙山文化；东北区则无论是辽西的查海—兴隆洼文化、赵宝沟文化、红山文化和小河沿文化，还是辽东以至吉林、黑龙江流域的新石器文化，都以筒形罐为主要考古文化特征，与中原文化的关系，也非北方区的那种南北交错的关系，而是主要表现为对中原文化的吸收，就是与中原文化接触较多的辽西区，也并无典型的仰韶文化和龙山文化。所以，应将东北区与北方区加以区别。

2. 燕南区属于东北文化区

应将作为行政区划或地理概念的东北区与作为历史文化区的东北区的概念加以区分。行政区划或地理概念的东北区，是指山海关以外的区域；但考古学上的东北文化区南界却越过燕山，到达了今天河北省拒马河一带。在北京平谷上宅遗址（图一）、河北易县燕下都附近的北福地遗址（图二），均以东北地区典型的压印纹筒形罐为主要考古文化特征，特别是北福地遗址出土玉器中有与查海、兴隆洼遗址相同的玉玦与玉匕形器的组合（图三）；在蔚县桑干河上游的壶流河流域出土了红山文化彩陶，更有较为典型的夏家店下层文化墓葬群（图四、五）；这些考古发现证明，燕南地区在先秦时期属于东北文化区。20世纪70年代在北京郊区琉璃河发现了燕国早期都城遗址，墓葬中的铜器铭文有召公及其后世的明确记载，证明文献中周初封召公及其后代于北燕的史实；而在这一地区发现的大量与东北红山文化、夏家店下层文化相关的考古资料说明，这一地区在建燕之前已有发达的文化，是为西周封燕的历史背景。有研究者将封燕前的当地文化称为"先燕文化"。燕文化与东北文化的渊源关系还延

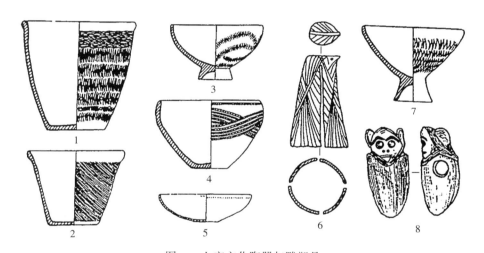

图一　上宅文化陶器与雕塑品

1、2. 筒形罐　3、7. 圈足钵　4. 深腹钵　5. 红顶钵　6. 鸟首形镂孔器　8. 猴首石饰件
（1、3为北埝头遗址出土，余上宅遗址出土）

图二　易县北福地遗址出土陶筒形器

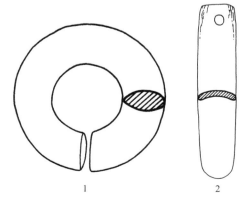

图三　易县北福地遗址出土玉器
1. 玉玦　2. 玉匕形器

图四　红山文化鳞纹垂腹罐　　　　　　图五　夏家店下层文化彩绘陶鬲
　（河北省蔚县四十里坡出土）　　　　　（河北省蔚县三关出土）

续到战国时期，在战国的七雄中，只有燕国文化既有中原特征，又有东北文化古老传统，如燕文化特有的"燕式鬲"（图六，1）仍然有东北文化中的筒形罐的影子；在辽西红山文化和夏家店下层文化可以找到渊源的饕餮纹，作为商代特有的纹饰，到了西周以后在中原等地区已变化甚大，但战国时期的燕国瓦当上还大量使用典型的饕餮纹（图六，2），这些都显示东北古文化与燕文化渊源之深。

1　　　　　　　　　　　　　　　　　2

图六　燕下都燕式鬲和饕餮纹瓦当
1. 燕式鬲（郎井村 10 号作坊出土）　2. 饕餮纹瓦当（武阳台 WDK1：19）

3. 辽西与辽东的分界是医巫闾山

东北区内可以分为若干个文化区，包括辽西区、辽河平原区、辽东山地、辽东半岛、第二松花江流域、嫩江流域、三江平原、图们江流域等，辽宁地区古文化有辽西和辽东之分。不过，辽西和辽东在古代的分界线不是辽河，而是辽河以西的医巫闾山。医巫闾山在《尔雅》里就有记载，山不高也不长，但是比较宽，且是分水岭，山的西边的支流流向大凌河，进而入渤海；山的东边的水由东流向下辽河入海。古人的活动及文化大都是沿河分布，医巫闾山以西的辽西区，主要分布的是查海—兴隆洼文化、红山文化、小河沿文化、夏家店下层文化等，它们与中原文化关系密切；医巫闾山以东的辽东区，如沈阳、大连地区，文化所体现的区域性更强。到战国时期铁器普遍使用之后，燕文化才越过医巫闾山，由西向东扩展，东北地区始设郡县并正式纳入燕国版图。

4. 东北文化区在中国历史中的重要地位

包括燕南在内的东北文化区在中国历史特别是中国文明的初创时期占有重要地位，主要是辽西地区发现了与中原文化发展水平相近的红山文化和夏家店下层文化，因而有学者主张将辽西划入大黄河流域，称为燕辽区。虽然辽西与中原文化密切，但当地文化因素仍然是主要的，例如在东北以至东北亚地区的俄罗斯远东地区、日本、朝鲜半岛广泛分布的筒形罐系统，也是辽西新石器文化的主要考古文化内容，到了早期青铜时代的夏家店下层文化，虽然筒形罐已消失，但该文化特有的筒形鬲就来源于筒形罐。由于发达的红山文化和夏家店下层文化及所在的辽西区属于东北文化区，由此大大加深了对东北文化区在中国历史中作用和地位的认识。

这里有个对红山文化在中国文化起源与文明起源中地位和作用的估计问题。红山文化牛河梁遗址从20世纪80年代初被发现，因其将中国文明史由距今4000年提前到距今5000年，产生了很大影响，特别是坛、庙、冢的祭祀建筑组合以及龙凤等玉器和人物雕像的发现，都说明红山文化已经进入中国文明的初期。不过，对于红山文化，有的学者认为只具有区域性，对周围没有影响或影响有限；还有学者认为红山文化的发展是自消自灭的，文化没有延续下来。其实，红山文化之所以在发现的当时就引起很大反响，原因就在于该文化不仅拥有一般史前遗址的陶器、石器、房址和陶窑等，还发现了坛、庙、冢的祭祀建筑组合与女神群像，发现了设有中心大墓的积石冢和冢墓内随葬的动物形玉器等。坛庙冢和玉龙凤的配套组合，在后世一直是中国传统文化的精华。所以考古学家苏秉琦先生于20世纪70年代从全国范围内思考中华古史新突破点时，走遍中原、东南沿海以至岭南各地，最终看准了辽西。他提出红山文化发现的坛、庙、冢类似于北京明清时期的天坛、太庙和明十三陵，是中华五千年文明的象征，就是从中华文化和文明起源与发展的全局考虑问题的。

这里就红山文化在中国历史上的地位和作用再举几个具体实例。

中心大墓与一人独尊的等级分化和社会结构。就在牛河梁红山文化遗址发现的前后，江浙的良渚文化及其前身崧泽文化，山东的大汶口文化，江汉地区的石家河文化，中原地区的仰韶文化和龙山文化，以至西南四川地区，都有反映文明起源的重要考古发现，说明在距今四五千年间，全国不少地区都在发生社会的急剧变革和向文明社会的门槛跨越。但红山文化仍然是其中最具代表性的，中心大墓的存在就是红山文化跨入文明社会的一个重要实证。牛河梁遗址每座山顶的积石冢都有一座中心大墓，说明社会结构变化不是一般性的阶层区分，而是出现了具有最高权力的核心人物，即王者。山东地区的大汶口文化、江浙地区的崧泽文化和良渚文化以至中原地区的仰韶文化都发现有规模较大、规格较高的墓地，都有墓葬明显的等级分化，有的时间比牛河梁遗址还早，但都缺少反映一人独尊的中心大墓的明确发现。而中心大墓和由此所体现的以一人独尊为主的等级分化和社会结构，是判断其是否进入文明社会最重要的一个标准。

雕塑人像的发现可以进一步说明红山文化的这一社会分层结构。红山文化中发现的人物雕像可以分为不同层次，在牛河梁女神庙内就发现了相当于真人原大、真人 2 倍大和真人 3 倍大的不同规模的女神像，其中相当于真人 3 倍大的人像出在女神庙主室的中心部位，说明可能是围绕主神的群神崇拜。红山文化积石冢中也有人物雕像发现，在内蒙古敖汉旗红山文化积石冢中还发现了圆雕石人像，但以牛河梁女神庙发现的人的雕像规模最大，其所分的层次正是当时社会以一人独尊为主的等级分化在宗教上的反映。

红山文化玉器的"超前性"。红山文化玉器虽然年代较早，在工艺和造型上却处于史前玉器的前列。举两个例证。一是在牛河梁积石冢出土的一件龙凤玉佩，一是英国剑桥大学费芝威廉姆博物馆收藏的一件玉熊人。这两件玉器或是两种动物或是人与动物的合体。此前，以同类或异类动物合体为主题的玉器到商代至西周早期才有发现。安徽凌家滩新石器时代遗址中曾出土过一件玉璜，璜两端分别雕出龙首和凤首，被称为史前玉器的"超前性"表现。红山文化与安徽凌家滩文化同处于一个历史时期，但牛河梁发现的这件龙凤玉佩（图七），无论艺术构思之巧妙，还是雕工之熟练，形象之神化，都达到了一个新的高度，不仅是红山文化玉器中，也是中国古代玉器中的一件具代表性的精品。这里顺便说到龙的起源。龙是中国传统文化的精华，龙的形象最早起源于辽西，这已有很多考古资料为证。早在 20 世纪 30 年代赤峰红山后发现的彩陶中，就有绘龙鳞纹的图案（图八）；牛河梁遗址发现的龙，不仅有玉龙，还有泥塑龙；年代更早的阜新查海遗址有浮雕的龙纹陶器和龙形堆塑，赵宝沟文化发现有刻划龙纹的陶器，较晚的夏家店下层彩绘陶器中也有龙纹，这些都说明龙的形象在东北出现最早，类型多，且具连续性，并对中原等地区龙的形象有所影响，如在陶寺遗址发现的彩绘龙纹陶盘。另一件剑桥大学收藏的玉熊人（图九），曾被内定为中美洲玛雅文化，但从玉质、题材和工艺可认定属于红山文化。其形象是一个蹲踞的人披着一件熊皮，熊首置于人首之上，熊的两只前掌高举于前，是人与动物结合，而且是圆雕，推测可能是披着熊皮作法的巫者形象，其工艺之难度和造型之复杂更在龙凤玉佩之上。同类或异类合体的玉器在红山文化中发现不止一件，说明这种高水平的设计、工艺及其思维在红山文化具有一定的普遍性。

图七　牛河梁第二地点
Z1M23 出土龙凤玉佩

图八　赤峰红山后遗址出土泥质
红陶上所绘龙鳞纹图案

图九　剑桥大学费芝威廉姆
博物馆收藏的玉熊人

玉器工艺。红山文化玉器的制作已使用较为进步的片切割和以大孔径的管钻钻孔技术。香港中文大学邓聪教授对此有深入研究，他认为当时虽然没有金属，但应该已使用简单的机械进行管钻，证据是在一些史前遗址中辨认出有"轴承"一类的石器。其中最早的一个实例，是在阜新查海遗址中辨认出的一件被称为"石钻"的石器，其实这是一件石轴承（图一〇）。具有轴承的简单机械的使用，在当时应该是很高的技术。总之，辽西地区史前玉器在艺术造型和制作技术上的进步，都说明辽西区古文化在中国文明的初创期走在前列并对中国文明的起源和发展起到推动作用。

图一〇　查海遗址出土石轴承
（T0408②：1）

由此看东北文化区在中国历史特别是文化和文明起源与发展史上的地位和作用，可以将东北与中原、东南沿海三个文化区并立，是为鼎立的三个主要考古文化区。传统观念认为中国历史发展是以中原为中心的，是以农业为基础的，但从东北文化区历史文化发展规律和东北、东南、中原这三大考古文化区的比较来看，却反映了另外一种历史景象。这三个大区有着不同的文化传统和不同的经济类型，文化发展水平是相近的，文化的交流和影响也是相互的。体现在文化传统上，新石器时代的中原地区以彩陶和尖底瓶为代表，在距今6000年左右曾对周围地区产生重要影响。此后文化交流的导向有所变化，主要表现为东南沿海地区发展加速，东南地区墓葬随葬陶器的主要组合是鼎、豆、壶，它们由东向西推进，对中原地区的仰韶文化产生重大影响，造成仰韶文化东西的发展不平衡，靠近东方的洛阳到郑州一带的仰韶文化，发展水平渐高于关中地区的仰韶文化，而且逐步以东方的"鼎豆壶"组合替代仰韶文化固有的彩陶和尖底瓶。"鼎豆壶"是中国古代礼制的重要载体，洛阳一带直到东周时期也是以埋葬"鼎豆壶"来表现人的等级身份的，不过，它的起源不在中原而在东南地区。东北地区则以夹砂筒形罐为代表，筒形罐制作比较粗糙，夹砂，火候低，但纹饰讲究，前面谈到，辽西、辽东、黑龙江和俄罗斯远东地区、日本、朝鲜半岛以及整个东北亚都是这个特征，日本在1万年前到战国秦时期仍然使用这类器物，延续时间很长，但处于东北区前沿的辽西则因与中原等地区的交流而发展加快，以至在中华文明起源进程中走在前列。体现在经济活动中，中原的黄土高原以种植小米的粟作农业为主，东南及南方是以种植稻米的稻作农业为主，考古发现在南方种植稻谷有1万多年的历史，东北区则呈现以渔猎和采集为主的经济形态。就是东北区最为发达的红山文化，其经济也是以采集和渔猎为主的。中国社会科学院和赤峰学院分别在兴隆沟遗址和魏家窝铺遗址检测了距今8000年到距今五六千年间的孢子标本，发现在辽西地区的兴隆洼文化时期已经有了栽培的粟和黍，但数量不大，其主要内容还是采集野果和狩猎。兴隆沟和魏家窝铺的红山文化遗存中发现的栽培植物数量也很少，仍然是以采集和狩猎为主要经济生活。日本的绳纹文化说明，渔猎经济也可以产生规模很大甚至中心聚落。日本学者秋山进午由此提出，红山玉器动物纹饰的发达，是红山文化渔猎经济发达的表现，因为渔猎人对野生动物的形象最为熟悉，所以才能够准确而熟练地将其抽象化、艺术化、神秘化。由上可见，中国史前文化的经济背景并不全是农业，东北文化区是在采集和渔猎基础上发展起来的。

5. 渔猎文化的优势

红山文化如以采集渔猎为主要经济活动，那么对渔猎经济在历史文化发展上的作用就要重新认识。对此，苏秉琦先生总结出渔猎文化的三个优势。其一，是对旧石器时代人类经验和智慧积累的直接继承。人类在以渔猎和采集为主的旧石器时代，虽然生存方式主要依赖自然，但在同自然共处中，不断成长为现代人。要知道，新石器时代经历不过五千多年，以后的历史时期也就是二三千年，而旧石器时代经验和智慧的积累则是在上百万年的时间长河中延续的，这是一笔珍贵的遗产。美国一位高能物理学家在其撰写的《科学的叛逆性》一文中曾提到，旧石器时代晚期洞穴壁画造型艺术，用简单的笔画勾勒出真实生动的动物形象，说明创作这些艺术杰作的人，并不是坐在篝火旁边烤肉边绘画的猎人，而是专门的艺术家。所以不能低估旧石器时代人类文化的发展。而到了新石器时代，东北及东北亚地区的渔猎人，由于相同经济生活的延续，有对旧石器时代人们上百万年在与自然界共处中积累的经验和智慧的直接继承。其二，渔猎生产方式要求人类跟随动物跑，促使渔猎人活动区域广阔，从而眼界开阔，文化交流范围不断扩大，同时养成了更为开放的性格，渔猎文化的这些本性使得渔猎人更善于辨别先进文化因素，更容易吸收其他文化，这是固守本土的农耕文化所不及的。其三，渔猎人依靠自然提供的资源而生存，养成了对大自然的敬畏和关爱，也加深了对自然生成之物的深刻认识和理解，玉器的起源就可能与渔猎文化有关，红山文化玉器的发达也进一步证明了这一点。

关于红山文化与其他周邻文化的交流及周邻对红山文化发展产生的促进作用，还可作进一步探讨。红山文化不仅与中原地区交流密切，还与境外地区有所接触。红山文化陶器上呈棋盘式布局的菱形和三角形几何纹，在中原地区彩陶上没有发现，但在西亚史前文化的器物上常见，在内蒙古中南部地区也有出土，可能说明东西方有一条经过内蒙古中南部的文化交流通道。红山文化与北方贝加尔湖地区也有交流。贝加尔湖地区曾发现在人眼眶内嵌玉环的人头骨，辽西的兴隆洼遗址出土过同样的实例，是在右眼眶内嵌玉玦，不过年代比贝加尔湖地区的要早。相同的习俗还见于红山文化，那就是牛河梁女神头像眼眶内嵌玉为睛。日本学者称之为"以玉示目"，以为这种极其特殊的习俗在辽西和贝加尔湖地区出现，是这两个地区史前时期有文化联系的有力证据。我们也以此为证据之一，在考证红山文化玉料的来源时，考虑其与有丰富玉矿且用玉历史甚早的贝加尔湖地区的关系。

还有学者提出"玦文化圈"的概念。从目前出土玉石玦的地区来看，以燕山南北地区的时间最早，然后兵分两路：一路向东，在朝鲜半岛和日本列岛都出有玉石玦；一路向南，从燕山南北经华北平原到山东、江浙地区，再南到岭南，还跨海到中国台湾和菲律宾，泰国和印度的东海岸也有玦类出现。玦为环状体，环是十分普遍的器物，在环上切口将环体割断，则应有很深的文化含义，是一种文化统一性的反映。这种从北到南形成的"玦文化圈"及其所反映的文化认同，正与后来的汉字文化圈重合，可见其中文化交流之广泛和深入。而在这些广泛的文化交流中，红山文化所处的辽西地区，既和西边欧亚大陆进行文化交流，并处于欧亚大陆文化带的东端，又同环太平洋地区进行文化交流，并经常处于环太平洋文化交流的起点；辽西地区正好处于欧亚文化带与环太平洋文化带交汇点的位置上，或许这就是红山文化发达的一个重要原因。

二、大连考古的几点思考

大连地区是东北考古的重要组成部分，也是东北地区考古开展的一个缩影。如开头所讲的，在东北以至全国的考古史上，大连地区是近代考古开展较早的一个地区。大连及辽东半岛有自身的区域性特色，也对其他地区有所影响。这里分四个方面，谈谈对大连地区考古的一些新认识。

（一）史前文化

谈两个问题。一是玉牙璧的起源，一是偏堡文化。

1. 玉牙璧可能起源于大连地区

玉牙璧是史前时期起源于东方的一种造型奇特、影响较大但形制来源、用途尚不明确的玉器，因在山东的大汶口文化和龙山文化墓葬中经常出现，一般认为其起源应在山东地区，中原以至西北地区所出玉牙璧是接受了来自山东的影响。但近年不少学者重视玉牙璧在大连地区的发现，一是时间早，如长海县广鹿岛吴家村、瓦房店三堂遗址中都发现了形制较早的玉牙璧（图一一，1），旅顺郭家村遗址的下层还发现了陶制牙璧；二是出土数量多，如四平山积石冢出土了9件玉牙璧；三是在营城子文家屯和四平山都发现有加工玉器钻孔后残留下来的玉圆芯，特别是四平山37号墓中出土了带有切割痕迹的玉料，可知当时文家屯、四平山都有玉器制作地。山东至今未发现玉矿，而且没有制玉的遗址出现，估计是通过交换从大连地区得到玉料和玉牙璧的。所以目前学界倾向于大连地区是玉牙璧的起源地。

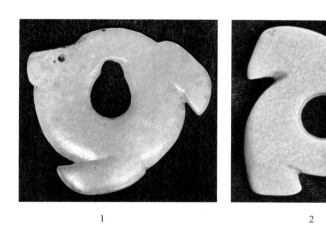

1   2

图一一　玉牙璧

1. 吴家村出土　2. 南宝力皋吐出土

2. 偏堡文化的起源、中心区及其与大连地区的关系

偏堡文化最早发现在沈阳新民县和市内的新乐、郑家洼子遗址，后在大连瓦房店三堂和长岛县小珠山也有发现，在三堂和小珠山还发现了偏堡文化早于小珠山三期文化（相当于龙山文化时期）的地层关系。以往对偏堡文化关注不多，主要原因是缺少规模较大遗址的发掘。近年在内蒙古通辽市扎鲁特旗南宝力皋吐遗址发现一批偏堡文化陶器和辽西小河沿文化陶器共出的房址，引起对偏堡文化的格外关注：一是这个遗址出土了一批完整的偏堡文化陶器，有的为此前所不见，还出有玉器（图一一，2）；二是位置在西辽河以北的草原地带，是偏堡文化分布最北的一个地点；三是与辽西小河沿文化陶器共出，体现了这两支文化从不同方向的汇聚和活跃。联系鸭绿江流域的丹东东港石佛山遗址和左岸的朝鲜半岛北部的新岩里遗址也有偏堡文化分布，可知这是一支从内蒙古草原到辽河平原、辽东半岛和鸭绿江流域的分布范围甚广、既有特色又有发展水平的新石器时代晚期文化。由此推断，这样一支

相当活跃的史前文化，应该有中心区。由于偏堡文化以贴塑泥条和有外叠唇的筒形罐为主要考古文化特征，而外叠唇的筒形罐在大连地区有发展演变的连续性，而且近年连续在大连地区三堂遗址和小珠山遗址都发现了偏堡文化，可以考虑在大连地区寻找偏堡文化中心区和该文化起源遗存的可能性。希望大连考古今后在这一课题上有所突破。

（二）青铜时代

主要谈双砣子三期文化及其与青铜短剑起源的关系。

大连地区青铜时代的双砣子一、二、三期文化中，一期文化和二期文化分别同山东半岛的龙山文化和岳石文化有密切联系。但到了双砣子三期文化阶段，山东半岛古文化发展产生了很大变化，鲁西已进入商代，鲁东则商文化特征相对较少，靠近辽东半岛的庙岛群岛发现有区域性较强的珍珠门文化，山东半岛和辽东半岛的关系由此也由密切变得几乎隔绝。出现了双砣子三期文化（又称羊头洼文化）强烈的地域性。与此前相比，双砣子三期文化在大连地区发现的遗址点多，堆积厚，出现了如金州大王山那样的特大型聚落址，是大连地区最发达的一种青铜文化。此时的经济形态主要为渔猎，考古发现有各种网坠和大量鱼骨。尤其值得提到的，是双砣子三期文化发现的石兵器组合十分完整，一般考古发现的石兵器中钺、矛居多，剑很少，石戈更为罕见。剑在中国比起西方出现的较晚，但双砣子三期文化发现的石剑较多，还有作为中国特有兵器的戈的石质形态在大嘴子等遗址中也有发现（图一二）。这样，双砣子三期文化就呈现出石质的钺、戈、剑、矛、箭头的组合，在其他地区还没有发现过如此完整的以武器为原型的组合。

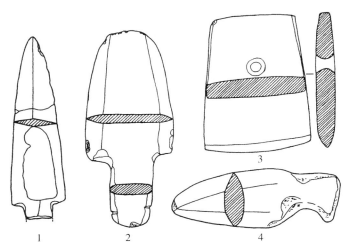

图一二　大嘴子出土石兵器
1. 剑　2. 矛　3. 钺　4. 戈

双砣子三期文化另一个值得特别关注的内容，是与曲刃青铜短剑起源的关系。曲刃青铜短剑一个最大的特点是剑与柄分开，这种制作和组合方式并不实用，尤其不适于在战争中使用，有学者推测可能和萨满教作法有关，属于礼仪用具。曲刃青铜短剑密集分布于辽东、辽西地区和朝鲜半岛，还延伸到日本九州和俄罗斯远东地区。为此，日本和韩国学者特别关注曲刃青铜短剑的起源，普遍认为其起源地在中国东北南部，但具体是在辽东还是辽西存在争议，争议的焦点之一是年代。辽西区曲刃青铜短剑墓葬中共存有中原的器物，从而可明确推断辽西区曲刃青铜短剑最早出现于西周中晚期之间，而辽东区曲刃青铜短剑墓葬没有可以明确断代的其他器物共存，对其年代判断差距甚大。普兰店双房六号墓曾出土一组包括外叠唇筒形罐、贴耳弦纹壶、形制较早的曲刃青铜短剑和铸铜斧滑石范的随葬品，不过仍缺少有明确断代的器物。为此，对这一课题可以换个思路进行考察分析。如将辽东与辽西的曲刃青铜短剑遗存作一比较可见，辽西具多元性，特别是经常与燕式青铜器共出，辽东则甚为单纯，呈现不受外界文化因素的影响而独立发展的态势，我们称为文化发展的"原生性"，这与双砣子三期文化极强的地域性特点具有相同的发展进程，其间并已表现出若干前后发展演变关系。这可以从陶器与从石剑到铜剑两方面加以论证。

就陶器来说，与双房六号墓曲刃青铜短剑伴出的陶器有两种，一是弦纹壶，一是筒形罐。弦纹壶的形制特点是短尖唇、碗形口，鼓腹常有下垂，腹外壁除数道不够整齐的弦纹，还附横耳和半月形贴耳，底或有甚矮的圈足。这类壶还有一个很大的特点，就是壁薄如蛋壳陶，却不是如山东龙山文化蛋壳陶的那种细泥质、轮制，而是胎质夹砂，手工制作，工艺难度更高，推测应该不是实用器物。这类壶也见于朝鲜半岛北部的美松里洞穴遗址，被称为"美松里"式壶。向前追溯，在属于双砣子三期文化的于家砣头墓地出有多件饰弦纹、碗形口、矮圈足的灰陶壶，有的也饰甚小的半月形贴耳，应就是双房六号墓弦纹壶的前身（图一三）。双房六号墓出土的另一种陶器是筒形罐，这类筒形罐外唇部附加泥条，称外叠唇，在大连地区，这类有外叠唇的筒形罐从小珠山上层文化到双砣子三期文化，直到曲刃青铜短剑墓出现以后，甚至比双房墓晚的尹家村遗址也有发现，说明这种带外叠唇的筒形罐是大连地区独有的特点（图一四）。除以上两种陶器所见从双砣子三期文化到双房六号墓之间的先后演变关系以外，就剑本身来说，双房六号墓的曲刃青铜短剑具有剑锋趋尖、突节朝上等早期特点，但主张辽西起源说的学者以为，双房剑形体较小较轻，属非典型类。不过，大连及辽东半岛南部石剑的发展演变序列对此有很好的补充说明（图一五）。剑文化在中国并不发达，曾经在张家坡西周墓地发现过一柄西周早期青铜剑，被认为是中国铜剑较早的实例。不过大连地区双砣子三期文化的石剑年代在夏商之际，羊头洼和普兰店所出石剑长近 1 米或超过 1 米，可见剑文化在大连地区的发达程度，其来源甚至还可上溯到当地新石器时代，如岫岩北沟、元宝山所出石剑。这些石剑都只有短茎，剑柄是另外安装的，结构与曲刃青铜短剑相同，其间经过了由石剑向铜剑的转化，但前后渊源关系是清楚的。

以上从陶器和短剑所见曲刃青铜短剑文化与双砣子三期文化之间的前后演变关系说明，大连地区很可能是曲刃青铜短剑的起源地。

这里要提出的一个问题是，曲刃青铜短剑墓葬发现较多，但遗址一直不太清楚，这方面大连地区有很好的线索。如长海上马石遗址发现有类似双房墓葬中的外叠唇筒形罐和贴耳弦纹壶的残片，也有三足器，碳十四测定年代比较早，距今 3320 年 ± 160 年；被岗上积石冢打破的遗址中出土的陶片也有近似双房六号墓陶器特征的残片。岗上积石冢的时间为春秋时期，被它打破的遗址应该到西周或更早阶段。还有这次来大连的路上，笔者先去普兰店的石棚沟大石棚遗址考察，发现这处遗址不仅围绕大石棚有几座小石棚，而且所在地就是一处遗址，地表散布的陶片较其他同类遗址为多，很有发掘价值，建议以制定遗址保护规划为前提，对这处遗址做些调查和试掘，也许会对上述问题的解决提供更多线索。

图一三　弦纹陶壶比较图
（左为砣头 M40：1，右为双房 M6：1）

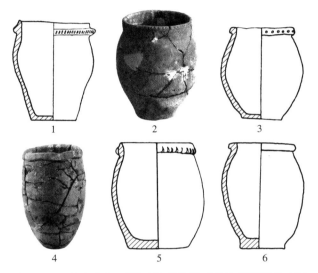

图一四　辽东半岛新石器时代到青铜时代陶筒形罐演变图
1. 小珠山上层 T4②：90　2. 砣头 M46：3　3. 上马石 I 采：1
4. 双房 M6：2　5. 尹家村 M12：1　6. 本溪上堡 M2：2

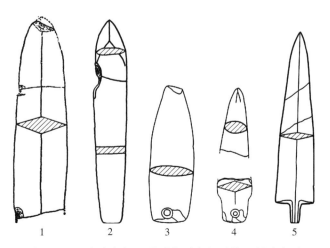

图一五　辽东半岛新石器时代到青铜时代石剑演变图
1. 岫岩北沟 T3②：5　2. 元宝山采　3、4. 大嘴子 F25：7、T99②：19　5. 清原小错草沟

（三）从圭璧组合看大连地区在汉代的重要地位

辽宁省文物考古研究所在普兰店姜屯张店汉代古城附近发掘了一批汉墓。从普兰店市博物馆陈列得知，这座汉代城址周围有大片墓地，出土过马蹄金、鹿形镇等级别较高的文物。这次发掘的第 45 号墓是一座规模较大的砖室墓（图一六、一七），出有鎏金车马器和多件有组合的陶器，特别是在墓主人头部出土了多件玉器。发掘者根据这些玉器的出土位置复原出由 6 件玉圭和其他玉片构成的玉覆面，玉覆面的顶部为一块玉璧（图一八）。玉覆面是汉代贵族使用的葬俗，东北在此之前如辽阳有大批汉墓发掘，尚未见有玉覆面，这确是重要发现。不过根据对考古现场照片的分析，墓主人头顶处的玉璧和围绕玉璧的三件玉圭是原位置，此三件玉圭均尖首朝向玉璧，其中玉璧上方的两件玉圭还左右对称，其他三件玉圭为散落状态，推测普兰店 45 号墓玉覆面之外还有一组更为重要的圭璧组合。文献记载，圭璧组合是等级最高的玉礼器，是从周代开始建立的玉礼制度，为历朝历代所奉行，并一直延续至清代。文献记载周成王病重时，周公就曾"植璧秉圭"祈福于周王先人。在汉昭帝刘弗陵和孝昭上官皇后合葬的平陵祭祀坑中曾出土过多组这种圭璧组合：复原的出土状态都是每组中间放一枚玉璧，四周均匀围绕七八件玉圭，圭尖一致朝向中央的玉璧（图一九）。在山东蓬莱芝罘岛、荣城成山秦代祭祀遗址中也有同样的圭璧组合，可见其规格之高。但由于这种高规格的圭璧组合到目前为止多发现于祭祀遗址，墓葬中很少出现，尚无圭璧组合关系明确出土状态的资料，如果姜屯汉墓中的圭璧组合（图二〇）是确定的，那么将是首例有明确出土状态的圭璧组合。更为重要的是，圭璧组合作为周秦汉代以来帝王诸侯专用的礼器，在汉代辽南地区的出现，说明汉代的大连地区确有身份地位很高的家族和人物在此聚集。文献记载秦汉以来渡海而来的山东大族聚居于辽东半岛，使辽东和辽南地区经济得到了迅速发展。普兰店张店汉代城址墓葬中屡有高等级随葬器物出现，这次又出现等级更高的圭璧组合，进一步显示出辽东半岛南端在汉代是东北最繁荣的地区。

（四）加强大连地区古代海防遗址的调查与研究

历史上辽东地区的政治中心，在后金努尔哈赤迁都沈阳之前，一直在辽阳，其中一个重要原因是辽阳距离渤海较近。文献记载三国魏司马懿灭公孙氏时，海船可以从渤海开到辽阳城下，说明当时太

图一六　姜屯 M45 及其局部

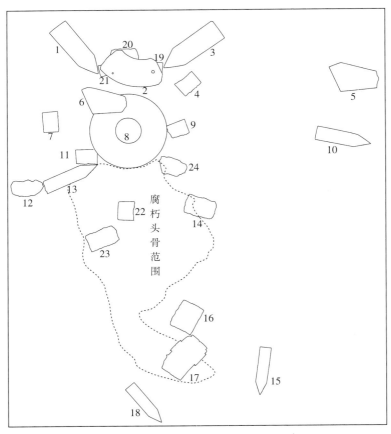

图一七　姜屯 M45 玉覆面（M45：56）出土位置平面图

1、3、10、13、15、18. 玉圭　2. 玉璜　4、7、9、11、14、16、19～21、23. 长方形玉片　5、6. 梯形玉片　8. 玉璧　12、24. 玉片　17. 玉牌饰　22. 玛瑙剑璏尾

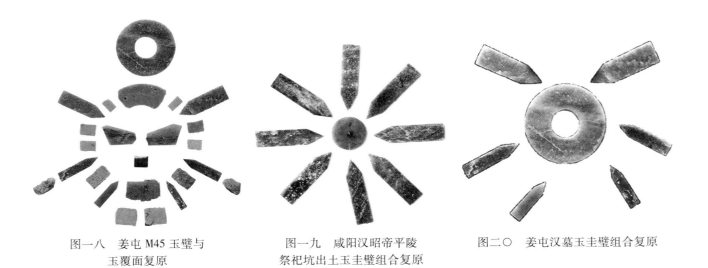

图一八　姜屯 M45 玉璧与　　　　图一九　咸阳汉昭帝平陵　　　　图二〇　姜屯汉墓玉圭璧组合复原
　　　　玉覆面复原　　　　　　祭祀坑出土玉圭璧组合复原

子河可以行驶海船。辽阳博物馆现藏有发现于太子河的大船锚。明代的辽阳设辽东都指挥使司，隶属山东布政司。很多军用物资由山东半岛通过海路在大连上岸，然后经陆路运到辽阳。明代除海上交通外还有海防建设。重要的是，在长城史上，辽宁是唯一一个既有边防又有海防的地区，边防从丹东经

开原、过辽河到绥中的辽东镇长城，在山海关附近与蓟镇长城相接；海防从丹东九连城沿黄海沿岸经大连地区的原明代金州卫、复州卫北上，再沿渤海湾也到绥中沿海。近年国务院公布的《长城保护条例》规定，长城遗址均为国家级和省级以上文保单位。目前作为边防的长城已经过系统调查，海防线尚待启动。大连地区的金州卫、复州卫及所属堡台，不少仍留有遗迹，如普兰店城子坦原明代海防线上归服堡所在地的堡城北墙还残存一段，还有复州老城和沿海的烽火台等等，都亟待保护。所以，开展辽宁明代海防线调查是辽宁省也是大连地区考古调查和文物保护的又一当务之急。

以上所谈是我近来的一些思考，很不成熟，仅供大家参考。

（本文根据 2014 年 3 月 28 日在辽宁师范大学历史文化旅游学院演讲稿整理而成。原载于《旅顺博物馆学苑》，吉林出版集团股份有限公司，2016 年）

从崧泽文化的斧钺分化谈起

斧钺通称。在考古发掘报告和研究文章中多将斧钺作为一类，以下分型分式，文献也多斧钺连用。但文献和考古都有对斧与钺加以区别的，标准或依大小、长宽比例、薄厚等[1]，近多倾向于将其中穿孔者通称为钺[2]。由刘观民先生主编、1996 年出版的《大甸子》发掘报告则将该墓地 101 座墓所出 101 件有关标本明确分为斧类和钺类，其分类标准也不以穿孔为限，而是将体形窄长、上体钻小孔、部分体较薄的归为斧类（共 67 件），将体形扁宽、近体中钻大孔、体多较厚的归为钺类（共 34 件）[3]（图一）。《大甸子》发掘报告对夏家店下层文化斧和钺的划分标准和由此所见斧钺分化，可一直从早期青铜时代追溯到新石器时代，在崧泽文化及同时期前后诸考古文化中都有较为明显的表现，这是一个值得关注的课题。

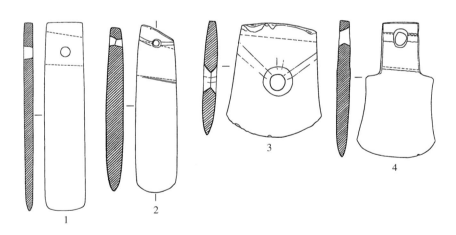

图一　大甸子斧和钺

1、2. 斧（M726：21、M715：14）　　3、4. 钺（M444：6、M483：4）

① 参见傅宪国：《试论中国新石器时代的石钺》，《考古》1985 年第 9 期。杨晶：《长江下游三角洲地区玉钺之研究》，费孝通主编《玉魂国魄——中国古代玉器与传统文化学术讨论会文集》第 167～179 页，燕山出版社，2002 年。钱耀鹏：《中国古代斧钺制度的初步研究》，《考古学报》2009 年第 1 期。
② 方向明：《中国玉器通史·新石器时代南方卷》第 56、113 页，海天出版社，2014 年。
③ 中国社会科学院考古研究所编著：《大甸子——夏家店下层文化遗址与墓地发掘报告》第 156～165 页，科学出版社，1996 年。

一、出土概况

崧泽文化的斧钺分化见于该文化诸代表性遗址，如上海市的崧泽、福泉山（下层），浙江省的嘉兴南河浜、海盐仙坛庙、安吉安乐，江苏省的苏州草鞋山（七、八层）、苏州张陵山（下层）、张家港东山村、海安青墩等。崧泽文化和良渚文化相关遗址的发掘者和研究者们已从不同角度注意到这种分化，如对厚体圆角弧刃石钺和其他玉石斧钺的比较和区分：早在反山墓地简报发表时，王明达就有厚体圆角弧刃石钺"外观与玉钺区别较大，在墓内放置也判然有别"的判断[①]；此后，张敏在龙虬庄发掘报告中对该报告称为穿孔石斧的有"弧刃舌状与长方形"及其先后关系的区别与认识[②]；孙国平、李林对龙潭港良渚文化墓葬石钺有"厚体弧刃和薄体方刃"及它们在选料上的区别[③]；赵晔对文家山良渚文化斧钺有"圆角"与"方角"的区别[④]；栾丰实对凌家滩斧钺有"短宽体大孔和窄长体小孔的区别"[⑤]；朔知对北阴阳营、凌家滩和薛家岗晚期有"大孔石钺和长体石钺"的区别，刘斌、朔知和方向明分别称前者为"花斑圆角石钺""彩石钺"和"花斑石钺"[⑥]，王宁远也对前者有"厚体石钺"之称[⑦]。

如依大甸子对穿孔的斧与钺的区分标准，可将崧泽文化诸遗址所出斧钺分为三类（图二）：

第一类为斧（指穿孔斧，未穿孔斧另标，以下同）。特征是体形窄长，长宽比大于或约等于1/3，穿孔多较小，孔多在上部。典型器如崧泽 M21：17、M7：6（《崧泽》第 33 页图二七 - 1、5，彩版一 - 1），草鞋山 M59：1（《文物资料丛刊 3》第 20 页图六一），福泉山 M11：9、M12：8（《福泉山》第 23 页图二三 3、4）。

第二类为斧钺。为崧泽文化常见的长方梯形和"风"字形标本，此类除体形主要是长宽比例小于斧类以外，体薄，边直，趋锐的刃角和背角，以及选择较细的石料，上部钻孔，孔较小，总体介于斧钺之间而更接近斧类，故可通称"斧钺"。典型标本如南河浜、官井头、福泉山下层、昆山等遗址所出的多例[⑧]。

第三类为钺类（即厚体圆角弧刃钺）。特征是体较厚重，体形较为扁宽，边与角圆弧，尤其是有外弧刃和外弧刃与两侧边连为一体呈舌状，钻孔较大且孔的位置近体中部。形制较为固定，同斧类和斧钺类在形制上泾渭分明，却与后世钺的形制更为接近，甲骨文中"钺"（戉）也为这类短体舌状刃器的象形字（𢧕），故可直称为"钺"。典型器如草鞋山 M203：4（《文物资料丛刊 3》第 20 页图五六），

① 浙江省文物考古研究所反山考古队：《浙江余杭反山良渚墓地发掘简报》，《文物》1988 年第 1 期。
② 龙虬庄遗址考古队编著：《龙虬庄——江淮东部新石器时代遗址发掘报告》第 379 页，科学出版社，1999 年。
③ 浙江省文物考古研究所、海盐县博物馆：《浙江海盐县龙潭港良渚文化墓地》，《考古》2001 年第 10 期。
④ 浙江省文物考古研究所：《文家山》第 66 页，文物出版社，2011 年。
⑤ 栾丰实：《凌家滩与大汶口》，《玉魂国魄——中国古代玉器与传统文化学术讨论会文集》（五）第 202 页，浙江古籍出版社，2012 年。
⑥ 刘斌：《良渚文化的玉钺与石钺》，费孝通主编《玉魂国魄——中国古代玉器与传统文化学术讨论会文集》第 163、164 页，燕山出版社，2002 年。朔知：《长江下游的"玉石分野"与社会变革》，北京大学考古文博学院编《中国考古学研究》（九）第 563、567 页，文物出版社，2010 年。方向明：《中国玉器通史·新石器时代南方卷》第 210 页，海天出版社，2014 年。
⑦ 王宁远：《嘉兴地区崧泽玉器的分期观察》，《玉魂国魄——中国古代玉器与传统文化学术讨论会文集》（五）第 315 页，浙江古籍出版社，2012 年。
⑧ 浙江省文物考古研究所：《南河浜——崧泽文化遗址发掘报告》第 186 页图一二〇 - 2、4~7，文物出版社，2005 年；《良渚官井头遗址崧泽文化遗存》，《浙北崧泽文化考古报告集（1996—2014）》第 372 页图二八，文物出版社，2014 年。浙江省文物考古研究所、湖州市博物馆：《昆山》彩版二四 - 2、三五 - 1、四九 - 2、五一 - 23 等，文物出版社，2006 年。上海市文物管理委员会：《福泉山——新石器时代遗址发掘报告》第 33 页图二三 - 1、3、5、6，文物出版社，2000 年。

图二　崧泽文化玉石斧钺

1. 石斧（崧泽 M21：17）　　2、3. 玉斧（南河浜 M61：8、东山村 M91：29）　　4. 石斧钺（南河浜 M2：1）　　5～7. 石钺（崧泽 M13：1、南河浜 M2：4　东山村 M90：31）

崧泽 M16：2、M13：1（《崧泽》第 33 页图二七-6、7，彩版一-2），南河浜 M2：4、M96：8（《南河浜》第 186 页图一二〇-1、3），安吉安乐 M57：1、M73：2（《崧泽之美》第 218、219 页）等，也见于河姆渡第四期相当于崧泽文化的 T18①：3、T222①：7（《河姆渡》上册第 352 页图二三九-3、4，下册彩版七〇-2，图版二〇一-2），而以东山村所出数量最多，形制也较为典型①。江阴南楼还出 1 件三折刃的石钺②。海安青墩中层所出陶制有柄钺的钺体就应为这种厚体圆角弧刃钺③（图三）。

　　崧泽文化斧与钺的分化从崧泽文化早期就已出现，如仙坛庙崧泽文化早期墓 M43 和 M119、M129

①　南京博物院等：《江苏张家港市东山村新石器时代遗址》，《考古》2010 年第 8 期。
②　江苏江阴南楼遗址联合考古队：《江苏江阴南楼新石器时代遗址发掘简报》，《文物》2007 年第 7 期，第 18 页图三〇-1。
③　南京博物院：《江苏海安青墩遗址》，《考古学报》1983 年第 2 期。

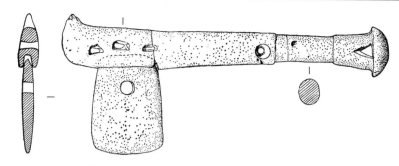

图三　海安青墩带柄石钺（T10）

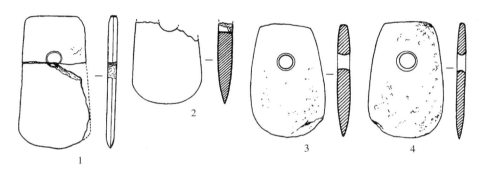

图四　仙坛庙崧泽文化早期玉斧和石钺

1、2. 玉斧（M43∶2、M43∶3）　3、4. 石钺（M119∶2、M129∶4）

就分别出有玉斧和石钺①（图四），东山村 3 区崧泽文化早期大墓所出 10 余件斧钺中，绝大多数都为钺类，仅 M90、M92 就各出土 5 件②。长方梯形和"风"字形斧钺形制较为进步，特别是"风"字形斧钺，出现应稍晚，不过在崧泽文化中晚期已发现多例，如张陵山下层 M05∶15、草鞋山 M50∶3、福泉山 M24∶9、南河浜 M2∶1、安吉安乐 M39 等③。南河浜崧泽中期墓 M2 还有石钺与"风"字形斧钺共出的实例④。

　　值得注意的是，崧泽文化斧与钺的区别在质料的选择上也与大甸子有着惊人的相似性。大甸子所出的 101 件斧与钺中有 6 件为玉质，都属于斧类，其他的斧类和全部钺类，都为石质。目前崧泽文化统计出土有 7 件玉质斧钺，它们都可归属于斧类或近于斧类，如南河浜所出约 20 件斧钺中有 2 件为玉质，都为斧类，其中常被引为崧泽文化玉质斧钺代表器的 M61∶8 就是一件典型的玉斧，东山村 3 区 5 座大墓所出

①　浙江省文物考古研究所、海盐县博物馆：《海盐仙坛庙遗址的早中期遗存》，《浙北崧泽文化考古报告集（1996—2014）》第 160～186 页，文物出版社，2014 年。

②　南京博物院等：《江苏张家港市东山村新石器时代遗址》，《考古》2010 年第 8 期，图版三－1、3，图版四－2。周润垦、胡颖芳：《中国史前社会复杂化演进模式略论》，《玉魂国魄——中国古代玉器与传统文化学术讨论会文集》（五）第 135 页，浙江古籍出版社，2012 年。

③　南京博物院：《江苏吴县张陵山遗址发掘简报》，《文物资料丛刊 6》，文物出版社，1982 年。上海市文物管理委员会：《福泉山——新石器时代遗址发掘报告》第 23 页图二三－1～6，文物出版社，2000 年。浙江省文物考古研究所、安吉县博物馆：《安吉安乐遗址第三、四次发掘的阶段性收获》，《浙北崧泽文化考古报告集（1996—2014）》第 52 页图一八，文物出版社，2014 年。朱乃诚：《崧泽文化的文化成就以及在中国文明起源中的地位与作用》，《中国考古学会第十四次年会论文集》第 29、30 页，文物出版社，2012 年。

④　浙江省文物考古研究所：《南河浜——崧泽文化遗址发掘报告》第 132 页图八七－1、4，图版一四三，文物出版社，2005 年。

18 件斧钺中仅有 1 件为玉质，即 M91：29，也为与南河浜 M61：8 规格相近的斧类典型器①。钺则全部为石质，无玉质，且已出现特意选用的一种带斑点或斑纹的石料，即所称"彩石钺"者。

斧钺分化在与崧泽文化相邻地区同时代其他文化的发现情况，主要见于巢湖流域的凌家滩、宁镇地区的北阴阳营和宁镇地区与太湖流域交界地区的三星村。

2006 年出版的凌家滩发掘报告发表了 1987、1998 年两个年度发现的斧和钺共约 186 件（报告通称为钺，个别称为铲），玉质 31 件，石质 155 件。其中有斧 43 件，长方形、梯形和"风"字形斧钺 24 件，钺出土数量最多，达 119 件，钺类占凌家滩发掘报告所收入的墓葬出土斧钺的近五分之三。部分规模较大的墓往往有数量甚多的钺随葬，如 87M4 有 16 件钺随葬，87M6 更达 28 件（2007 年发掘的 M23 随葬 40 余件石钺，从墓葬平面图看，多数也为这种钺类）。个别钺体甚大，如 87M4：1 长 34 厘米，87M15：25 更长达 36.4、孔径 8.4 厘米，07M23 有的石钺孔径达 9 厘米。玉质的 31 件全部为斧类，119 件钺类全部为石质。钺类不仅厚短体、舌状刃、近体中穿孔较大等形制特点与崧泽文化的钺一致，而且选用石料也多为带斑点或斑带的凝灰岩一类。值得注意的是，凌家滩墓地在 43 件有穿孔的斧类以外，还随葬有未穿孔的斧类 8 件，其中 7 件为玉质，它们体形规整、磨制精，体形最长的近 30 厘米②。这些都表明，凌家滩墓地斧与钺的分野更加明显，斧钺分化的程度似较崧泽文化为高（图五）。

图五　凌家滩 87M4 出土斧和钺
1. 石斧（87M4：55）　2. 玉斧（87M4：16）　3. 石钺（87M4：20）

北阴阳营出土有关标本约 142 件（包括半成品 15 件），全部为石质，无玉质，报告通称穿孔石斧。其中属于斧类的 11 件（报告的 Ⅲ 型），长方梯形和"风"字形斧钺约 9 件（报告的 Ⅶ 型和 Ⅸ 型），也以钺类（报告的 Ⅰ、Ⅱ、Ⅳ、Ⅴ 型）出土数量最多，达 93 件，占出土斧钺总数的约三分之二。钺的质

① 浙江省文物考古研究所：《南河浜——崧泽文化遗址发掘报告》第 127 页图八三 - 8，图版一四三，文物出版社，2005年。南京博物院、张家港博物馆：《江苏张家港东山村遗址 M91 发掘报告》，《东南文化》2010 年第 6 期，第 60 页图八 - 4，彩插一 - 1、2。
② 安徽省文物考古研究所编著：《凌家滩——新石器时代墓地发掘报告》，文物出版社，2006 年。安徽省文物考古研究所：《安徽含山县凌家滩遗址第五次发掘的新发现》，《考古》2008 年第 3 期。

地也以凝灰岩占多数①。

三星村出土的斧钺也全部为石质，其中体形稍长近斧类的6件（报告称为斧），长方梯形和"风"字形斧钺3件（报告称前者为铲，后者为锄），钺11件（报告称为石钺，其中1件叶蜡石质被称为玉钺），还出有近似于有内的有肩钺（M54：2），特别是M38和M531发现了配有刻纹骨质钺帽和牙质镦的石钺，从形制看都为这种厚体圆角弧刃钺②（图六）。

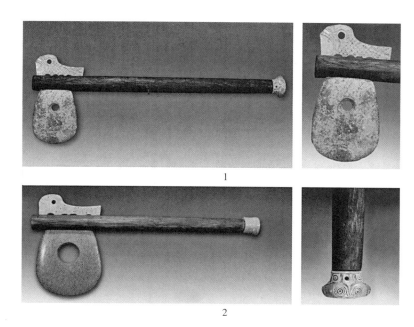

图六　三星村带柄石钺
1. M38　2. M531

三星村和北阴阳营所出钺类也较斧和斧钺为多，斧与钺的分化程度与北邻的凌家滩较为接近。一般认为，三星村年代上限或较崧泽文化早期略早，那就说明在长江下游地区斧钺分化正式出现的年代可到公元前第三千年初。

以上崧泽文化及相邻大约同时期诸考古文化中，斧与钺的分化，无论形制和质地，其区别都具有共同性，这一文化现象在其他地区时代相近的史前文化中也有不同程度的表现。

淮东地区龙虬庄。斧钺都为中层墓葬出土。年代为6300BP~5500BP③。共37件，全部为石质。发掘报告都划为Ⅰ型斧。其中有斧类（报告的C亚型一部分）约7件，长方梯形（报告的D亚型、E亚型）和扁平"风"字形斧钺（报告称为石锄）约12件，也以钺类（报告的A亚型、B亚型和部分C亚型）出土最多，达18件。

苏北与鲁西南地区。对花厅、王因、野店和大汶口及大汶口续集五本考古报告（包括时间较晚的大汶口文化中晚期）收录的斧钺材料的不完全统计，斧类出土数量较多，大汶口遗址早期约9件，野店二至五期约12件，花厅南区约6件，花厅北区约24件，大汶口中晚期约16件；斧钺类次之，大汶

①　南京博物院：《北阴阳营——新石器时代及商周时期遗址发掘报告》，文物出版社，1993年。
②　江苏省三星村联合考古队：《江苏金坛三星村新石器时代遗址》，《文物》2004年第2期。
③　龙虬庄遗址考古队：《龙虬庄——江淮东部新石器时代遗址发掘报告》，科学出版社，1999年。

口遗址早期斧钺约 2 件，野店二、三、四期约 7 件，花厅南区约 3 件，花厅北区约 3 件，大汶口遗址中晚期约 11 件；钺类较少，大汶口遗址早期 1 件（M1007：6）、中期 1 件（M12：6），大汶口中期 M26、M38 从墓葬平面图看，所出接近于石钺；滕县时村 20 世纪 50 年代调查采集大汶口文化早期石钺 1 件，临沂市博物馆收藏有该县中洽沟出土的一件形制典型的石钺①。王因大汶口文化早期墓葬出土斧钺类（报告分别称为斧和铲）较多，共达 50 件，从发表的线图看，也以斧和斧钺类为多，钺类约 5 件。总体看，大汶口文化斧类较多，而典型石钺较少。质地：玉质花厅北区 2 件，都属于斧类；大汶口中晚期也有 2 件为玉质，一件明确为斧类（M117：8），另一件也近于斧类（M10：18）（《大汶口》图版 24 - 1、2）。值得注意的是，"风"字形石钺在大汶口文化似出现较早（M2021：3 和 M2008：6，都为大汶口早期的二期墓。见《大汶口续集》图版八九 - 1、2）②（图七）。

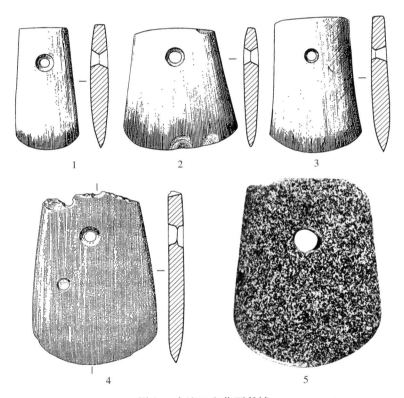

图七　大汶口文化石斧钺

1. 石斧（大汶口 M2002：23）　2、3. 石斧钺（大汶口 M2021：3、大汶口 M2008：6）　5、6. 石钺（大汶口 M12：6、临沂中洽沟）

东北南部地区。

赵宝沟文化石斧 1 件，为敖汉旗小山遗址 F2 所出，简报称为"穿孔斧形器"。此件石斧选用花斑纹间红褐斑块的凝灰碎质岩，通体精磨，舌状刃，体窄长，形制规整，穿孔甚小，且在近顶端的一面

① 山东大学滕县考古调查小组：《滕县新石时代遗址调查》，《文物参考资料》1958 年第 1 期，第 51 页图四 - 1。中洽沟石钺见山东博物馆、良渚博物院编：《玉润东方——大汶口—龙山·良渚玉器文化展》第 83 页下图，文物出版社，2014 年。
② 南京博物院：《花厅——新石器时代墓地发掘报告》，文物出版社，2003 年。山东省博物馆、山东省文物考古研究所：《邹县野店》，文物出版社，1985 年。山东省文物管理处、济南市博物馆编：《大汶口——新石器时代墓葬发掘报告》，文物出版社，1974 年。山东省文物考古研究所编：《大汶口续集——大汶口遗址第二、三次发掘报告》，科学出版社，1997 年。中国社会科学院编著：《山东王因——新石器时代遗址发掘报告》，科学出版社，2000 年。

有浅刻而概略的人面①（图八）。

红山文化玉斧 1 件，为巴林右旗那斯台遗址采集（图九，1）。有甚长的舌状刃，形与上述小山遗址 F2 石斧和凌家滩 87M5 石斧接近②。

与红山文化交错分布、时代相当于红山文化晚期的内蒙古通辽哈民忙哈遗址 F37 出土一件典型的斧，也为玉质，且为双孔③（图九，2）。

此外，红山文化也同凌家滩一样，多见未穿孔的玉斧，如阜新收集的 1 件（图九，3）和赤峰收集

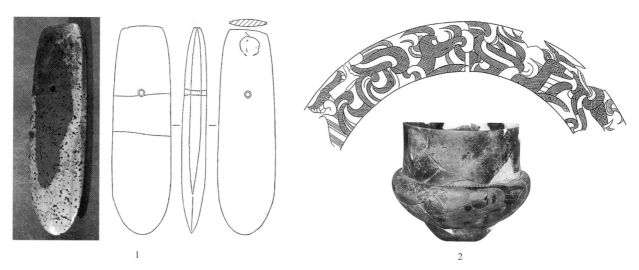

1　　　　　　　　　　　　　　　　　　　　　2

图八　小山遗址 F2 石斧、陶尊

1. 石斧（F2：2 - 10）　　2. 四灵纹陶尊（F2：2 - 30）

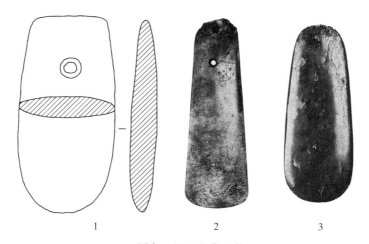

1　　　　　　2　　　　　　3

图九　红山文化玉斧

1. 巴林右旗那斯台采集　2. 通辽哈民忙哈出土（F37：20）　3. 阜新福兴地采集

① 中国社会科学院考古研究所内蒙古工作队：《内蒙古敖汉旗小山遗址》，《考古》1987 年第 6 期，第 497 页图一七，图版壹 - 2。

② 巴林右旗博物馆：《内蒙古巴林右旗那斯台遗址调查》，《考古》1987 年第 6 期，第 17 页图一四 - 9。安徽省文物考古研究所编著：《凌家滩》第 44 页图二三 - 3，彩版一七，3，文物出版社，2006 年。

③ 内蒙古文物考古研究所、吉林大学边疆考古研究中心：《内蒙古科左中旗哈民忙哈新石器时代遗址 2011 年的发掘》，《考古》2012 年第 7 期，第 26 页图十五 - 8，图版肆 - 1。

的多件，其形制体中部宽上下趋窄近梭形，同凌家滩玉斧形制相近①。吉林省博物馆20世纪50年代初在该省西北部的镇赉县收集一件具红山文化特征的玉斧，长29.5、宽12.2厘米，厚3厘米左右，其体量之大和厚重，为史前玉斧类中所罕见，被古代玉器研究界见多识广的邓淑苹先生誉为"玉斧王"②。

钺类只见于红山文化。有牛河梁遗址正式出土的2件（N2Z1M9：1、N16Z1①：54）③，敖汉旗新窝铺乡份子地、翁牛特旗山嘴子乡大新井和巴林左旗三山乡王简南沟各采集的1件（《红山玉器》第85、87页）。还有朝阳西房山收集的1件（《辽河文明展文物集萃》第47页）。这6件钺都为石质，磨制精，形体规整。份子地和大新井两件石钺体形都较大，朝阳石钺还有规整的凸起孔缘。份子地和朝阳钺的质地也都带斑点或斑块（图一〇）。

与东南沿海诸史前文化相比，红山文化出土斧钺数量甚少，即便如此，以上所见红山文化斧类与钺类，其形制和质地也具东南地区相同的特点和差别，在质地的选用上，也遵循着玉质只用于斧类、钺类都为石质的规律。

中原地区（图一一）。斧类和钺类在仰韶文化遗址不断有所发现。

斧：以灵宝西坡墓葬出土数量最多，共13件。报告称为钺，形制都为长条形，可统归为斧类。属于同一类型的华县泉护村M701则出有石斧1件，另1件斧未穿孔④。此外，半坡遗址早期已有一定数量的石斧类出现，晚期增多（《西安半坡》第60、104页，图见第61页图五六－6~8，图版陆伍－2、3）；斧还见于姜寨一、二期（《姜寨》第70页图五九－11、第191页图一三九－3、7，图版二四－3、一一二－3、一一三－1）、华阴横阵半坡类型较早期墓坑2（《考古学集刊4》第11页图一〇－2）、西关堡庙底沟类型遗址T1（《考古学集刊6》第55页图三－6）；西峡老坟岗遗址一期出斧3件（M3：6、M5：7、M7：1），二期出斧1件（T11③：44），年代在庙底沟类型早期（相当王湾一期）⑤。豫西地区

1　　　　　　　　2　　　　　　　　3

图一〇　红山文化石钺
1. 牛河梁出土（N2Z1M9：1）　2. 敖汉旗份子地采集　3. 朝阳西房山收集

---

① 于建设主编：《红山玉器》，远方出版社，2004年。
② 2000年随邓淑苹先生考察吉林省博物馆所见。文见邓淑苹：《"红山系玉器"的再思》，辽宁省文物考古研究所编《红山文化学术研讨会论文集》第326页，辽宁人民出版社，2013年。
③ 辽宁省文物考古研究所编著：《牛河梁——红山文化遗址和墓地发掘报告（1983—2003年度）》，文物出版社，2012年。
④ 中国社会科学院考古研究所、河南省文物考古研究所编著：《灵宝西坡墓地》，文物出版社，2010年。北京大学考古系、中国社会科学院考古研究所编：《华县泉护村》第76页图54－1、2，科学出版社，2003年。
⑤ 河南省文物考古研究所、南阳市文物考古研究所：《河南西峡老坟岗仰韶文化遗址发掘简报》，《考古学报》2012年第2期。

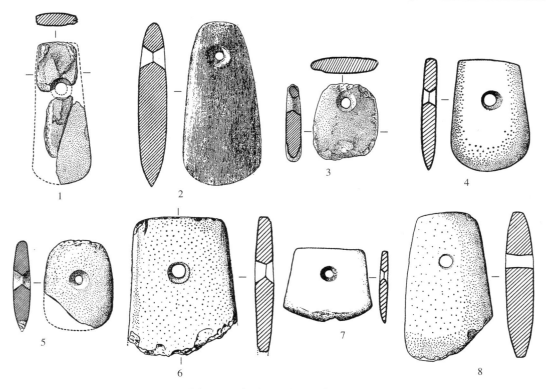

图一一　中原地区出土石斧和钺

1、2. 石斧（半坡 P. 5566、M2:9）　　3～5. 石钺（半坡 P. 6852、龙岗寺 T25:3－21、T303:03）　　6～8. 石斧
钺（大河村一期 T11:6D70、王湾 H215:33、大河村四期采:50）

的大河村以及伊川伊阙城仰韶文化晚期遗存也分别有斧类发现①。

　　斧钺：王湾遗址二期（H57:1，《洛阳王湾》第 50 页图三六－11）、大河村遗址一、四期和伊川伊阙城仰韶文化晚期 M2 都出有长方梯形斧钺，王湾遗址二期早段更有近"风"字形石斧钺发现（H215:33，《洛阳王湾》图九，图版一〇－10）②。

　　钺：出土数量少但有形制典型者。如半坡 1 件（《西安半坡》第 61 页图五六－11）、姜寨二期 1 件（《姜寨》第 191 页图一三九－11、图版一一三－5）；龙岗寺第三层出 2 件石钺（T25③:21、T32③:6），属半坡类型；庙底沟仰韶文化层出 1 件形制较为典型的石钺（T303:03）③。

　　质地：玉质也只见于斧类，即西坡出土的 13 件玉质斧；龙岗寺遗址半坡类型和西坡墓地也出有未穿孔玉斧（龙岗寺共 9 件，报告将其中 5 件称为铲，西坡墓地 3 件），西峡老坟岗遗址一期 M5:7 斧和其他墓葬如 M8:11 所出未穿孔斧，从照片看也可能为玉质。其他遗址所出斧钺和钺，全部为石质。

　　此外，淅川下王岗仰韶文化期有石斧、石斧钺和较为典型的石钺发现④。江汉地区大溪文化也出

①　洛阳市第二文物工作队：《河南伊川县伊阙城遗址仰韶文化遗存发掘简报》，《考古》1997 年第 12 期。

②　北京大学考古文博学院：《洛阳王湾——田野考古发掘报告》，第 50 页图三六－11，图版一〇－10，北京大学出版社，2002 年。郑州市博物馆：《郑州大河村遗址发掘报告》，《考古学报》1979 年第 3 期，第 308 页图八－18，第 351 页图四〇－6。

③　陕西省考古研究所：《龙岗寺——新石器时代遗址发掘报告》图版九－1、2，文物出版社，1990 年。中国科学院考古研究所编著：《庙底沟与三里桥》，第 55 页图三七－10，图版肆捌－12，科学出版社，1959 年。

④　河南省文物研究所、长江流域规划办公室考古队河南分队：《淅川下王岗》第 131 页图一四九，文物出版社，1989 年。

有斧钺，如 1975 年发掘的大溪遗址 M140：9[1]。时间与大溪文化相当的湖南高庙上层 M27 所出的 1 件斧钺为玉质，有较长的舌状刃，且加扉如夏商时代的戚[2]，值得关注（图一二）。

以上各大区时代相同或相近的诸考古学文化中，从形制到质地，都不同程度具有斧钺分化现象，可视为一种共同的时代特征。这一时代特征在 5000 年前的东南、东北和中原这三大文化区大约同时出现，自有其来龙去脉和特定的历史文化背景。

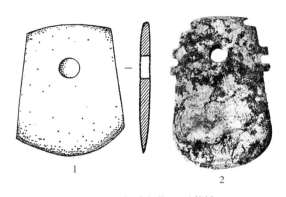

图一二　大溪文化玉石斧钺
1. 石斧钺（大溪 M140：9）　2. 玉斧钺（高庙上层）

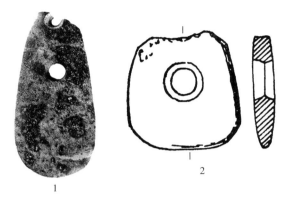

图一三　马家浜文化石斧和钺
1. 石斧（吴家浜 M2：1）　2. 石钺（崧泽下层 T1：4）

二、发展演变

斧钺分化的发展演变过程以出土集中的东南地区脉络较为清晰。在马家浜文化已有斧钺分化露头的迹象，如草鞋山属于马家浜文化的 M38（《文物资料丛刊 3》第 23 页图七〇 - 1）、嘉兴吴家浜 M2 都有石斧出土。嘉兴吴家浜 M2 所出石斧（图一三，1），器体厚，舌状刃，且为双孔，应与崧泽文化早期出现的钺类前身有关，发掘和研究者多称之为"石钺"，说明已非单一的生产工具，另出有 1 件体中穿大孔的石斧钺（T5221③：1）。石钺见于属于马家浜文化晚期或崧泽文化早期的崧泽遗址下层，为短体石钺 1 件（T1：4，《崧泽》第 27 页图二二 - 1）（图一三，2）；2004 年崧泽遗址发掘出土 1 件形制、质地都较为典型的石钺，被归属于马家浜文化（《中国文物报》2004 年 6 月 9 日）[3]。

向后则延续到良渚文化时期。良渚文化斧钺仍可分为窄长型的斧类、长方梯形和"风"字形的斧钺类和厚体圆角弧刃的钺类三大类（图一四、一五）。从质地看，玉质仍多见于斧类，如较早的反山 M20：144，较晚的寺墩 M3：86 和福泉山 M9：16、M40：82；但斧钺类（部分体较窄，长近于斧）中玉质增多，如著名的反山 M12 的"风"字形玉斧钺，还多见一种四边起脊线的石斧钺；钺类则仍全部为石质，而且也多选用带斑点或斑带的凝灰岩一类石料[4]，与崧泽文化有明显的一脉相承关系。除此之

①　四川省博物馆：《巫山大溪遗址第三次发掘》，《考古学报》1981 年第 4 期，第 467 页图一五 - 6。

②　国家文物局主编：《2005 中国重要考古发现》第 17 页，文物出版社，2006 年。转引自方向明《中国玉器通史·新石器部分南方卷》第 87、88 页，海天出版社，2014 年。

③　浙江省文物考古研究所、嘉兴市博物馆：《浙江嘉兴吴家浜遗址发掘简报》，《文物》2005 年第 3 期，第 39 页图十三 - 8；又见《发现历史——浙江新世纪考古成果展》第 116 页，中国摄影出版社，2011 年。

④　[日]中村慎一：《略论良渚文化石器》，浙江省文物考古研究所编《纪念良渚遗址发现七十周年学术研讨会文集》（浙江省文物考古研究所学刊第八辑）第 364～371 页，科学出版社，2006 年。

图一四　福泉山良渚文化玉石斧钺

1. 玉斧（M9∶16）　2. 玉斧钺（M9∶25）　3. 石钺（M9∶18）

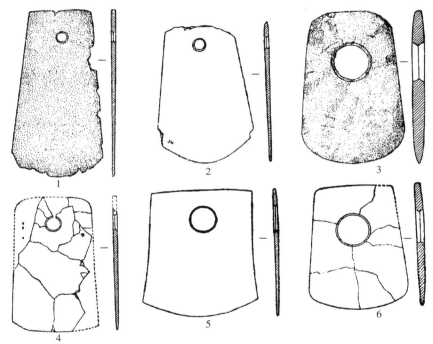

图一五　寺墩 M3 良渚文化玉石斧钺

1、2. 玉斧（M3∶86、57）　4、5. 石斧钺（M3∶45、55）　3、6. 石钺（M3∶42、94）

外，良渚文化的斧钺分化还呈现一些新的特点：在形制上，良渚文化的玉斧和玉石斧钺更趋体薄边直，单面管钻孔和双孔增多，常配有制作工艺十分考究的玉瑁、玉镦和其他挂件；石钺的造型和穿孔也都更为规整，选料趋于固定，常见体形较长的形制，有的体形较大，如文家山 M1 钺体长在 20 厘米以上和接近 20 厘米的约 12 件，庄桥坟和姚家山出土的石钺体最长分别达 31 厘米和 33 厘米①，主要在晚期，有部分钺的舌状刃部两侧已起刃尖；钺的出土数量有显著增多，在一些高等级的大型墓葬中常有

①　浙江省文物考古研究所、平湖市博物馆：《浙江平湖市庄桥坟良渚文化遗址及墓地》，《考古》2005 年第 7 期；《浙江桐乡姚家山良渚文化贵族墓葬》，国家文物局主编《2005 年中国重要考古发现》，文物出版社，2006 年。

多件石钺随葬，且其共存关系多为单件玉斧或玉石斧钺与多件石钺共出，如反山 M12（"风"字形玉斧钺 1 件，石钺 5 件）、M14（"风"字形玉斧钺 1 件，石钺 16 件）、M20（玉斧 1 件，石钺 24 件），文家山 M1（石斧钺 1 件，石钺 33 件），汇观山 M4（玉斧钺 1 件，石钺 40 余件），良渚遗址群以外出石钺数量最多的横山 M2 为 132 件石钺与 1 件玉斧钺共出，桐乡姚家山 M3 出石钺 25 件。张陵山 M4、M5 以及赵陵山 M77、草鞋山 M198、海盐龙潭港 M9 也都为玉石斧钺与石钺共出①。它们的出土位置，有玉石斧或斧钺位于人体上部（多在左臂处）、石钺多在中下部的规律②。

以上可见，东南地区在崧泽文化和同时期相邻诸文化的斧钺分化有一个较长的发展演变过程，向前可上溯到马家浜文化，至晚到良渚文化晚期，斧钺分化仍在延续。值得注意的是，无论形制和组合的固定、选料以及出土位置，良渚文化的斧钺分化都有更加规范化的趋势，而且还可以从中看到，斧与钺是各有其发展演变序列的。

一般以为，斧钺总的演变趋势是由石斧—石钺—玉钺—铜钺③。如从斧钺分化角度看，由斧分化出钺之后，斧与钺各自显示出其发展序列。斧继续不间断演化，到近圭形斧。由于斧类早期的窄长形制就同玉圭接近，且多玉质，所以玉斧于龙山时代演变为玉圭，是符合历史发展逻辑的。长江下游地区由于玉斧发展序列较为完整，在江苏溧阳发现形制近于龙山文化的"神人兽面鸟纹"玉圭（图一六）被认为与良渚文化有关，就不是没有依据了④。而且斧演化为圭以后，玉圭作为六瑞中最主要的一种玉礼器，一直延续下来，直到明清时期，也与其深远的历史渊源有关。

钺的演化，有从舌形、梯形、"风"字形到有内形的排列顺序⑤，这是将钺与斧钺放在一起分析的，其实钺自身独立演变的序列似更为清晰。石钺在崧泽文化之前就已出现，崧泽文化为石钺的定型期，到良渚文化时不仅数量大增，形制更趋规整，良渚文化晚期有的石钺刃角翘起，如福泉山 M40∶88（图一七，1）。更晚的常熟三条桥和马桥（图一七，2、3）以及大甸子都有较长"内"的石钺，形制已同商代铜钺接近，最终演化为商早期的铜钺⑥，成为军权、行刑权的体现。西周之后铜钺渐少至消失，周边地区消失稍晚。但从文献记载和其他考古发现看，钺仍有较长的延续时间⑦。

---

① 草鞋山、赵陵山实例分别见徐湖平主编：《东方文明之光——良渚文化发现 60 周年纪念文集（1936—1996）》第 9 页图九、第 35 页图二十一，海南国际新闻出版中心，1996 年。张陵山实例见南京博物院：《江苏吴县张陵山遗址发掘简报》，《文物资料丛刊 6》，文物出版社，1982 年（简报有关插图未标出标本具体单位，依简报叙述推定）。浙江省文物考古研究所、海盐县博物馆：《浙江海盐县龙潭港良渚文化墓地》，《考古》2001 年第 10 期。

② 浙江省文物考古研究所：《反山》，文物出版社，2005 年。浙江省余杭市文管会：《浙江余杭横山良渚文化墓葬清理简报》，徐湖平主编《东方文明之光——良渚文化发现 60 周年纪念文集（1936—1996）》第 69～77 页，海南国际新闻出版中心，1996 年。浙江省文物考古研究所、余杭市文物管理委员会：《浙江余杭汇观山良渚文化祭坛与墓地发掘简报》，《文物》1997 年第 7 期。浙江省文物考古研究所：《文家山》第 66 页，文物出版社，2011 年。浙江省文物考古研究所编：《浙江考古新纪元》第 91 页，科学出版社，2009 年。

③ 陈芳妹：《商后期青铜斧钺制的发展及其文化意义》，臧振华编辑《中国考古学与历史学之整合研究》（下）第 1013 页，1997 年。

④ 汪青青：《溧阳出土的良渚文化玉器珍品——神人兽面鸟纹圭》，徐湖平主编《东方文明之光——良渚文化发现 60 周年纪念文集（1936—1996）》第 67、68 页，海南国际新闻出版中心，1996 年。

⑤ 傅宪国：《试论中国新石器时代的石钺》，《考古》1985 年第 9 期。

⑥ 常熟市文物管理委员会：《江苏常熟良渚文化遗址》，《文物》1984 年第 2 期，第 12 页图一－2。上海市文物管理委员会：《马桥——1993—1997 年发掘报告》，上海书画出版社，2002 年。

⑦ 参见杨锡璋、杨宝成：《商代的青铜钺》，《中国考古学研究——夏鼐先生考古五十年纪念论文集》第 133 页，文物出版社，1986 年。孙志新：《良渚文化的玉钺和中国古代皇权的象征的来源》，《玉润东方——大汶口—龙山·良渚玉器文化展》第 33～39 页，文物出版社，2014 年。

至于斧钺类，其形制较为多样，依各阶段与斧钺的出土实例相互比较，可见斧钺有的形制出现较早，如有内钺（官井头 M8：1，崧泽文化晚期）和"风"字形斧钺（南河浜 M2，为崧泽文化早期后段），从而可能对斧和钺形制的演变有所影响。同样，斧与钺在各自演变的过程中也互有借鉴，如玉石斧类中偶见厚体、穿孔较大或穿孔位置靠近体中部等具石钺特征的因素，钺也偶见穿孔较小的实例，个别可能选用了玉料或接近玉质的石料，如寺墩 M3：42钺，简报定为玉质，从描述看："含铁质的透闪石，黑色带褐斑"，与石钺常用的凝灰岩石料有相近处①。此外报道有海外收藏玉质钺的个别实例②。

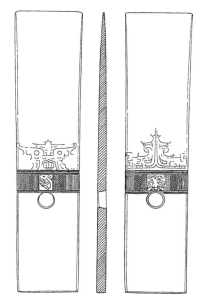

图一六　溧阳玉圭

以上斧类和钺类的分化和各自的发展演变序列从更广阔的时空关系上还可见：

一、凌家滩、北阴阳营和三星村分化程度高于崧泽文化的情况，可能说明斧钺分化有西胜于东的发展趋势。长江沿岸的东山村

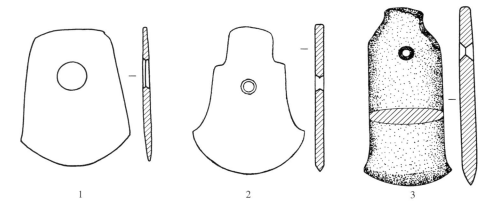

图一七　良渚文化晚期及后良渚文化石钺
1. 福泉山（M40：88）　2. 常熟三条桥　3. 马桥（ⅡT724③B：4）

石钺出土较多，又可能说明这一发展趋势在崧泽文化分布区是先北后南的。斧钺分化的这一发展趋势，是否有助于对长江下游地区史前文化交流导向的理解？③

二、从长江下游到淮河流域的龙虬庄再到苏北和鲁西南，斧钺分化现象虽不如长江下游多见，但仍较普遍，直到东北南部的辽西地区。其间分化程度是否有所淡化或有起伏变化，有待进一步工作。

三、中原地区新石器时代的调查、发掘工作和资料发表多于其他地区，斧钺出土实例却相对较少，但也较早出现斧钺分化迹象。由于靠近东南地区的豫西地区发现有关标本较多，形制也较为典型，说明中原地区斧钺及其分化可能与仰韶文化晚期由东而西的那次文化迁徙和交汇的浪潮有关。

①　南京博物院：《1982 年江苏常州武进寺墩遗址的发掘》，《考古》1984 年第 2 期，第 116 页图七 - 7。

②　江伊莉、古方：《玉器时代——美国博物馆藏中国早期玉器》第 196 ~ 199 页，图 9 - 01、02，科学出版社，2009 年。

③　方向明：《中国玉器通史·新石器时代南方卷》第 60、61 页，海天出版社，2014 年。

三、功能推测

斧与钺在形制和质地上的明显分化及其演变规律应非偶然，其历史文化背景之一可能与它们各自担负的不同功能有关。

一般以为，斧与钺同为军权象征。王宁远则在崧泽文化玉器研究文章中试探性的提到从崧泽文化到良渚文化成组出土的厚体石钺与共出的单件玉钺在功能上的差别："由这两类钺在质地、形态及在墓中的出土情形考虑，它们在良渚文化中应有不同的功能指示意义。因此，在对崧泽玉钺进行性状解读时，两类钺的差异性应引起足够的重视。"[①]

前述大甸子发掘报告将斧类与钺类予以明确区分，一个重要原因就是在全部出土的 34 件石钺中，有 27 件出土于北区的 27 座墓中，占石钺总数的近 80%，这 27 座墓全部为男性，在墓葬规模和等级上，除一座墓（M853，随葬陶鬶、爵一组）可划入大型墓外，余都为中型墓。随葬石钺墓葬较为集中的分布和相对稳定的性别和规模，反映墓主人们固定的身份，钺作为军权的象征，它们的墓主人应为一武士阶层。而随葬斧类的墓则有所不同。与钺都为石质，未见玉质，多见于中型墓，罕见于大型墓，不见于特大型墓相比，大甸子墓地有玉斧随葬的墓，多为大型墓，还有特大型墓（如 M726），随葬石斧的也不乏大型甚至特大型墓（如 M915），表明斧特别是玉斧的等级总体上要高于钺，而不是相反，也表明斧与钺的功能可能有所不同。如果石钺为军权的象征物，大甸子随葬石钺集中分布的北 1 区诸墓葬为武士阶层，那么可以考虑随葬斧类的墓，既有与这批出石钺墓等级或身份相同的墓，而等级高于出钺的武士阶层墓的几座随葬玉石斧的大型墓和特大型墓，其随葬的玉（石）斧就可能为神权的象征物。

辽西地区早于大甸子的红山文化和先红山文化的考古新发现，为斧与钺可能具不同功能，主要是斧类可能具有的神权象征提供了进一步证据。

被视为红山文化前身的查海遗址，在其居址葬 M8 中随葬 8 件未穿孔石斧。此居址墓为由 10 座墓葬组成的墓群，其他墓除另一座随葬 2 件陶器外均无随葬品。墓群位置在遗址中心部位，北侧为龙形堆石。M8 在墓群中规模较大，随葬品最多，位置在墓群最北部，紧靠龙形堆石，上部被一祭祀坑所压，8 件石斧与其他石器都堆放在足部，有使用痕迹，由此推测，M8 随葬的这批未穿孔石斧在用作工具的同时还可能用于祭祀[②]（图一八）。

与此相关的是，与查海大约同时代、文化面貌也相近的河北涞源易县北福地遗址一期发现一座规模较大的被推定为祭祀场的遗存，坑内也出约 30 件未穿孔石斧（报告称其中部分为石铲），且局部成组整齐摆放，刃部朝向正南，发掘报告称为"祭器"或"祭品"[③]（图一九）。

早于红山文化或与红山文化早期共存的赵宝沟文化小山遗址 F2 出土石斧，选料特殊，制作精工，装饰有人面（参见图八，1）。同单位共出的一件体形较大的陶尊，其腹部以极其成熟的手法和流畅的

① 王宁远：《嘉兴地区崧泽玉器的分期观察》，《玉魂国魄——中国古代玉器与传统文化学术讨论会文集》（五）第 315 页，浙江古籍出版社，2012 年。

② 辽宁省文物考古研究所编著：《查海——新石器时代聚落遗址发掘报告》（中册）第 527～533 页，文物出版社，2012 年。

③ 河北省文物研究所：《河北易县北福地史前遗址的发掘》，《考古》2005 年第 7 期，图版贰 -1。

线条刻画具透视感的凤鸟、奔鹿、猪等"四灵"纹图案，是一件典型的神器①（见图八，2）。石斧紧贴西南壁顺置，有关发掘和研究者认为这件精致的石斧为祭祀等礼仪活动使用的神器或权杖②。

石斧的祭祀礼仪功能还见于东山嘴遗址出土的一件未穿孔石斧。有关《简报》对这件石斧出土状况和功能的分析是：位于西侧北部的 F1 "西墙中部向外凸出，做成一个十分规整的长方形坑……坑内北端置一石斧，磨光甚精，刃部向正南平卧，不像是作为一般工具使用的"③。由于东山嘴遗址是一座祭祀建筑址，这件摆放端正的石斧也当与祭祀有关（图二〇）。

由此推想，从崧泽文化到良渚文化诸墓葬中明显的斧钺分化，是否也具有这种军权与神权功能上的差别，或者说有的玉质斧钺也可能承担着象征神权的功能呢？这是我们从斧钺分化中自然联想到的

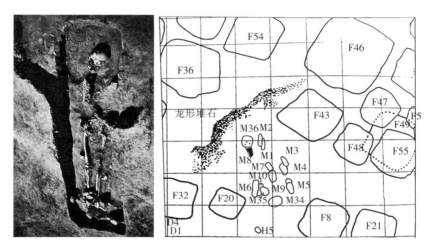

图一八　查海 M8 及位置图

图一九　北福地祭祀坑出土的未穿孔石斧群

①　朱延平：《小山尊形器"鸟兽图"试析》，《考古》1990 年第 4 期。郭大顺：《六千年前的一幅透视画》，《故宫文物月刊》总 159 期，1996 年。
②　杨虎、刘国祥：《兴隆洼文化玉器初论》，邓聪编《东亚玉器·1》第 113 页，香港中文大学中国考古艺术研究中心，1998 年。
③　郭大顺、张克举：《辽宁省喀左县东山嘴红山文化建筑群址发掘简报》，《文物》1984 年第 11 期。

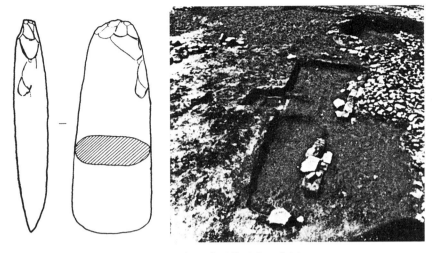

图二○　东山嘴石斧及出土位置

图二一　阎村仰韶文化彩陶缸及鹳鱼石斧图

一个问题。同样，厚体大孔、形体规整、制作精工的石钺，多无使用痕迹，有的还有刻画、朱彩和装饰讲究的柄部，尤其是选择特殊石料而独不选择玉质，且绝大部分为男性墓随葬，其观念形态方面的含义，与玉质或近于玉质的斧和斧钺应该是有所区别的。以钺作为军权象征，部分玉石斧和玉石斧钺则可能与表达神权有关，是合理的推论。还能说明问题的是，著名的反山 M12 玉斧钺（M12∶100 - 1）的一大特点是雕有纹饰，且所雕为与事神专用器——玉琮饰纹相同的人（神或巫）兽组合一类题材，饰纹不放在按常理的体中上部而是紧靠上下刃角的显著位置，作为史前斧钺中饰纹的罕见实例，突显此大型玉斧钺的神权（独占）功能。

　　体现斧的这种功能的还见于中原地区的有关实例：河南阎村陶瓮上的彩陶鹳斧图，所绘为一件舌状刃的斧类。该器为瓮棺一类葬具，底部钻孔，又称"伊川缸"，同类器在洪山庙墓坑有成群成排出土，祭祀气氛浓厚①。所以这件带柄斧及与鹳鱼组合的图像，与祭祀有更多关联可能更接近于实际，所绘斧也应为神权的表现（图二一）。至于西坡随葬的玉斧，几乎全部为刃部朝上的出土状态，已是

①　临汝县文化馆：《临汝阎村新石器时代遗址调查》，《中原文物》1981 年第 1 期。河南省文物考古研究所：《河南汝州洪山庙遗址发掘》，《文物》1995 年第 4 期。

斧向圭演变的前奏。

海外同时代前后也有类似现象可供参考。如法国西北部的布列特尼（Brittany）半岛南部海头与著名的卡纳克（Carnac）巨石林隔海相对的洛克马里阿屈埃巨石（Locmariaquer Megaliths），为大型长形和圆形积石冢与立石的组合，距今约 5000 年左右，其中的圆冢墓室内顶正中部位刻划一长约 1 米的带柄斧，同一遗址高 25 米、已残断的巨形立石上也刻划带柄斧形，应都是与神权有关的象征性图案（图二二）。钱耀鹏在论述斧钺的宗教意义时也列举中美洲奥尔克文化有关石斧用于祭祀活动从而被"神格化"的多个实例[①]。

图二二　法国布列特尼地区洛克马里阿屈埃圆形积石冢、立石（右）及刻划
1. 积石冢及倒裂的立石　2. 冢内顶石上刻划带柄斧　3. 巨形立石上刻划的带柄斧

《越绝书》："至黄帝之时，以玉为兵"，紧接着又说"玉也神物也"。从斧钺分化的角度理解，这里所说的玉兵应主要指以玉为料的斧，即古人视玉斧主要不是生产工具或兵器，而是作为神物来对待的，这也进一步证明，斧被作为神权象征物是自古以来就有的文化传统。

崧泽文化的发掘者和研究者们普遍感受到，崧泽文化主要是其晚期，文化面貌发生重大变化甚至突变[②]。本文所讨论的斧钺分化既是其中一项重要内容，又因为斧与钺都具有权力象征物的特性，所以更反映该文化社会性质的变化，如王权的产生，从而可能是文明起源的又一重要因素[③]；而斧钺分化在东南、东北和中原地区的普遍性和延续性，及由此反映的军权与神权的分立，则可能有助于从更广阔的范围认识中国文明起源的道路与特点，所以确实是一个值得深入研究的课题。

[原载于浙江省文物考古研究所编《崧泽文化学术研讨会论文集（2014）》，文物出版社，2016 年]

---

①　参见钱耀鹏：《中国古代斧钺制度的初步研究》，《考古学报》2009 年第 1 期。

②　张敏：《关于环太湖地区原始文化的思考》，《庆祝张忠培先生七十岁论文集》第 262 页，科学出版社，2004 年。李伯谦：《张家港市东山村崧泽文化早中期大墓的启示》，《文明探源与三代考古论集》第 55～59 页，文物出版社，2011 年。朱乃诚：《崧泽文化的文化成就以及在中国文明起源中的地位与作用》，《中国考古学会第十四次年会论文集》第 22～44 页，文物出版社，2012 年。刘斌：《崧泽文化的分期及相关问题》；王宁远：《崧泽文化早晚期聚落内部结构的演变——以仙坛庙遗址为例》；方向明：《崧泽文化的玉器》；三文均见浙江省文物考古研究所、良渚博物院编《崧泽之美》，浙江摄影出版社，2014 年。郭大顺：《环太湖地区的古国与方国——重温苏秉琦先生的一段有关论述》，《中国考古学会第十四次年会论文集》第 45～50 页，文物出版社，2012 年。

③　林沄：《说王》，《考古》1965 年第 6 期。

为什么说红山文化是中华古文化的"直根系"?

以牛河梁规模宏大的坛庙冢遗址群为中心的红山文化是中华五千年文明的一个实证已大致取得共识。需要进一步讨论的问题是：在中华五千年文明起源过程中，神权发达的红山文化是"个例"甚至"畸形"发展从而只限于当地，还是具有代表性和全局性？是"断裂"从而"自消自灭"①，还是对后世产生过重大影响？以为红山文化是中华古文化"直根系"的观点，就是对这个重大问题讨论的回应和深入思考。

一

"直根系"是苏秉琦先生在 20 世纪 80 年代红山文化考古新发现刚露头时就明确提出来的。

1986 年 9 月苏先生在论述中国文明起源的裂变、碰撞和交融三种形式时就谈及，后又有概括：

"三种文明起源形式的典型地点大都在中原和北方，大都与中原和北方古文化的结合有关。所涉及的范围是从关中西部起，由渭河入黄河，经汾水通过山西全境，在晋北向西与内蒙古河曲地区连接，向东北经桑干河与冀西北，再向东北与辽西老哈河、大凌河流域连接，形成'Y'字形文化带。""它在中国文化史上曾是一个最活跃的民族大熔炉，距今六千年到四五千年间中华大地如满天星斗的诸文明火花，这里是升起最早也是最光亮的地带，所以，它也是中国文化总根系中一个最重要的直根系。"②

对于红山文化及有关遗存为什么是中华古文化的直根系，苏先生进一步解析：

"以玫瑰花图案彩陶为主要特征因素的仰韶文化庙底沟类型，与以龙鳞纹图案彩陶为主要特征因素的红山文化，这两个不同文化传统的共同体的南北结合是花（华）与龙的结合。从中原区系的西瓶和河曲地区的三袋足鬶的又一次南北不同文化传统共同体的结合所留下的中国文字初创时期的物证，到陶寺遗址所具有的从燕山北侧到长江以南广大地域的综合体性质，表现出晋南是'帝王所都曰中，故

---

① 见李伯谦：《中国古代文明演进的两种模式——红山、良渚、仰韶大墓随葬玉器观察随想》，《文明探源与三代考古论集》第 43~54 页，文物出版社，2011 年。朱乃诚：《中国早期文明的红山模式》，辽宁省文物考古研究所编《红山文化学术研讨会论文集》第 168~188 页，辽宁人民出版社，2013 年。
② 苏秉琦：《文化与文明——1986 年 10 月 5 日在辽宁兴城座谈会上的讲话》，原载《辽海文物学刊》1990 年第 1 期；又见《华人·龙的传人·中国人——考古寻根记》第 88~90 页，辽宁大学出版社，1994 年；《中国文明起源新探》第 124~126 页，生活·读书·新知三联书店，1999 年。

曰中国'的地位，使我们联想到今天自称华人、龙的传人和中国人。中华传统光芒所披之广，延续之长，都可追溯到文明初现的五千年前后。"①

这里涉及的史前文化遗存，有中原地区的仰韶文化和陶寺遗址，长江以南的良渚文化，北方地区的红山文化和内蒙古河曲地区诸文化遗存及它们之间的相互关系。其中，红山文化和红山文化与仰韶文化之间的文化交汇，是先生论述的重点。

关于"直根系"中的红山文化。

早在1984年东山嘴座谈会的补充发言中，苏先生就将东山嘴的祭坛和牛河梁刚发现的女神庙、积石冢与中国古代帝王祭祀的禘、郊、燎相比较，甚至联系到在大凌河流域分布的商周之际窖藏铜器坑：以为东山嘴和牛河梁这些考古新发现"丰富了我们对当年在这一带几百平方公里内存在大建筑群的社会历史意义的认识"。"值得注意的一个现象是：在它们之间的广阔地带没有发现过和它们属于同一时期的古遗址和墓群，却连续发现过相当殷周之际的青铜器群窖藏达六处之多。我们有理由推测，这里还有可能发现与窖藏同一时期的、具有特殊意义的建筑物或建筑群遗迹。这里的'坛'（东山嘴）、'庙'（牛河梁）、'冢'（积石冢）和窖藏坑，我们是否可以理解为四组有机联系着的建筑群体和活动遗迹？远在距今五千年到三千年间，生活在大凌河上游广大地域的人们，是否曾经利用它们举行重大的仪式，即类似古人传说的'郊''燎''禘'等祭祀活动？这是值得深入研究的。"②

牛河梁遗址正式发掘后的1987年，苏先生亲临考古工地并再次观摩女神头像。两年后提出中华民族"共祖"说："'女神'是由五千五百年前的'红山人'模拟真人塑造的神像（或女祖像），而不是由后人想象创造的'神'，'她'是红山人的女祖，也就是中华民族的'共祖'。"③

苏先生还特别关注红山文化与仰韶文化的交汇在这一"直根系"形成中的作用。先生不仅描述了这一南北交汇的路线，而且指出其交汇点，是红山文化由大凌河流域南下越过燕山山脉，而仰韶文化由华山脚下沿汾水北上，两者在桑干河上流相遇：

"源于关中盆地的仰韶文化的一个支系，即以成熟型玫瑰花图案彩陶盆为主要特征的庙底沟类型，与源于辽西走廊遍及燕山以北西辽河和大凌河流域的红山文化的一个支系，即以龙形（包括鳞纹）图案彩陶和刻划纹陶的瓮罐为主要特征的红山后类型，这两个出自母体文化而比其他支系有更强生命力的优生支系，一南一北各自向外延伸到更广、更远的扩散面。它们终于在河北省的西北部相遇，然后在辽西大凌河上游重合，产生了以龙纹与花结合的图案彩陶为主要特征的新的文化群体。"④

提出这一交汇是牛河梁坛庙冢出现的原因，从而实现了花（华）与龙的结合，是为中国人自称为华人和龙的传人的历史渊源也即中国文化的根。

"华（花）人、龙的传人、中国人的源、根从何而来？""华（花）和龙最早分别出现在距今六七

---

① 苏秉琦：《中国文明起源新探》第127页，生活·读书·新知三联书店，1999年。

② 苏秉琦：《座谈东山嘴遗址——我的几点补充意见》，原载《文物》1984年第11期；《华人·龙的传人·中国人——考古寻根记》第75页，辽宁大学出版社，1994年；《苏秉琦文集》（二）346页，文物出版社，2009年。

③ 苏秉琦：《写在〈中华文明曙光〉放映之前》，《中国文物报》1989年5月12日；又见《苏秉琦文集》（三）第141页，文物出版社，2009年。

④ 苏秉琦：《象征中华的辽宁重大文化史迹》，原载《辽宁画报》1987年第1期；又见《苏秉琦文集》（三）第55页，文物出版社，2009年。

千年间的华山脚下和燕山之北。""红山文化的祭坛、女神庙和积石冢群等可以看作是以龙和华（花）为象征的两个不同文化传统的共同体结合到一起，从而迸发出文明'火花'。"①

他还从仰韶文化与大汶口文化之间的东西交流和仰韶文化与红山文化之间的南北交流的比较中，进一步阐述红山文化与仰韶文化交汇在中华文化发展史上的特殊价值：

"从地图上看，以关中豫西为中心的仰韶文化同以大凌河流域为中心的红山文化，两者间距离要比关中同山东半岛之间的距离远好多，但从仰韶文化'玫瑰花'的传布、影响看，前者比后者显著很多，结果也不一样，前者是融合在红山文化中，成为当地文化因素之一；后者则不然，仅是'外来品'而已，并没落地生根。所以，仰韶与红山可以比作兄弟，而仰韶与大汶口仅是近邻而已。老一辈学者曾提出过'夷夏东西说'，有一定道理。"结论是这一南北结合对中国文化史的影响至为深远："当仰韶与红山一旦进一步结合起来，中国文化史面貌为之一新。"②

二

多年来，我们一直是在苏秉琦先生和他的学术思想指导下进行牛河梁遗址的发掘、研究、保护以至红山文化研究的，并在工作实践中逐步加深对苏先生有关论述特别是红山文化是中华古文化"直根系"的理解。

"直根系"的概念如从考古文化特征及其发展演变过程和周邻考古文化的联系分析，从查海—兴隆洼文化到红山文化，从红山文化—小河沿文化到夏家店下层文化，其间考古文化特征虽不完全衔接，但总体演变脉络是清楚的，并不存在断裂。红山文化对当时和后世的影响如龙鳞纹彩陶和玉雕龙等造型有在中原等地区的长期延续。但从上述苏先生有关直根系的论述看，他显然是从更高层次进行思考的。

现依苏先生的思路，分三个方面加以阐述。

（一）高度发达的祖先崇拜

苏先生是在东山嘴和牛河梁遗址发掘之初就提出"女祖"和"共祖"说的。我们于1986年分析女神头像时也提出过以祖先崇拜为主的观点③。有则以为是自然神和土地神（社）、农神，生育神和地母神或集多神于一体等④。

随着牛河梁女神庙及围绕女神庙的积石冢和祭坛以及牛河梁以外诸多遗存的更多样内容陆续被发掘出来，我们对牛河梁遗址所具有的祖先崇拜的内涵和发展程度的认识也在不断加深。从最初的主神

---

① 苏秉琦：《华人·龙的传人·中国人——考古寻根记》，原载《中国建设》1987年第9期；又见《苏秉琦文集》（三）第127页，文物出版社，2009年。

② 苏秉琦：《纪念仰韶村遗址发现六十五周年（代序言）》，原载《论仰韶文化》，《中原文物》1986年特刊；又见《苏秉琦文集》（三）第45~46页，文物出版社，2009年。

③ 孙守道、郭大顺：《红山文化女神头像的发现与研究》，《文物》1986年第8期。

④ 俞伟超、严文明等：《座谈东山嘴遗址》，《文物》1984年第11期。俞伟超：《先秦两汉美术考古材料中所见世界观的变化》，《庆祝苏秉琦考古五十五年论文集》第111~120页，文物出版社，1989年。卜工：《牛河梁红山文化祭祀遗址及相关问题》，《辽海文物学刊》1987年第2期。张星德：《红山文化女神之性质与地位考》，《辽海文物学刊》1995年第2期。王震中：《东山嘴原始祭坛与中国古代的社崇拜》，《世界宗教研究》1988年第4期。张锡瑛：《红山文化原始宗教探源——原始宗教考古研究之二》，《辽海文物学刊》1993年第1期。

与群神、远祖与近亲的区分到近几年共祖与个祖、女神与男祖的辨认，反映了我们的这一认识过程。

主神与群神。1984年在对女神庙进行试掘时，发现庙内出土的人体塑像残件，不止一两个个体，而是分属于六七个个体，而且规模也不相同，最小的相当真人原大，有近于真人二倍大的上臂和腿部塑件，甚至还有相当真人三倍大的鼻和耳部残件。尤其是相当于真人三倍大的人体残件，出土位置在庙的中室的中部，相当真人二倍大的人体残件出土于庙的西侧室，相当真人原大的人体残件，有出于庙的中室西部，有出于南侧室的。于是我们曾初步提出，女神庙祭祀的人物塑像，是一群神像，而且是分主次的，是围绕主神的群神崇拜。以后又同积石冢中心大墓所反映的"一人独尊"的社会等级分化相联系，进一步提出，这是当时以"一人独尊"为主的社会结构在宗教上被固定下来的表现。

远祖与近亲。在对祖先崇拜做进一步论证时，注意到积石冢及附近有祭坛、烧土面等祭祀遗迹，这应是以祖先亡灵为祭祀对象的，文献所记"古不墓祭"与考古发现并不相合。又读到巫鸿先生于1989年发表的有关夏商周三代位于城内庙祭为远祖和位于城外圹野的墓葬供奉为近亲的观点①。相互印证，可知积石冢有对近亲的祭祀，作为同一组合主体的女神庙当是更高的祭祖场所，红山文化已有远祖与近祖的区别。

共祖与个祖。苏先生将红山文化女神庙提高到中华民族共祖的高度需不断予以解惑。新的接近于苏先生观点的考古证据和认识在于，在若干个积石冢地点都有陶塑或泥塑人像发现，规模相当于或略小于人体，如较早在东山嘴发现了相当真人三分之一的陶塑人体上下部各一残件，牛河梁第三地点发现了陶塑人面残件，敖汉旗草帽山积石冢更发现了石雕人像的头部，此后在建平东山岗积石冢和牛河梁第十六地点也都有相当真人原大的泥塑人像残件发现②。可见，在女神庙以外的积石冢地点人体塑像的发现具有相当的普遍性，它们虽然规模远小于女神庙塑像，但也十分写实且有固定姿态，也是被崇拜的偶像，应是每个地点代表的人群各自的祖先神，而被围绕其间、规模更大的女神庙所出群神塑像就应是红山文化这一文化共同体供奉的共同先祖。可见，女神庙神像至少是红山文化的"共祖"。至于如何从更高层次和全局视野即整个中华民族角度进行理解，苏先生自有其深刻的思考，如他意外地将红山文化坛庙冢与其后2000年商周之际大凌河流域众多的窖藏青铜重器联系起来就很值得关注，这都有待今后的考古发现和进一步的研究。

女神与男祖。近有依据女神庙人体塑像都为女性、积石冢大墓大都为男性而从性别角度提出"女神与男巫"的区别③。我们在这方面的认识是在整理和编写牛河梁考古发掘报告材料时从一种形制特殊的无底"塔"形器引起的。此类"塔"形器最早在东山嘴复原一件，也无底部，应为祭器，牛河梁遗址多有这类陶片发现。有以为，其近于瓶口的口部似男性象征物，后在建平东山岗发现这类瓶口两侧各附一椭圆形錾耳，牛河梁第二地点和第十六地点也有类似的附椭圆形錾耳的瓶口残件或圆形錾耳

① 巫鸿：《从"庙"至"墓"——中国古代宗教美术发展中的一个关键问题》，《庆祝苏秉琦考古五十五年论文集》第98～110页，文物出版社，1989年。
② 东山嘴遗址的发现见《文物》1984年第11期。牛河梁遗址第三地点和第十六地点的发现分别见辽宁省文物考古研究所编著《牛河梁——红山文化遗址发掘报告（1983—2003年度）》（上）第254页和（中）第391页，（下）图版一九五、一九六、二七三，文物出版社，2012年。草帽山的发现见《中国文物报》2001年8月29日。东山岗的发现见辽宁省文物考古研究所编《辽宁考古年报——铁朝高速公路特刊》第16页，2006年。
③ 朱乃诚引易华文，见朱乃诚：《中国早期文明的红山模式》，辽宁省文物考古研究所编《红山文化学术研讨会论文集》，辽宁人民出版社，2013年。

发现，证明此类器确与男性象征物有关；后又复原了这类器的底座部分，为近于红山文化泥质红陶盆的倒置状态，且满身绘彩，从而得知这是一种由四部分组成的特殊器物：瓶形口，饰窝点纹的上腹部和裙边，饰大长方形镂孔和小圆饼的束腰部和彩陶大底座，它的高度、造型在红山文化诸多陶器中"鹤立鸡群"，应与对男性的崇拜有关。尤其引人注意的是，在女神庙试掘时也出土了这类器的多件残片，壁厚达 1.5~2 厘米，质地纯而坚硬，烧制火候甚高，彩陶底座残片壁近直，裙边复原直径可达 50 厘米以上，由此推算，女神庙所出此类器，底座和通高都在 1.5 米左右。表明女神庙内当有对男性祖先的祭祀①。从而推测牛河梁既有对女神偶像的崇拜，也有对男性象征物的崇拜，是女神与男祖的区别。并由此进一步推测，此后的夏商周三代，可能由于对女性祖先崇拜的淡化和对男性祖先崇拜占主导地位，偶像崇拜衰落而象征物崇拜发展，这也许是导致中国古代人体雕像不发达的一个重要原因。

女神庙内有主神与群神的区分，还可能有女神与男祖的区分，女神庙内外又有远祖与近亲、个祖与共祖的区别，这就以充足的考古材料证明，红山文化已进入高度发达的祖先崇拜阶段，而作为红山文化中心的牛河梁女神庙已是宗庙或其雏形。

中国没有传统的宗教，以血缘为纽带的祖先崇拜是中国人信仰和崇拜礼仪的主要形式，也是中国文化传统的根脉②。安阳殷墟西北岗王陵区内上千座祭祀坑和卜辞中对先公先王各类祭祀礼仪的记载表明，商代的祖先崇拜十分发达，为国家重典，礼繁而隆重③，向前追溯到史前时期顺理成章，但目前所知的史前文化中，只有 5000 年前的红山文化可以与之有较为紧密的衔接，可见，红山文化作为中华古文化直根系，发达的祖先崇拜是一个主要实证。

（二）祭祀遗存的规范化和崇拜礼仪的制度化

苏先生最早注意到辽西地区的红山文化是因东山嘴遗址的发现。其实，苏先生在实地考察东山嘴遗址之前，就从了解的情况中敏锐地察觉到，这个遗址虽然规模不大，但选址在面对河川和大山山口的高冈，布局为南圆北方并依中轴线左右对称分布，这完全不同于诸史前文化，却与后世建筑特别是礼仪性建筑的布局相近（见 1983 年 5 月 29 日苏秉琦先生写给笔者的信）。1983 年 7 月底他亲临考察东山嘴遗址期间已谈到五千年文明起源甚至五帝传说，紧接着就将红山文化祭祀建筑的功能与文献记载的中国古代帝王祭祀的禘、郊、燎相联系，又有红山文化坛庙冢类似于明清时期北京的天坛、太庙与明十三陵的提法，都是把红山文化建筑址（也可包括墓葬和随葬品）的规范化和祭祀礼仪制度化视为中国传统祭祀礼仪的源头所在，当然也是理解红山文化为中华古文化直根系的又一个重要方面。

---

① 牛河梁遗址"塔"形器见辽宁省文物考古研究所编著《牛河梁——红山文化遗址发掘报告（1983—2003 年度）》（上）第 71 页图一七 - 1、第 127 页图八三，（中）第 420 页图八七 - 7，（下）图版二八、五六 - 3、一一七 - 12、一六七 - 3、二八六 - 7，文物出版社，2012 年。

② 李泽厚引何炳棣："构成华夏人本主义最主要的制度因素是氏族组织，最主要的信仰因素是祖先崇拜。制度和信仰本是一事的两面。""商王虽祭祀天神、大神、昊天、上帝及日、月、风、云、雨、雪、土地山川等自然神祇，但祖先崇拜在全部宗教信仰中确已取得压倒的优势。"（《华夏人本主义文化：渊源、特征及意义》，《二十一世纪》总 33 期，1996 年）见《己卯五说——说巫史传统》第 157、158 页，生活·读书·新知三联书店，2003 年。巫鸿：《从"庙"至"墓"——中国古代宗教美术发展中的一个关键问题》："古代中国人信奉诸神，如戴维·吉德炜（David Keightley）所说，其主要宗教形式为体现生者血缘关系的祖先崇拜（History of Religions，1978）。中国古代美术品用途亦甚广，但其主要形式均与祖先崇拜有关。"见《庆祝苏秉琦考古五十五年论文集》第 98、99 页，文物出版社，1989 年。

③ 杨锡璋：《商代的人牲和人殉》《西北岗祭祀坑》，《中国大百科全书·考古卷》第 438、556 页，中国大百科全书出版社，1986 年。

我们曾将红山文化概括为六个字："坛庙冢"和"玉龙凤"，就是从追溯中华文化传统源头的角度考虑的。它们在类型、组合、造型和结构、建筑布局等方面都有规范化从而制度化的规律可循，可分为建筑遗迹和出土玉器两个方面。

1. 建筑遗迹。以牛河梁遗址为主加以分析。

牛河梁遗址范围内已发现红山文化遗址点 43 处，远较周围地区密集。这 43 处遗址点经发掘或调查可辨认的，除一个地点为庙宇和山台遗址外，大部分为积石冢或积石冢群，有的积石冢群中配有祭坛。是为冢、坛、庙、台四种类型。依据已发掘的四个地点的统一分期（积石冢可明确分为早、晚两期）可知，这些遗址点主要不是先后关系，而是时代大致平行、各自独立形成的，大约部分地点先筑早期积石冢，然后建庙台，各遗址点大规模的晚期积石冢随之出现。这样就可以从遗址点之间相互联系为一个统一的遗址群来认识牛河梁遗址。

一是多类型和成组合。在牛河梁遗址于 20 世纪 80 年代初刚发现时，曾初步归纳为"坛庙冢"三位一体的组合。后认识到，在庙宇以北仅 8 米有面积约 4 万平方米的山台，台上有窖穴和房址，台北缘有另一庙址线索，庙与山台的方向又完全相同，应视为一组建筑，是为"庙台"组合；牛河梁第二、五地点都在积石冢之间设有祭坛，参考敖汉草帽山、建平东山岗和喀左东山嘴（前后性质可能有演变）积石冢前有祭坛的实例，可证冢坛为一固定组合，是为"冢坛"组合。

二是按主次有布局。牛河梁以上诸遗址点和组合虽然分布在 50 平方千米范围内的多山冈丘陵地带，但仍有布局可循。"庙台"位置在多道山梁的主梁最高处，多处"冢坛"位于"庙台"四周，也都在山梁梁脊处的山冈上，但位置有高有低，形成以"庙台"为中心、"冢坛"围绕四周的总体布局。同时，庙台的方向随山势南北有近 20° 的偏角，由此向南遥对一形似兽首的山峰，其间似有一条无形的轴线，牛河梁诸地点、特别是较大的积石冢和有坛组合的遗址点都集中分布在轴线两侧，参考东山嘴等遗址面对山川、建筑讲究北方南圆和依南北轴线两侧对称的布局，牛河梁遗址群虽然范围很大，但依山势有轴线布局是完全可能的。规划学者还发现，牛河梁遗址处于梁脊冈顶的每个遗址点之间可以互望。从而形成一个有机统一的遗址群和既有主有次、又依山势而有所变化的将人文融入自然的大文化景观。

对于以上红山文化祭祀建筑的选址及布局——山川之间和临川面山的高冈、远离住地、从冢坛结合的前坛后冢（南坛北冢）到庙墓组合，专门研究故宫建筑制度的于倬云先生于 1992 年考察牛河梁遗址之后著文提出，牛河梁庙宇与冢墓的组合是史前时期特点，此后庙与墓分家，墓仍置于城外，而宗庙则移至城内。他还以为，牛河梁起三层台阶的祭坛和积石冢，是中国古代建筑三台的"鼻祖"。所以，从庙与墓组合的演变和冢与坛的结构来看，红山文化都已体现出后世中国建筑传统的特点，为其渊源之所在[1]。

2. 出土玉器。红山文化作为史前两大玉文化中心，其玉器既有强烈的区域特征，又对当时和后世有深远影响，在红山文化这个中华古文化直根系中扮演着主要角色。

基本类型与组合。以动物形玉、勾云形玉、斜口筒形玉器和玉环璧这四种主要类型为例，前三种都有高度抽象化同时又高度规范化的特点，玉璧外方内圆、边薄似刃的做法在中国古代玉璧中独树一

---

① 于倬云：《故宫三大殿形制探源》，《故宫博物院院刊》1993 年第 3 期。

帜，但在红山文化中都整齐划一。我们曾提出当时应有思想观念的制约①，是为红山文化玉器造型规范化背后所反映的社会关系和思维观念的制度化趋势。

这里要特别提到动物形玉中的龙和凤题材。红山文化玉器中的龙凤造型都已定型化，玉雕龙与商代玉龙在造型上一脉相承，玉凤的翅与尾的表现方式也与商代青铜器上的凤鸟纹如出一辙。尤其是已出现龙凤合体的题材，其设计之精妙，神态之成熟，作为后世玉器基本造型的龙凤玉佩的祖型，是红山文化为中华古文化直根系的一个显著标识。

同玉器规范化和制度化有关的是红山文化特殊的埋葬习俗，其中最重要的一个现象是唯玉为葬。因为玉器作为古代墓葬随葬品，从史前时期到历史时期，见于全国各地多个考古学文化，但都为同其他文化因素如陶器、石器、青铜器共存，唯红山文化有只葬玉器而不葬陶、石器的现象。而且聚落和墓葬的等级越高，如在牛河梁这个最高层次中心和其中的大型墓葬，此葬俗越为突出，可知是很具代表性的葬俗。玉器是作为一种赋予思维观念的非实用器而有别于来自生活和生产等具实用性的其他随葬器物，独以玉器为唯一随葬品而"排斥"其他，当反映红山人精神重于物质的观念②。

王国维释"礼"字的初型为"以玉事神"③，李泽厚引刘师培"礼源于俗"论证由巫而礼④。红山文化"唯玉为葬"的习俗和祭祀遗存的规范化、崇拜礼仪的制度化（礼为其集中体现），是礼起源于史前时期最为典型的证据。这样，红山文化和红山文化玉器就同中国传统的礼制挂上了钩。

一般认为，礼是从夏商周三代开始的，随着文明起源讨论的开展，有学者提出龙山时代已有礼制⑤。现将中国传统礼制的起源追溯到 5000 年前的红山文化，这就再次确立了红山文化在中华文化总根系中的直根系地位。

（三）南北交汇是红山文化演变为中华古文化直根系的原动力

早在 20 世纪二三十年代红山文化发现之初，梁思永、裴文中等老一辈考古学家就已注意到该文化以红泥陶、彩陶与沙灰陶压印纹筒形罐，打制、磨制石器与细石器共用为特点，是为长城南北文化的结合，从而已意识该文化在中国上古史上的特殊重要性⑥。

东山嘴和牛河梁遗址发现后，苏先生将这一南北关系提高到新的层次，先认为牛河梁坛庙冢的出现就是南北交汇的成果，后还将龙和华（花）为象征的两个不同文化传统的共同体的结合视为中华文化总根系中直根系的主要内容。

新的认识在于已积累有较充分的考古资料可以说明，这一南北交汇很不单一，而是具有多层次的多元化又融为一体的特点，从而形成一种全新的考古文化，表现出南北文化交汇在中华古文化直根系形成过程中曾起到原动力的作用。例如：

礼仪性建筑同时使用土木与积石。积石冢和祭坛是以石为料的建筑，而女神庙则为土木结构的建

① 孙守道、郭大顺：《论辽河流域原始文明与龙的起源》，《文物》1984 年第 6 期。
② 郭大顺：《红山文化的"唯玉为葬"与辽河文明起源特征再认识》，《文物》1997 年第 8 期。
③ 王国维：《观堂集林》（第一辑）第 290 页，中华书局，1959 年。
④ 李泽厚：《历史本体论·己卯五说》第 52～59 页，生活·读书·新知三联书店，2002 年。
⑤ 高炜：《龙山时代的礼制》，《庆祝苏秉琦考古五十五年论文集》第 235～244 页，文物出版社，1989 年。
⑥ 梁思永：《山西西阴村史前遗址的新石器时代的陶器》，1930 年；又见《梁思永考古论文集》第 1～49 页，科学出版社，1959 年。裴文中：《中国史前时期之研究》，商务印书馆，1948 年。

筑。土木建筑与邻近的中原地区相同，而积石则为北方民族所喜用，是两种具不同文化传统的文化因素的融合。这同当地饰压印纹夹砂质陶筒形罐与受中原地区影响的泥质红陶和彩陶器的共存结合是相辅相成的。值得注意的是，虽然具当地特点的积石冢和祭坛在红山文化中如牛河梁遗址是大量的，但处于牛河梁遗址群中心位置的女神庙并未使用石砌，而是如中原地区的土木建筑，这表明具中原地区的文化因素已进入该文化的主体部分。

又如彩陶与玉器的共存。与周邻文化相比，红山文化是受仰韶文化影响最深也最大的一支考古学文化。苏秉琦先生在比较了仰韶文化与大汶口文化和红山文化之间的关系后比喻，前者如邻居，后者则是兄弟，从而达到了中原仰韶文化在红山文化分布区"落地生根"的程度。标志就是彩陶。苏先生指出，红山文化的彩陶是吸收了仰韶文化彩陶的技法，创造了具自身特点的彩陶图案，主要为龙鳞纹。此外，红山文化绘制的具仰韶文化特点的花卉纹也经过了简化和图案化。值得注意的是彩陶在红山文化中甚为多见，尤其在牛河梁等具祭祀性质的遗址中，彩陶所占比例要远大于居住遗址。在积石冢和祭坛上摆放的全部为彩陶筒形器而不见生活用的当地陶器，女神庙目前试掘出土的陶祭器，也全部为泥质红陶和彩陶，也未见当地的夹砂陶类，这些现象都表明，彩陶在红山人的精神领域中同样被视为神圣，是仰韶文化因素在红山文化"落地生根"的突出表现。这同土木建筑的女神庙有异曲同工之妙。红山文化玉器则主要是以当地文化特色为主发展起来的。彩陶和玉器，是诸史前文化中艺术含量最高的两种文化因素，也是两种质地、技法、造型完全不同的异质文化因素，它们在诸史前文化中，或重玉轻彩如大汶口文化和良渚文化，或重彩轻玉如仰韶文化，唯红山文化为两者并重。不过在红山文化中，彩陶与玉器虽有相互影响的线索可寻，如玉雕龙与彩陶龙鳞纹、勾云形玉器与勾连花卉纹之间可能存在的联系，但差异是主要的，不仅完全是不同质地、不同技法、不同造型，而且玉器的主要题材如动物形象未在彩陶中出现（只有彩陶龙鳞纹），玉器中彩陶因素也仅见于一件斜口筒形玉器上的垂鳞纹，表明在红山文化中，不同文化传统的文化因素既如不同类型的陶器和不同题材的彩陶那样可以共融一体，也可以如玉石质的玉器和泥陶质的彩陶那样和谐共存，体现出红山人对待异质艺术思维和艺术形式有较高的容纳度。红山文化与仰韶文化这一华与龙的结合的形成并延续至今，可以从中获取更多理解。

三

以上红山文化以祖先崇拜为主要内容的、发达的神权及祭祀礼仪的制度化，红山文化与仰韶文化高层次深入的交流融合，还可以从经济生活和观念形态做进一步探讨。

从经济基础分析。红山文化的经济较为原始，从孢粉标本测定中得出的结果是以渔猎为本，农业不占主导地位[①]，但精神领域高度发达，是精神高于物质的思维观念超前性的表现。张光直先生以商代青铜铸造业发达但不用于生产而用于随葬和祭祀为主要依据，提出以中国为代表的东方是区别于西方以发展技术和贸易、以改造自然为主的"断裂性文明"的"连续性文明"[②]，即不以发展生产为主而

①　赵志军：《中国北方旱作农业起源的新线索》，《中国文物报》2004 年 11 月 12 日第 7 版。

②　张光直：《连续与破裂：一个文明起源新说的草稿》，张光直著《中国青铜时代》（二集）第 131～142 页，生活·读书·新知三联书店，1990 年。

是通神取得政治权力（神权）并实现人与自然的和谐共处，红山文化是这一观点的一个典型例证。

将红山文化的直根系地位放在全国范围考察，还可以引苏秉琦先生晚年有关中国文化传承的论述。

在 20 世纪 80 年代中期掀起的中国文明起源大讨论中，苏秉琦先生并未对当时讨论的热点——文明起源的标准和时间做出回应，而是更注重文明起源的机制研究。在后期，他更重视在文明起源过程中文化的传承："从考古遗迹、遗物中寻找'破密'的钥匙，解开中国文化传统（指在历史上长期起着积极作用的诸因素）是如何从星星之火扩为燎原之势，从涓涓细流汇成大江长河这个千古之谜。"对后一点先生又解释说："正是这些文明火花的迸发、传递，最后连成一片，最终成为炫人眼目的熊熊烈焰。中国文明之所以独具特色，丰富多彩，连绵不断；中华民族之所以能够形成一个统一的多民族的国家并在数千年来始终屹立在世界的东方，都与中国文明起源的多源、多样性有密切的关系。"①

在这里，我们注意到，苏先生经常把文明起源与民族文化传统放在一起论述，从而把注意力集中到民族文化传统的溯源："国史的核心问题：一是国家起源（即文明起源）；二是民族文化传统"②。

传递和连绵不断的动力在于多元汇聚，尤其在于多领域多层次交流和反复的组合与重组，若干积极因素在这一过程中形成、发展、延续，使各具特色的诸史前文化，在充分发挥各自个性的同时——仰韶时代，不是分道扬镳，而是在频繁交汇中导致最初文化共同体的形成——龙山时代，从而为三代文明以至秦汉统一多民族国家的形成奠了基。

红山文化及红山文化与仰韶文化的交汇，和由此产生的坛庙冢和玉龙凤都是其中的积极因素，它们都是在多层次多形式的汇聚即交汇过程中产生和发展的文明"火花"，而且因出现甚早而更具独创性。从而以其强大的生命力对距今 5000 年前后的中华大地正在兴起的文明潮起到推波助澜的作用，并一直传承至今，成为中华五千年文明连绵不断的最早基因。

最后，还可回顾老一辈历史考古学家的有关论述：

早在 1930 年刚从哈佛大学研究院学习考古学和人类学回国的梁思永先生，参加中央研究院历史语言研究所组织的东北考古时，就根据安特生在锦西沙锅屯的发现，关注南北文化接触地带的辽宁西部与河北北部，此后又进一步提出"长城南北几个新石器时代晚期的文化系统的相对的时代关系确定之后，我们才能脚踏实地地去作对比上古史与考古学发现的工作"③。20 世纪 50 年代初他在病床上向正在写作《中国新石器时代》的尹达先生建议，在书中加入红山文化的内容④。80 年代初苏秉琦先生谈到新中国成立前考古研究成果时有这样一段回顾："还在 30 年代初，我国老一辈考古学者根据山东省章丘县龙山镇城子崖及其他同类遗址的发掘材料，结合河南安阳后岗遗址发掘的'仰韶、龙山与小屯'的三层文化遗存叠压关系，不是简单地把它们看作类似三代人那样的垂直关系，而是把它们区别开，分立'户头'，这就意味着把以位于山东的'城子崖'、位于河南的'仰韶村'和'小屯'为代

---

① 苏秉琦：《中国考古学从初创到开拓——一个考古老兵的自我回顾》，原载《考古学文化论集》（二），文物出版社，1989 年；后收入《苏秉琦文集》（三）第 120～123 页，文物出版社，2009 年。

② 苏秉琦：《国家起源与民族文化传统》，1994 年 1 月为"海峡两岸考古学与历史学学术交流研讨会"而作，收入《苏秉琦文集》（三）第 233～234 页，文物出版社，2009 年。

③ 梁思永：《山西西阴村史前遗址的新石器时代的陶器》，1930 年；又见《梁思永考古论文集》第 40 页，科学出版社，1959 年。梁思永：《热河查不干庙等处所采集之新石器时代石器与陶片》，1935 年；又见《梁思永考古论文集》第 144 页，科学出版社，1959 年。

④ 尹达：《关于赤峰红山后的新石器时代遗址》，《中国新石器时代》第 143～146 页，生活·读书·新知三联书店，1955 年。

表的三种文化遗存并列起来。这和同时代我国一些史学家提出的'夷夏东西'或'三集团'诸学说的思想脉络是大体相似的。我还记得，当 1945 年抗日战争胜利后我从昆明回到北京看望先我回京的梁思永先生时，他曾同我谈起，他读徐旭生先生《中国古史的传说时代》，他说，徐先生提出了'三集团'一说，他也有他的'三集团'想法。很遗憾，他当时没有同我再深入地谈出它的具体内容如何。"① 由于梁思永先生对红山文化的特殊重视，估计他的不同于徐旭生先生的三集团（即华夏、东夷、苗蛮，缺少北方）的三集团说极有可能将西辽河流域包括在内。

傅斯年先生早年有"商之兴也自东北来，商之亡也向东北去"② 的名言。红山文化玉雕龙于 20 世纪 80 年代初发表后，因其与商代玉龙形态上惊人的接近而引起对商文化起源东北的再论证。台北故宫博物院玉器研究专家邓淑苹先生有这样一段回忆："回顾自 1984 年第 6 期的《文物》发表多篇红山文化玉器的报道时，当时在台湾地区的考古学、历史学界引起相当大的震撼；发掘安阳殷墟的高去寻教授非常兴奋，认为红山玉猪龙与殷墟的兽形玦一定有先后传承关系，认为红山玉猪龙的出土证明了他（高去寻）的老师傅斯年教授当年提出'东夷大族的商族起于东北地区'的说法是非常正确的。"③

李济先生在发掘整理研究殷墟材料时多次提到商晚期某些文化因素可能受到北方以至域外影响。1953 年离开殷墟考古第一线的李先生更形成了"长城以北列祖列宗"的观点。李先生是在研究殷墟青铜器锋刃篇的"后记"中提出这一看法的："治中国古代史的学者，同研究中国现代政治的学者一样，大概都已感觉到，中国人应该多多注意北方，忽略了历史的北方，我们的民族及文化的原始，仍沉没在'漆黑一团'的混沌境界。两千年来中国的史学家，上了秦始皇的一个大当，以为中国的文化及民族都是长城以南的事情，这是一件大大的错误，我们应该觉悟了！我们更老的老家——民族的兼文化的——除了中国本土以外，并在满洲、内蒙古、外蒙古以及西伯利亚一带；这些都是中华民族的列祖列宗栖息坐卧的地方，到了秦始皇筑长城，才把这些地方永远断送给'异族'了。因此，现代人读到'相土烈烈，海外有截'一类的古史，反觉得新鲜，是出乎意料以外的事了。""我们以研究中国古史学为职业的人们，应该有一句新的口号，即打倒以长城自封的中国文化观，用我们的眼睛，用我们的腿，到长城以北去找中国古代史的资料。那里有我们更老的老家。"（李济，1953 年 2 月 28 日，台北夜 12 时）④

老一辈学者以追溯中华文化根脉为己任，并在考古资料刚刚露头或较为有限时就以深厚的文献功底和独立之思考，将包括西辽河流域在内的东北地区纳入他们的视野范围之内，红山文化的考古新发现正为此提供了确凿而又丰富多彩的实证。所以，以红山文化作为中华古文化的直根系，当之无愧。

[原载于《辽宁师范大学学刊（文史哲版）》2016 年第 2 期]

① 苏秉琦：《山东史前考古》，《苏秉琦文集》（二）第 312 页，文物出版社，2009 年。
② 傅斯年：《东北史纲》第一卷《古代之东北》第 24 页，1932 年。
③ 邓淑苹：《"红山系玉器"研究的再思》，辽宁省文物考古研究所编《红山文化学术研讨会论文集》第 344 页，辽宁人民出版社，2013 年。
④ 李济：《［补遗］记小屯出土之青铜器（中篇）后记》，张光直、李光谟编《李济考古学论文选集》第 962、963 页，文物出版社，1990 年。

牛河梁遗址发现的三大学术意义

——编写牛河梁遗址发掘报告体会之五

牛河梁遗址从 1979 年第十六地点（原三官甸子遗址）[①] 试掘算起，已有 30 多个年头了。这个遗址以不同于一般史前遗址的遗迹和遗物，即"坛庙冢"三位一体的组合与神像群和玉器群，而成为中国史前考古文化中内容最为丰富多彩的一个。从而其研究范围也远远突破了考古学科本身，在史学、美术史、建筑史、宗教史、文化史等各方面，都引起了反响。综合起来看，牛河梁遗址发现的重大学术价值，可以归纳为三个方面：一是文明史，属史学范畴；一是艺术史，属美学范畴；一是思想史，属哲学范畴。试就这三个方面及相互关系论述如下。

一、文明史方面

早在牛河梁发现之始，就提出了中华五千年文明起源的新课题，将中华文明起源由距今 4000 年提早到距今 5000 年，从中原扩大到燕山以北，突破了以文字的出现、金属的发明和城市的形成这三要素为文明起源标准的局限，而立足于中国考古的实际情况。

此后，又从中心大墓的普遍出现所反映的以"一人独尊"为主的社会等级分化，以及这一社会分层在宗教上的固定化、超中心聚落的出现等方面，论证红山文化的社会变革[②]。

如从文明起源的道路与特点角度分析，"神权至上"是红山文化跨进文明社会最主要的特点。这又集中体现为祖先崇拜。

随着牛河梁女神庙及围绕女神庙的积石冢和祭坛以及牛河梁以外诸多遗存还有多样的内容陆续被发掘出来，我们对牛河梁遗址所具有的祖先崇拜的内涵和发展程度的认识也在不断加深。从最初的主神与群神、远祖与近亲的区分到近几年共祖与个祖、女神与男祖的辨认，反映了我们的这一认识过程。

主神与群神。女神庙内试掘出土的神像群可分出三层内容，一是庙内出土属于多个个体的人体塑像残件，初步统计为六至七个；二是规模各不相同，分别相当于真人原大、真人二倍和三倍；三是出土位置因规模而有主次，其中相当于真人三倍的鼻和耳残件出土于庙的中室中部。由此推测，女神庙

---

① 李恭笃：《辽宁凌源三官甸子城子山遗址试掘报告》，《考古》1986 年第 6 期。
② 郭大顺：《从牛河梁遗址看红山文化的社会变革》，中国社会科学院中国文明研究中心编《中国文明研究》第 115 ~ 130 页，文物出版社，2005 年。

祭祀的人物塑像，是按规模依次的神像群，是围绕主神的群神崇拜。

远祖与近亲。牛河梁积石冢有以祖先亡灵为祭祀对象的遗迹。有学者依据夏商周三代城内庙祭和城外圹野墓祭的记载，称城内庙祭对象为"远祖"而城外圹野墓葬祭祀对象为"近亲"①。与牛河梁积石冢对祖先亡灵的祭祀相互印证，可知积石冢是对近亲的祭祀，而与积石冢同一组合主体的女神庙和以人体偶像为祭祀对象，当为更高的祭祖场所，是为对远祖的祭祀，可知红山文化已有远祖与近亲的区别。

共祖与个祖。经对牛河梁积石冢发掘材料的整理和附近红山文化积石冢的发掘，在若干个积石冢地点都发现有陶塑或泥塑人像，规模相当于人体或略小于人体，如牛河梁第三地点发现了陶塑人面残件，第十六地点发现有相当真人原大的泥塑人手和上臂，建平东山岗积石冢发现有相当真人原大的人体泥塑残件，敖汉旗草帽山积石冢更发现了石雕人像的头部残件，联系较早在东山嘴发现的相当真人三分之一的陶塑人体上下部各一残件也应具相同性质②，表明在女神庙以外的积石冢地点人体塑像的发现具有相当的普遍性，它们虽然规模远小于女神庙塑像，但也十分写实，东山嘴陶塑像还有固定的姿态，也都是被崇拜的偶像，应是每个地点所代表的群体各自的祖先神，而被围绕其间、规模更大的女神庙就应是红山文化这一文化共同体供奉共同先祖的场所。依苏秉琦先生称牛河梁女神庙彩塑神像既是红山人的"女祖"，也就是中华民族的"共祖"的观点，可将女神庙供奉的对象视为红山文化的"共祖"，各地点供奉的是为"个祖"，当为个祖与共祖的区别。

女神与男祖。在整理和编写牛河梁考古发掘报告材料时，在各积石冢地点都发现有少量"塔"形器残片。它们的复原形制为：瓶形口，饰窝点纹的上腹部和裙边，饰大长方形镂孔和小圆饼的束腰部和彩陶大底座，无底部。在牛河梁第二地点、第十六地点和建平东山岗都发现有这类瓶口两侧各附一椭圆形錾耳，可证明此类器应与男性象征物有关。它们体形甚大，形制复杂，饰纹多样，所出位置经常在积石冢顶，其功能应不同于置于积石冢周边的陶筒形器。早年在女神庙试掘时也出土了这类器的残片多件，壁厚达 1.5～2 厘米，质地纯而坚硬，烧制火候甚高，彩陶底座残片壁近直，裙边复原直径可达 50 厘米以上。由此推算，女神庙所出此类器，底座和通高都在 1.5 米左右。推测非祭器而为崇拜对象，表明女神庙内当有以象征物为崇拜对象的对男性祖先的祭祀③。从而推测牛河梁既有对女神偶像的崇拜，也有对男性象征物的崇拜，是为女神与男祖的区别。

女神庙内有主神与群神的区分，还可能有女神与男祖的区分，女神庙内外又有远祖与近亲、个祖与共祖的区别，这就以充足的考古材料证明，红山文化已进入高度发达的祖先崇拜阶段，而作为红山文化中心的牛河梁女神庙已是宗庙或其雏形。

---

① 巫鸿：《从"庙"至"墓"——中国古代宗教美术发展中的一个关键问题》，《庆祝苏秉琦考古五十五年论文集》第 98～110 页，文物出版社，1989 年。

② 东山嘴遗址的发现见《文物》1984 年第 11 期。牛河梁遗址第三地点和第十六地点的发现分别见辽宁省文物考古研究所编著《牛河梁——红山文化遗址发掘报告（1983—2003 年度）》（上）第 254 页和（中）第 391 页，（下）图版一九五、一九六、二七三，文物出版社，2012 年。草帽山的发现见《中国文物报》2001 年 8 月 29 日，收藏鉴赏周刊 33 期。东山岗的发现见辽宁省文物考古研究所编《辽宁考古年报——铁朝高速公路特刊（2006）》第 16 页，2007 年。

③ 牛河梁遗址"塔"形器见辽宁省文物考古研究所编著《牛河梁——红山文化遗址发掘报告（1983—2003 年度）》（上）第 71 页图一七-1、第 127 页图八三，（中）第 420 页图八七-7，（下）图版二八、五六-3、一一七-12、一六七-3、二八六-7，文物出版社，2012 年。

中国没有传统的宗教，以血缘为纽带的祖先崇拜是中国人信仰和崇拜礼仪的主要形式[①]。安阳殷墟西北岗王陵区内上千座祭祀坑和卜辞中对先公先王各类祭祀礼仪的记载表明，商代的祖先崇拜十分发达，为国家重典，礼繁而隆重[②]，这就必然向前追溯到史前时期，红山文化发达的祖先崇拜应就是商代对先公先王祭祀的前身，这也是红山文化对中华文明史的最大贡献。

近年有关红山文化与文明起源的新认识还有：牛河梁遗址从发现起，大家就十分关心与牛河梁规模宏大的祭祀建筑址相应的聚落址的发现。我们也在强调这一祭祀址具有远离住地、独立存在特点的同时，考虑相应大型聚落即具都邑规模的遗址，应在牛河梁遗址内外，重点是在牛河梁遗址以外另加寻找。为此进行了不间断调查，关注范围一在遗址区内及附近，结果是，在遗址区以远虽有多处聚落址发现，如敖汉旗的西台遗址和赤峰魏家窝棚遗址，但仍未有与牛河梁遗址规格相应的大遗址迹象。而在遗址区以内已有线索，是在牛河梁第一地点山台东北角发现一座房址，这座房址缺少生活方面的遗迹，方向却同女神庙完全相同[③]，推测台址以上应有更大房址（即具"宫"一类的遗迹）。另，遗址内至今未见城墙一类防御设施。红山人有砌筑石建筑的传统习俗和技术，积石冢和祭坛都以石砌筑，山台也断续有砌筑的石墙，不过牛河梁遗址的积石冢石墙为冢界，并无防御功能；山台的石墙也多只一层，与台边紧贴，且只见于地势较低处，时断时续，说明主要起加固山台作用。联系积石冢墓葬中极少有如同时期前后其他史前文化中多见的玉石斧钺等兵器或与兵器有关的器物随葬，由此推测，红山文化是一个既"神权至上"又"重祀少戎"的时代，处于这一时代顶峰的牛河梁遗址，为一个"不设防"的都邑。

同时，还可以考虑红山文化有如西亚古文明的"重死不重生"的观念。这样，重神庙和墓葬的建造，而缺少与大规模祭祀建筑相应的单独的超聚落中心就可以理解了。

二、艺术史方面

牛河梁遗址既是一个祭祀中心，也是一个艺术中心。红山人的艺术创作和水平在这里得到集中展现，一是雕塑艺术品，一是彩陶。

在牛河梁女神庙及其他红山文化这类雕塑艺术品发现之前，对中国史前艺术特别是雕塑艺术的看法是其原始性，主要是人体雕塑不发达。牛河梁及其他红山文化雕塑遗存尤其是多数量多类型的人体雕塑的发现，彻底颠覆了这一传统看法。

红山文化已从质地、题材、技法等多方面表现出该文化雕塑的发达程度。从质地看，为泥陶塑与

---

① 李泽厚引何炳棣："构成华夏人本主义最主要的制度因素是氏族组织，最主要的信仰因素是祖先崇拜。制度和信仰本是一事的两面。""商王虽祭祀天神、大神、昊天、上帝及日、月、风、云、雨、雪、土地山川等自然神祇，但祖先崇拜在全部宗教信仰中确已取得压倒的优势。"（《华夏人本主义文化：渊源、特征及意义》，《二十一世纪》总 33 期，1996 年）见《己卯五说——说巫史传统》第 157、158 页，生活·读书·新知三联书店，2003 年。巫鸿：《从"庙"至"墓"——中国古代宗教美术发展中的一个关键问题》："古代中国人信奉诸神，如戴维·吉德玮（David Keightiey）所说，其主要宗教形式为体现生者血缘关系的祖先崇拜（History of Religions，1978）。中国古代美术品用途亦甚广，但其主要形式均与祖先崇拜有关。"见《庆祝苏秉琦考古五十五年论文集》第 98、99 页，文物出版社，1989 年。

② 杨锡璋：《商代的人牲和人殉》《西北岗祭祀坑》，《中国大百科全书·考古卷》第 438、556 页，中国大百科全书出版社，1986 年。

③ 辽宁省文物考古研究所编著：《牛河梁——红山文化遗址发掘报告（1983—2003 年度）》（上）第 46 页，文物出版社，2012 年。

玉石雕并重；在题材上，为人体与其他动物题材并重；在技法上，有平雕也有高浮雕和圆雕，在高浮雕和圆雕中，有中小型像也有大型甚至特大型像，他们大多是在写实基础上予以神化。其中特别是包括大型和特大型在内的人体雕像的不断发现：从 20 世纪 60 年代赤峰西水泉到 70 年代末喀左东山嘴这两处遗址的小型妇女陶塑像，到牛河梁女神庙遗址大型且成群的泥塑人体雕像，再到敖汉旗草帽山积石冢的石雕人像、兴隆沟所获完整人体陶塑和牛河梁遗址第十六地点第 4 号墓随葬的玉人，以及牛河梁及其他地点积石冢的陶塑或石雕人像和海内外收藏的玉人像，红山文化出土人体雕像频率之高，在中国史前考古文化中是唯一的①，与世界诸著名史前遗存相比较，其时代之早以及数量、规模、类型以至技法，也处于前列。研究世界雕塑艺术史，如果仍然"言必称希腊"，而有意无意忽视已问世多年的红山文化材料，必然失于偏颇。

　　但为什么人体雕塑只发达于红山文化，而同时其他史前文化特别是后世的中国人体雕塑并未发展起来？对此，我们根据红山文化"女神男祖"的崇拜礼仪制度，提出如下推测：

　　"在中国历史的史前时期，为既有以偶像为祭祀对象的女性祖先即女神崇拜，又有以象征物为祭祀对象的男祖崇拜；夏商周三代时期，随着男性地位的进一步提高和对女性祖先回忆的淡化，以象征物为祭祀对象的男性崇拜彻底代替了以偶像为祭祀对象的女神崇拜，从而切断了中国古代人物雕塑艺术发展的条件，这是否可以视为中国古代人物雕塑艺术未能进一步发展起来的原因，有待进一步探讨。"②

　　如果说以人体为主的泥塑和石雕艺术是红山文化与西方雕塑艺术的共性，那么玉雕艺术就是红山文化所独有的艺术作品。红山文化的玉雕品，无论是以淡绿透黄的特定河磨玉为主的选料原则，片切割和起地阳纹为主的技法的普遍使用，以动物形玉器、勾云形玉器、斜口筒形玉器、外方内圆玉璧为代表的玉器群，特别是高度抽象化的造型，却能高度规范化，典型实例如龙、凤、龙凤合体等与后世同类题材相比，都已是相当成熟的形象，突显出红山人玉雕工艺鲜明的区域特色、超前性的发达水平和在中国传统文化中的典型性，作为中国艺术宝库中的一朵奇葩，红山文化玉器与红山文化人体雕像一起，是在中国艺术史上掀起的又一个高潮。

　　在关注红山文化发达的人体雕塑和玉器的同时，红山文化的彩陶有被忽视的倾向。其实，牛河梁遗址发现的彩陶器，无论数量、题材、技法和功能，都是可与玉雕品相媲美的艺术品。

　　就彩陶本身看，以积石冢发现数量最多，但都非墓葬随葬品，而是置于冢上具标识性的祭器。它们成排立置于冢的边界，数量以百计，且大都绘有彩绘。多为红地黑彩，题材以龙鳞纹、勾连花卉纹和各式几何纹这三大类为主。多以带状分布，无论直线或曲线，线条都甚为流畅，在彩陶演变史上，是处于较为进步的阶段③。

①　中国社会科学院考古研究所内蒙古工作队：《赤峰西水泉红山文化遗址》，《考古学报》1982 年第 2 期，第 187 页图四 – 15。东山嘴遗址的发现见《文物》1984 年第 11 期；牛河梁遗址第三地点和第十六地点的发现分别见辽宁省文物考古研究所编著：《牛河梁——红山文化遗址发掘报告（1983 – 2003 年度）》（上）第 254 页和（中）第 391 页，（下）图版一九五、一九六、二七三，文物出版社，2012 年；草帽山的发现见《中国文物报》2001 年 8 月 29 日"收藏鉴赏周刊"33 期；东山岗发现见辽宁省文物考古研究所编：《辽宁考古年报——铁朝高速公路特刊（2006）》第 16 页，2007 年。
②　郭大顺：《红山文化人体雕塑解析》，《故宫文物月刊》总 381 期，2015 年。
③　辽宁省文物考古研究所编著：《牛河梁——红山文化遗址发掘报告（1983—2003 年度）》，文物出版社，2012 年。

红山文化彩陶文化内涵之丰富，还在于这是文化交汇的成果。彩陶本不是红山文化原生型因素，其勾连花卉纹是仰韶文化庙底沟类型花卉纹的简化形式，棋盘格式布局的三角、方格等各式几何纹则具西亚地区彩陶的特点，特别是龙鳞纹和垂鳞纹，是红山文化吸收了黄河中上游仰韶文化彩陶的技法，创造的具自身特点的彩陶图案，其重环式的龙体，与山西陶寺彩绘龙纹甚至商代青铜器上的龙纹表现形式完全一致，应与其前身有关。

红山文化在艺术史上还有一个值得关注的特点，那就是异质艺术形式的共存融合，这主要是指彩陶和玉器在红山文化中的共存。彩陶和玉器，是诸史前文化中艺术含量最高的两种文化因素，也是两种质地、技法、造型完全不同的异质文化因素，它们在诸史前文化中，或重玉轻彩如大汶口文化和良渚文化，或重彩轻玉如仰韶文化，唯红山文化为两者并重。且已有相互影响的线索可寻，如玉器中的龙形题材和彩陶中的龙鳞纹，勾云形玉器与勾连花卉纹之间可能存在的联系，表明在红山文化中，不同文化传统的文化因素既有如不同类型的陶器和不同题材的彩陶那样可以共融一体，也可以有如玉石质的玉器和泥陶质的彩陶那样和谐共存，而且彩陶在红山文化中不仅甚为多见，且多见于牛河梁等具祭祀性质的遗址中。在积石冢和祭坛上摆放的全部为彩陶筒形器，女神庙目前试掘出土的陶祭器，也全部为泥质红陶和彩陶，表明彩陶虽然是一种外来因素，但在红山人的精神领域中同样被视为神圣。这都表现出红山人对待异质艺术思维和艺术形式有甚高的容纳度。这应该是红山文化艺术发达的一个根本原因。

三、思想史方面

这是我们不熟悉的领域。只是从对考古遗存的具体分析中有所感悟。这里谈两个方面，一是从"唯玉为葬"看由巫到礼；二是从礼的起源理解礼的本质。

红山文化墓葬有只葬玉器少葬甚至不葬其他器物的习俗，即"唯玉为葬"[①]。在历代墓葬中，玉器是常见的随葬品，但在史前时期与玉器同时随葬的还有石器和陶器，以后各时期更同时随葬铜器等。只葬玉器而不葬其他器物者，历数各地各时代墓葬，就只见于红山文化。这种只葬非实用的玉器而"排斥"其他与生产、生活有关的石器和陶器的葬俗，是红山人重精神高于物质的思想观念的集中反映，联系红山文化玉器重磨光而慎饰纹以突出玉的本质特征从而达到通神的最佳效果，反映红山人对玉器认识的深度已达到超越时代的水平。国学大师王国维曾释"礼"字的初意为"以玉事神"，红山文化"唯玉为葬"的习俗完全证实了王氏观点的预见性[②]。这就将红山文化玉器与中国传统礼制的起源挂上了钩，即红山文化玉器证明，玉器为最早的礼器，红山文化正处于玉礼的起始阶段。

由此提出的一个重大问题是，玉器是巫者用以通神的工具，如果玉器具礼器性质，那就有个巫与礼的关系问题。对此的论证是，红山文化以玉本质的最大限度发挥达到通神最佳效果的信念和做法，与两千多年后孔子提倡的以玉的自然特性比喻君子的德行之间，彼此恰恰相通，应非偶然，当反映从史前时期的"以玉通神为礼"到西周以来"以玉比德"之间前后承袭的历史联系，而非一般以为的对

① 郭大顺：《红山文化的"唯玉为葬"与辽河文明起源特征再认识》，《文物》1997 年第 8 期。
② 王国维：《观堂集林》（第一辑）第 290 页，中华书局，1959 年。

立或替代关系①。与此有关的是，史前时期的巫者，既然是玉器的使用者，也必然参与玉器的设计甚至制作，这样才能赋予玉器以巫者的意志，所以玉器也是巫者智慧和品德的体现物，而巫者必为集团地位最高的德者和智者。以此可以进一步理通后世的礼德与史前巫术传统之间必然联系的脉络，理解由巫而礼这一中国思想史上重大演变进程。

由于中国礼制及起源可提早到史前时期，这就为从礼的起源理解礼的本质创造了条件。红山文化为此提供的有力论据是将发达的祖先崇拜与礼制起源结合起来，由此理解礼的本质，仅举三个方面：

祖先崇拜与内化自觉。社会学家费孝通先生在 2001 年于沈阳召开的"第一届古代玉器与中国传统文化座谈会"闭幕会讲话时谈到礼的本质时说："礼和法不同，法是凭外力控制的，是带有强制性的；礼则是心甘情愿的。""德是用自己的力量来约束自己的，是一种内化的自觉行为。"② 哲学史家李泽厚先生对此的进一步论证就是以历史考古学家所主张的从史前到商代以祖先崇拜为中国传统作为主要证据的。因为祖先崇拜使人与神，人世与神界相通，从而达到"人神合一"的"一个世界"，而非西方"创世神话"上帝造万物的"两个世界"③。由此导致从"以玉通神为礼"演变到"以玉比德"的礼，皆出自人的本心，从而使礼从其起源始，就具备内化自觉的特性。

礼制的多元性和维系力。礼制虽在夏商周三代逐步制度化，但由于其产生于史前时期，所以也并不是单线发展的，而是在各大区多元考古文化频繁交汇的形势下起源和演变的，而且多为从经济类型到文化传统各有不同的诸考古文化之间的交汇，由此所形成的礼，具有很高程度的"文化认同"感，表现出巨大的包容性和极强的凝聚力。由此推知"礼"在中国历代有阶段性演变，由国而族而家，却始终保持着强大的维系力，概与"礼"在其起源时期在史前诸文化的多元交汇中形成的"文化认同"和强大的包容性密不可分。

通神为礼与礼的"和""合"与积极进取精神。通神要求和谐，在通神过程中形成的礼，体现人与自然、人与人关系的"和"与"合"，追求"天人合一"的境界，是为礼的一个本质特征。玉器因具有"中和如温"的自然特性，十分符合礼与德的内在和谐的本质，所以被古人选择为表达礼的最佳载体。但玉器又是文化交流中最为活跃的因素，不仅史前时期如此，就是到了西周及以后，如作为玉礼器代表作品的组玉佩中最多见的红玛瑙珠，也有来自西亚的线索④。玉礼器在形成和发展过程中所见的频繁交流甚至将交流范围延伸到域外，使玉礼从其起源始就是充满活力和具有积极进取精神的，而绝非封闭与保守。

以上有关艺术史特别是思想史方面的讨论，仅是依据考古资料提出的粗浅认识，需要艺术史家和思想史家们结合考古资料进行更为深入的专业论证。不过冯友兰先生曾提出，历史研究深入到思想史，

---

①　郭大顺：《从"唯玉为礼"到"以玉比德"——再谈红山文化的"唯玉为葬"》，《玉魂国魄——中国古代玉器与传统文化学术讨论会文集》第 20～38 页，燕山出版社，2002 年。

②　《费孝通先生在闭幕式上的讲话》，费孝通主编《玉魂国魄——中国古代玉器与传统文化学术讨论会文集》第 11 页，北京燕山出版社，2002 年。

③　李泽厚：《己卯五说——说巫史传统》第 157、158 页，生活·读书·新知三联书店，2003 年。

④　罗森：《红玛瑙珠、动物塑像和带有异域风格的器物——公元前 1000～前 650 年前后周及其封国与亚洲内陆的交流迹象》，罗森著《祖先与永恒》第 399 页。转引自黄翠梅：《红霞翠影·瑶华缤纷——大甸子墓地的珠管串饰及玉石佩饰》，《玉魂国魄——中国古代玉器与传统文化学术讨论会文集》（六）第 174、184、186 页，浙江古籍出版社，2014 年。

就能起到"画龙点睛"的作用①。苏秉琦先生晚年也提出考古哲学化的口号②。艺术史则来自于文明史，是文明史成果的集中表现，更是以思想史为指导的。可见，在文明史、艺术史和思想史三者的联系中，思想史是核心。

牛河梁遗址可以作为这一多领域研究的一个试点。

（原载于赤峰学院红山文化研究院编《第十届红山文化高峰论坛论文集》，吉林出版集团有限公司，2016 年）

---

① 冯友兰：《中国哲学史》（上）第 11 页，华东师范大学出版社，2000 年。转引自何炳棣：《读史阅世六十年》第 434 页，广西师范大学出版社，2005 年。
② 苏秉琦：《中国文明起源新探》，香港商务印书馆版第 149 页，1997 年；北京三联版第 180 ~ 182 页，1999 年；辽宁人民出版社版第 155 ~ 157 页，2009 年；人民出版社版第 134 ~ 137 页，2013 年。

从红山文化命名六十年想到的

　　2014年岁末，参加由中国社会科学院考古研究所公共考古中心和敖汉旗政府发起、在内蒙古敖汉旗召开的"纪念红山文化命名六十周年学术座谈会"，会前阅读了一些有关资料，会上做了发言，会后又有些思考。这次纪念会为我们提供了一次对一段考古学史再次进行回顾的机会，这至少对于我今后包括红山文化在内的研究工作，都有新的启示，是个意外的收获。于是我将会上的发言按：从赤峰红山后遗址的发现到尹达先生的命名过程，梁思永先生对红山文化的考察和研究过程，苏秉琦先生继续深入研究过程和重视学科史等四个方面加以整理和补充。

　　尹达先生于1955年10月发表《中国新石器时代》一书，其中第四节是"关于赤峰红山后的新石器时代遗址"，文中提出"红山文化"的命名，以为是"长城南北两种新石器时代文化相互影响之后的新型的文化遗存"①。尹达先生对红山文化的命名及其文化特征的认定，是自1921年安特生发掘辽宁锦西县（现葫芦岛市南票区）沙锅屯洞穴遗址和1935年日本东亚考古学会滨田耕作、水野清一等发掘赤峰红山后遗址之后，有关红山文化和北方史前文化研究史上一件具有划时代意义的大事。之所以如此评价，是因为在尹达先生发表《中国新石器时代》一书的1955年，中国史前文化明确定名的，只有仰韶文化和龙山文化，除此之外，整个中华大地也只有文化面貌尚不明朗、只能按地区命名的"北方细石器文化"和"东南地区硬陶文化"，它们并称为当时所知中国史前文化的四大文化系统②。西北地区发现较早的诸史前遗存，当时仍在延续安特生在《甘肃考古记》（1925年）一书中的称谓，即马厂期、齐家期等。所以，红山文化是继仰韶文化与龙山文化之后第三支命名的史前文化和长城以北地区首次明确的史前文化，也是在此后仰韶文化和龙山文化的命名被不断分解、唯一在定名上保持稳定的一支史前文化，这样从全国范围的史前考古文化发现和研究史，可以进一步理解尹达先生对红山文化的命名的重大学术价值，此事至今已有六十年，当然很值得纪念。

　　不过，尹达先生在这本著作的"后记"（写于1955年8月3日）中说，他写作赤峰红山后新石器时代遗址这一节，是遵照了正在病中的梁思永先生的意见：

　　"《中国新石器时代》这一部分稿子，梁思永先生在病中曾仔细看过，且提出了不少宝贵意见。这

---

① 尹达：《中国新石器时代》第143～146页，生活·读书·新知三联书店，1955年。
② 尹达：《中国新石器时代》第147页，生活·读书·新知三联书店，1955年。

次付印时，我曾作了某些修改。关于《赤峰红山后的新石器时代遗址》是《中国新石器时代》一文的补充；这是梁思永先生提出的意见，他本来希望我插在那篇里面，因为那篇写得较早，不便大动，所以就附在后面了。"①

梁先生是在1954年4月去世的，他向尹达先生提出加入红山文化内容的意见时，应该是在他病情加重情况下（见《夏鼐日记》卷五第26页，华东师范大学出版社，2012年），可见，梁先生对红山文化的重视超乎寻常。梁先生为什么如此重视红山文化呢？我们从梁先生那一阶段的研究工作和所写的文章中可以有所了解。

早在哈佛大学读书返国担任清华国学研究院助教期间，梁先生整理山西夏县西阴村史前遗址出土陶片，以英文发表了有关西阴村陶片的研究文章②。文中就根据锦西沙锅屯洞穴遗址所出彩陶和有关文化因素（沙锅屯洞穴遗址的发掘报告由安特生和袁复礼于1923年发表在中国地质调查所主办的《中国古生物志》上），提出长城以北的沙锅屯与中原地区仰韶和西阴遗存有"紧相关联"的关系，并要学界关注长城南北接触地带文化。五年之后的1934年，梁先生在撰写他于1930年冬在西辽河流域进行的考古调查的文章时，不仅提醒学界"兴味不能只限于晚期在黄河流域与中国上古史较接近的仰韶文化"，还要关注"国人差不多没有人注意到热河新石器时代文化的存在"，而且特别留意在天山（即阿鲁科尔沁旗）查不干庙采集的"绘彩"陶片虽然"与仰韶系统及貔子窝之彩陶都不甚相象"，但仍"是绘彩陶器到现在为止在中国最北的分布点"；林西县陈家营子采集到"很像没有绘彩的仰韶红陶片"；赤峰"尤可注意的是仰韶式的彩陶"（应指桑志华所著《天津北疆博物院所藏新石器时代遗物》之图版所见）。1935年在该调查报告的"补记"中，对长城以北发现的这些彩陶和由此所见沿边文化接触区域，进一步提出上古史与考古结合的课题："长城南北几个新石器时代晚期的文化系统的相对的时代关系确定之后，我们才能脚踏实地地去作对比上古史与考古学发现的工作"。这应是针对当时将考古发现与古史传说进行简单比附而提出的。他还在"补记"中回顾了在长城以北寻找彩陶遗存，是"中央研究院"历史语言研究所东北考古计划的一部分，可惜因为日本占领东北，计划已无法执行。当他从日本《人类学杂志》和《考古学杂志》上得知日本人借助军事占领在赤峰红山后发现彩陶遗存的消息后，感慨无限③。

在这里，梁先生将长城南北接触地带的红山文化的发现与上古史相联系的论述值得深思。由此又想到苏秉琦先生1982年所著《山东史前考古》一文中在回顾考古学文化区系类型理论形成过程时的那段话。苏先生说：

"还在30年代初，我国老一辈考古学者根据山东省章丘县龙山镇城子崖及其他同类遗址的发掘材料，结合河南安阳后岗遗址发掘的'仰韶、龙山与小屯'的三层文化遗存叠压关系，不是简单地把它们看作类似三代人那样的垂直关系，而是把它们区别开，分立'户头'，这就意味着把以位于山东的'城子崖'、位于河南的'仰韶村'和'小屯'为代表的三种文化遗存并列起来。这和同时代我国一些

①　尹达：《中国新石器时代》第159页，生活·读书·新知三联书店，1955年。
②　梁思永：《山西西阴村史前遗址的新石器时代的陶器》，1930年；后收入《梁思永考古论文集》第1~49页，科学出版社，1959年。
③　梁思永：《热河查不干庙等处所采集之新石器时代石器与陶片》，1935年；后收入《梁思永考古论文集》第107~144页，科学出版社，1959年。

史学家提出的'夷夏东西'或'三集团'诸学说的思想脉络是大体相似的。我还记得，当 1945 年抗日战争胜利后我从昆明回到北京看望先我回京的梁思永先生时，他曾同我谈起，他读徐旭生先生《中国古史的传说时代》，他说，徐先生提出了'三集团'一说，他也有他的'三集团'想法。很遗憾，他当时没有同我再深入地谈出它的具体内容如何。"①

苏先生这段回顾，提及 20 世纪三四十年代历史学与考古学研究中具有里程碑意义的两项研究成果，一是"夷夏东西说"，这是傅斯年先生于 1934 年提出来的②；一是"三集团说"，这是徐旭生先生于 1943 年提出来的③。梁先生在同苏先生谈他的"三集团"想法时虽然没有谈到他的"三集团"的具体内容，但从梁、苏两位先生的那次谈话和那一时期梁先生发表的文章中可以推测：一是梁先生的"三集团"与徐先生的"三集团"是有所不同的（徐先生的"三集团"即华夏、东夷、苗蛮，缺少北方）；二是梁思永先生有东西方文化"混合"观点的《小屯仰韶与龙山》与傅斯年先生的《夷夏东西说》同时刊于 1933 年出版的《庆祝蔡元培先生六十五岁论文集》中，这史学和考古学的彼此呼应、"思想脉络大体相似"的观点都是试图从东西方文化关系上寻找华夏文明的根基④，可知梁先生的"三集团"应也包括了华夏与东夷；三就是从梁先生对红山文化和南北接触地区的特殊重视并与中国上古史相联系推测，梁先生的"三集团"很可能还包括了有西辽河在内的北方地区，这也许正是梁先生的"三集团说"与徐先生的"三集团说"不同之处。这使我回想起 20 世纪 80 年代初长城以北辽西地区的牛河梁遗址的发现刚被报道，不少老一辈学者立即同五帝传说产生联想，看来并非空穴来风。回顾这段考古学史，就是可以理解的了。

当然，红山文化在中国学界引起更多关注，是红山文化发现六十年和红山文化定名近三十年的 20 世纪 80 年代以后的事，即东山嘴和牛河梁遗址的发现，特别是苏秉琦先生从 70 年代末到 80 年代以后的有关研究成果。虽然这些象征中华五千年文明起源的考古新发现出现在长城以北地区有些出乎意外，但仍与前辈学者的研究有不同程度的联系。苏先生除了将他创建的考古学文化区系类型理论所受前辈启发如前述外，他将仰韶文化与红山文化的南北关系从接触到碰撞作为红山文化发生突变的原动力，提出红山文化在我国民族文化与文明起源中"先走一步"的地位和作用、包括黄帝时代只有红山文化的时空框架与之吻合的观点，都是与前辈学者的研究成果相衔接从而有来龙去脉的⑤。同样，苏秉琦先生所著《关于仰韶文化的若干问题》（《考古学报》1965 年第 1 期），根据东南沿海地区大汶口文化等的发现，谈到了东西文化关系的一些新想法，"在此期间内，我国民族文化关系上发生的一个重大变化是：其前期是以关中晋南豫西地带为其核心的仰韶文化向其周围扩大其影响为主，其后期则是以东南方诸原始文化集中其影响于中原地区的仰韶文化为主"。这也可视为对 20 世纪 30 年代"夷夏东西说"和 30 年代到 50 年代初"混合文化"的回应和发展。为此，苏先生于 1984 年前后对中国考古学史

---

① 苏秉琦：《山东史前考古》，《苏秉琦文集》（二）第 312 页，文物出版社，2009 年。
② 傅斯年：《夷夏东西说》，《庆祝蔡元培先生六十五岁论文集》第 1093 页，中央研究院历史语言研究所集刊外编第一种，1933 年。
③ 徐旭生：《中国古史的传说时代》（增订本），科学出版社，1960 年。
④ 梁思永：《小屯龙山与仰韶》，《庆祝蔡元培先生六十五岁论文集》第 555～568 页，中央研究院历史语言研究所集刊外编第一种，1933 年。
⑤ 分别见《苏秉琦文集》（三）第 7～11、182、227 页，文物出版社，2009 年。

进行总结时，提到前三十年和后三十年的阶段划分，对中国考古学从 1928 年建立之始就从传统史学中独立出来，以一门独立学科的出现给予极高评价："第一，它从根本上改变了原来以'补经证史'为目的的'金石学'或'小学'的面貌；第二，初步形成了自己的从几十万年前的旧石器时代到历史时期的独立学科体系；第三，为突破我国传统史学的框架，建立以考古学为骨骼系统的中国古代史'大厦'奠定了基础。"[①] 并不因为后三十年所取得的巨大成果而对前三十年有丝毫忽视。

从以上所述可以试对当年老一辈考古学家的研究思路加以梳理：

一是将复原古史作为考古学主要目标，二是重视考古与文献的结合，三是从区域考古作为出发点，四是重视前人研究成果并在继承中不断发展。

由此想到，对学科史的回顾和不断总结对学科的发展有着无可估量的重要性，这既是一种学术研究连续性的体现和学术传承，更是在回顾中不断受到启发从而推动研究深入的过程。当时可能材料不足，还可能有材料的错位，但先辈们的不凡经历和他们的观点及提出的历史背景，特别是前后的继承和延续，仍然对后人有很大启示，应该抱有敬畏之心。这方面，除上述梁思永、尹达、苏秉琦等先生的研究成果以外，还要特别提到傅斯年和李济两位先生对北方地区古文化在中华文化与文明发展史上地位的重视。傅斯年先生早年有"商之兴也自东北来，商之亡也向东北去"的名言[②]。红山文化玉雕龙于 20 世纪 80 年代初发表后，因其与商代玉龙形态上惊人的接近而引起对商文化起源东北的再论证。台北故宫博物院玉器研究专家邓淑苹先生有这样一段回忆："回顾自 1984 年第 6 期的《文物》发表多篇红山文化玉器的报道时，当时在台湾地区的考古学、历史学界引起相当大的震撼；发掘安阳殷墟的高去寻教授非常兴奋，认为红山玉猪龙与殷墟的兽形玦一定有先后传承关系，认为红山玉猪龙的出土证明了他（高去寻）的老师傅斯年教授当年提出'东夷大族的商族起于东北地区'的说法是非常正确的。"[③] 李济先生在整理研究殷墟材料时多次提到商晚期某些文化因素可能受到北方以至域外影响。1953 年离开殷墟考古第一线的李先生更形成了"长城以北列祖列宗"的观点。李先生是在研究殷墟青铜器锋刃篇的《后记》中提出这一看法的：

"治中国古代史的学者，同研究中国现代政治的学者一样，大概都已感觉到，中国人应该多多注意北方，忽略了历史的北方，我们的民族及文化的原始，仍沉没在'漆黑一团'的混沌境界。两千年来中国的史学家，上了秦始皇的一个大当，以为中国的文化及民族都是长城以南的事情，这是一件大大的错误，我们应该觉悟了！我们更老的老家——民族的兼文化的——除了中国本土以外，并在满州、内蒙古、外蒙古以及西伯利亚一带；这些都是中华民族的列祖列宗栖息坐卧的地方，到了秦始皇筑长城，才把这些地方永远断送给'异族'了。因此，现代人读到'相土烈烈，海外有截'一类的古史，反觉得新鲜，是出乎意料以外的事了。""我们以研究中国古史学为职业的人们，应该有一句新的口号，即打倒以长城自封的中国文化观，用我们的眼睛，用我们的腿，到长城以北去找中国古代史的资料。那里有我们更老的老家。"（李济，1953 年 2 月 28 日，台北夜 12 时）[④]

①　苏秉琦：《山东史前考古》，《苏秉琦文集》（二）第 312 页，文物出版社，2009 年。
②　傅斯年：《东北史纲》第一卷《古代之东北》第 24 页，中央研究院历史语言研究所，1932 年。
③　邓淑苹：《"红山系玉器"研究的再思》，《红山文化学术研讨会论文集》第 344 页，辽宁人民出版社，2013 年。
④　李济：《［补遗］记小屯出土之青铜器（中篇）后记》，张光直、李光谟编《李济考古学论文选集》第 962、963 页，文物出版社，1990 年。

老一辈学者以追溯中华文化根脉为己任，并在考古资料刚刚露头或较为有限时就以深厚的文献功底和独立之思考，将包括西辽河流域在内的东北地区纳入他们的视野范围之内。今红山文化的考古新发现正为此提供确凿而又丰富多彩的实证。在纪念红山文化命名六十年时对这一段研究史进行回顾和总结，必有助于我们对红山文化和中国史前文化研究的深入以至中国上古史的复原。

［原载于赤峰学院红山文化研究院编《红山文化研究》（第三辑），辽宁人民出版社，2016 年］

斧钺分化与（斧）钺璧组合

这是从大约新石器时代晚期开始出现的两个既有区别又有联系的文化现象，因为它们多具有权力象征的意义，又因在后世礼仪制度中延续时间甚长且经常处于主流地位，影响较大，所以是一个值得进一步探讨的课题。

一

斧钺分化，我在 2014 年为崧泽文化研讨会撰写《从崧泽文化的斧钺分化谈起》[①] 一文时对此有详细论述，现再作概述。

约在新石器时代晚期前后，从东北南部的西辽河流域到长江下游以及黄河中下游的斧与钺，从形制上显现出各有发展演变序列又互有影响的特点，质地和功能也出现分化。

将斧和钺区别对待最初是从大甸子发掘报告中受到的启发。由刘观民先生主编、1996 年出版的《大甸子——夏家店下层文化遗址与墓地发掘报告》（以下简称《大甸子》）将该墓地 101 座墓所出 101 件有关标本明确分为斧类和钺类，这 101 件标本都有穿孔，但体形可明确分为窄长和扁宽两大类。体形窄长者，穿孔多在体上部，钻孔较小，且一般体较薄，《大甸子》将这一类归为斧类，共 67 件；体形扁宽者（部分已有内），穿孔多在体中部，个别在内上，钻孔一般较大，体也较厚，《大甸子》将这一类归为钺类，共 34 件[②]。《大甸子》的这一划分与现今学界将斧钺通称，作为一类、在其下分型分式的处理方法，或将其中穿孔者通称为钺[③]的观点有很大不同。

值得注意的是，《大甸子》所划分的斧与钺中，属于玉质的共 6 件，全部为斧类，而钺类全部为石质，无玉质的钺。

大甸子是东北南部西辽河流域规模较大、等级较高的一个墓地，属于早期青铜时代，距今 4000 ~ 3500 年。依《大甸子》对斧与钺形制的划分标准和相应的质地区别，可将当地斧钺分化现象向前推到红山文化时期。

① 浙江省文物考古研究所编：《崧泽文化学术研讨会论文集（2014）》，文物出版社，2016 年。
② 中国社会科学院考古研究所：《大甸子——夏家店下层文化遗址与墓地发掘报告》第 156 ~ 165 页，科学出版社，1996 年。
③ 方向明：《中国玉器通史·新石器时代南方卷》第 56、113 页，海天出版社，2014 年。

红山文化发现的玉斧（以下凡称"斧"者皆为穿孔斧，其余称"未穿孔斧"）目前只报道过 1 件，为巴林右旗那斯台遗址采集，有甚长的舌状刃①。与之有关的是，在西辽河流域与红山文化交错分布、时代相当于红山文化晚期的内蒙古通辽哈民忙哈遗址 F37 出土了一件典型的斧，也为玉质，斧体上部为双孔，孔为一上一下②。在当地相当于红山文化早期或早于红山文化的赵宝沟文化则出有石斧 1 件，为敖汉旗小山遗址 F2 所出，简报称为"穿孔斧形器"。此件石斧选用花斑纹间红褐斑块的凝灰碎质岩，通体精磨，舌状刃，体窄长，形制规整，穿孔甚小，且在近顶端的一面有浅刻而概略的人面③。

不过，在红山文化中多见未穿孔的玉斧，形制较为统一，为窄长形，体中部宽而上下端趋窄如梭形，横断面椭圆形，特征明显。已报道的标本有：阜新他本扎兰乡白玉都、赤峰敖汉旗牛古吐乡千斤营子、长胜镇北泡子沿、巴林右旗巴彦汉苏木那日斯台、克什克腾旗好鲁库、阿鲁科尔沁旗巴彦塔拉苏木巴彦诺尔、天山镇粮库、喀拉沁旗四十家子乡台子村、翁牛特旗广德公小洼子村各收集 1 件④。吉林省博物馆 20 世纪 50 年代初在该省西北部的镇赉县收集多件具红山文化特征的玉斧，其中一件长29.5、宽 12.2 厘米，厚在 3 厘米左右，其体量之大之厚重，为史前玉斧类中所仅见⑤。

钺类则只见于红山文化。目前所知共 7 件。有牛河梁遗址出土的 2 件（N2Z1M9：1、N16Z1①：54）⑥、朝阳半拉山积石冢出土的 1 件⑦，敖汉旗新窝铺乡份子地、翁牛特旗山嘴子乡大新井和巴林左旗三山乡王简南沟各采集 1 件⑧，还有朝阳西房山收集的 1 件⑨。这 7 件钺都为石质，但磨制精，形体扁宽，有规整的舌状刃，近体中钻孔。份子地和朝阳西房山钺为特意选择的带斑点或斑块的凝灰岩一类石料。份子地和大新井两件石钺体形都较大，朝阳西房山石钺还有规整的凸起孔缘。半拉山石钺附柄尾端兽首石饰（图一）。

红山文化出土的斧和钺数量较少，不过以上所见红山文化斧类与钺类，其明显的形制和质地差别，同此后大甸子的斧与钺的差别标准基本相同，可见斧与钺的分化，从红山文化到夏家店下层文化，在当地表现出很强的传承关系。

饶有兴味的是，与红山文化大约同时期的其他地区，斧和钺的区别也遵循着相同的规律。这尤其见于斧钺类出土数量最多的长江下游地区。

长江下游地区的斧钺类不仅出土数量多，延续时间也较长。凌家滩、崧泽文化和良渚文化等相关遗址的发掘和研究者们已从不同角度注意到这种分化，如对厚体圆角弧刃石钺和其他玉石斧钺的比较

① 巴林右旗博物馆：《内蒙古巴林右旗那斯台遗址调查》，《考古》1987 年第 6 期，第 17 页图一四 - 9。
② 内蒙古文物考古研究所、吉林大学边疆考古研究中心：《内蒙古科左中旗哈民忙哈新石器时代遗址 2011 年的发掘》，《考古》2012 年第 7 期，第 26 页图一五 - 8，图版肆 - 1。
③ 中国社会科学院考古研究所内蒙古工作队：《内蒙古敖汉旗小山遗址》，《考古》1987 年第 6 期，第 497 页图一七，图版壹 - 2。
④ 郭大顺、洪殿旭主编：《红山文化玉器鉴赏》（增订本）第 120 页图 2，文物出版社，2014 年。于建设主编：《红山玉器》，远方出版社，2004 年。
⑤ 2000 年随邓淑苹先生考察吉林省博物馆时所见。文见邓淑苹：《"红山系玉器"的再思》，辽宁省文物考古研究所编《红山文化学术研讨会论文集》第 326 页，辽宁人民出版社，2013 年。
⑥ 辽宁省文物考古研究所编著：《牛河梁——红山文化遗址和墓地发掘报告（1983—2003 年度）》（上册）第 87 页，N2 图三七 - 2；（中册）第 429 页，N16 图九七 - 8；（下册）图版七五 - 2，图版三〇二 - 2，文物出版社，2012 年。
⑦ 见《辽宁日报》2016 年 1 月 18 日 T05 版。
⑧ 于建设主编：《红山玉器》第 85、87 页，远方出版社，2004 年。
⑨ 辽宁省博物馆、辽宁省文物考古研究所编：《辽河文明展文物集萃》第 47 页，2006 年。图录定为夏家店下层文化，疑属红山文化。

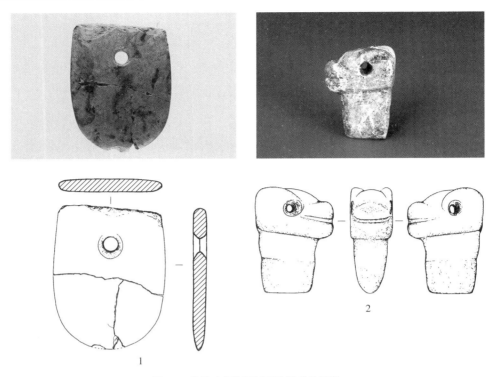

图一　半拉山石钺及柄尾端兽首石饰
1. 钺（M12∶2）　2. 兽首石饰（M12∶4）

和区分①。现试依红山文化斧与钺的区分标准先对大约同时期的凌家滩和崧泽文化有关标本做进一步比较分析。

2006 年出版的凌家滩发掘报告发表了 1987 年、1998 年两个年度发现的斧钺类标本共 186 件（报告通称为钺，个别称为铲），其中有斧 43 件，钺 119 件。玉质 31 件，全部为斧类；119 件钺类全部为石质。钺类的形制均具厚短体、舌状刃、近体中穿孔较大等特点，石料多见带斑点或斑带的凝灰岩一类。这两个年度发掘的凌家滩墓地也有未穿孔的斧类，共 8 件，形制与红山文化未穿孔玉斧相当接近，其中 7 件为玉质，它们体形规整、磨制精，体形最长者近 30 厘米②。

在对凌家滩的斧和钺类进行区分时，还会遇到不少形制介于斧与钺之间的标本。常见的为长方梯形和"风"字形（约 24 件）。此类除体形长宽比例小于斧类以外，体薄、边直，有趋锐的刃角和背角，选择较细的石料，上部钻孔，孔较小，总体更接近斧类，故可通称"斧钺"。

以上所见，凌家滩墓地所出斧钺类不仅数量多，而且斧与钺的分野更加明显，斧钺分化的程度甚高，这尤其表现为钺的特征十分规范：体较厚重，体形较为扁宽，边与角圆弧，尤其是外弧刃和外弧刃与两侧边连为一体呈舌状，钻孔较大且孔的位置近体中部。形制较为固定，同斧类和斧钺类在形制上泾渭分

① 发掘者对反山墓地所出厚体圆角弧刃石钺有"外观与玉钺区别较大，在墓内放置也判然有别"的判断，见浙江省文物考古研究所反山考古队：《浙江余杭反山良渚墓地发掘简报》，《文物》1988 年第 1 期。龙潭港良渚文化墓葬石钺"厚体弧刃和薄体方刃"及它们在选料上的区别，见浙江省文物考古研究所、海盐县博物馆：《浙江海盐县龙潭港良渚文化墓地》，《考古》2001 年第 10 期。文家山良渚文化斧钺有"圆角"与"方角"的区别，见浙江省文物考古研究所：《文家山》第 66 页，文物出版社，2011 年。

② 安徽省文物考古研究所编著：《凌家滩——田野考古发掘报告之一》，文物出版社，2006 年。安徽省文物考古研究所：《安徽含山县凌家滩遗址第五次发掘的新发现》，《考古》2008 年第 3 期。

明，却与后世钺的形制更为接近，甲骨文中"钺"（戊）也为这类短体舌状刃器的象形字（𐍈）。

斧钺分化也见于宁镇地区的北阴阳营和三星村。这两处墓地都是石钺类出土数量最多，北阴阳营有关标本约 142 件，钺类（报告的Ⅰ、Ⅱ、Ⅳ、Ⅴ型）达 93 件，占出土斧钺总数的约三分之二。钺的质地也以凝灰岩占多数①。三星村 M38 和 M531 所出配有刻纹骨质钺帽和牙质镦的石钺，从形制看都为这种厚体圆角弧刃钺②。

崧泽文化的斧钺分化。斧类在崧泽、草鞋山、福泉山都有典型标本③。斧钺类见于南河浜、官井头、福泉山下层、昆山等遗址④。钺类典型器见于草鞋山、崧泽、南河浜、安乐及河姆渡第四期⑤，而以靠近宁镇地区和凌家滩的东山村所出数量最多，形制也较为典型⑥（图二）。青墩中层所出陶制有柄钺的钺体就应为这种厚体圆角弧刃钺⑦。

长江下游地区的斧钺分化早在马家浜文化时就有露头，如草鞋山属于马家浜文化的 M38、嘉兴吴家浜 M2 都有石斧出土⑧（图三，1），石钺见于属于马家浜文化晚期或崧泽文化早期的崧泽遗址下层，为短体石钺（图三，2）。到崧泽文化早期已较为多见，如仙坛庙崧泽文化早期墓 M43 和 M119、M129

图二　南河浜玉斧和石钺
1. 玉斧（M61：8）　2. 石钺（M2：4）

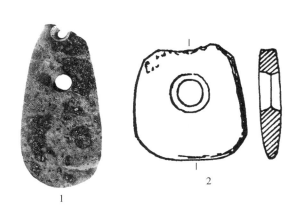

图三　马家浜文化石斧和石钺
1. 石斧（吴家浜 M2：1）　2. 石钺（崧泽下层 T1：4）

---

① 南京博物院：《北阴阳营——新石器时代及商周时期遗址发掘报告》，文物出版社，1993 年。
② 江苏省三星村联合考古队：《江苏金坛三星村新石器时代遗址》，《文物》2004 年第 2 期。
③ 崧泽文化的斧类见于崧泽 M21：17、M7：6（《崧泽》第 33 页图二七－1、5，彩版一－1），草鞋山 M59：1〔《文物资料丛刊（3）》第 20 页图六一〕，福泉山 M11：9、M12：8（《福泉山》第 23 页图二三－3、4）。
④ 崧泽文化的斧钺类见于南河浜（《南河浜——崧泽文化遗址发掘报告》第 186 页图一二○－2、4~7），官井头〔《良渚官井头遗址崧泽文化遗存》，《浙北崧泽文化考古报告集（1996~2014）》第 372 页图二八－1~5〕，福泉山下层（《福泉山——新石器时代遗址发掘报告》第 33 页图二三－5、6），昆山（《昆山》彩版二四－2、三五－1、四九－2、五一－2）等遗址。
⑤ 崧泽文化的钺类典型器见于草鞋山 M203：4〔《文物资料丛刊（3）》第 20 页图六一〕，崧泽 M16：2、M13：1（《崧泽》第 33 页图二七－6、7 和彩版一－2），南河浜 M2：4、M96：8（《南河浜》第 186 页图一二○－1、3），安吉安乐 M57：1、M73：2（《崧泽之美》第 218、219 页），也见于河姆渡第四期相当于崧泽文化的 T18①：3、T222①：7〔《河姆渡》（上册）第 352 页图二三九－3、4；（下册）彩版七○－2，图版二○一－2〕。
⑥ 南京博物院等：《江苏张家港市东山村新石器时代遗址》，《考古》2010 年第 8 期。
⑦ 南京博物院：《江苏海安青墩遗址》，《考古学报》1983 年第 2 期。
⑧ 草鞋山 M38 石斧见于《文物资料丛刊（3）》第 5、23 页，图七○－1，1980 年。嘉兴吴家浜 M2：1 石斧见《浙江嘉兴吴家浜遗址发掘简报》，《文物》2005 年第 3 期，第 39 页图十三；又见《发现历史——浙江新世纪考古成果展》第 116 页，中国摄影出版社，2011 年。

分别出有玉斧和石钺，东山村 3 区崧泽文化早期大墓 M90、M92 就各出土有 5 件石钺[①]。宁镇地区的三星村和北阴阳营斧与钺的分化程度与北邻的凌家滩较为接近，由于三星村年代上限较崧泽文化时间略早，可能说明在长江下游地区斧钺分化正式出现的年代可到公元前第三千年初。这同西辽河流域赵宝沟文化出现石斧在年代上也是相近的。

目前崧泽文化统计出土有 7 件玉质斧钺，它们都可归属于斧类或近于斧类。如南河浜所出约 20 件斧钺中有 2 件为玉质，都为斧类，其中常被引为崧泽文化玉质斧钺代表器的 M61：8 就是一件典型的玉斧；东山村 3 区 5 座大墓所出 18 件斧钺中仅有 1 件为玉质，即 M91：29，也为与南河浜 M61：8 规格相近的斧类典型器[②]。钺则全部为石质，无玉质，且已出现特意选用的一种带斑点或斑纹的石料，即所称"彩石钺"或"花斑石钺"者[③]。

长方梯形和"风"字形斧钺形制较为进步，特别是"风"字形斧钺，出现应稍晚，不过在崧泽文化中晚期已发现多例。南河浜崧泽中期墓 M2 有石斧钺与"风"字形斧钺共出[④]。

长江下游到良渚文化时期，斧钺的数量大为增加，斧钺分化也更为明确。仍可分为斧类、斧钺类和钺类。从质地看，玉质仍多见于斧类，但斧钺类（部分体较窄长近于斧）中玉质增多，如著名的反山 M12 的"风"字形玉斧钺。钺类则仍全部为石质，而且也多选用带斑点或斑带的凝灰岩一类石料[⑤]，与崧泽文化有明显的一脉相承关系。良渚文化的斧钺分化出现不少新特点：在形制上，良渚文化的玉斧和玉石斧钺更趋体薄边直，单面管钻孔和双孔增多，常配有制作工艺十分考究的玉瑁、玉镦和其他挂件；石钺的出土数量有显著增多，造型和穿孔也都更为规整，选料趋于固定，常见体形较长的形制，有的也体形较大[⑥]；在一些高等级的大型墓葬中常有多件石钺随葬，且其共存关系多为单件玉斧或玉石斧钺与多件石钺共出；它们的出土位置，有玉石斧或斧钺位于人体上部（多在左臂处）、石钺多在中下部的规律[⑦]。

①　上海市文物保管委员会：《崧泽——新石器时代遗址发掘报告》第 27 页图二二 - 1，文物出版社，1987 年。《海盐仙坛庙遗址的早中期遗存》，见《浙北崧泽文化考古报告集（1996 ~ 2014）》第 160 ~ 186 页，文物出版社，2014 年。南京博物院等：《江苏张家港市东山村新石器时代遗址》，《考古》2010 年第 8 期，图版叁 - 1、3 及图版肆 - 2。周润垦、胡颖芳：《中国史前社会复杂化演进模式略论》，见《玉魂国魄——中国古代玉器与传统文化学术讨论会文集》（五）第 135 页，浙江古籍出版社，2012 年。

②　浙江省文物考古研究所：《南河浜——崧泽文化遗址发掘报告》第 127 页图八三 - 8，图版一四三，文物出版社，2005 年。南京博物院、张家港博物馆：《江苏张家港东山村遗址 M91 发掘报告》，《东南文化》2010 年第 6 期，第 60 页图八 - 4，彩插一 - 1、2。

③　刘斌：《良渚文化的玉钺与石钺》，见费孝通主编《玉魂国魄——中国古代玉器与传统文化学术讨论会文集》第 163、164 页，燕山出版社，2002 年。朔知：《长江下游的"玉石分野"与社会变革》，见北京大学考古文博学院《考古学研究》（九）第 563、567 页，文物出版社，2012 年。方向明：《中国玉器通史·新石器时代南方卷》第 210 页，海天出版社，2014 年。

④　浙江省文物考古研究所：《南河浜——崧泽文化遗址发掘报告》第 132 页图八七，1、4，图版三七，文物出版社，2005 年。

⑤　［日］中村慎一：《略论良渚文化石器》，见浙江省文物考古研究所编《浙江省文物考古研究所学刊》（第八辑）第 364 ~ 371 页，科学出版社，2006 年。

⑥　庄桥坟和姚家山出土的石钺体最长分别达 31 厘米和 33 厘米，分别见浙江省文物考古研究所、平湖市博物馆：《浙江平湖市庄桥坟良渚文化遗址及墓地》，《考古》2005 年第 7 期；《浙江桐乡姚家山良渚文化贵族墓葬》，见国家文物局主编《2005 年中国重要考古发现》第 25 页，文物出版社，2006 年。

⑦　如反山 M14、M20〔《反山》（上）第 96、219 页，文物出版社，2005 年〕；汇观山 M4（《浙江余杭汇观山良渚文化祭坛与墓地发掘简报》，《文物》1997 年第 7 期），横山 M2〔《浙江余杭横山良渚文化墓葬清理简报》，见徐湖平主编《东方文明之光——良渚文化发现 60 周年纪念文集（1936—1996）》第 71 ~ 76 页，海南国际新闻出版中心，1996 年〕。

斧钺的分化也见于黄河中游的诸仰韶文化遗址，以灵宝西坡所出斧类全部为玉质最为典型①。在鲁西南与苏北地区的花厅、王因、野店、大汶口遗址②和淮东地区的龙虬庄中也有所表现③。

以上可见，斧和钺的分化有一个较长的发展演变过程，斧出现早，到 5000 年前，斧在发展的同时出现钺，至晚斧钺分化仍在延续。而且无论形制和组合的固定、选料以及出土位置，都有更加规范化的趋势，南如良渚文化晚期，北如夏家店下层文化。除此之外，更主要的是，斧钺分化后各有自身的演变序列。这仍以斧钺类出土最为集中、延续时间也较长的长江下游地区脉络较为清晰。

一般以为，斧钺总的演变趋势是由石斧—石钺—玉钺—铜钺④，钺的演化有从舌形、梯形、"风"字形到有内形的排列顺序⑤，这都是将斧钺放在一起分析的。如从斧钺分化角度看，斧与钺有各自的演化序列。

斧继续不间断演化，到近圭形斧。由于斧类早期的窄长形制就同玉圭接近，且多玉质，所以玉斧于龙山时代演变为平首玉圭是符合历史发展逻辑的。长江下游地区由于玉斧发展序列较为完整，在江苏溧阳发现形制近于龙山文化的"神人兽面鸟纹"玉圭被认为与良渚文化有关，就不是没有依据了⑥。

石钺在崧泽文化之前就已出现，崧泽文化为石钺的定型期，到良渚文化时不仅数量大增，形制更趋规整，良渚文化晚期有的石钺刃角翘起，如福泉山 M40：88。更晚的常熟三条桥和马桥以及大甸子都有较长"内"的石钺，形制已同商代铜钺接近，最终演化为商早期的铜钺⑦，成为军权、行刑权的体现。西周之后铜钺渐少至消失，周边地区消失稍晚。但从文献记载和其他考古发现看，钺仍有较长的延续时间⑧。

至于斧钺类，其形制较为多样，依各阶段与斧、钺的出土实例相互比较，可见斧钺有的形制出现较早，如有内钺（官井头 M8：1，崧泽文化晚期）和"风"字形斧钺（南河浜 M2，为崧泽文化早期后段），从而可能对斧和钺形制的演变有所影响。同样，斧与钺在各自演变的过程中也互有借鉴，如玉石斧类中偶见厚体、穿孔较大或穿孔位置靠近体中部等具石钺特征的因素，钺也偶见穿孔

① 见《灵宝西坡墓地》各墓所出玉斧，又见《华县泉护村》第 76 页图 54 - 1。河南省文物考古研究所、南阳市文物考古研究所：《河南西峡老坟岗仰韶文化遗址发掘报告》，《考古学报》2012 年第 2 期。洛阳市第二文物工作队：《河南伊川县伊阙城遗址仰韶文化遗存发掘简报》，《考古》1997 年第 12 期。郑州市博物馆：《郑州大河村遗址发掘报告》，《考古学报》1979 年第 3 期，第 308 页图八 - 18 和第 350 页图四〇 - 6。另见陕西省考古研究所：《龙岗寺——新石器时代遗址发掘报告》图版九 - 1、2，文物出版社，1990 年。中国科学院考古研究所编著：《庙底沟与三里桥》第 55 页三七 - 10，图版肆捌 - 12，科学出版社，1959 年。

② 分别见：山东大学滕县考古调查小组：《滕县新石器时代遗址调查》，《文物参考资料》1958 年第 1 期，第 51 页图四 - 1。山东博物馆、良渚博物院编：《玉润东方——大汶口—龙山·良渚玉器文化展》第 83 页下图，文物出版社，2014 年。以及《花厅——新石器时代墓地发掘报告》《邹县野店》《大汶口——新石器时代墓葬发掘报告》《大汶口续集——大汶口遗址第二、三次发掘报告》《山东王因——新石器时代遗址发掘报告》等发掘报告。

③ 龙虬庄遗址考古队：《龙虬庄——江淮东部新石器时代遗址发掘报告》，科学出版社，1999 年。

④ 陈芳妹：《商后期青铜斧钺制的发展及其文化意义》，见臧振华编辑《中国考古学与历史学之整合研究（下）》第 1013 页，"中央研究院"历史语言研究所，1997 年。

⑤ 傅宪国：《试论中国新石器时代的石钺》，《考古》1985 年第 9 期。

⑥ 汪青青：《溧阳出土的良渚文化玉器珍品——神人兽面鸟纹圭》，见徐湖平主编《东方文明之光——良渚文化发现 60 周年纪念文集（1936—1996）》第 67、68 页，海南国际新闻出版中心，1996 年。

⑦ 常熟市文物管理委员会：《江苏常熟良渚文化遗址》，《文物》1984 年第 2 期，第 12 页图一 - 2。上海市文物管理委员会：《马桥——1993—1997 年发掘报告》，上海书画出版社，2002 年。

⑧ 杨锡璋、杨宝成：《商代的青铜钺》，见《中国考古学研究——夏鼐先生考古五十年纪念论文集》第 133 页，文物出版社，1986 年。孙志新：《良渚文化的玉钺和中国古代皇权的象征的来源》，见《玉润东方——大汶口—龙山·良渚玉器文化展》第 33～39 页，文物出版社，2014 年。

较小的实例，个别可能选用了玉料或接近玉质的石料，如寺墩 M3：42 钺，简报定为玉质，从描述看："含铁质的透闪石，黑色带褐斑"，与石钺常用的凝灰岩石料有相近处。此外报道有海外收藏玉质钺的个别实例①。

以上各大区时代相同或相近的诸考古学文化中，从形制到质地，都不同程度具有斧钺分化现象，可视为一种共同时代特征，这一时代特征在 5000 年前的东南、东北和中原这三大文化区大约同时出现，应与早期中国历史文化发展的统一性和多样性有关。

二

（斧）钺璧组合。相对于璧（环），斧钺仍可视为同一大类，而部分称环的可归入璧类。

（斧）钺、璧是玉器中出现最早的两种类型，也是延续时间最长的两种玉类。（斧）钺、璧共出或组合也出现早，分布广。如：

东北地区。玉璧在东北地区出现较早。小南山 M1 收集玉璧 44 件（简报称为环，除Ⅳ式一件肉窄、横断面呈圆形为环不计在内外，余皆可归入璧类），当时报道其年代相当于红山文化晚期②，后一般认为应在 6000 年前，较红山文化为早③。据新近报道，2015 年该遗址发掘的早期墓葬出土了我国迄今所知时代最早的玉璧，测定年代在距今 8000 年前④。

小南山 M1 和新近报道的早期墓葬，与玉璧共出有未穿孔玉斧或石斧（图四）。另据孙长庆、李陈奇等研究黑龙江省各地所出新石器时代玉器的资料，主要为未穿孔玉斧（约 16 件）和玉璧（约 30 件，另双联、三联、异形璧 19 件）这两种玉类⑤。

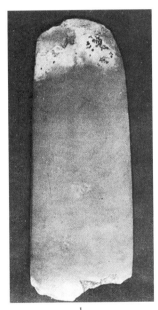

图四　小南山玉（石）斧和玉璧
1. 玉（石）斧　2. 玉璧

与红山文化相邻且关系密切的哈民忙哈 F37 除出 1 件玉斧外，共出 4 件玉璧（1 件为双联璧）⑥（图五）。

---

① 南京博物院：《1982 年江苏常州武进寺墩遗址的发掘》，《考古》1984 年第 2 期，第 116 页图七 – 7。江伊莉、古方：《玉器时代——美国博物馆藏中国早期玉器》第 196～199 页图 9 – 01、02，科学出版社，2009 年。

② 佳木斯市文物管理站、饶河县文物管理所：《黑龙江饶河县小南山新石器时代墓葬》，《考古》1996 年第 2 期。

③ 郭大顺：《玉器的起源与渔猎文化》，《北方文物》1996 年第 4 期。周晓晶：《倭肯哈达玉器及相关问题探析》，见杨伯达主编《出土玉器鉴定与研究》第 1～9 页，紫禁城出版社，2001 年。

④ 该遗址墓葬碳十四测定年代为距今 8020 ± 30、8150 ± 30 和 7880 ± 30 年，见《我国首次发现沃兹涅谢诺夫卡文化——黑龙江饶河小南山遗址考古取得重要收获》，《中国文物报》2015 年 12 月 25 日第 2 版。

⑤ 孙长庆、殷德明、干志耿：《黑龙江新石器时代玉器研究——兼论黑龙江古代文明的起源》，见苏秉琦主编《考古学文化论集（4）》第 104～134 页，文物出版社，1997 年。李陈奇、赵评春：《黑龙江古代玉器》，文物出版社，2008 年。

⑥ 内蒙古文物考古研究所、吉林大学边疆考古研究中心：《内蒙古科左中旗哈民忙哈新石器时代遗址 2011 年的发掘》，《考古》2012 年第 7 期。

　　新近朝阳龙城区半拉山积石冢所出石钺墓也同出玉璧 1 件，且为钺压璧上，紧旁玉雕龙 1 件，组合关系和出土状态明确[①]（图六～八）。

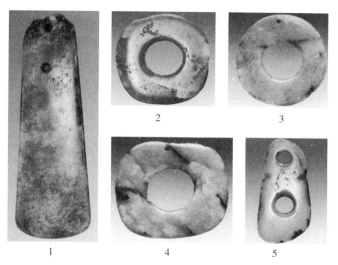

图五　哈民忙哈 F37 玉斧和玉璧
1. 玉斧　2～5. 玉璧

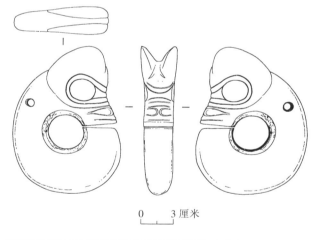

0　　　3 厘米

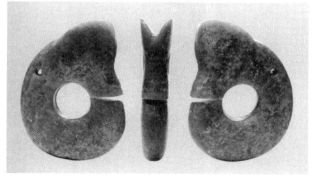

图六　半拉山玉雕龙（M12：1）

①　辽宁省文物考古研究所、朝阳市龙城区博物馆：《辽宁朝阳市半拉山红山文化墓地的发掘》，《考古》2017 年第 2 期。

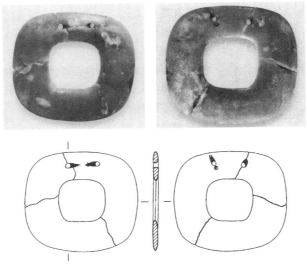

图七　半拉山玉璧（M12：3）

图八　半拉山 M12 石钺出土状态（下玉璧，旁玉雕龙）

属于小河沿文化的大南沟墓地，有以石代玉的倾向。出石钺的两座墓为石钺与石璧或石环共出（M38、M52）[①]。

长江下游地区。玉璧出现时间虽较东北地区为晚，但在相当于红山文化晚期的凌家滩已有较多玉璧出土，崧泽文化斧钺有较多发现，但玉璧却出土甚少。所以斧钺与璧的组合实例在这一时期的长江下游地区总体尚较少见。其具体情况为：

凌家滩发掘报告所收 1987 年和 1998 年发掘的 16 座墓中，有 11 座墓为钺与璧共出（87M4、87M8、87M12、98M9、98M18、98M20、98M21、98M24、98M25、98M28、98M29）[②]。

北阴阳营墓地未有明确玉璧发现，但在 5 座墓中出有形制与璧接近的"大石圈"。这 5 座出"大石圈"的墓中，有 4 座墓同时出石钺（报告称穿孔石斧，其中 M183 为 4、6 型，都为钺；M191 穿孔

①　辽宁省文物考古研究所、赤峰市博物馆：《大南沟——后红山文化墓地发掘报告》第 98、108 页，科学出版社，1998 年。

②　安徽省文物考古研究所编著：《凌家滩——田野考古发掘报告之一》，文物出版社，2006 年。

斧为 1、2 型，都为钺；M211 穿孔斧为钺；M217 穿孔斧为 2 型，为钺），可供参照①。

东山村出玉璧的 2 座墓都不出斧和钺（M85、M93），只 M91 出近玉璧 4 件，该墓还出有墓地发现的唯一一件玉钺②。

福泉山 19 座崧泽文化墓葬中，有明确钺璧组合一例，为晚期墓 M24，该墓出玉璧 1 件，共存为石斧钺 1 件③。

长江下游地区的钺璧组合到良渚文化时期发生很大变化，除了如前述的斧钺大量出现以外，璧也多见，且全部为玉质，个体大，被视为面积最大也是用料最多的玉器④。另一个大变化是出现玉琮，常以钺璧琮三者共出、一般以璧琮组合作为良渚文化玉器组合的主要特点。不过，如将璧与钺的共出和璧与琮的共出做一全面比较，会得出不同的结果。

一是斧钺与璧共出较琮与璧共出的概率要高。玉琮多见于等级较高的墓地和高等级墓葬中，斧钺与璧则既见于等级较高墓地和高等级墓葬，也常见于一般性墓地和墓葬。据对反山、汇观山、文家山、新地里、塘山金村段、横山、龙潭港、福泉山、寺墩、草鞋山、张陵山、赵陵山、邱承墩、高城墩等遗址已发表的共 41 座墓葬的不完全统计，（斧）钺璧琮共出的墓 20 座，（斧）钺璧共出无琮的墓 15 座，璧琮共出无钺的墓仅反山 1 座，其余 5 座为（斧）钺琮共出无璧的墓。一般性良渚文化墓葬较多的庄桥坟遗址，238 座良渚文化墓葬中，"每个墓葬区都有等级相对较高的墓葬，如东区的 M76、M160，北区的 M17，西区的 M53 和 M147，这些墓葬的随葬品较为丰富，且出土有玉璧或玉钺等玉礼器"⑤。从而形成除（斧）钺璧琮共出以外，（斧）钺与璧共出的墓葬要远多于璧与琮共出的墓葬的现象。

二是（斧）钺璧琮共出的墓葬中，（斧）钺和璧共出土数量都较多，琮则较少。如反山 M20（斧）钺 24 件，璧 43 件，琮仅 4 件；M14 璧 26 件，（斧）钺 16 件，琮只 3 件；只寺墩 M3 所出玉琮较多，为玉石（斧）钺 7 件、玉璧 24 件、玉琮 32 件。可见，在（斧）钺璧琮共出的墓葬中，在数量上（斧）钺与璧接近，而与少量的琮在数量上不成比例。当然，也有多璧少（斧）钺或多（斧）钺少璧共出的少数实例。

三是从出土位置和出土状态看，（斧）钺与璧出土位置相靠近。如随葬（斧）钺与璧数量较多的反山 M20 和 M14，这两座墓的（斧）钺与璧都出在墓葬的中下部，琮出在墓的中上部，如反山墓地发掘者所述，"随葬有少量石钺的放置部位较分散，随葬较多石钺的大部分集中叠放在死者腿脚部位，与玉璧错杂在一起"⑥；文家山 M1 石钺大部分堆叠于墓坑北半部即墓主腿部和腹部位置，墓葬的最东北角有墓内仅有的两件玉璧与石钺相互叠压⑦，似都在表现钺与璧有组合关系。且多见玉石斧钺压在玉璧之上，如反山 M14 有 8 例，M20 有 10 例，寺墩至少 2 例，邱承墩 2 例；而相反情况即玉石斧钺在玉璧

①　南京博物院：《北阴阳营——新石器时代及商周时期遗址发掘报告》，文物出版社，1993 年。
②　南京博物院等：《江苏张家港市东山村新石器时代遗址》，《考古》2010 年第 8 期。南京博物院、张家港博物馆：《江苏张家港东山村遗址 M91 发掘报告》，《东南文化》2010 年第 6 期。
③　上海市文物管理委员会：《福泉山——新石器时代遗址发掘报告》第 20 页图二一，文物出版社，2000 年。
④　牟永抗：《关于璧琮功能的考古学考察》，见《牟永抗考古学文集》第 445 页，科学出版社，2009 年。
⑤　浙江省文物考古研究所、平湖市博物馆：《浙江平湖市庄桥坟良渚文化遗址及墓地》，《考古》2005 年第 7 期。
⑥　浙江省文物考古研究所反山考古队：《浙江余杭反山良渚墓地发掘简报》，《文物》1988 年第 1 期。
⑦　浙江省文物考古研究所：《文家山》第 13 页图 3-2A，文物出版社，2011 年。

之下的甚少，反山 M20 有 2 例，新地里、塘山金村段、福泉山各有 1 例，斧钺与璧的这种出土状态也需格外注意。

（斧）钺璧的共出和组合也见于黄河中下游的史前文化。如清凉寺 1998 年 M8 出石斧 1 件、玉璧 1 件，M13 出石斧 1 件、石钺 1 件、玉璧 1 件①；2004～2005 年 M61 出石钺 1 件、玉璧 2 件（一件为连缀复合玉璧），M79 出石钺 2、玉璧 10 件（三件为连缀复合玉璧）②。陶寺 M1364、M3015、M22 均为斧钺与玉璧共出③。山东龙山文化如西朱封 M203 出玉斧钺 3 件、玉璧 1 件④。

斧钺与环璧的接近程度高于璧琮组合也表现于它们各自的特征。

斧钺与环璧都为片状成型，（斧）钺与璧的大小相近，石钺与玉璧各自的孔径也相近，可能说明制作方法甚至制作时所用工具也多接近。

钺与璧在形制上有互换。璧类中有近钺形的璧，钺类中有近璧形的钺。如牛河梁遗址第二地点一号冢第 11 号墓所出近钺形的玉璧和第 23 号墓所出“钺形玉璧”也可能为钺⑤。后期也有类似实例，如新砦文化的花地嘴有璧改钺，二里头四期有璧改戚⑥。

相对于琮以块玉为料，极少石质，时代性和区域性强的特点，似说明（斧）钺与璧的关系要近于琮与璧的关系。

牟永抗先生以为：“璧是良渚玉器中面积最大的制品，它的数量与发现频率均高于琮，我们已发现一墓出土玉璧 54 件的实例。由于《周礼》等文献记载，使得以往的研究者往往将璧与琮的功能联系在一起，所以我们在野外发掘到包含有琮和璧的墓葬时也格外注意它们的关系。不论是经过我们发掘的墓还是兄弟单位发掘，已发表的发掘资料，璧琮虽然往往共出，但琮多的墓不一定璧也多。整个瑶山墓地只出玉琮而不见一件玉璧。璧多的墓不一定没有琮。反山 M12 出琮 6 只有 1 件大孔璧（瑗）。反山 M20 出璧 42 件而只有 3 件琮。反山 M23 出璧 54 件也只有 2 件玉琮。反山 M22 有璧而无琮。可见琮璧之间不存在有无或多寡消长的对应性因果关系。似乎在良渚文化时期，至少在田野考古记录上还没有发现琮璧二器的功能有什么必然的配伍关系。”⑦

严文明先生也以为：“按照传统的看法，琮、璧二者应有配伍关系，但反山的情况证明二者在数量上不成比例，制作的精粗上明显有别，在摆放的位置上也看不出有特别的联系，可以肯定良渚文化的琮、璧是没有特别的配伍关系的。”⑧

所以，在琮璧组合之外，要对（斧）钺璧组合给予更多关注。

---

① 山西省临汾行署文化局、中国社会科学院考古研究所：《山西临汾下靳村陶寺文化墓地发掘报告》，《考古学报》1999 年第 4 期。
② 山西省考古研究所、运城市文物局、芮城县文物局：《山西芮城清凉寺新石器时代墓地》，《文物》2006 年第 3 期。
③ 陶寺钺璧组合分别见《考古》1983 年第 1 期和 2003 年第 9 期。
④ 中国社会科学院考古研究所山东工作队：《山东临朐朱封龙山文化墓葬》，《考古》1990 年第 7 期。
⑤ 辽宁省文物考古研究所编著：《牛河梁——红山文化遗址发掘报告（1983—2003 年度）》（上）第 89 页 N2 图四〇 – 3、第 108 页 N2 图六〇 – 3，文物出版社，2012 年。
⑥ 参见邓淑苹：《璧的故事（中）》，台北《大观月刊》2014 年第 8 期，第 45 页。
⑦ 牟永抗：《关于璧琮功能的考古学考察》，见《牟永抗考古学文集》第 445 页，科学出版社，2009 年。
⑧ 严文明：《一部优秀的考古报告——〈反山〉》，见浙江省文物考古研究所编《浙江省文物考古研究所学刊》（第八辑）第 7 页，科学出版社，2006 年。

三

斧与钺在形制与质地上的差别应与功能有关。（斧）钺与璧的组合也可从功能上做进一步理解。

斧本为工具，其功能向权力转化在西辽河流域的史前文化中已发现多个实例。

首先是查海遗址。该遗址居址葬中 M8 随葬 8 件未穿孔石斧。此居址墓为由 10 座墓葬组成的墓群，其他墓除另一座墓随葬 2 件陶器外，均无随葬品。墓群位置在遗址中心部位，北侧为龙形堆石。M8 在墓群中规模较大，随葬品最多，位置在墓群最北部，紧靠龙形堆石，上部为一祭祀坑所压，8 件石斧与其他石器都堆放在足部，有使用痕迹，由此推测，M8 随葬的这批未穿孔石斧在用作工具的同时还可能用于祭祀①。

与查海大约同时代、文化面貌相近的河北涞源易县北福地遗址一期发现一座规模较大的被推定为祭祀场的遗存，坑内也出约 30 件未穿孔石斧（报告称其中部分为石铲），且局部成组整齐摆放，刃部朝向正南，发掘报告称为"祭器"或"祭品"②。

斧的祭祀功能还见于赵宝沟文化。小山遗址 F2 石斧，选料特殊，制作精工，装饰有人面。同单位共出的一件体形较大的陶尊，其腹部以极其成熟的手法和流畅的线条刻画具透视感的凤鸟、奔鹿、猪等"四灵"纹图案，是一件典型的神器③。石斧紧贴西南壁顺置，有关发掘和研究者认为这件精致的石斧为祭祀等礼仪活动使用的神器或权杖④。

红山文化石斧的祭祀礼仪功能还见于东山嘴遗址出土的一件未穿孔石斧。有关《简报》对这件石斧出土状况和功能的分析是：位于西侧北部的 F1 "西墙中部向外凸出，做成一个十分规整的长方形坑……坑内北端置一石斧，磨光甚精，刃部向正南平卧，不像是作为一般工具使用的"⑤。由于东山嘴遗址是一座祭祀建筑址，这件摆放端正的石斧也当与祭祀有关。

至于夏家店下层文化斧与钺在功能上的差别，前述《大甸子》发掘报告将斧类与钺类予以明确区分，一个重要原因就在于全部出土的 34 件石钺中，有 27 件出土于北区的 27 座墓中，占石钺总数的近80%，这 27 座墓全部为男性，在墓葬规模和等级上，除一座墓（M853，随葬陶鬶、爵一组）可划入大型墓外，余都为中型墓。随葬石钺墓葬较为集中的分布和相对稳定的性别和规模，可反映墓主人们固定的身份，钺作为军权的象征，它们的墓主人应为武士阶层。而随葬斧类的墓则有所不同。大甸子墓地有玉斧随葬的墓，多为大型墓，还有特大型墓（如 M726），随葬石斧的也不乏大型甚至特大型墓（如 M915），表明斧特别是玉斧的等级总体上要高于钺，而不是相反，也表明斧与钺有功能差别。如果石钺为军权的象征物，大甸子随葬石钺集中分布的北 1 区诸墓葬为武士阶层，那么可以考虑随葬斧类的墓，既有与这批出石钺墓等级或身份相同的墓，而等级高于出钺的武士阶层墓的几座随葬玉石斧

① 辽宁省文物考古研究所编著：《查海——新石器时代聚落遗址发掘报告》第 527～533 页，文物出版社，2012 年。
② 河北省文物研究所：《河北易县北福地史前遗址的发掘》，《考古》2005 年第 7 期，图版贰－1。
③ 朱延平：《小山尊形器"鸟兽图"试析》，《考古》1990 年第 4 期。郭大顺：《六千年前的一幅透视画》，《故宫文物月刊》第 159 期，1996 年。
④ 杨虎、刘国祥：《兴隆洼文化玉器初论》，见邓聪编《东亚玉器·1》第 113 页，香港中文大学中国考古艺术研究中心，1998 年。
⑤ 郭大顺、张克举：《辽宁省喀左县东山嘴红山文化建筑群址发掘简报》，《文物》1984 年第 11 期。

的大型墓和特大型墓，其随葬的玉（石）斧也可能为神权的象征物。

长江下游地区斧钺分化在功能上的差别已有崧泽文化和良渚文化的发掘和研究者提出："由这两类钺在质地、形态及在墓中的出土情形考虑，它们在良渚文化中应有不同的功能指示意义。因此，在对崧泽玉钺进行性状解读时，两类钺的差异性应引起足够的重视。"① 一般以斧钺作为军权的象征，参照西辽河流域玉石斧的发现情况，长江下游地区部分玉石斧和玉石斧钺也可能与表达神权有关，最能说明这一点的是反山 M12 著名的玉斧钺（M12：100 - 1）。这件玉斧钺的一大特点是雕有纹饰，且所雕为与事神专用器——玉琮饰纹相同的人（神或巫）兽组合一类题材，而且饰纹不放在按常理的体中上部而是紧靠上下刃角的显著位置，其非实用性一目了然。作为史前斧钺中饰纹的罕见实例，凸显此大型玉斧钺的神权（独占）功能。体现斧的这种功能的还见于中原地区的有关实例：河南阎村陶瓮上的彩陶鹳斧图，所绘为一件舌状刃的斧类。该器为瓮棺一类葬具，底部钻孔，又称"伊川缸"，同类器在洪山庙墓坑有成群成排出土，祭祀气氛浓厚②。所以这件带柄斧及与鹳鱼组合的图像，与祭祀有更多关联可能更接近于实际，所绘斧也应为神权的表现。至于西坡随葬的玉斧，几乎全部为刃部朝上的出土状态，已是斧向圭演变的前奏。

海外同时代前后也有类似现象可供参考。钱耀鹏在论述斧钺的宗教意义时也列举了中美洲奥尔克文化有关石斧用于祭祀活动从而被"神格化"的多个实例③。

至于璧的功能，尚无定论。据邓淑苹先生综合研究：新石器时代多见的身上铺陈多璧的情况近于青铜时代铜镜饰的出土状态，应与萨满教有关；凌家滩璧有立置，发掘者推测是挂在棺上的；陶寺建筑基址下则埋有大形石璧；从饰纹看，良渚文化多素纹玉璧，以素璧通神，是"以素为贵"的传统，但有鸟立柱"坛"纹饰，且与琮上纹饰相同，反映两者既有区别又有联系；璧还有在甚窄的边缘细刻纹和符号的。史前玉璧的这种出土状态和饰纹延续到后世的礼仪尤其是葬礼中，由此推定玉璧的用途，虽然如野店多小型环璧作项链，崧泽置胸颈或口琀，清凉寺、石峁有以璧套腕臂，但其主要功能在于通神，与玉琮共同扮演着世俗与神祖之间的灵媒角色④。至于璧具体象征什么，是否与天象有关，与琮有何不同，是需进一步探讨的课题。

由（斧）钺与璧的组合联想到后世的圭璧组合。斧从 8000 年前起为神权象征，延续到距今 6000 ~ 5000 年，到 4000 年前的龙山至夏时期，由玉斧演变为平首圭。玉璧则从一开始就与通神有关。斧与璧由于功能相同或相近，从史前时期起就经常共出或成为组合，随着斧演变为圭而为圭璧组合，并一直延续到明清时期。由此，可以对圭璧组合在中国古代礼制中所具有的崇高地位有进一步理解⑤。而由通神到礼器，由史前时期的巫到三代成熟的礼之间的内在联系，也可从圭璧组合及其溯源中得到更多

① 王宁远：《嘉兴地区崧泽玉器的分期观察》，见《玉魂国魄——中国古代玉器与传统文化学术讨论会文集》（五）第 315 页，浙江古籍出版社，2012 年。
② 临汝县文化馆：《临汝阎村新石器时代遗址调查》，《中原文物》1981 年第 1 期。河南省文物考古研究所：《河南汝州洪山庙遗址发掘》，《文物》1995 年第 4 期。
③ 参见钱耀鹏：《中国古代斧钺制度的初步研究》，《考古学报》2009 年第 1 期。
④ 邓淑苹：《璧的故事》，台北《大观月刊》2014 年第 7 ~ 10 期。
⑤ 邓淑苹：《圭璧考》，《故宫学术季刊》第 11 卷第 3 期，1977 年。

启示①。

　　斧钺开始分化的距今5000～4000年，正是中华大地诸考古文化和文化区普遍发生社会大变革时期，所以，斧钺分化也应是文明起源的一个重要内容和象征。斧钺分化在东南、东北和中原地区的普遍性和延续性，及由此反映的军权与神权的分立，则可能有助于从更广阔的范围认识中国文明起源的道路与特点。而圭璧组合与史前时期（斧）钺璧组合的前后演变关系，也有助于对这一传承时间最长、等级最高的玉礼器组合及传统礼制的起源有更深一步了解。所以斧钺分化和（斧）钺璧组合，可以视为中华文明起源、中华传统初现、中华最初文化共同体形成的一个缩影。

　　［原载于杨晶、陶豫执行主编：《玉魂国魄—— 中国古代玉器与传统文化学术讨论会文集》（七），浙江古籍出版社，2016年。收入此书中增删了部分插图］

---

　① 郭大顺：《从史前玉礼器的演变谈“礼源于俗”》，见浙江省文物考古研究所编《第二届中国古代玉器与传统文化学术讨论会专辑》第7～17页，杭州出版社，2004年。

从牛河梁到沈阳城

——一种建都理念的启示

辽宁是十六国时期鲜卑族所建前燕、后燕、北燕即三燕国（都城皆为龙城，在今朝阳市老城区，已发现宫城南门）和辽代（东京，在今辽阳，未经发掘）、清初（由新宾赫图阿拉城到清初沈阳城，部分尚有地上遗存保存）等几代王朝建都之地，向前则可追溯到 5000 年前红山文化的"古城古国"——牛河梁遗址。它们都是东北地区历史文化发展的成果和结晶，前后应有可比较甚至相互联系之处。苏秉琦先生曾将 7000 年前的沈阳新乐遗址所代表的文化遗存与 300 年前沈阳故宫及清陵所代表的早期清政权文化遗存联系起来，归纳出一些共同特点和对沈阳城市今后发展的启示作用[①]。就城市发展史特别是都城发展史来看，近年，牛河梁遗址和清初沈阳城都有新的研究成果，相互比较，可能会有新的体会。

一

对牛河梁遗址，我们有一个较长时期的认识过程[②]。可初步归纳为：

多数量。牛河梁遗址所在区域为辽宁西部山区丘陵地带，具体选点在东北—西南走向的努鲁尔虎山山谷之间、也呈东北—西南走向、海拔在 550 ~ 650 米之间的多道山梁的梁脊上。在山梁范围的 50 平方千米内（山谷南北宽约 5 千米，山梁东西曼延长约 10 千米）发现的遗址点，1983 年开始发掘时登录 16 处，2010 年第三次文物普查时又新登录 27 处，共 43 个地点。依据分期（积石冢可明确分为早、晚两期），这些遗址点主要不是先后关系，而是时代大致平行、各自独立形成的，大约部分地点先筑早期积石冢，然后建庙台，各遗址点大规模的晚期积石冢随之出现。这样就可以从遗址点之间的联系甚至统一的遗址群来认识牛河梁遗址。

分类型。这 43 个地点经发掘或调查可辨认的，除一个地点为庙宇和山台遗址外，大部分为积石冢或积石冢群，有的积石冢群中夹有祭坛。

成组合。牛河梁遗址于 20 世纪 80 年代刚发现时，曾初步归纳为"坛庙冢"三位一体的组合。后认识到，在庙宇以北仅 8 米处有面积约 4 万平方米的山台，台上有窖穴和房址，台北缘有另一庙址线

① 苏秉琦：《祝贺〈沈阳文物〉创刊题辞》，《沈阳文物》创刊号，1992 年。
② 辽宁省文物考古研究所编著：《牛河梁——红山文化遗址发掘报告（1983—2003 年度）》，文物出版社，2012 年。

图一　女神庙遗址
（由北向南摄，南望兽首山）

图二　牛河梁遗址第一地点山台东墙

索，庙与山台的方向又完全相同，应视为一组建筑，是为"庙台"组合（图一、二）。牛河梁第二、五地点都在积石冢之间设有祭坛，参考敖汉草帽山、建平东山岗和喀左东山嘴积石冢前有祭坛的实例，可证冢坛为一固定组合，是为"冢坛"组合（图三）。

有布局。以上诸遗址点和组合虽然分布在 50 平方千米范围内，但仍有布局规律可循。"庙台"位置在多道山梁的主梁最高处，多处"冢坛"位于"庙台"四周，也都在山梁梁脊处的山冈上，但位置

图三　牛河梁遗址有冢坛组合的第二地点

有高有低，形成以"庙台"为中心、"冢坛"围绕四周的总体布局。同时，庙台的方向随山势南北有近20°的偏角，由此向南遥对一形似兽首的山峰，其间似有一条无形的轴线，牛河梁诸地点、特别是较大的积石冢和有冢坛组合的遗址点都集中分布在轴线两侧，参考东山嘴等遗址面对山川、建筑讲究北方南圆和依南北轴线两侧对称的布局，牛河梁遗址群虽然范围很大，但依山势有轴线布局是完全可能的。规划学者还发现，牛河梁遗址处于梁脊冈顶的每个遗址点之间可以互望，从而形成一个有机统一的遗址群和既有主有次、又依山势而有所变化的将人文融入自然的大文化景观（图四）。

牛河梁遗址的以上规模和特点，是该遗址的祭祀功能、性质和规格所决定的。我们曾根据牛河梁遗址诸地点的发掘成果，包括庙址试掘时发现多个个体的人塑像残件而主室中心出有相当人体约三倍的大鼻大耳，提出，女神庙有"围绕主神的群神崇拜"，是"一人独尊"为主的等级制度以宗教形式被固定下来的表现（图五、六）；庙台组合与冢坛组合分别反映"远祖与近亲"及其关系。以后的认识，一是根据人物塑像只有女性未见有男性特征者，而庙宇和积石冢地点都有造型独特而复杂的大型"塔"（祖）形器即男祖崇拜物发现（图七），提出"女神与男祖"的区别；二是根据牛河梁遗址内外有积石冢或积石冢与祭坛的各地点也多有人物塑像发现，提出女神庙祭祀对象为该文化共同体的共祖而各地点祭祀的为各群体的个祖，即"共祖与个祖"的区别。

多层次、多形式的祭祀内容，反映当时祖先崇拜的高度发达；融于自然的人文景观，可以达到通神的最佳效果，这些都同遗址的规模、特点相应。布局依山势而不够规范所具过渡性质，则可视为古国时代即"城乡最初分化意义上的城和镇"和"高于部落之上的、稳定的、独立的政治实体"的特征。

牛河梁遗址从庙台到冢坛的类型、组合和布局，都涉及庙与墓的关系。对此，有学者考证中国古代的庙与墓大致经历了由三代分立，从东周、秦代到东汉的逐步结合，到曹魏以后又分立的演变过程。而"庙"字有从籀文中的"庿"字到"庙"字的演化，"庿"字是用会意方式组成的文字，表现为草木丛生的田野间，在坟墓附近所盖的房子，说明三代以前的宗庙是与坟墓在一起的，并以牛河梁女神庙与积石冢群的结合为例证[①]。《左传·庄公二十八年》："凡邑，有宗庙先君之主曰都，无曰邑。"与之相互对照，可知三代之前有以宗庙为中心、以庙与墓共存为主要内容而形成都邑的实例，牛河梁遗址是为典型代表。

与此有关的一个问题是，牛河梁遗址从发现起，大家就十分关心与其规模宏大的祭祀建筑址相应的聚落址的发现。我们也在强调这一祭祀址具有远离住地、独立存在特点的同时，考虑相应大型聚落即具都邑规模的遗址，应在牛河梁遗址内外、重点是牛河梁遗址以外另加寻找。为此进行的不间断调查，关注范围一在遗址区内及附近，一在遗址区以远。经对多年田野调查发掘资料的分析，遗址区以外虽有多处聚落址发现，如敖汉旗的西台遗址和赤峰魏家窝棚遗址，西台遗址还发现有围在聚落址外的两条壕沟，但仍未有与牛河梁遗址规格相应的大遗址迹象。而在遗址区内，则已有明确线索，是在第一地点山台东北角发现的一座房址，作为庙与台的组成部分，这座房址的结构布局与功能不同于一般聚落房址（图八）。值得注意的是，遗址内至今未有城墙一类防御设施发现。红山人有砌筑石建筑的

---

①　巫鸿：《从"庙"至"墓"——中国古代宗教美术发展中的一个关键问题》，《庆祝苏秉琦考古五十五年论文集》，文物出版社，1989年。于倬云：《故宫三大殿形制探源》，《故宫博物院院刊》1993年第3期。

图四　牛河梁遗址群全景（由北向南）
1. 庙台　2、5. 冢坛　3、4、15. 积石冢

图五　女神庙遗址主室西侧出土的
约相当真人原大的女神头像（N1J1B：1）

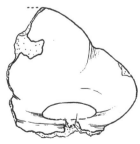

图六　女神庙遗址主室出土的约
相当真人三倍大的人鼻塑残件（N1J1B：18）

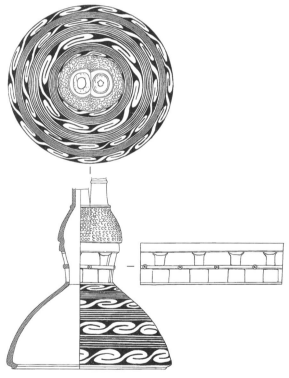

图七　牛河梁遗址第二地点二号冢出土
陶"塔"（祖）形器（N2Z2：49）

传统习俗和技术，积石冢和祭坛都是以石砌筑的，在山台也断续有砌筑的石墙。东北以至北方地区古文化多喜砌石为城墙，为此，有学者将东北及北方地区古文化石砌城墙追溯到红山文化。不过在牛河梁遗址除积石冢的石墙为冢界并无防御功能外，山台的石墙多只一层，与台边紧贴，且只见于地势较低处，时断时续，说明石墙主要是起加固山台作用的；积石冢有外设壕沟的线索，但都窄而甚浅，也不具防御功能。联系积石冢墓葬中极少有如同时期前后其他史前文化中多见的玉石斧钺等兵器或与兵器有关的器物随葬，由此推测，这是一个神权至上、"有祀无戎"的时代，处于这一时代顶峰的牛河梁遗址，还是一个不设防的都邑。

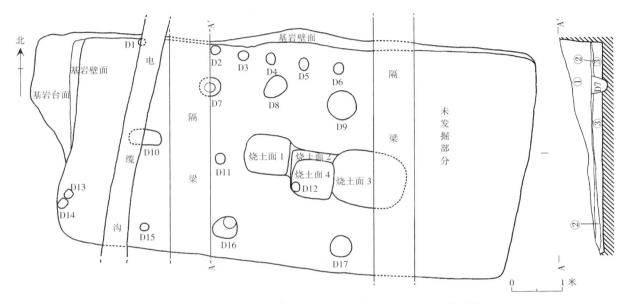

图八　牛河梁遗址第一地点山台东北角房址（J4）平、剖面图

二

相对于埋藏地下五千余年、近年才展示于世的牛河梁遗址，大部分尚保存于地上的清初沈阳城，三百多年来一直在人们的视野范围内，但对这座中国历史上最后一个封建王朝初期都城的认识，却经历了比牛河梁遗址更为漫长的过程。

清初沈阳城由四部分组成：在宫殿（沈阳故宫）所在的内城（方城）外有外城（圆城），圆城外的四面对称分布有四座包括喇嘛式塔的寺庙（图九）。对此罕见于其他城市的格局，民间传说和议论较多，学术研究甚少。古代城市研究多以北京城作为明清两代都城的代表，忽略了清初沈阳城。20 世纪 80 年代初，辽宁省博物馆方殿春、张克举撰写《沈阳故城》一文，提到北京大学宿白先生对清初沈阳城的观点：内外城和四塔寺为一个整体，其规划布局应受到藏传佛教曼陀罗（坛城）的影响①。近

---

① 2005 年 8 月 12 日、2006 年 9 月 28 日笔者电话和面谈记录宿白先生谈沈阳城布局与喇嘛教曼陀罗坛城的关系：清初沈阳城的布局与清初信奉喇嘛教有关；灭明前，西藏喇嘛就来到沈阳，当时明朝还在。城外的四个喇嘛塔是重要证据，但无文字记载，不知藏文有没有记载；那时的喇嘛教不只是黄教，还有白教等，所以并不一定与黄教的曼陀罗完全相同；其实，塔和庙都是曼陀罗的立体化，如山西应县木塔五层为中心佛，四层为四方佛。西藏的桑耶寺、格林寺等如是。又见方殿春、张克举：《沈阳故城》，《北方文物》1985 年第 1 期。

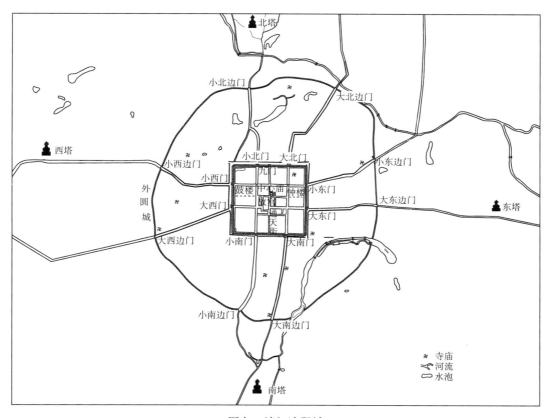

图九　清初沈阳城

（为内方外圆城 + 外四塔寺的布局，依 1931 年 6 月东北大学制"辽宁省城市街全图"改绘）

几年，随着沈阳市历史文化名城保护和规划工作的进展，清初沈阳城规划布局的这一特点正在被较多引用，对沈阳城的形成过程和特点，又逐渐有了一些新认识。

对于清初沈阳城格局的讨论，主要是关于外城的建筑年代及其与内城的关系，即是否有统一规划。内城即方城，是皇太极时期初建沈阳城时，在明沈阳中卫城基础上将城墙加高加固、将护城河加宽而形成的。外城又称关城或缭墙，一般依《盛京通志》所记康熙十九年（1680 年）"奉旨筑关城，高七尺五寸，周围三十二里四十八步"将外城的建筑年代定为康熙十九年。提出内外城及四塔寺为一个整体的观点，认为沈阳城在初建时就应有一个整体布局的设计规划。近年有学者引文献所记清入关前沈阳已有"关城"的记录，如天聪七年（1633 年）档案中有正白旗隐士甄应元上书皇太极，提到"筑城垣，打关墙""无关不成城""速修关墙""包城（指砌砖包裹方城）最紧急之事，打关（指修筑外城）也最急之事"的建议，由此考证外城的修建，很可能包括在皇太极的建城工程内，在建方城时已同时进行，康熙年是依据此前的规划对关城进行的补建或为了最终完成原沈阳城的整体规划①。

从清初沈阳城的建城过程看，在努尔哈赤于后金天命十年（1625 年，明天启五年）刚由辽阳迁来时，建城尚未大规模进行。继位的皇太极于后金天聪五年（1631 年，明崇祯四年）着手重建沈阳城时，面临一个由明代卫城到清初都城的规格提升的大变化，将建城范围从方城扩大到方城以外本来就

①　姜念思：《沈阳史话》，沈阳出版社，2008 年。

是顺理成章的事①。所建外城从其形状和在沈阳城总体布局的位置看，是将一个不够规则的封闭式圆形城墙置于四塔寺与方城之间，各个方向都与塔寺和方城近于等距，外圆城所开的八个关门，将外城的街道与内城正方向的"井"字街道呈钝角状相交相连，使内方城八门与外圆城八个关门以放射状街道联络，并向外城以外延伸，也是一个整体的体现。而且在内城外筑外城，是满族的传统，其本来的功能在于加强防御，如新宾县费阿拉城和赫图阿拉城都为不规则形状的内外城的组合。方城坐落在今沈阳城区中心的高地上，外城范围已远超过方城，有的部分已在沈阳城中心部位的高地之外，外城的东南部还有跨河而设的栅栏部分，表明外城的设置确有为实现既定规划而特意为之的意图。康熙时期沈阳城作为陪都，其防御功能本已削弱，而且自清入关后，盛京皇宫较大规模的修建和增建大都是在乾隆年间进行的，康熙三次东巡，只对崇政殿前院落布局和少量建筑稍加调整、增减和修缮，无必要再新建如外城这样规模甚大的工程。所以，提出皇太极建城时原就对外城有所规划并实施，康熙年间又进行较大规模的维修是可信的。

至于在扩建内外城之后于崇德八年（1643 年，明崇祯十六年）敕建的四塔寺——即东塔永光寺、南塔广慈寺、西塔延寿寺与北塔法轮寺——为由西藏来沈阳的高僧悉不遮朝儿吉、毕力兔朗苏等有地位的喇嘛所设计，入关后未中断，于顺治二年（1645 年）全部建成。虽然四塔寺在塔与寺的相对位置上各有不同，崇奉的对象也各有区别，但四座塔都为典型的喇嘛教覆钵式塔，形状相同，体量、色彩、结构、装饰相近，各距外城和城内中心大约等距，寺院建筑的规模、布局也相近（图一〇）。塔铭也记四塔寺在"盛京四面"，是为清初沈阳城的有机组成部分。

图一〇　盛京城四塔寺旧照

1. 东塔（永光寺）　2. 南塔（广慈寺）　3. 西塔（延寿寺）　4. 北塔（法轮寺）

---

① 就规模来说，按《辽东志》的记录，明沈阳中卫城的周长只九里三十步，不仅远小于辽阳都指挥使司所在地（二十四里八十五步）和广宁辽东总兵所在地（十四里二百四十步），也小于开原路城（十三里二十步）。

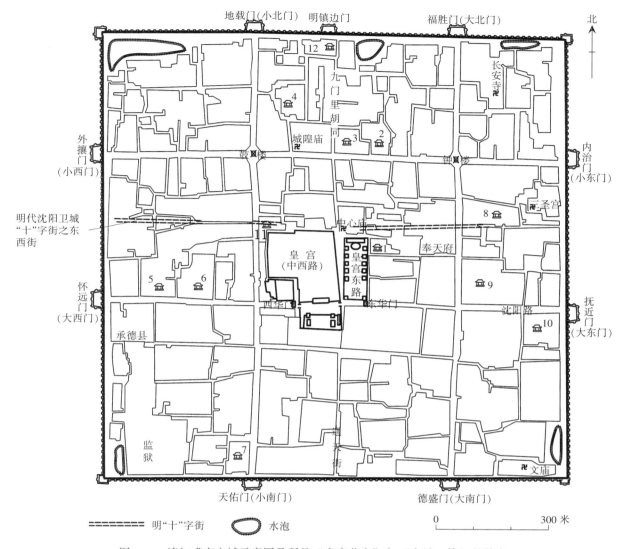

图一一　清初盛京方城示意图及所见"宫寝分离"与"宫城一体"的特点

1. 礼亲王府　2. 武英郡王府　3. 睿亲王府　4. 予亲王府　5. 饶余郡王府　6. 肃亲王府　7. 郑亲王府　8. 颖亲王府
9. 成亲王府　10. 敬谨亲王府　11. 庄亲王府　12. 罕王府

在讨论清初沈阳城规划布局的同时，还认识到沈阳皇宫及其与方城关系，也有不同于以往以为的基本延续中原王朝制度的一些新特点，一是"宫寝分离"，一是"宫城一体"（图一一）。

据 20 世纪 80 年代初在北京第二历史档案馆发现的约康熙年间绘制的《盛京城阙图》，努尔哈赤居住的罕王宫不在方城中部的皇宫内，而在方城北部紧贴北城墙的正中。2013 年在此地发现罕王宫遗址，证实了《盛京城阙图》及所绘罕王宫位置的可靠性。由于努尔哈赤由辽阳迁都沈阳后，未及大规模建城而先建宫，这样在宫殿选址时，面对的是明沈阳中卫城的"十"字街布局，所以宫殿区最先建筑的东路的大政殿和十王亭——罕王与八贝勒共议政事处——的位置，就顺势选择在方城中心的东南一侧，并未选择在方城的正中，也不在"十"字街的南北轴线上。而与东路宫殿大约同时建的罕王宫，则选择在明代沈阳卫城"十"字街的南北街轴线北部紧贴北城墙的北门（明镇边门）以内，其目的显然与便于进出、有利防卫有关，为此明沈阳卫城的北门一直被保留下来（相对于"井"字街格局所开的八个城门，将保留的明卫城北门又称为"九门"），这就形成了"宫寝分离"的特点。

继位六年后（即 1633 年）的皇太极在重建沈阳城的同时，扩建皇宫，即建皇宫的中路。方城的扩建，未依《周礼·考工记》的"匠人营国，方九里，旁三门"的都城规格，仍按辽阳东京城的等级较低的"井"字街格局。而皇宫中路的选址，也未突破明沈阳中卫"十"字街的局限，将皇宫中路布置在"十"字街中心的西南一侧，与东路一样，既不居城的正中，也不在城的南北轴线上，而是形成中路与东路隔"十"字街的南北街（通天街）东西邻接的格局，这两路的宫殿区又都以"十"字街的东西街为其北界，只中路向南扩展，南界超过东路，并从寝宫到大门影壁，采用了南北中轴线的布局。但中路的南扩，与同时进行的方城改建为"井"字街时，需要处理南部东西街的位置和走向问题。虽然由于皇宫的中路向南扩展范围较大，但"井"字街的南部东西街并未因此绕宫而过，而是超乎常规的设计为直接横穿宫殿区的南半部，从大清门前通过，直通东南城门和西南城门；并为此在大清门两侧的城南东西街（今沈阳路）建文德坊、武功坊两座牌坊，牌坊外侧各设有下马碑，官员入朝，不是按通制由南而北直入大清门，而是由南部东西两侧入大清门。这一处理宫与城关系的设计，避免了因居于城市正中的全封闭的宫城对城市中心街道造成的阻隔，使宫与城连贯畅通，从而又形成"宫城一体"的特点[①]。

清初沈阳城的建城过程，正是满族开国史经历国家形态发生重大变革的时刻。按苏秉琦先生观点，沈阳故宫由东路到中路在布局上的变化，体现的正是满族开国史由古国到方国的变革，即由东路的古国阶段到中路的方国阶段，再到入关后的大清帝国。皇太极即位及即位后对沈阳城和皇宫的扩建改建，同时改国号（改后金为大清）、改年号（改天聪为崇德），都是这一国家形态过渡完成的标志。所以清初在沈阳建都，既不同于满族尚处于古国阶段时在建城选址、规模和形式上尚未脱离原始性的赫图阿拉城和界藩、萨尔浒等两个临时都城，也不同于辽阳东京城。其区别不仅在规模和布局上，主要是在建都理念和指导思想上有实质性变化。沈阳城的平面布局来自藏传佛教曼陀罗（坛城），也应是这一理念和指导思想变革的产物，即皇太极对喇嘛教的提倡和喇嘛教在清初宗教从而思想意识上地位的提升。

据《敕建护国法轮寺碑记》记载，作为沈阳城组成部分的四塔寺的设计和建造者悉不遮朝儿吉和毕力兔朗苏，既是在喇嘛教中很有地位的高僧，也是学问深厚的学者，还善于主持佛寺的建筑设计，除四塔寺以外，皇太极时期著名的皇家寺院沈阳实胜寺也是以这两位高僧为主建造的。他们按喇嘛教曼陀罗的形制规划清初沈阳城是完全可能的，而且他们有多次与皇太极会面的机会，笃信喇嘛教的皇太极自然有可能敕令这些高僧进行扩建都城的规划设计或接受他们的建议。又，在西藏达赖与皇太极往来的信件中，称沈阳城为"莲花之城"，称皇太极为"曼殊师利大教王"，即当时西藏宗教领袖已视皇太极为曼陀罗的本尊，视皇宫为曼陀罗本尊的所在地，这同清初沈阳城按曼陀罗布局也相吻合。

城市或都城有内外城的不只一例，但做成较为对称、规则的内方外圆形的实为罕见；城外置塔也较为普遍，但在内方外圆城之外的四方均衡分布四塔寺者尚未见他例。这种平面布局只见于藏传佛教中的曼陀罗，与之相近的布局也只见于藏传寺庙，四塔又都为典型的喇嘛塔，加之清初在皇太极时奉行喇嘛教达到一个高峰时期，皇宫也多见喇嘛教式结构和装饰。所以，清初沈阳城的规划受到藏传佛

---

① 陈伯超、朴玉顺：《盛京宫殿建筑》，中国建筑工业出版社，2007 年。

教影响并依喇嘛教曼陀罗的形制布局，虽无明确文献记载，但以现存建筑和遗迹分析，也是可信的。

以上都说明，清初沈阳城的扩建和增建，并非因陋就简，仓促为之，而是在时代特点制约下，在固定思想观念指导下，有规划进行的。突出表现为清初沈阳城所受藏传佛教影响及方城和皇宫体现的满汉和满蒙藏结合、以满为主的民族特色①。

三

苏秉琦先生在将清初沈阳城和新乐遗址联系起来进行比较时提出它们的共同性，在于凝聚着这一方古人精神文明和物质文明的结晶，一是它的鲜明的个性，二是它的一往无前的开拓精神，并提到与渔猎文化的联系。依此对牛河梁遗址和清初沈阳城做一比较。

牛河梁遗址所处的 5000 年前，正是中国文明起源时期，也是都城从酝酿到出现时期。辽西以外地区所见同时期古城，如郑州西山城址为平原地区筑城，有夯土城墙，江汉平原的彭头山城址也筑有城墙，那一时期这些地区虽尚未有都邑规格的古城发现，不过此后黄河流域和长江流域所见包括都城在内的古城址，都延续了这种筑城规则。牛河梁遗址则处于山区，选址在梁顶高冈之上，以庙台为中心、冢坛环绕四周，并依南北轴线布局，将人文建筑融于自然而形成的大文化景观，不仅烘托了建筑群的意境，而且景观本身也成为祭祀的组成部分，身临其境有"圣地感"，从而达到通神的最佳效果。这既是文明初始阶段神权至上的产物，也具古国时代特征，又开启了包括东北在内的北方民族喜砌石筑山城习俗的先河。清初沈阳城修建时，中国都城已有数千年的发展历史，特别是经过魏晋时期的演变，中国都城布局已有定制，周边各族在当地或入主中原后建都多以仿效，彼此变化不大，唯清初沈阳城布局别具一格。即使如此，沈阳城的修建却既未另选他址也不大拆大建，而是顺其自然。方城的范围和城墙大部分沿用明沈阳中卫城，城内格局由"十"字街改造为"井"字街虽为较大变化，但宫殿位置在改为"井"字街之前和之后都不突破明"十"字街格局，由此所形成的"宫城一体"，是清初沈阳城在处理宫、城关系与各代都城不同也是较为优越的做法。建筑形式和制度的不拘一格还表现为皇宫中路主殿崇政殿及其附属建筑，均为级别较低的单层硬山式，而非宫殿通常采用的重檐歇山式或庑殿式，也少见斗拱，并形成民间通用的四合院形式，还有主殿较其后的寝宫为低、形成"寝高殿低"的形势等。

5000 年前的红山先人和 300 多年前的满族，在建都理念上保持自身特色，但并非闭门保守，牛河梁遗址和清初沈阳城各自包含有对周邻先进文化因素的大幅度吸收都能说明这一点。据研究，牛河梁遗址作为红山文化最高层次中心，是在同来自西方草原、主要是中原仰韶文化的频繁交流中产生的，从而其多元性文化内涵一目了然。如此前所述庙台与冢坛组合中，庙宇为与中原文化相同的土木结构，而冢坛为具北方特色的砌石结构，是两种建筑理念和结构的共存统一；伴随有本区域发展起来的玉器与来自中原地区及西亚的彩陶，为两种异质艺术载体和观念的共存，是为从物质到精神层面的多元文化因素组成的一种新的考古文化。清初沈阳城除平面布局依藏传喇嘛教坛城外，方城对明中卫城的沿用和皇宫的布局、建筑结构和装饰已基本是中原王朝制度，同时容纳了大量蒙藏文化因素，形成满族自身的建都观念和风格。可见，从牛河梁到清初沈阳城，他们对周邻文化的大幅度吸收不是单纯的模

　　①　郭大顺：《清初沈阳城——中国古代都城规划史最后一例》，《文化学刊》2010 年第 1 期。

仿，不是简单的复合体，也不是生硬的替代，而是以我为主，将多种不同传统的文化因素融为一体。

以上从牛河梁遗址到清初沈阳城所表现出的鲜明的个性、重观念信仰和随之而来的顺其自然、不拘一格，和对周邻文化先进因素的吸收能力的共同性，并非偶然，这除了他们经历社会发展阶段即古国时代和由古国向方国时代过渡的国家形态演变有类似过程的原因外，主要是与他们所在的共同地域和经济生活有关，即东北地区渔猎文化。满族及其前身建州女真，长期活动于白山黑水之间，其经济生活是以渔猎为主的。曾以为红山文化其发达的文化的经济背景应该是农业，但红山文化所在的西辽河流域从距今1万年以后到距今5000年间都仍保持着旧石器时代的自然生态，属于采集与狩猎经济区。据对兴隆沟和魏家窝铺等红山文化遗址的孢粉分析，所见栽培作物很少，大多数为野生品种，说明即使已有农业，也不占主要地位，红山文化仍然是东北渔猎文化的成员之一[①]。渔猎文化因其经济活动的特点而具有文化开放性的本性，这使他们在辨别和吸收周邻文化先进因素并融入自身的能力方面自有其天然优势。个性鲜明的牛河梁遗址和清初沈阳城都是在这种区域经济生态基础上形成的。

这里还要提及的是，建筑史专家傅熹年先生在谈到中国历史建筑遗产特点时提出中国古代不利于建筑遗产保护的因素，其中之一就是"中国古代有一个很恶劣的传统，即自公元前3世纪初开始，在改朝换代以后，大都有计划地把前朝的都城、宫殿加以破坏，甚至引水浸泡，认为这样做可以断绝前朝复辟的可能性。个别沿用前朝都城的，也要对原格局做很大的改动，表示已'革故鼎新，成为新都'。所以尽管历史上曾有很多王朝，建有很多宏大的都城和壮丽的宫殿，但除最后一个王朝——清朝的都城北京及其宫殿坛庙得以保存下来外，其余各代的都城、宫殿在亡国后都遭彻底破坏，成为废墟，只能通过考古发掘来了解其概况。"[②] 傅先生提出的中国古代都城和宫殿中唯一被保存下来的北京城和宫殿，是明代建立的，满族入关后，一反中国古代破坏前朝都城和宫殿的"恶劣传统"，也不避前朝复辟可能性的忌讳，将前朝的都城和宫殿全部沿用下来。这是满族高明、自信和独特之处，也是满族对历史连续性的认识和尊重。而在关外，则保留了与明代北京城在规划布局上有所不同，既吸收汉文化也吸收蒙藏文化，表现出更多创造性从而深具满族特色的清初沈阳城，贡献了中国古代都城规划史最后一例。

在世界诸文明古国中，中国以其文化和文明的不间断而著称。在多元文化频繁交汇中出现的牛河梁遗址，作为中华五千年文明的一个象征和"古文化古城古国"的一种建都模式，清初沈阳城作为满族的民族、宗教特性、国家形态变革完美结合的结晶，它们分别处于中国文明初创和最后一个封建王朝崛起的时期，将东北地区这一前一后的两个古代都城实例联系起来进行考察，将会有助于对中华文化和文明连绵不断的认识。

（原载于上海博物馆编，宋建、陈杰主编：《城市与文明学术研讨会论文集》，上海古籍出版社，2016年）

---

① 赵志军、孙永刚等对兴隆沟、魏家窝铺等遗址做规范化浮选法取样和测定，这两处遗址的兴隆洼文化和红山文化都有黍和粟，但数量都很少，说明原始农耕活动十分有限，它们的主要经济生活仍然是采集和狩猎。见赵志军：《探寻中国北方旱作农业起源的新线索》，《中国文物报》2004年11月12日；孙永刚等：《魏家窝铺遗址2009年度植物浮选结果分析》，《北方文物》2012年第1期。

② 傅熹年：《中国历史建筑遗产保护中的问题》，《中国文物报》2007年6月22日。

龙山到岳石时期渤海湾北岸的方国文明

——夏家店下层文化

分布于渤海湾北岸、从西辽河到海河流域的夏家店下层文化，从 20 世纪 60 年代初被辨认出来以后，经历了"与商文化相始终"到"年代包括夏时期和早商时期"的认识过程①，并被视为与中原二里头文化、东方岳石文化并列的夏时期三大文化系统之一②。此后夏家店下层文化的发掘和研究，虽有朝阳市北票康家屯、赤峰市三座店、二道井子等保存较好遗址的整体发掘③和赤峰地区敖汉旗与半支箭河中游等区域近于拉网式的调查④等新资料的发表，但专题研究相对不够踊跃，特别是在中华文明起源讨论中，对夏家店下层文化涉及甚少，似显平静。

其实，与二里头文化和岳石文化等夏时期诸考古学文化相比，夏家店下层文化有着鲜明的自身特色，在某些方面如时代延续、聚落形态、文化的连续性、等级分化、与夏商文化的关系，从而在缺少"都"一级遗址的情况下所显示的方国文明特征，具有相当的典型性。

一、时代延续长

有关夏家店下层文化的分期与年代，还是一个需继续探索的课题。20 世纪 70 年代末随着大甸子墓地陶鬲、盉、爵的出土，将夏家店下层文化的年代放在夏代已成共识。对夏家店下层文化年代问题的主要症结在于该文化的年代上限，一般界定在距今 4000 年以后⑤。由于辽西地区夏家店下层文化之前的小河沿文化年代在距今 4500 年前后，这就提出了从小河沿文化到夏家店下层文化之间是否存在一段时间上的空白，即龙山时代的辽西地区古文化问题。我们曾提出，夏家店下层文化的年代上限可到龙山文化晚期，理由是：

---

① 中国科学院考古研究所内蒙古发掘队：《内蒙古赤峰药王庙、夏家店遗址试掘简报》，《考古》1961 年第 2 期。张忠培、孔哲生、张文军、陈雍：《夏家店下层文化研究》，苏秉琦主编《考古学文化论集》（一）第 75 页，文物出版社，1987 年。
② 李伯谦：《先商文化探索》，《庆祝苏秉琦考古五十五年论文集》第 280 页，文物出版社，1989 年。
③ 辽宁省文物考古研究所：《辽宁北票市康家屯城址发掘简报》，《考古》2001 年第 8 期。内蒙古文物考古研究所：《内蒙古赤峰市三座店夏家店下层文化石城遗址》，《考古》2007 年第 7 期；《内蒙古赤峰市二道井子遗址的发掘》，《考古》2010 年第 8 期。
④ 中国社会科学院考古研究所、内蒙古自治区文物考古研究所、吉林大学边疆考古研究中心、赤峰考古队编著：《半支箭河中游先秦时期遗址》，科学出版社，2002 年。中美赤峰联合考古队：《内蒙古赤峰地区区域性考古调查阶段性报告（1999 ~ 2001）》，《边疆考古研究第一辑——中国北方长城地带青铜文化考古国际研讨会论文集》，科学出版社，2002 年。
⑤ 中国社会科学院考古研究所编著：《中国考古学·夏商卷》第 601 页，中国社会科学出版社，2003 年。

（一）从丰下遗址、大甸子墓地和其他一些遗址中，都可辨认出该文化的最早期遗存。如丰下遗址的第五层即第一期，四分地和白斯朗营子等遗址发现的该文化最早一期遗存，所出磨光黑陶火候高、外表漆黑光亮，具典型黑陶特征，并有快轮制器物，常见篮纹，器形多见宽足大平底盆、竹节纹平底盆等，表现出浓厚的龙山文化因素①（图一）。燕南地区唐山大城山以T8②为主的遗存和围坊二期下所压地层也有类似内容，只是因为地域更接近龙山文化分布区而所包含的龙山文化因素稍多也更为典型②。所以，早在20世纪70年代李经汉就提出夏家店下层文化早期可称为北方龙山文化③。夏鼐先生在将夏家店下层文化的年代与二里头早期相比较时，也提出该文化的"陶器风格接近于二里头类型的商文化，但仍保留有浓厚的龙山文化的因素"④。《中国考古学·夏商卷》在判断夏家店下层文化年代及其与中原文化关系时将夏家店下层文化的年代上限定在距今4000年以后，但也指出：夏家店下层文化的城墙、土坯垒砌的地面建筑、鬲和甗等三足陶器，划纹加绳纹、附加堆纹，石镰以及剖面呈三角形或弧形的石刀等，都可在河北及河南地区的龙山文化中找到类似者⑤。

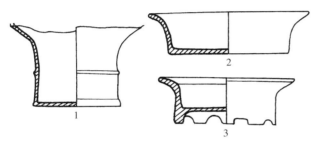

图一　赤峰四分地出土夏家店下层文化早期陶器
1. 竹节纹平底盆　2. 大平底盆　3. 宽足大平底盆

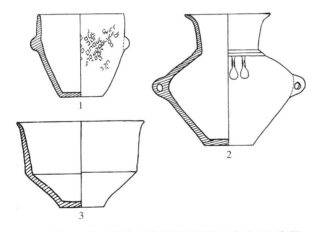

图二　翁牛特旗老鹞窝梁小河沿文化老M1陶器
1. 压印方格纹筒形罐　2. 黑陶壶　3. 黑陶折腹盆

（二）夏家店下层文化的碳十四测定数据，最早是赤峰市蜘蛛山遗址（H42），为距今3965±90年，树轮校正为公元前2466～前2147年（距今4300年左右）；测定年代相近的水泉遗址T15⑤为距今3780±90年，树轮校正为距今4130±110年。较晚的丰下遗址中层为距今3550±80年，树轮校正为距今3840±130年；大甸子两座晚期墓（M759、M454）的年代分别为距今3420±85年和距今3390±90年，树轮校正为距今3685±135年和距今3645±135年。丰下遗址下层和大甸子墓地早期墓的年代也应与蜘蛛山H42或水泉第五层相当⑥。

（三）小河沿文化晚期出有饰大方格纹的筒形罐、形制接近于大汶口文化晚期背壶的黑陶壶、下腹反弧收缩且折腹明显的黑陶盆。典型墓如老M1，年代相当于龙山文化早期，与夏家店下层文化最早期前后基本可以衔接起来⑦（图二）。

① 郭大顺：《丰下遗址陶器分期再认识》，《文物与考古论集》第78～92页，文物出版社，1986年。
② 河北省文物管理委员会：《河北唐山大城山遗址发掘报告》，《考古学报》1959年第3期。天津市文物管理处考古队：《天津蓟县围坊遗址发掘报告》，《考古》1983年第10期。
③ 李经汉：《试论夏家店下层文化的分期和类型》，《中国考古学会第一次年会论文集》第167页，文物出版社，1980年。
④ 夏鼐：《碳－14测定年代和中国史前考古学》，《考古》1977年第4期。
⑤ 中国社会科学院考古研究所编著：《中国考古学·夏商卷》第603页，中国社会科学出版社，2003年。
⑥ 碳十四测定年代数据：丰下遗址见《考古》1977年第3期，蜘蛛山见《考古》1979年第4期，水泉见《辽海文物学刊》1986年第2期；大甸子参见中国社会科学院考古研究所编著：《大甸子——夏家店下层文化遗址与墓地发掘报告》第208页，科学出版社，1996年。
⑦ 辽宁省文物考古研究所、赤峰市博物馆编著：《大南沟——后红山文化墓地发掘报告》，科学出版社，1998年。

由于在夏家店下层文化分布中心区的辽西地区一直无龙山文化遗存发现，而夏家店下层文化最早期又具浓厚的龙山文化因素，故可确定，辽西地区不存在独立的龙山文化阶段，这一地区的龙山文化即夏家店下层文化早期。

可见，与二里头文化、岳石文化相比较，夏家店下层文化跨越了从龙山时代经夏时期一直到早商时代，是夏时期三大文化系统中开始年代最早、延续时间最长的一支。认识到这一点，会对夏家店下层文化有一个准确的定位，从而将探索夏家店下层文化方国文明以当地为主的发展演变过程、在夏时期的地位和作用、包括同黄河流域诸古文化的关系等建立在更为科学的基础上。

二、聚落的高密度分布和多类型多层次组合

由于当地得天独厚的自然和历史条件，夏家店下层文化遗址所处位置一般较高，而当地后期遗存或所处位置较低（如战国、汉与辽金时期），或较为稀少（如元明清及近代），从而夏家店下层文化遗址得以整体保存的较多，且在地表显露程度高，有的甚至城砦墙体和绝大部分房址轮廓都露在地表，如未经发掘就获得一张聚落与房址群（共66座）布局平面图和每座房址有长宽尺寸和墙壁甚至房门登记表的赤峰市东八家遗址[①]（图三）。这使对该文化遗址进行详细甚至拉网式考古调查有了甚为便利的条件，也可为从聚落演变研究方国文明提供较为完整的资料。

从敖汉旗和半支箭河上游等局部地区已取得的调查成果看，至少可以对夏家店下层文化在该文化分布中心区的分布密度和数量有一个较为科学的估计。《中国文物地图集：内蒙古自治区分册》中公

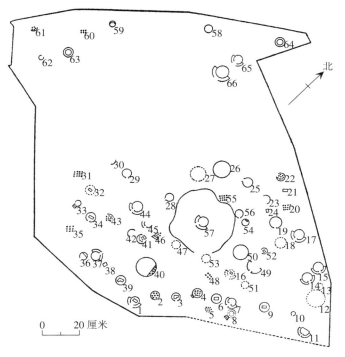

图三　赤峰东八家遗址房址平面图

---

① 佟柱臣：《赤峰东八家石城址勘查记》，《考古》1957 年第 6 期。

布了敖汉旗登记的夏家店下层文化遗址点 2300 余处（调查者估计其详细程度约在 70%）①，中国社会科学院考古研究所等在喀拉沁旗半支箭河上游 200 平方千米内作拉网式普查中发现夏家店下层文化遗址达 150 处（调查者估计其详细程度约在 96%）②。其实，内蒙古赤峰市除敖汉旗以外的翁牛特旗、赤峰县、宁城县、喀拉沁旗和通辽市的奈曼旗等五个旗县，辽宁省朝阳市的朝阳县、喀左县、凌源市、北票市，葫芦岛市的建昌县和阜新市的阜新县等共六市县的夏家店下层文化遗址的分布密度，都相当于或接近于敖汉旗，这样可以敖汉旗和半支箭河中游这两个普查数据作为依据，对夏家店下层文化遗址的分布密度和数量做一估算：夏家店下层文化遗址在辽宁省西部和内蒙古东南部存在的数量当在 1 万处左右。居民点如此多数量和高密度的分布，同二里头文化等黄河流域同时期前后诸方国文明相比，至少是相接近的。

　　不仅如此，夏家店下层文化遗址还表现出若干分布规律。夏家店下层文化遗址大都为筑有土石城（砦）墙和城壕的城堡式聚落，选址位置集中在视野开阔的丘陵山坡与河旁台地，也深入到大山深处的河源地，同时在离河较高较远的山冈以至高山顶部也可见到。我们曾依据在辽西地区调查的体会，提出平地城（又可分为低台地和高台地型）和山上城（又可分成高冈型、山坡型和高山型）的区别，山上城和平地城都不是孤立存在的，相邻又处于不同地势的遗址之间，依各自的规模大小、位置高低和结构差异，形成各种不同类型和不同等级的遗址组合或称遗址群，如有的隔沟相对，有的高低相望，有的多遗址联结等③。徐光冀先生从更大范围考察，将他在 20 世纪 60 年代调查的英金河两岸的 43 座石城址，分为东、中、西三个各有中心的组群。朱延平则将这三组城堡群分层次，并提出每座城堡为相对独立的社会单位和每组石城址群则可能是这种社会单位的联合体的概念④（图四）。敖汉旗和喀喇沁旗半支箭河中游调查提供的新资料，则显示出夏家店下层文化遗址分布的更多特点，其中最值得关注的是遗址群从低台地、山坡到山冈甚至山顶的立体式布局特点。大甸子遗址群和架子山遗址群为这种立体式布局的典型实例⑤。

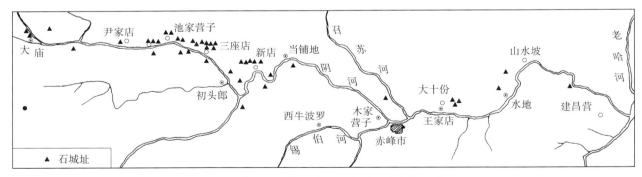

图四　英金河及其支流夏家店下层文化城堡群

①　参见国家文物局主编：《中国文物地图集：内蒙古自治区分册》，西安地图出版社，2003 年。

②　中国社会科学院考古研究所、内蒙古自治区文物考古研究所、吉林大学边疆考古研究中心、赤峰考古队编著：《半支箭河中游先秦时期遗址》，科学出版社，2002 年。

③　郭大顺：《东北南部地区的史前聚落演变与早期文明》，严文明主编《聚落演变与早期文明》第 505 ~ 531 页，文物出版社，2015 年。

④　徐光冀：《赤峰英金河、阴河流域石城遗址》，《中国考古学研究——夏鼐先生考古五十年纪念论文集》，文物出版社，1986 年。朱延平：《夏家店下层文化的社会发展阶段》，《中国北方古代文化国际学术研讨会论文集》第 103 ~ 109 页，中国文史出版社，1995 年。

⑤　邵国田：《敖汉旗夏家店下层文化遗址分布概述——以第二次文物普查所获资料为据》，辽宁省文物考古研究所编《庆祝郭大顺先生八秩华诞论文集》（下册）第 303 ~ 325 页，文物出版社，2018 年。

大甸子遗址群所在为一西、北、南环山而东南为平川的地区。坐落在靠近西部山麓的大甸子遗址，为高出周围地面 2 米以上、南北长约 350 米、东西宽 200 米的长方形台地。周围有夯土墙体并发现了以石板为立壁和铺底的城门和排水道，其西北方向有高等级墓地，共同形成这个遗址群的中心；围绕和紧邻大甸子遗址四周的小型遗址有东南的东地和城子顶南遗址，北部的甸子庙和上营子遗址，南部的大甸子南和大甸子东南遗址共六处；外围西北部丘陵和东南部广阔的平地上还分布有更多的遗址，西部丘陵由东北到西南有石匠沟、水泉沟和旺兴沟三个遗址群，更在西南海拔高近 900 米的佛爷岭山顶上发现砌石墙基和饰绳纹的红褐陶片，应为在高山上所设哨所一类。大甸子遗址东南开阔的平川沿大凌河支流的牤牛河及其支流又有星罗棋布的近 30 处遗址，其中不乏如煤窑沟梁这样的遗址群，形成以低台地为主，低、中、高相呼应，小聚落群围绕大聚落的有完整组合的大甸子聚落群①（图五）。架子山群的组合则有所不同，是以半支箭河南支流清水河东制高点 1027 米所在的架子山石城址位置最高，规模也最大，围绕架子山顶呈放射状分布有 22 个遗址点，它们都为山上城，而架子山以北与架子山群隔半支箭河相望的是大山前遗址群，后者都为平地城。调查者认为，这是两组高低有很大差别但却相关的聚落群，可能组成更大规模的聚落群体（图六）。显然，这种立体式组合更注重了防御功能。有以为，它们之中有的或具祭祀性质②。

有规律分布和多层次的聚落形态在聚落内部也有相应的表现。以往发掘的如赤峰东八家、北票丰下、建平县水泉、赤峰四分地等遗址，都有密集分布的房址群。北票康家屯、赤峰三座店和二道井子提供的新资料使夏家店下层文化房址的特点更显突出。目前发现的夏家店下层文化房址虽然规模都较小，多圆形或圆角方形，但都有一个重要的现象，那就是十分注重墙壁的建造，多使用土坯砌墙，外还围以石墙，土坯和石块所砌的墙体有单层，也多见双层，使墙体的厚度常达 50 厘米左右，与房址较小的面积相比，显示当时人们对房屋严实程度的格外重视。三座店和赤峰市西郊的五三乡西道村土台上的房址还都设有两重墙，二道井子的房址有院落和回廊（图七），康家屯的房址还有以道路相隔的院区，水泉遗址和三座店遗址的房址附近分布有窖穴或窖穴群，这些都显示出每座房址都有很强的独立性，是生活和生产基本单元的写照。当然，房址间在规模大小、结构繁简、设施的精陋（如居住面使用草拌泥和白灰面的区别）、房内出土遗物丰俭和优劣（如大房址有彩绘陶器）的差别方面，当反映家庭之间的贫富分化状况。

聚落、聚落群和聚落内房址的强烈的防御功能和封闭性，构成夏家店下层文化方国文明的重要特征。

三、极强的文化连续性

夏家店下层文化遗址不仅数量多，分布密集，而且都有一定的文化堆积，尤其是台地类型遗址的文化堆积都有相当的厚度，一般厚 2～3 米，建平水泉遗址的夏家店下层文化堆积层厚 4 米左右，丰下和大山前遗址最厚都可达 6 米，赤峰香炉山遗址甚至超过 10 米，新近报道的赤峰二道井子未发掘到底

① 国家文物局主编：《中国文物地图集：内蒙古自治区分册》，西安地图出版社，2003 年。
② 朱延平：《辽西古文化中的祭祀遗存》，张忠培、许倬云主编《中国考古学跨世纪的回顾与前瞻》（1999 年西陵国际学术研讨会文集）第 207～226 页，科学出版社，2000 年。

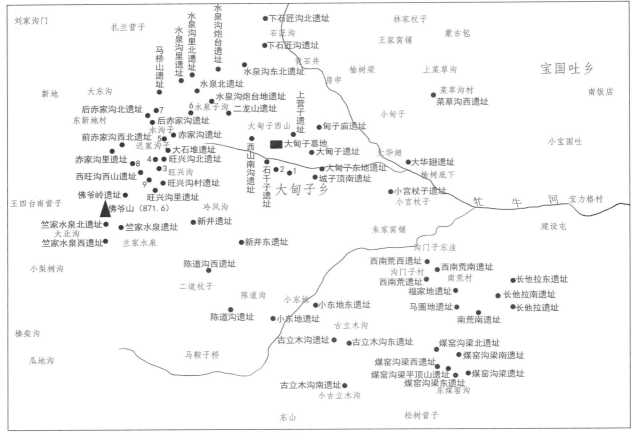

图五　大甸子及附近夏家店下层文化遗址分布图

1. 大甸子东南遗址　2. 大甸子南遗址　3. 旺兴沟西地遗址　4. 旺兴沟北山遗址　5. 赤家沟东梁遗址　6. 老牛湾地遗址　7. 赤家沟东遗址　8. 前赤家沟西遗址　9. 前赤家沟遗址

图六　赤峰市喀喇沁旗架子山夏家店下层文化遗址群鸟瞰

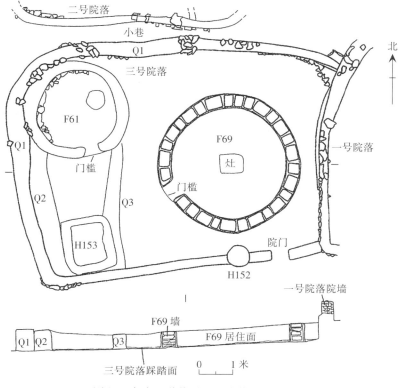

图七 赤峰二道井子三号院落平、剖面图

的探方剖面图显示厚已超过 4 米①。这在当地夏家店下层文化之前的诸考古文化中是不见的，就是夏家店下层文化之后的战国秦汉遗址中也不多见。这样丰厚的堆积往往都是由密集和相互叠罗的房址群为主形成的。丰下遗址有房址内为多层居住面的，是住一段时间加垫一层，一般二三层，丰下遗址 F4 有七层居住面，每层间隔 5～10 厘米（图八）；也有多间房址原地叠罗，如丰下遗址 F2 的墙体直接压在 F6 的墙体之上②。建平县喀喇沁河东遗址甚至出现五座房址在同一位置连续叠罗的现象，为 F1 至 F5 依次叠压，后期房址在前期房址的原来位置或稍有错动，只是房址的形状略有改变，下面三座为圆角方形而上面两座为圆形，是在不破坏原房址的居住面再垫土重建，在垫土上抹草拌泥，居住面除最下层的 F5 只以草拌泥外，上面的四座都是在草拌泥上再抹以平洁的白灰面，形成从下到上依次建造新居、总厚度达 2.4 米的堆积③。二道井子遗址也发现相同的房址在原址叠压的现象，是 F45—F14B—F14A—F9 从下至上大体在同一位置的依次叠压（图九），发掘者分析"早期房屋在废弃时，往往作为晚期房屋的地基来使用，这种营建方法的大范围使用必造成当时整个聚落内的活动面不断抬升，同时也是遗址堆积深厚的根本原因"④。在原住地层层建屋连续居住，是一种"固守老屋"的习俗，这种习俗所反映的文化连续性在夏家店下层文化具有相当的普遍性。

这种很强的文化连续性在墓地有更为典型的反映，这主要是指大甸子墓地，该墓地已发掘墓葬

---

① 内蒙古文物考古研究所：《内蒙古赤峰市二道井子遗址的发掘》，《考古》2010 年第 8 期。

② 辽宁省文物干部培训班：《辽宁北票县丰下遗址 1972 年春发掘简报》，《考古》1976 年第 3 期。

③ 辽宁省博物馆文物工作队等：《辽宁建平县喀喇沁河东遗址试掘简报》，《考古》1983 年第 11 期。

④ 内蒙古文物考古研究所：《内蒙古赤峰市二道井子遗址的发掘》，《考古》2010 年第 8 期。

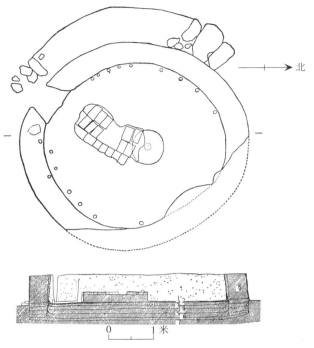

图八 北票丰下遗址 F4（有七层居住面）

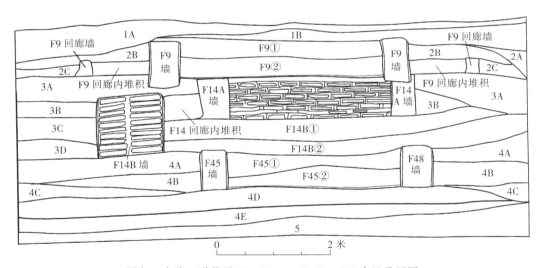

图九 赤峰二道井子 F9—F14A—F14B—F45 房址叠压图

804 座，墓与墓两端的间距大都不到 1 米，平均每 12 平方米就置有一座墓，却未发现有叠压和打破关系。对于在这样密集的墓地中墓圹方向大致相同、纵横之间的间隔较均匀、墓圹之间几乎没有打破关系的情况，《大甸子》发掘报告推测是不间断营造和有专门管理而形成的："墓地形成这样状况的条件需是：一、墓圹位置是依一定顺序规则确定的，不是任意的；二、不论墓圹依怎样的顺序规则确定位置，绝少出现重叠现象，则墓地原来地面上必定有标识，否则任何秩序都不能在密集状况下陆续埋葬而不出重叠；三、墓地使用的顺序规则不曾中断，且在延续使用的过程中，地面的标识并未泯灭，才可以使后来的埋葬不打破以前的墓圹。总之，这样密集整齐的排列现象表明墓地是在有管理的、不间断使用过程中形成的。"①

与文化连续性有关的，是文化面貌的统一性。在夏家店下层文化分布中心区的老哈河中上游和大凌河中上游，文化面貌具有很高的一致性，只在与辽东相邻的地区时有高台山文化因素出现，尚未显示划分地方类型的条件，有较大变化并可划分地方类型的只有中心区以外的燕山以南地区②。

文化的连续性和统一性说明当时社会是高度稳定的，这又是与夏家店下层文化时期农业经济的发达分不开的。其农业的发达程度，可举两个实例，一是多样而丰富的栽培作物，一是石锄的多见。对兴隆沟遗址第三地点的夏家店下层文化遗存所做的浮选样品的鉴定，其中的炭化植物异常丰富，且粟、黍和大豆等栽培作物占到99％，这与同一地点所采集的较早的红山文化和更早的兴隆洼文化的标本测定结果（红山文化栽培作物极少，兴隆洼文化栽培黍占约15％）完全不同③。夏家店下层文化遗址出土各类石器众多，其中又以一种有肩石铲出土的比率最大，是该文化石器的一个重要特征。这类石铲呈长方形，通体磨光，多做出甚长的窄柄，应为纵向缚柄的翻土工具，但这种磨制有肩石铲，器形较小而甚薄，应不是一般掘土工具，而更适合于中耕松土，其出土物的刃部往往残留与器身长轴平行的摩擦痕和很少崩损，都表明了它的这一用途，故可称石锄（图一〇）。实验考古对此也加以证明④。石锄的大量使用，说明当时农耕程序中，中耕松土细作已有了相当程度的发展。

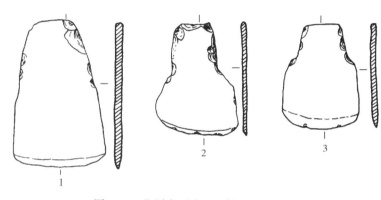

图一〇　北票丰下遗址石铲（锄）
1. T11②：4　2. T9②：10　3. T3③：8

社会的稳定还表现于青铜冶铸业的发展。夏家店下层文化遗址时有青铜制品出土，多为刀和耳环一类，四分地夏家店下层文化早期出土的陶范有铸口、铸体、子母榫和对范符号，大甸子还出有使用内范的石钺柄端铜套件（M43和M715），靠近渤海湾的水手营子更出土了一次性浇铸上千克溶液的铜柄戈⑤（图一一），表明夏家店下层文化已掌握了铸造小件青铜容器的技术。

夏家店下层文化这种文化的连续性、统一性和社会稳定性，与前述聚落的强烈防御性，形成明显的反差，它们之间的关系可作这样理解：强烈的防御意识是社会稳定的迫切要求，而社会的稳定则是外部加强防御的结果。

①　中国社会科学院考古研究所编著：《大甸子——夏家店下层文化遗址与墓地发掘报告》第209页，科学出版社，1996年。
②　关于燕南地区有关遗存，有以为是夏家店下层文化的一种地方类型，称"燕南类型"，有以为属于与夏家店下层文化有密切关系的另一种考古文化，称"大坨头文化"。本文采用前一观点。
③　赵志军：《中国北方旱作农业起源的新线索》，《中国文物报》2004年11月12日第7版。
④　郭大顺、张星德：《东北文化与幽燕文明》第301页，江苏教育出版社，2005年。陈胜前、杨宽、董哲等：《大山前遗址夏家店下层文化石铲的功能研究》，《考古》2013年第6期。
⑤　中国社会科学院考古研究所编著：《大甸子——夏家店下层文化遗址与墓地发掘报告》第190页图八六，科学出版社，1996年。齐亚珍、刘素华：《锦县水手营子早期青铜时代墓葬及铜柄戈》，《辽海文物学刊》1991年第1期。

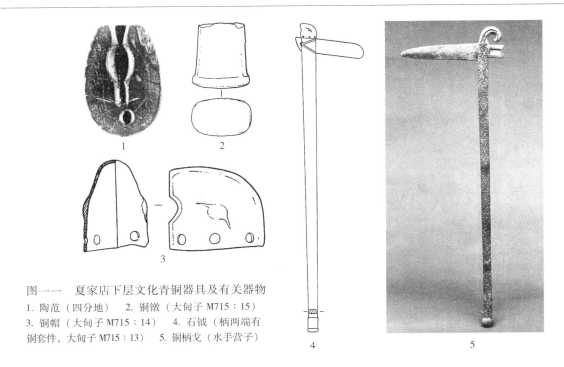

图一一　夏家店下层文化青铜器具及有关器物
1. 陶范（四分地）　2. 铜镦（大甸子 M715：15）
3. 铜帽（大甸子 M715：14）　4. 石钺（柄两端有
铜套件，大甸子 M715：13）　5. 铜柄戈（水手营子）

四、严格的等级分化

等级分化是反映夏家店下层文化方国文明最核心的内容，在聚落和墓地中都有集中表现。聚落的层次性所反映的等级分化前已有所论述。这里着重谈墓地所反映的等级分化，这也主要指大甸子墓地。

大甸子墓地墓葬都为土坑竖穴式，脚端有放置随葬器物的壁龛，有木质葬具。发掘报告主要根据墓圹的大小将其划分为大、中、小三个等级，其实，根据笔者在现场发掘的体会，以墓葬的深度作为标准划分等级可能更具代表性。大甸子墓葬一般深为 2～3 米，较浅的不到 1 米，最深的达 9 米。墓葬深度的巨大差异与木椁的有无，壁龛的有无、大小，随葬器物数量及组合的多少、精陋，彩绘陶器及某些特殊彩绘母题如兽面纹和龙纹的使用，随葬猪狗的数目、部位，斧钺的使用等所分出的若干级别，相互之间基本可以对应起来，如：深 1 米以下的属小型墓，一般不随葬整猪、狗和彩绘陶器以及精致的装饰品，也无木椁；深 3 米以上的大型墓，多有整猪和狗随葬，壁龛较大，随葬陶器多有彩绘，鬶爵、铜器、玉器、漆器、海贝以及玉石钺等器物，绝大多数都在这些大墓中出现。其具体情况：

墓葬规模和结构。可以深度 3 米作为标准，3 米以上的墓葬属大型墓，其中 5 米以上的 4 座墓（M371、M612、M726、M905）可单列为特大型墓，次为中型墓，还有小型墓。

棺椁的使用。大墓中有高达 2 米以上的木椁。小型墓除特殊者施用土坯、石块以代棺椁外，绝大部分都只有简单的土坑而无葬具。

壁龛与陶器组合。陶器的随葬有固定组合，一般以一鬲扣一罐旁侧附一小型壶、尊为一组，大墓为三组或两组。放置陶器的壁龛的规模也随之有所不同：一般放置一组陶器的，为壁龛与墓葬头端等宽或更窄；放置两至三组陶器的大型墓的壁龛由墓壁外扩，特大型墓有的则由墓壁的两侧壁外扩（如出墓地随葬陶器中个体最大彩绘陶鬲和罍的 M371）（图一二、一三）；更有如本墓地最深墓葬的 M726 在脚龛外两侧壁又对称各设一龛，共三龛，每龛一组器物（图一四、一五）。

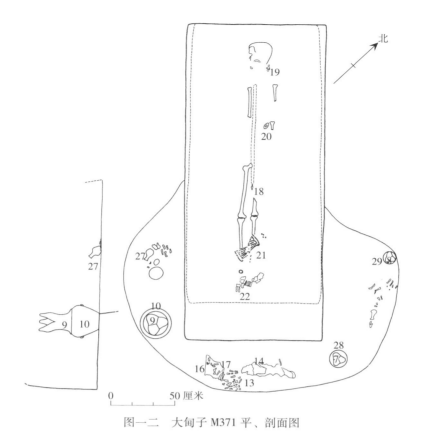

图一二 大甸子 M371 平、剖面图

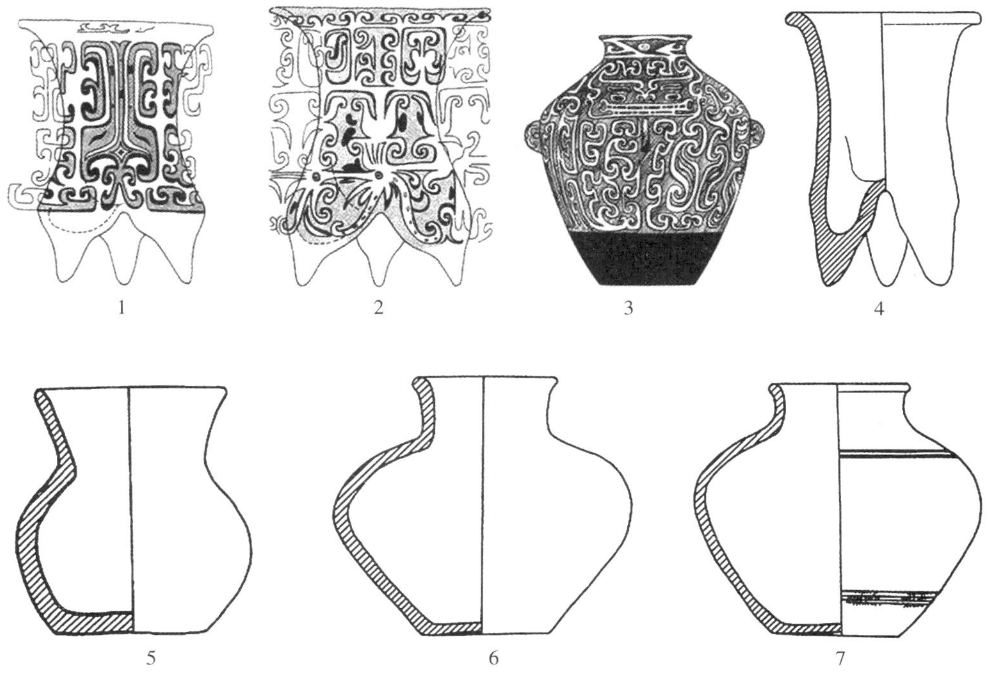

0   50 厘米

图一三 大甸子 M371 出土陶器

1、2. 彩绘鬲（M371：7、9）   3. 彩绘罍（M371：10）   4. 鬲（M371：8）   5～7. 罐（M371：27～29）

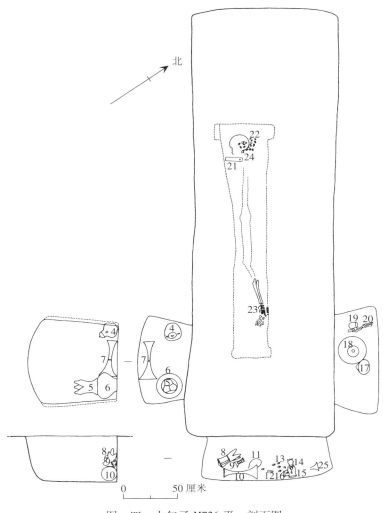

北

0　　　　50 厘米

图一四　大甸子 M726 平、剖面图

彩绘陶器的随葬。夏家店下层文化彩绘陶器的题材、用料、绘法等方面具多样性，大中小墓间、同一墓中不同组合间、相邻墓葬间、不同分区和亚区间，在彩绘纹饰主题、用料和技法的精陋，甚至保存状况等方面，都有规格或风格差别的规律可循。如兽面纹和龙纹（包括它们各自的变形）的使用。在大甸子墓地的彩绘陶器中，与商代青铜器花纹最为接近的是兽面纹和龙纹，可见兽面纹和龙纹彩绘陶器在随葬陶器中的神圣地位。据统计，大甸子出现兽面纹全部或部分即"有目"图案者，共 37座墓，它们都为大型墓和较大型墓，在整个墓地的分布以北区为最多，达 32 座，中区次之，南区不见，北区中又集中在亚区北 A1～北 A3。四座特大型墓中，有两座使用兽面纹，两座使用龙纹和变形龙纹（图一六）。

陶鬶（盉）爵的随葬。这是大甸子墓葬中出现较少但十分引人注目的。鬶（盉）爵制作极其精美而独特，这不仅是因为这两类器物与中原二里头文化的鬶（盉）爵相似，而且随葬鬶（盉）爵的共 13座墓（鬶爵共出 11 座，盉爵共出 1 座，鬶单出 1 座）都为大型墓，其中特大型的 4 座墓中，除 M371外，其余 3 座都有鬶爵随葬。随葬鬶爵的墓随葬陶器多者在三四组，少者也有 4 件之多，都超过一组陶器的普通随葬礼遇。且这 13 座有鬶（盉）爵的墓，12 座都属于北区，而又以北区中的 A1 亚区最

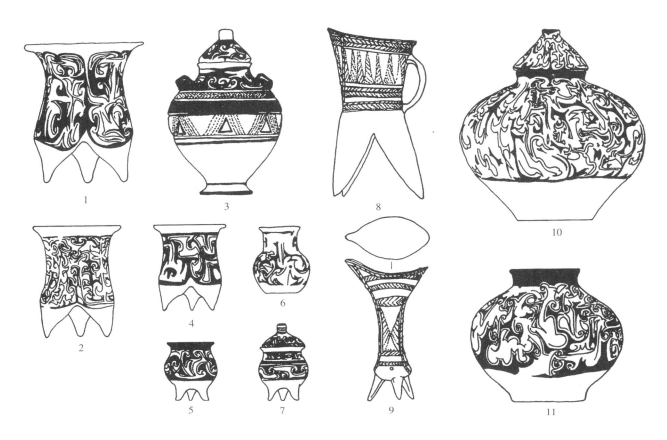

图一五　大甸子 M726 出土彩绘陶器与陶鬶爵

1、2、4. 鬲（M726：5、15、17）　3. 圈足罐（M726：4）　8. 鬶（M726：8）　6. 壶（M726：19）

5、7. 鼎（M726：14、16）　9. 爵（M726：9）　10、11. 平底罐（M726：6、18）

图一六　大甸子 M371 出土彩绘陶器

1. 兽面纹彩绘陶罍（M371：10）　2. 龙纹彩绘陶鬲（M371：9）　3. 兽面纹彩绘陶鬲（M371：7）

多。还有这 13 座随葬陶鬶（盉）爵的墓中，有 11 座都同时随葬有绘兽面或龙纹的彩绘陶器。表明随葬鬶爵和彩绘兽面纹和龙纹的大墓和特大型墓，是大甸子墓地中最高等级的一群（图一七、一八）。

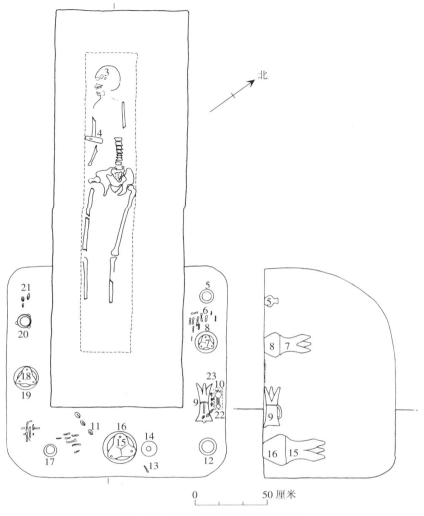

图一七　大甸子 M905 平、剖面图

殉牲。夏家店下层文化墓葬盛行殉牲制度，种类为猪和狗。深度在 3 米以上的墓，在填土上部会有整猪殉葬，深度较浅的墓，只在壁龛内随葬猪的趾骨；随葬猪狗数量，最多为两猪四狗，共 2 座墓，都为特大型墓（M371、M612），次有两猪两狗、一猪两狗，而以一猪一狗为最多，中小型墓在壁龛中所葬只一副猪趾骨。无固定陶器组合的小墓一般不葬猪和狗。

不同等级墓葬的分布也有差别。北区大型墓较多，中区次之，南区最少，4 座特大型墓有 2 座出在北区（M726、M905），中区 1 座（M371），南区 1 座（M612）。

大甸子墓地还有一个重要现象，就是男女性别与等级的关系。大甸子墓地经鉴定的男女性成人墓各约 300 座，数目基本相当。有男性面向居址而女性背对居址的规律。斧钺和狗的随葬只见于男性墓。随葬陶纺轮的除 2 座为老年男性外余全部为女性。发掘报告将随葬斧钺的 100 座男性墓与随葬陶纺轮的 100 座女性墓做一分析比较，以为它们都可列入较高等级。而随葬斧钺的男性墓，同时随葬猪狗、彩绘陶器及漆玉器的较多，墓的规模偏大，普遍优于随葬纺轮的女性墓，表明随葬斧钺的男性墓代表着地位更为显赫的集团，而随葬纺轮的女性集团则多数处于从属地位。

特殊阶层墓的辨别。玉石钺的使用都为男性大墓，可能代表了一个特定的武士阶层。墓地北区 A4

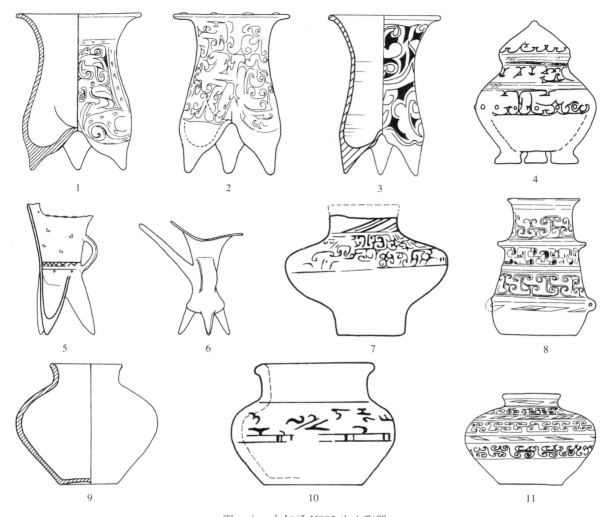

图一八　大甸子 M905 出土陶器

1～3. 鬲（M905：7、15、18）　4. 鼎（M905：20）　5. 鬶（M905：9）　6. 爵（M905：10）　7. 假圈足罐（M905：8）
8. 长筒罐（M905：12）　　9～11. 平底罐（M905：5、16、17）

有一座随葬彩画工具和玉器半成品的女性墓（M453），装饰品丰富，说明重要手工业技术掌握在社会地位较高的人物和阶层手中。

如前述，大甸子墓地和遗址是一个大遗址群的中心。发掘报告也以为，由于在大甸子遗址附近以北、以东、以南的50千米以内，再没有如此大的夏家店下层文化遗址，可知它是百里之内背依山地、伸入丘陵平原上的唯一的一个大居民点。像这样的居民点，或许就是《左传》中曾经记载的"卿，大夫之邑，有宗庙亦曰都，其余称邑"的邑了。大甸子墓地所显示的严格的等级分化，应是当时邑一级聚落社会结构的真实反映①。

五、夏家店下层文化与商文化的起源

由于殷墟卜辞的发现和解读，商文化已成定论，但商文化起源仍是一个尚未解决而亟待解决的问

① 中国社会科学院考古研究所编著：《大甸子——夏家店下层文化遗址与墓地发掘报告》第223页，科学出版社，1996年。

题。老一辈史学家根据文献记载，并与考古相结合，曾力主商起源于东北，今人也有类说①。夏家店下层文化的发现和研究，不断为"商起源于东北"说提供实证，所以，应该将夏家店下层文化纳入商文化起源讨论的视野。我们曾从考古文化特征、人种鉴定和文献记载三方面加以论证②，这里再做些补充。

夏家店下层文化的陶器中，三袋足器鬲和甗特别发达。但三袋足器并非当地自身传统。作为东北地区一部分的西辽河流域，从兴隆洼文化经赵宝沟文化、红山文化到小河沿文化，一直都是以东北史前文化特有的饰压印纹的夹砂筒形罐为主要炊器的。三袋足器在夏家店下层文化有突然兴起之势，使延续了近五千年的东北远古文化传统炊器——筒形罐最终被替代。但这并非不同文化之间的替代，夏家店下层文化独有的磨光黑陶盂形鬲就是在小河沿文化的盂形器下加三个筒状空足捏合而成的③。这种与河套、晋北、冀北地区鬲的祖型——斝鬲相近的做法，也是商鬲的基本特征。据苏秉琦先生分析："经过袋足逐渐互相靠拢，成为有如第一类型的呈锐角裆（或'隔'）的袋足鬲"是"曾活动于西辽河与海河水系地带的人们（包括商人）走过的道路"④。

彩绘陶器是夏家店下层文化特别发达的一种文化因素。完整而多变的彩绘图案中已可辨认出的兽面纹、龙纹、夔龙纹、目雷纹、圆涡纹以及各式云纹等，都酷似商代青铜器上的同类花纹主题，三分面的图案布局又恰与商代青铜器的范缝在同一位置上。由于夏家店下层文化年代较早，彩绘的出现和繁盛又在早中期，故有学者提出这类彩绘与商代铜器花纹之间的关系有两种可能：一是模仿一种尚未发现的早期青铜器，一是这就是我们寻找多年的商代青铜器花纹的源头。后一种推断随着红山文化时期的有关发现而趋向明朗：商代青铜器和夏家店下层文化彩绘中的龙鳞纹表现形式相同，其原型在红山文化彩陶和赵宝沟文化刻划纹陶中就已出现；兽面纹作为商代青铜器花纹最基本的母题，其起源多有人与良渚文化玉器上的兽面纹相联系，其实，红山文化玉器中的代表性器类玉雕龙首的展开形象，是与兽面纹起源有关的更早例证，这一点也已引起良渚文化玉器研究者们的注意；红山文化后期已出现黑陶涂朱的做法，牛河梁女神庙并已有以朱色绘出勾连纹的壁画，到后红山文化时期，黑陶涂朱已较普遍，并出现了黑陶红白彩的彩绘陶。可见，夏家店下层文化以兽面纹为代表的彩绘陶是以当地为主发展起来的，它与商代青铜器花纹起源的关系应当引起足够重视。

商文化起源与东北南部地区有关还得到人种学的支持。据潘其风研究："殷墟王陵区以外氏族墓地中有一定规模的中型墓葬，均有成组的礼器或奴隶陪葬。……墓主人的身份应区别于一般小型墓葬的

① 王国维依出土文物考证商祖先在易水一带活动（见《殷卜辞中所见先公先王考》，《观堂集林》第一集，中华书局，1959 年）。傅斯年有"商之兴也，从东北来。商之亡也，向东北去"的名言（《东北史纲》第一卷第 24 页，1932 年）。又见金景芳：《商文化起源东北说》，《中华文史论丛》（第 1 辑），1979 年。陈连开等《商先起源于幽燕说》，《历史研究》1985 年第 5 期。近有台湾学者邓淑苹先生回忆："回顾自 1984 年第 6 期的《文物》发表多篇红山文化玉器的报道时，当时在台湾地区的考古学、历史学界引起相当大的震撼；发掘安阳殷墟的高去寻教授非常兴奋，认为红山玉猪龙与殷墟的兽形玦一定有先后传承关系，认为红山玉猪龙的出土证明了他（高去寻）的老师傅斯年教授当年提出'东夷大族的商族起于东北地区'的说法是非常正确的。"（见邓淑苹：《"红山系玉器"研究的再思》，辽宁省文物考古研究所编《红山文化学术研讨会论文集》第 344 页，辽宁人民出版社，2013 年）。
② 郭大顺：《北方古文化与商文化的起源》，中国社会科学院考古研究所编《商文化研究论文集》，科学出版社，1999 年。
③ 刘观民：《试析夏家店下层文化的陶鬲》，《中国考古学研究——夏鼐先生考古五十年纪念论文集》第 94~100 页，文物出版社，1986 年。
④ 苏秉琦：《陕西省宝鸡县斗鸡台发掘所得瓦鬲的研究（节选）》补序，《苏秉琦文集》（一），文物出版社，2009 年。

平民。他们可能是受封的贵族，与王族关系密切，甚或本身就是王族的成员。"他们的颅骨测定结果，"呈现出具有北亚蒙古人种和东亚蒙古人相混合的形态"，这说明"商族的祖先很可能与北方地区的古代居民有更多的关联，因为像这种兼有东亚和北亚两种类型相混合的人种特征，并不是黄河流域中下游原始居民所固有的"。而大甸子墓葬人骨第二类型的体质特征就是"既与东亚蒙古人种接近，同时也显示出与北亚蒙古人种相似的因素"①。

夏家店下层文化的分布还有渐南渐晚的发展趋势，其中在渤海湾北岸的分布势头不减。有的时代较早，如仙灵寺遗址②；有的为高等级遗存，如锦州水手营子出铜柄戈的墓葬③。同时，夏家店下层文化有诸多与山东岳石文化相似和相同的文化因素，也可能与这两支文化通过渤海湾沿岸或直接通过渤海进行交流有关。

所以，我们认为，夏家店下层文化作为雄踞东北南部"与夏为伍"的强大方国文化，是先商文化的重要一支。研究商文化的起源，夏家店下层文化已是一个不可回避的课题。

以上夏家店下层文化遗址在辽西山区的密集分布，各类遗址群多类型多层次的组合，聚落和聚落群强烈的防御性，房址和墓葬的连续性和严格的等级分化等所反映的方国文明，只是从一般性和较高层次遗址进行的分析，而像大甸子这样规模的中心邑落在辽西山区也发现不只一二处，这就有力地暗示着一个极其重要的信息，那就是，夏家店下层文化拥有一个该文化最高层次的超中心聚落。寻找这一具都邑规格的遗址，是辽西地区田野考古工作中一个很有吸引力的课题。苏秉琦先生于 20 世纪 80 年代初在"古文化古城古国"的论述中已有对这一工作目标的期望："朝阳几县和敖汉旗在普查中还发现有多处类似规模的'一大几小'城堡组合群。我们有理由相信会有高于这些群体、而与那种类似'长城'的小城堡群相适应的、更大一些的聚落——或可能就是古城，还没有被发现，有比大甸子墓群中那些随葬象征特殊身份器物（如铜'权杖'首、仿铜器的陶爵、鬶和成组玉器等）规格更大的墓还没有被发现，有些早于西周的燕山以北的'古国'还没有被发现。这是我们这个地区下一步工作的又一个重点。"④

（原载于山东大学文化遗产研究院、章丘市文广新局编著，栾丰实、王芬、董豫主编：《龙山文化与早期文明——第 22 届国际历史科学大会章丘卫星会议文集》，文物出版社，2017 年）

①　潘其风：《我国青铜时代居民人种类型的分布和演变趋势》，《庆祝苏秉琦考古五十五年论文集》第 294 页，文物出版社，1989 年。中国社会科学院考古研究所编著：《大甸子——夏家店下层文化遗址与墓地发掘报告》第 262 页，科学出版社，1996 年。

②　高美璇：《兴城市仙灵寺夏家店下层文化遗址》，《中国考古学年鉴（1985）》第 124、125 页，文物出版社，1985 年。

③　齐亚珍、刘素华：《锦县水手营子早期青铜时代墓葬及铜柄戈》，《辽海文物学刊》1991 年第 1 期。

④　苏秉琦：《辽西古文化古城古国——试论当前考古工作重点和大课题》，《文物》1986 年第 8 期；后收入《苏秉琦文集》（三）第 1～6 页，文物出版社，2009 年。

仰韶文化与红山文化关系再观察

仰韶文化与红山文化的关系，从这两支史前文化发现后的 20 世纪三四十年代就已提了出来①，随着连续不断的考古新发现和研究新成果，有关这南北两支文化关系的认识，至今仍在深入中。

一

我们主要是在整理牛河梁遗址发掘资料和编写发掘报告过程中对仰韶文化与红山文化的关系逐步加深认识的。

牛河梁遗址有关这两支文化的关系，集中表现在彩陶和有关的泥质红陶器上。

牛河梁遗址的彩陶，在积石冢冢界立置的成排筒形陶器上有较为丰富的资料，题材已可分出几何形、垂鳞纹和龙鳞纹、勾连花卉纹共三大类②，其中勾连花卉纹应来自于仰韶文化庙底沟类型，各种几何形图案可能与西亚彩陶有关，而垂鳞纹和龙鳞纹则是在仰韶文化等彩陶技法影响下创造的具红山文化自身文化特点的彩陶图案。

这里要特别提到红山文化的彩陶龙鳞纹。这种龙鳞纹早在发掘赤峰红山后遗址时就已被发现，为泥质红陶罐残片③，后在敖汉旗采集到一件可复原的绘龙鳞纹的彩陶罐。所以称之为龙鳞纹，是因为这种彩陶图案是以表现龙鳞的"瓦"状为基本单元，以填黑彩与留空白的黑红相间，形成连续的带状分布图案，这同陶寺墓地与夏家店下层文化彩绘陶器上的龙鳞纹的图案形状和风格基本相同，自然也十分接近于商周时期青铜器上的龙鳞纹。这种龙鳞纹在当地早于红山文化或与红山文化早期相当的赵宝沟文化中已见端倪，为刻划纹，是鹿、鸟、猪身体部位上的装饰，可知这种龙鳞纹最初是对动物神化的一种表现方式④，到红山文化时以彩陶技法表现而趋于定型成熟。

---

① 梁思永根据沙锅屯发现的彩陶提出南北接触的重要性，见梁思永：《山西西阴村史前遗址的新石器时代的陶器》《热河查不干庙等处所采集之新石器时代石器与陶片》，分别见《梁思永考古论文集》第 40、144 页，科学出版社，1959 年。裴文中以为是细石器南下受到彩陶文化影响产生的混合文化，见裴文中：《中国史前时期之研究》第 140～142 页，商务印书馆，1948 年。尹达认为是南北交汇产生的一种新文化，见尹达：《关于赤峰红山后的新石器时代遗址》，《中国新石器时代》第 143～146 页，生活·读书·新知三联书店，1955 年。
② 辽宁省文物考古研究所编著：《牛河梁——红山文化遗址发掘报告（1983—2003 年度）》，文物出版社，2012 年。
③ ［日］东亚考古学会著，戴岳曦、康英华译，李俊义、戴顺校注：《赤峰红山后——热河省赤峰红山后史前遗迹》第 84 页第三十五图－2，第 121 页第五十六图－（4），图版三十四－16、31，内蒙古大学出版社，2015 年。
④ 中国社会科学院考古研究所内蒙古工作队：《内蒙古敖汉旗小山遗址》，《考古》1987 年第 6 期。

此外，红山文化居住址发现的彩陶器以及与彩陶有关的泥质红陶器，如钵、盆类，形制与仰韶文化相近甚至相同，花纹图案的勾连纹等，应都同仰韶文化的影响有关。

由此提出以下几点看法：

一是在红山文化的陶器中，与彩陶和泥质红陶共存的，是一种夹砂质、灰褐色、外表饰压印纹（多"之"字形）或刻划纹的筒形陶罐，这种陶罐具东北地区新石器文化共有特征，这两类南北两种文化各具代表性的文化因素，从陶质、制法、色泽、饰纹、造型等各方面都差别甚大，却共存于同一文化中，有的甚至共见于同一件器物上，如红山文化有一种带领小口罐（或瓮），为近于仰韶文化的泥质红陶，却饰有具当地特点的压印"之"字纹或篦点式压印"之"字纹，还发现有在夹砂筒形罐上绘彩的个别实例。其所表现的南北二元文化的既泾渭分明又融为一体，为史前文化所少见。

二是彩陶及与之有关的泥质红陶虽然是外来因素或与外来因素有关，但在红山文化中却具有崇高的地位。如牛河梁女神庙和积石冢出土的"塔"形器，体形甚大，通体由瓶式小口、饰窝点纹的上鼓腹、饰大镂孔的束腰和覆盆式底座共四个部分组成，造型甚为复杂，此器皆为泥质红陶，质地细腻纯正，火候高，尤其是底座满绘几何形和勾连花卉纹黑彩图案，是一种具浓厚仰韶文化因素的高等级祭器；女神庙所出熏炉盖，盖面刻多组长条形镂孔，细泥红陶质，火候也甚高，是又一类具浓厚仰韶文化因素且祭祀功能明确的祭器。积石冢上成行排列、数量几十到百余个的陶筒形器，是红山文化陶器中的大宗，其以无底部为突出特征的造型及功能为红山文化所独有，但它们却都为泥质红陶，大部分为彩陶，也同仰韶文化密切相关。女神庙的祭器，尚未见有红山文化最具特征的饰压印纹的夹砂筒形罐一类陶器；积石冢上的筒形陶器，也完全不用具东北和当地特征的饰压印纹或划纹的夹砂陶器。后者在居住遗址中却较为多见。由此可知，红山人在表达精神生活时可能更看重具外来特点的先进文化因素。

三是魏家窝铺遗址的发掘。这处聚落有的房址集中出土具后冈一期文化特点的陶钵、釜、罐等，有研究认为，其制法有的也近于后冈一期文化，推测是来自于中原地区的移民遗存①。如是，则说明在红山文化形成和发展过程中，除大幅度吸收以仰韶文化为主的外来文化因素外，还有南部华北平原人群的直接迁移。

二

仰韶文化与红山文化的密切关系，应同这两支文化相近的发展阶段、相近的发展水平和相近的发展道路有着直接关系。

相近的发展阶段。仰韶文化存在时间约为公元前7000年至前5000年，与红山文化关系密切的庙底沟类型约在距今6000~5000年，与红山文化存在时间大体相当。后冈一期文化开始时间略早于红山文化。仰韶文化可分为早、中、晚三期，大约中晚期与红山文化相对应，也有依起源和去向的脉络将仰韶文化与红山文化各分为大体相对应的前仰韶与前红山、仰韶前与红山前、仰韶后与红山后、后仰

① 张星德：《辽西地区新石器文化的序列与谱系再认识》，辽宁省文物考古研究所编《红山文化学术研讨会论文集》第43页，辽宁人民出版社，2013年。

韶与后红山等大体相对应的四个阶段①。

相近的发展水平。红山文化的"坛庙冢"形成于该文化的晚期，仰韶文化也是在其晚期有可以与之规格相对应的因素出现。在东山嘴、牛河梁等红山文化遗址考古新发现的20世纪80年代中期，在仰韶文化中，与之相对应的因素：一是华县泉护村第701号成年女性墓，位于遗址南部，孤立于其他墓之外，单独埋在遗址聚落南部高地，随葬大型鸮鼎②；一是秦安大地湾第901号房址，该房址位于类似坞壁的聚落遗址中部，有前开三门、中门设门斗、室中大火塘、室后对称两大柱的主室，主室四周设有后室、左右侧室和甚宽敞的前敞棚，被称为"原始殿堂式"房址③。此后，在郑州西山发现了版筑夯土城墙和城外有壕沟、城内有大型夯土建筑基址的城址④，灵宝西坡遗址发掘到多座室内置明石柱础或外带回廊的大房址和特大房址⑤。值得注意的是，这些反映社会重大变革的因素，既见于仰韶文化与东南沿海史前文化如大汶口文化东西交汇的豫西地区（如郑州西山城址），也见于仰韶文化分布中心的华山脚下（如灵宝西坡），还出在仰韶文化分布区近西部边缘地带（如秦安大地湾）；而且不仅多见于仰韶文化晚期，有的时代还较早，这表明，跨入文明社会的社会变革在仰韶文化开始的时间较早，到晚期已具有普遍性。

这里需要加以补充分析的资料，是龙岗寺墓地的玉刀与西坡墓地的玉斧（钺）。

1998年，笔者在陕西省考古研究所观摩陕南汉中地区龙岗寺仰韶文化半坡类型考古材料时，意外地发现该遗址第276号墓和第355号墓各出土的一件被称为"玉刀"的玉工具。它们的共同特点是，一端有尖锋，并顺锋端在"刀"的一面起一道规整的斜棱而非直棱，这种做法有很大难度，当有意而为；而且"刀"以一侧的长直边为刃，另一侧边则尚未开刃，"刀"与尖锋相对的另一端内收，并钻有单孔，显然是安柄之所在；其主要特征、包括安柄和使用方法都类似于后世的戈，可以说已具备了戈的雏形。此"戈"时代在6000年前，又是玉质，作为追溯中国兵礼器戈的起源的重要线索，可视为仰韶文化具较高发展水平的一标志性实例⑥。

灵宝西坡墓地随葬的玉斧（钺），报告称为钺，因都为与典型石钺形制有所不同的长条形，故仍可归入玉斧类⑦。值得注意的是这批玉斧（钺）的出土状态：西坡墓地共随葬16件玉斧，除个别放置在脚坑外，有明确出土状态的9座墓12件都不是通常所见作为斧钺正常放置状态的横置，而为竖置，对此，发掘报告解释为"不带柄随葬"。属于同一文化类型的华县泉护村M701出有石斧1件，另1件

① 中国社会科学院考古研究所编著：《中国考古学·新石器时代卷》第223～227页，中国社会科学出版社，2010年。苏秉琦：《关于辽河文明——与日本富山电视台内藤真作社长谈话（一）》《迎接中国考古学的新世纪》，《苏秉琦文集》（三）第195、206页，文物出版社，2009年。
② 北京大学考古学系著、中国社会科学院考古研究所编：《华县泉护村》第74～75页，图版四二，科学出版社，2003年。
③ 甘肃省文物工作队：《甘肃秦安大地湾901号房址发掘简报》，《文物》1986年第2期。
④ 张玉石：《西山仰韶城址及相关问题研究》，许倬云、张忠培主编《中国考古学的跨世纪反思》（上册）第175～194页，商务印书馆，1999年。
⑤ 河南省文物考古研究所等：《河南灵宝西坡遗址105号仰韶文化房址》，《文物》2003年第8期。中国社会科学院考古研究所等：《河南灵宝西坡遗址庙底沟类型两座大型房址的发掘》，《考古》2015年第5期。
⑥ 陕西省考古研究所：《龙岗寺——新石器时代遗址发掘报告》第101页图七四-8、9，图版五九-1、2，文物出版社，1990年。彩图见邓聪编《东亚玉器·3》第46页，香港中文大学中国考古艺术研究中心，1998年。
⑦ 参见郭大顺：《从崧泽文化的斧钺分化谈起》，浙江省文物考古研究所编《崧泽文化学术研讨会论文集（2014）》，文物出版社，2016年。又见本书第102～119页。

斧未穿孔①，出土状态也为与西坡相同的竖置②。可见玉石斧（钺）竖置在华山脚下的末期仰韶文化已具规律性。邓淑苹先生于 20 世纪 70 年代就曾提出平首玉圭是由石斧类演变而来③，竖置、刃部朝上是斧演变为圭关键的一环。中原地区仰韶文化虽然出土玉器甚少，但西坡随葬的玉斧几乎全部为刃部朝上的出土状态，应与玉斧（钺）向玉圭演变有直接关系，或即是斧向圭演变的前奏。所以，在玉石斧（钺）向传统玉礼器之首的平首玉圭演变过程中，中原地区的仰韶文化是一支不可忽视的史前文化，这也是仰韶文化发展水平较高的又一例证。

相近的发展道路。李伯谦等先生以为，在文明起源过程中，红山文化以神权为主，故而断裂；仰韶文化以王权为主，故而延续④。仰韶文化祭祀和玉器不发达是否意味着该文化排斥通神独占而走发展王权的道路？红山文化与仰韶文化之间有无共同的思想观念？这是一个有关中国文明起源道路和特点普遍性的大问题。对此，苏秉琦和张光直先生都已指出，中原地区史前玉器虽不发达，但构成其主要文化特征的各类彩陶器或小口尖底瓶，并非都是实用器，也具有巫者通神使用的"神器"性质。如苏秉琦先生以为："小口尖底瓶未必都是汲水器，甲骨文中的'酉'字有的就是尖底瓶的象形，由它组成的会意字如'尊''奠'，其中所装的不应是日常饮用的水，甚至不是日常饮用的酒，而应是礼仪、祭祀用酒。尖底瓶应是一种祭器或礼器，正所谓'无酒不成礼'。半坡那种绘有人面鱼纹之类的彩陶，反映的已不再是图腾崇拜，已超越了图腾崇拜阶段，有些彩陶应属'神职'人员专用器皿。"⑤张光直先生则从仰韶文化及有关史前文化彩陶等因素中归纳出巫觋人物特质与作业的阴阳两性（如柳湾采集马厂类型人像彩陶壶）、特殊宇宙观（如濮阳西水坡以蚌壳摆塑动物及围绕其中墓穴的相对方位）、迷幻境界、动物为助手（如濮阳西水坡蚌壳摆塑动物）、再生（如甘肃秦安大地湾 F411 地画和临洮半山区采集的绘似人骨架纹彩陶钵）、舞蹈作业（如甘肃秦安大地湾 F411 地画、青海大通县上孙家寨马家窑类型彩陶盆）共 7 项特征；1994 年张先生在河南郑州西山为国家文物局第八期考古领队培训班所做的讲演中也表达了同样的观点⑥。近年的研究还表明，在文化交流中，具观念形态的文化因素其活跃程度要远大于物质文化因素，这以玉器在文化交流中的表现最为突出，而仰韶文化彩陶对周边文化的广泛影响，特别是红山文化中彩陶作为祭礼器在庙宇和墓冢中被大量使用等，也很能说明彩陶的功能，即彩陶也因具观念形态的非实用性而在文化交流中较为活跃。至于东南沿海地区史前文化、特别是良渚文化，发达的玉文化中多为与通神活动有关的因素，典型如上下贯通的玉琮和人兽合体的主题花纹，表现出浓厚的通神功能。就是到了商代，巫者仍居崇高地位，是神权与王权的结合，如陈

---

① 中国社会科学院考古研究所、河南省文物考古研究所编著：《灵宝西坡墓地》，文物出版社，2010 年。

② 北京大学考古学系著、中国社会科学院考古研究所编：《华县泉护村》第 74 页图 52，科学出版社，2003 年。

③ 邓淑苹：《圭璧考》，《故宫季刊》第十一卷第三期第 67 页，1977 年。高炜：《陶寺文化玉器及相关问题》，邓聪编《东亚玉器·1》第 195 页，香港中文大学中国考古艺术研究中心，1998 年。

④ 李伯谦：《中国古代文明演进的两种模式——红山、良渚、仰韶大墓随葬玉器观察随想》，《文明探源与三代考古论集》第 43～54 页，文物出版社，2011 年。

⑤ 苏秉琦：《关于重建中国史前史的思考》，《考古》1991 年第 12 期。

⑥ 张光直：《仰韶文化的巫觋资料》，原载"中央研究院"《历史语言研究所集刊》，1994 年；后收入《中国考古学论文集》第 136～150 页，生活·读书·新知三联书店，1999 年；《一个美国人类学家看中国考古学的一些重要问题》，《华夏考古》1995 年第 1 期。

梦家先生所言："王者自己虽为政治领袖，同时仍为群巫之长"①。可见，发达的神权是中华大地进入文明社会的共同特征。这也是仰韶文化与红山文化之间多层次交流融合的基础。

三

以上仰韶文化与红山文化的关系，主要表现为红山文化对包括仰韶文化在内的周邻先进文化因素的吸收，这应同红山文化的经济形态有很大关系。

有关红山文化的经济形态。一般以为，辽西地区的史前文化，有较大规模的定居聚落，特别是红山文化，还拥有大规模的祭祀场所和发达的玉器，应是以农耕为主要经济活动的。但早在 20 世纪 90 年代前后，日本学者甲元真之就把包括红山文化分布区在内的东北区划为采集、渔猎文化区，秋山进午更以为红山文化玉器多野生动物形象，应与发达的狩猎业有关②。近年赵志军、孙永刚等对兴隆沟、魏家窝铺等红山文化遗址做规范化浮选法取样和测定，结果是，这两处遗址的兴隆洼文化和红山文化都有黍和粟，但数量都很少，说明原始农耕活动十分有限，它们的主要经济生活仍然是采集和狩猎③。新近有对朝阳半拉山红山文化积石冢人骨的稳定同位素鉴定，以为"动物性蛋白占有较高的比例"，且"动物性蛋白的获取较为稳定"，结论也是相近的④。另孔昭宸等对兴隆洼等遗址出土的植物标本鉴定结果表明，赤峰地区在距今 8000 年左右为阔叶林与针叶林相间的森林地带⑤，是更适于采集和狩猎的自然环境，出土的森林灌木林中生活的鹿、野猪等动物骨骼标本，骨鱼叉和大量的细石器、用以磨碎采集坚果的硬壳和研磨果粉的石磨盘和石磨棒等生产工具，也与之相互印证。到新石器时代晚期，东北南部地区在自然环境上与新石器时代中期没有大的变化，仍然为温湿气候和落叶阔叶和针叶混交林带。以分布于同一地区、时代与红山文化有交错的赵宝沟文化和富河文化为例。赵宝沟遗址出有大量以鹿类和野性较强的猪等野生动物骨骼⑥，属于赵宝沟文化的小山遗址房址内发现细石器近千件，说明赵宝沟文化仍以狩猎为主要经济活动。富河沟门遗址出土的 2700 余件石器，都为打制，细石器多且发达，还有较多骨刀柄、骨鱼钩、骨鱼镖；出土动物骨骼如野猪、麝、麋、麀、黄羊、狐、狗獾以及洞角类、犬科、鸟类等，为现代东北动物区系中的山地森林型，未见草原奇蹄类，也未见大型猛兽，说明当时这一带不同于现代的沙漠草原区，而是以茂密的森林为主的山地自然景观，其经济生活可能已有原始农业，但狩猎、捕鱼占有主要地位⑦。另从聚落环境考察，东北南部史前聚落选址在远离平川与河流的丘陵山坡，也不是农耕生活所要求的选址方式，而是更适于采集和渔猎的聚落环境。以上

① 张光直引陈梦家观点，见张光直：《商代的巫与巫术》，《中国青铜时代》（二集）第 44 页，生活·读书·新知三联书店，1990 年。
② ［日］秋山进午：《东北地区の新石器文化》，《世界の大遗迹·9·古代中国の遗产》，讲谈社，1988 年。［日］甲元真之：《长江と黄河——中国初期农耕文化のの比较研究》，《国立历史民俗博物馆研究报告》第 40 集，1992 年。
③ 见赵志军：《探寻中国北方旱作农业起源的新线索》，《中国文物报》2004 年 11 月 12 日。孙永刚等：《魏家窝铺遗址 2009 年度植物浮选结果分析》，《北方文物》2012 年第 1 期。
④ 张全超、张群、韩涛：《辽宁朝阳市半拉山墓地出土人骨的稳定同位素分析》，《考古》2017 年第 2 期。
⑤ 孔昭宸等：《内蒙古自治区赤峰市距今 8000 ~ 2400 年间环境考古学的初步研究》，中国社会科学院考古研究所编著《大甸子——夏家店下层文化遗址与墓地发掘报告》附录二第 323 ~ 333 页，科学出版社，1996 年。
⑥ 赵宝沟遗址动物骨骼鉴定结果见中国社会科学院考古研究所编著：《敖汉赵宝沟——新石器时代聚落》第 197 ~ 201 页"脊椎动物骨骼鉴定的推论"，中国大百科全书出版社，1997 年。
⑦ 富河沟门遗址动物遗骨鉴定结果见中国社会科学院考古研究所编：《新中国的考古发现和研究》第 179 页，文物出版社，1984 年。

可见，红山文化时期虽然已有以种植粟与黍为主的农业，但仍延续了东北古文化传统的渔猎和采集为主的经济形态。

据研究，渔猎文化以随动物群而流动为主要生活方式，这与农耕文化固守本土的习俗有很大的不同，由此培养出开放而不封闭的文化心态，突出表现为看待外部世界的态度的差别。开放的渔猎人有对各种文化，特别是不同经济类型、不同文化传统的诸文化先进因素大幅度吸收的先天优势，并能将其与本土文化有机结合。这也是仰韶文化在红山文化区"落地生根"（苏秉琦先生语）的根本原因。前述泾渭分明的不同文化因素在红山文化中融为一体，以及红山文化对外来文化因素的包容和尊重，都应与渔猎文化的特点和优势以及渔猎文化与农耕文化这两种不同经济类型和不同文化传统的文化之间的交流有关。有文化人类学家也注意到这一点。如美国文化人类学家 C. 恩伯和 M. 恩伯在其著作中就提到，因获取食物的随时性程度的不同，渔猎人较农业社会少墨守成规而更强调独立性与自力更生，鼓励个人的创造性活动①。这是很有启示性的观点。考古发现还证明，渔猎经济也具有产生相对定居生活的条件，如日本以渔猎为主要经济生活的绳纹文化，就形成若干大型或特大型的聚落，这当然十分有利于文化的生长与创造。

当然，仰韶文化与红山文化交流的最大成果，是牛河梁"坛庙冢"的出现。前述红山文化已出现用仰韶文化技法绘出的彩陶龙鳞纹，都说明不同经济类型和不同文化传统的文化间的交流，往往会产生意想不到的效果②。

仰韶文化和红山文化晚期的距今 5000 年前后，正是各区域史前文化个性充分发展并频繁交汇时期，从而为向最初文化共同体过渡的龙山时代的到来准备了条件。这一时期，除了仰韶文化与红山文化的南北交汇以外，以仰韶文化与东南沿海的大汶口文化等的交汇影响最大，标志是在靠近东方豫西地区的仰韶文化，"鼎豆壶"组合逐步代替了彩陶和尖底瓶，如王湾二期类型和大河村类型。如果红山文化"坛庙冢"和"玉龙凤"等具中国传统文化因素的出现与仰韶文化和红山文化的南北交汇有关，那么，仰韶文化在与东南沿海地区古文化的东西交汇中产生的"鼎豆壶"，则长期成为后世礼器的基本组合。这种不是由中原向四周放射而是由四周向中原汇聚的历史发展大趋势，既表现出中原地区巨大的凝聚力，也首先实现了文化上的认同，意味着"最早的中国"已经出现，从而为夏商周三代在中原地区的形成和发展奠定了基础。

正如苏秉琦先生所言："当仰韶与红山一旦进一步结合起来，中国文化史面貌为之一新。"③

[原载于《郑州大学学报（社会科学版）》2017 年第 12 期]

---

① ［美］C. 恩伯、M. 恩伯著，杜杉杉译：《文化的变异——现代文化人类学通论》第 65 页，辽宁人民出版社，1988 年。
② 苏秉琦：《晋文化问题——在"晋文化研讨会"上的发言（要点）》，原载《晋文化研究座谈会纪要》，1985 年 11 月；后收入《苏秉琦文集》（三）第 7 ~ 11 页，文物出版社，2009 年。
③ 苏秉琦：《纪念仰韶村遗址发现六十五周年（代序言）》，原载《论仰韶文化》，《中原文物》1986 年特刊；又见《苏秉琦文集》（三）第 46 页，文物出版社，2009 年。

汇聚与传递

——考古成果所见古代辽宁

关于古代辽宁的文献记载少，特别是早期的古代辽宁，主要依靠考古复原。考古发现和研究特别是近三十年的成果表明，辽宁在中华文化与文明起源和中国统一多民族国家形成与发展中的地位和作用，远较过去所知更为重要。

一、古代辽宁的区系划分

我在纪念辽宁省考古六十年的一次讲座中将辽宁考古史分为迄始期（1895～1949年）、起步期（1949～1966年）和开拓期（1978年至今）。之所以将20世纪70年代以后称为开拓期，不仅是因为这三十多年来不断有重要的考古新发现，更主要的是这一时期正是从考古学文化区系类型理论创建到运用考古资料探索中华文化与文明起源、统一多民族国家形成与发展这些重大学术课题持续取得突破性进展即古史重建时期，我们有幸得到这一理论的指导，辽宁地区又成为重要试点，这对于摆脱关外历史短暂后进的传统观念的影响尤为紧要，从而使此后的辽宁古代历史考古研究少走了弯路，进展较快，赶上了全国的步伐。

对古代辽宁进行的区系划分表明，以医巫闾山为分水岭（不是以辽河为界）形成的辽西和辽东两个文化区，是古代辽宁的基本格局。这以新石器时代和青铜时代最为明显。区内和区内各小区都渐有较为明确的文化编年和文化发展演变序列的建立。发展的不平衡性主要表现为辽西经常处于领先地位，但这并不妨碍东与西的交互影响，区域特色更为浓厚的辽东向西的推进在辽宁历史发展进程中的某些重要时段（如青铜时代中晚期）也一度成为大趋势[①]。近年还发现新石器时代晚期的偏堡文化由辽东向西北方向移动并在蒙古草原与松辽平原交界处与主要分布在辽西到燕山以南的小河沿文化有大幅度融合的现象[②]。"若断若续"是对辽宁地区历史文化发展演变阶段性和连续性特点的准确概括[③]。秦汉以后，这种地区差异虽然有所淡化，但此后东北地区的政权更替和诸民族的活动轨迹仍与这一基本格

---

① 郭大顺：《西辽河流域青铜文化研究新进展》，《中国考古学会第三次年会论文集》第185～195页，文物出版社，1985年。
② 塔拉、吉平：《内蒙古扎鲁特旗南宝力皋吐新石器时代墓地》，《考古》2008年第7期。
③ 苏秉琦1983年在辽宁朝阳"燕山南北地区考古"讲话中说："这里的红山文化、夏家店下层文化和燕文化，三者在空间上大致吻合，在文化传统上若断若续。尽管变化很大，但又有一些相对稳定的因素。"见《苏秉琦文集》（二）第323页，文物出版社，2009年。

局有关，如从战国时期起燕秦汉王朝分别在辽西和辽东设郡，西汉中晚期到东汉时期辽东四郡的设立和变迁，汉末魏晋到南北朝时期公孙氏政权、鲜卑族慕容氏三燕政权（前燕、北燕和后燕）与高句丽政权在辽东到辽西的先后建立，从燕秦汉到明代修筑长城在辽西和辽东的差别，直到满族在辽东山区的崛起等。

二、考古新成果所见古代辽宁历史文化的多元、交汇与传承

在考古学文化区系类型初建的基础上，古代辽宁的深入研究突出表现为逐步接近学科的前沿课题。如：

辽宁历史的发端，这是大家都很关心的问题。因为邻近且纬度相近的河北省张家口地区泥河湾旧石器时代遗址群已发现距今 100 万年甚至接近 200 万年的遗存层位和石制品，而现今辽宁地区最早人类活动遗迹的营口金牛山、本溪庙后山旧石器时代早期遗存时代在距今三四十万年前后[①]。不过新近从辽东半岛传来可喜信息，在大连渤海东海滨的复州湾发现骆驼山洞穴。这个洞穴以褐红砂黏土夹角砾岩为主的堆积厚达 40 米，顶层的年代超过距今 40 万年，且以华北动物群为主，显示出与金牛山和庙后山古人类生活环境相同而堆积更为丰富，或预示着古代辽宁的历史发端还可大为提早。同时，由于这几处旧石器时代早期遗址都位处亚洲大陆东部沿海，金牛山人近于智人的体质特征和用火遗迹都表现出相当的进步性，如有新的发现，可能会对目前有关亚洲现代人是否来自非洲的争论提供更多新的证据。

万年文明起步和文明起源"三部曲"（古国—方国—帝国）与"三模式"（原生型、次生型和续生型）的提出，是近年辽宁历史考古研究的重大成果，也是辽宁古代历史发展中分量最重的内容。

苏秉琦先生于 20 世纪 90 年代初提出的"万年文明起步"观点，是以距今 8000 年前后的阜新县查海遗址出土的少量玉器和由此所反映的当时社会分工导致社会分化为依据的[②]。在此前后的有关发现还可举出：邻近的内蒙古敖汉旗兴隆洼遗址继续有选料和色泽、形状、大小甚至重量都极少差别的成对玉玦所表现出的高度专业化的制玉工艺，摆塑和浮雕"类龙"形象的反复出现，迄今所知年代最早之一的人工栽培的黍与粟，查海和兴隆洼遗址以至辽河下游的沈阳新乐遗址等成行排列、各具独立性的房址群，兴隆洼遗址随葬成对整猪的大型居室墓葬等，都在表明，对于史前时期这一较早阶段从物质到精神领域的发展水平确都不可低估[③]。

牛河梁作为红山文化最高层次的中心遗址，以围绕女神庙分布的积石冢群、祭坛与墓葬随葬以龙凤等神化动物形玉器为主的玉器群（或简称"坛庙冢"与"玉龙凤"）的完整配套组合以及"唯玉为葬"的习俗，将中华五千年古国和中华民族文化传统的源头形象地呈现在世人面前[④]。近年学界更加

①　吕遵谔：《金牛山人化石的发现和意义》，《中国原始文化论集——纪念尹达八十诞辰》第 35～39 页，文物出版社，1989 年。辽宁省博物馆、本溪市博物馆：《庙后山——辽宁省本溪市旧石器文化遗址》，文物出版社，1986 年。
②　苏秉琦：《文明发端　玉龙故乡》，《苏秉琦文集》（三），文物出版社，2009 年。
③　辽宁省文物考古研究所编著：《查海——新石器时代聚落遗址发掘报告》，文物出版社，2012 年。中国社会科学院考古研究所内蒙古工作队：《内蒙古敖汉旗兴隆洼遗址发掘简报》，《考古》1985 年第 10 期。中国社会科学院考古研究所、香港中文大学中国考古艺术研究中心：《玉器起源探索——兴隆洼文化玉器研究及图录》，香港中文大学中国考古艺术研究中心，2007 年。
④　辽宁省文物考古研究所编著：《牛河梁——红山文化遗址发掘报告（1983—2003 年度）》，文物出版社，2012 年。郭大顺：《红山文化的"唯玉为葬"与辽河文明起源特征再认识》，《文物》1997 年第 8 期。

关注红山文化人体形象的考古资料。因为作为创造历史的主人，人体形象在世界古代史上一直被视为物质文化的第一要素。红山文化的人体形象出土数量已达30余尊，规模有以大、中型为主的大小层次，质地有玉石和泥（陶）塑（朝阳市龙城区半拉山一个规模不大的积石冢就同时有石雕和陶塑人像出土[①]），技法有高浮雕，也有工艺要求更高、在人体雕塑中更具代表性的圆雕，多有写实与神化的完美结合，姿态有各种坐式、蹲踞式和站立式，这在中国史前文化中是唯一的，也改变着中国上古时期人体雕塑不发达的印象。被称为"海内孤本"的庙宇遗址和庙内大型泥塑神像群的发现，表明这些塑像大多是作为崇拜对象的，是红山文化祖先崇拜发展到较高水平的表现[②]。中国没有传统的宗教，以血缘为纽带的祖先崇拜是中国人信仰观念和崇拜礼仪的主要形式，也是中国文化传统的根脉。安阳殷墟西北岗王陵区内上千座祭祀坑和卜辞中对先公先王各类祭祀礼仪的记载表明，商代的祖先崇拜十分发达，为国家重典，礼繁而隆重，向前追溯到史前时期顺理成章，但目前所知的史前文化中，只有5000年前的红山文化与之前后有所衔接，应予格外关注。

辽宁地区历年文物普查积累的各个时代遗存以青铜时代遗址数量最多，说明青铜时代是古代辽宁甚为繁荣的一个时代。除辽西山区和辽东半岛南部有较为丰富且发展连续的青铜文化遗存以外，辽河下游也有分布较为集中的高台山文化、新乐上层文化和以郑家洼子第6501号大墓为代表的曲刃青铜短剑文化，就是较为偏僻的辽东山区也确立了区域特色更为浓厚又同周边广泛联系的马城子文化[③]。辽东半岛南端继与山东半岛古文化有密切关系的早期青铜时代的双砣子下、中层文化之后的双砣子上层文化，无论遗址分布的密集度、临海坡地石砌房址群组成的大型聚落、浓厚的渔捞经济和由工具演变而来的戈、剑、矛、钺、镞等成组合的石兵器或石礼器，还是延续小珠山上层文化墓葬形制的多种类型的积石墓（冢），如旅顺羊头洼于家坨头积石冢和金州庙山土龙积石墓，都是半岛地区最具岛屿区域性标志的古文化特征[④]。这种"原生型"特征一直传承至当地曲刃青铜短剑的出现和以大石棚、石柱为主体的巨石文化[⑤]。至于夏家店下层文化，对该文化遗址数量、分布密度和规律的研究表明，如以调查程度较为翔实的内蒙古赤峰市敖汉旗登记的近3000处遗址点作为标准统计，分布密度相近的赤峰南部各旗县和朝阳、阜新地区各县夏家店下层文化遗址点总数量当超过上万处。围绕中心聚落普遍出现的由台地、山坡到山顶呈立体式分布又连续性极强的聚落群，特别是近年在北票康家屯和邻近赤峰三座店、二道井子城堡式村砦遗址分别揭露出带城门、马面的城墙和房址外有院落和以道路、排水渠相维系、由数个院落组成的院区，还有敖汉旗大甸子墓地从墓葬规模到以兽面纹为代表的彩绘陶器等随葬品的严格的等级分化，都表现出当时层次分明的社会组织结构和文化演变的稳定性，已具备形

① 辽宁省文物考古研究所、朝阳市龙城区博物馆：《辽宁朝阳市半拉山红山文化墓地的发掘》，《考古》2017年第2期。
② 郭大顺：《红山文化人体雕像解析》，《故宫文物月刊》2014年第12期。
③ 沈阳市文物管理办公室：《沈阳新民县高台山遗址》，《考古》1982年第2期。沈阳故宫博物馆、沈阳市文物管理办公室：《沈阳郑家洼子的两座青铜时代墓葬》，《考古学报》1975年第1期。辽宁省文物考古研究所、本溪市博物馆编：《马城子——太子河上游洞穴遗存》，文物出版社，1994年。
④ 大连市文物考古研究所编著：《大嘴子——青铜时代遗址1987年发掘报告》，大连出版社，2000年。
⑤ 许明纲、许玉林：《辽宁新金县双房石盖石棺墓》，《考古》1983年第4期。辽宁省文物考古研究所编：《辽东半岛石棚》，辽宁科学技术出版社，1994年。

成超中心聚落的条件①。作为雄踞燕山南北、渤海湾北岸"与夏为伍"的强大方国，与文献记载的商远祖的活动轨迹有不少吻合之处，或即先商文化的一支②。而寻找该文化都邑级大遗址，是今后在夏家店下层文化分布区进行田野考古调查工作的重中之重。

　　山海关外、渤海湾北岸的绥中姜女石遗址群被确认为秦皇汉武东巡至碣石时的行宫遗址，是辽宁秦汉历史考古研究的阶段性大事。这一发现将辽宁秦汉历史考古研究从郡县提高到国家级层面。深层次的考虑是，这个遗址群与其以西的河北省秦皇岛市北戴河金山嘴—横山遗址群连成一线，沿海岸绵延达 50 余千米，且将人文景观融于自然景观，气势很大，被称为秦始皇"择地作东门"（《史记·秦始皇本纪》）的国门所在③。秦汉王朝都将统一大帝国的象征性建筑群选择在渤海湾北岸，除优越的地理环境以外，更与包括辽宁在内的燕山南北地区在统一多民族国家形成过程中的地位和作用有着直接关系。这以姜女石遗址所在的辽西地区为最。在红山文化和夏家店下层文化奠定的历史文化基础上，商周时期的辽西地区，先有商晚期到周初以殷遗和燕式为主的青铜重器、北方式青铜器和当地魏营子文化的共存融合④，接着是四面八方的古文化：北部夏家店上层文化和南部燕文化、西部玉皇庙文化和辽东地区的曲刃青铜短剑文化向辽西的汇聚，其中与东北地区有着天然联系的燕文化和被认为是秽貊族的曲刃青铜短剑文化的接触交融逐渐成为主流，从春秋战国之交前后出曲刃青铜短剑的墓葬同时随葬典型燕式铜礼器，到战国中晚期成套燕式鼎豆壶等陶礼器与具辽东特点的手制外叠唇陶罐共出的实例，反映这一融合是以当地或来自东部民族对燕国礼制的逐步接受为主要形式的。靠近华北平原、辽西走廊西端的葫芦岛市建昌县东大杖子发现的战国中晚期大型墓地，有使用双重棺椁、随葬成套彩绘陶礼器和玉石饰件的典型燕文化墓葬与使用石椁、随葬金套柄曲刃青铜短剑的墓葬等高等级墓葬共出于同一墓地，表明在这一融合过程中可能已在形成政治和文化中心⑤。随着铁器的推广进而燕文化的强势，这一民族文化的交流融合从战国中期起越过医巫闾山，以点—线—面的态势向辽东甚至更远地区深入，从而为燕秦汉王朝在辽宁地区建立郡县并得以长期延续准备了条件，以至到汉代出现了以辽阳（襄平）为中心的沿边地区的一度繁盛。辽阳三道壕有反映以农耕为主、经济生活较为活跃的辽

①　辽宁省文物考古研究所：《辽宁北票市康家屯城址发掘简报》，《考古》2001 年第 8 期。内蒙古文物考古研究所：《内蒙古赤峰市三座店夏家店下层文化石城遗址》，《考古》2007 年第 7 期；《内蒙古赤峰市二道井子遗址的发掘》，《考古》2010 年第 8 期。中国社会科学院考古研究所编著：《大甸子——夏家店下层文化遗址与墓地发掘报告》，科学出版社，1996 年。

②　傅斯年：《东北史纲》第一卷《古代之东北》，1932 年。金景芳：《商文化起源于我国东北说》，《中华文史论丛》（第七辑），上海古籍出版社，1978 年。干志耿等：《商先起源于幽燕说》，《历史研究》1985 年第 5 期。郭大顺：《北方古文化与商文化的起源》，《中国商文化国际学术讨论会论文集》第 113～116 页，中国大百科全书出版社，1998 年。

③　苏秉琦在《象征中华的辽宁重大文化史迹》一文中说："史书记载秦始皇生前最后两次东巡到海边，曾有过择地作'东门'（国门）的设想。国门在哪，现在还难作结论，但无论如何，'碣石宫'建筑群，从自然景观与宫殿布局确实符合'东门'或国门的设想。'普天之下，莫非王土'；'率土之滨，莫非王臣'，这是三代王者的理想，秦统一才实现了这一理想。秦始皇东巡刻铭中心思想是宣扬天下一统，那么，这项由秦始皇创建、到汉武帝完成的纪念性大建筑群，似确具有'国门'的性质，是秦汉统一大帝国的象征。"见《苏秉琦文集》（三），第 57 页，文物出版社，2009 年。辽宁省文物考古研究所编著：《姜女石——秦汉行宫遗址发掘报告》，文物出版社，2008 年。河北省文物研究所、秦皇岛市文物管理处、北戴河区文物保管所：《金山嘴秦代建筑遗址发掘报告》，《文物春秋》1992 年增刊。

④　辽宁省博物馆等：《辽宁喀左县北洞村发现殷代青铜器》，《考古》1973 年第 4 期。喀左县文化馆等：《辽宁省喀左县北洞村出土殷周青铜器》，《考古》1974 年第 6 期；《辽宁省喀左县山湾子出土殷周青铜器》，《文物》1977 年第 12 期。辽宁义县文物保管所：《辽宁义县发现商周铜器窖藏》，《文物》1982 年第 2 期。郭大顺：《试论魏营子类型》，《考古学文化论集》（一）第 79～98 页，文物出版社，1987 年。

⑤　郭大顺、张星德：《东北文化与幽燕文明》第四章，江苏教育出版社，2005 年。《辽宁建昌东大杖子战国墓地的勘探与试掘》，《2000 年中国重要考古发现》，文物出版社，2001 年。

东边郡兵屯遗址，辽阳市以及沈阳市围绕战国至汉代古城所在地的老城区陆续有数量以千百计的规模较大、分布密集的从西汉初到汉魏时期的墓群的发掘，除此之外，早年出套室结构壁画墓的大连市营城子汉代墓地，又有随葬成组龙纹的金带扣的汉墓发现，普兰店张店汉代城址周边姜屯墓地发掘有随葬鎏金铜车马明器、铜贝鹿镇、玉覆面特别是玉圭璧组合的等级较高的墓葬群①，南北相距不足30千米的营口市熊岳镇和盖县（今盖州市）老城也都勘探出时间平行有交错、堆积较丰富的汉代城址线索，说明辽南地区在这一繁荣过程中走在前列。这也是东汉末在辽东建立的公孙氏政权虽然本身存在时间短暂，文化延续却较长，对东北及东北亚地区古文化影响也较大的主要原因。

随着秦汉帝国解体后各民族的大迁徙和大融合，北方民族的兴起作用显著。地处东北南部的辽宁是这一时期多民族多文化活动比较频繁的一个地区，先后崛起的鲜卑、契丹、蒙元、满族在全面吸收先进汉文化的同时，也不断给中原汉文化注入新的活力，是为中华文明"续生型"的典型代表。

公元3到5世纪分别在辽西和辽东兴起的慕容鲜卑族和高句丽族文化，既各有自身的渊源、文化发展序列、民族和区域特色及发展道路，又始终与中原晋唐王朝和汉文化保持着密切关系。继北票北燕冯素弗墓和朝阳袁台子壁画墓等汉化很深的鲜卑族贵族墓葬的发现之后，又有朝阳十二台砖厂墓葬出土的罕见的完整甲骑具装和北票喇嘛洞可能为东迁的扶余族墓地的发掘，特别是近年在朝阳市老城区揭露出具中国古代都城特点的三门道结构的龙城宫城南城门遗址，确认了十六国时期三燕都城——龙城的具体位置和轮廓范围；北票金岭寺有围沟环绕的多间对称连组院落内设亭式建筑，结构和布局既具中国古代建筑布局传统，又有自身特点，可能与慕容鲜卑王族的祭祀有关②。新近在位于唐营州城（今朝阳老城）东百余千米的阜新县高林台古城发掘出有唐代官署级瓦当的建筑遗存线索，是朝阳市区以外辽宁地区甚为少见的一处典型的唐代遗存，这对研究唐王朝与正在当地兴起的契丹族的关系、唐王朝对辽东的经营以至在东北各民族活动地区实行的羁縻制度都具有重要价值，期待有进一步发现。辽东山地陆续有五女山山城、望江楼墓地等高句丽早期遗存的调查发掘，还发现了桓仁冯家堡子等与高句丽文化起源有关的遗存；地处辽东山地前沿、面向辽河平原险要位置的沈阳东郊石台子山城，发现有西北侧附多个马面的全封闭的人工石筑城墙和规模巨大的蓄水池；盖县（今盖州市）青石岭山城调查发掘有以现存高达20余米的夯土墙与高句丽传统的石筑墙相结合的、长度远超一般高句丽山城的城墙，城内近中心部位建有从南向北起四级台阶、上保存有成行排列的近于自然板石的大柱础，东西各延伸达百余米，可能为储粮的大型干栏式建筑群址，其规模甚至超过丸都山城的同类建筑，都是研究高句丽中晚期山城结构、布局以及高句丽对辽东地区经营的新资料。特别是作为辽东城山上城的灯塔市燕州山城，在东接辽阳市区的太子河渡口前修筑大规模成体系的石砌建筑群和由城内通向太子河的大型水渠，进一步显示出高句丽对有深厚先进汉文化基础的辽东城的特殊重视③。

① 李文信：《辽阳三道壕西汉村落遗址》，《考古学报》1957年第1期。辽宁省文物考古研究所：《姜屯汉墓》，文物出版社，2009年。

② 辽宁省文物考古研究所等：《辽宁北票喇嘛洞墓地1998年发掘报告》，《考古学报》2004年第2期。辽宁省文物考古研究所：《辽宁北票金岭寺魏晋建筑遗址发掘报告》，《辽宁考古文集》（二），科学出版社，2009年。

③ 樊圣英：《桓仁县王义沟高句丽时期遗址》，《中国考古学年鉴（2007年）》第189页，文物出版社，2008年。辽宁省文物考古研究所编著：《五女山城》，文物出版社，2004年。沈阳市文物考古研究所：《石台子山城》，文物出版社，2010年。燕州山城、盖州高句丽山城考古发掘新成果见《辽宁日报》2016年12月15日。

继法库叶茂台出小木作小帐建筑罩浮雕彩绘四神纹石棺、山水和花鸟挂轴画、着覆刻片金山龙纹衾和立翅冠帽以及多瓷种辽宋陶瓷器、漆器等集中反映辽代早中期经济、文化、贵族生活和葬俗的契丹贵族墓葬之后，阜新县关山、凌源市八里堡和康平县张家窑林场都有对辽代家族墓园的整体勘探和发掘；关山契丹显贵萧和家族墓天井南北两壁各绘高近 5 米的门神为辽墓人物画所仅见，更在墓道南北两壁分别绘汉人和契丹人出行场面，将辽代分俗而治的制度给予形象地表达①。辽阳市灯塔江官屯辽金时期大规模瓷窑址的抢救性发掘，为东北及邻区出土的辽金瓷器增加了一个可资比对的窑口，如胎釉选料、烧制甚为精美的仿定瓷等，还发现了多种反映新的烧窑技术的陶窑遗迹和窑具，如炕洞式窑床，窑场内还发现了可能为官营管理机构的大型建筑址。朝阳北塔、义县奉国寺配合维修工程进行的考古发掘，取得回廊加配殿等具时代特征的塔寺布局及演变的新资料，建筑史界和艺术史界还有对辽代建筑与佛教艺术方面的深入研究②。这些考古发现和研究成果都在显示，契丹族以"二元"化的政治制度和婚姻制度作保障，大幅度吸收汉文化主要是唐文化，又保持和发展本民族文化特色，在政治、经济和文化等领域都取得了很高的成就，形成中国历史上"宋辽交辉"的局面。正在北镇医巫闾山进行的辽代显、乾二帝陵考古，地上勘查的初步成果显示，陵区选址与环境、依山势布置的享殿等多重建筑基址以及石板路、坝墙、排水渠等各类建筑的高规格与宏大规模，所体现的自然与人文结合的大文化景观，既继承了中国古代帝王以山为陵的传统，又达到一个新的意境。契丹人选择和规划的这一"名山与帝陵"组合，在国内同类帝陵中是罕见的。

从 2007 年起连续三年的明代长城调查，确认了辽宁是全国少有的、同时保存有边防与海防遗存一个省份。调查登录的成体系的镇、卫、所、堡及关、门、马市等遗迹，显示长城在承担着军事防御任务的同时，也起到长城内外各民族关系缓冲和交往有序化的作用，从而促进了多民族交往的水平。出身渔猎文化的满族，继承"长城内外是一家"的理念，最终结束了自秦汉统一以来草原民族与中原农耕民族对立的格局，长城失去防御作用的同时，中华统一多民族国家得到进一步巩固和加强。从抚顺市新宾县赫图阿拉城的后金国汗宫（大衙门）布局结构仍采用满族民居"口袋房"形式，到清初在沈阳建都时已按中国传统城市的"井"字街改造明代沈阳中卫"十"字街布局的方城，并依藏传佛教坛城进行都城的总体规划，还形成"宫寝分离"和"宫城一体"的特点，体现了满族开国史吸收汉文化和蒙藏文化形成本民族特色的过程。由近圆形边城内套方城、外对称分布四塔寺（都为喇嘛教覆钵式塔）组成的清初沈阳城，作为中国古代都城规划史最后一例，已渐为建筑史界和规划界所接受，正在开展的、列入国家社科项目的"盛京城考古"将为此提供更多证据③。

三、欧亚大陆草原之路与环太平洋地区海洋之路的结合点

以上可见，古代辽宁的历史从来就不是孤立发展的，而是始终与周边地区保持着密切联系。辽宁地区作为东北古文化区的一部分，又处于东北渔猎文化与中原农耕文化和西部欧亚大陆草原游牧文化

① 李宇峰：《建国以来辽宁地区辽墓考古发现与研究》，《北方民族文化新论》，哈尔滨出版社，2001 年。辽宁省文物考古研究所：《关山辽墓》，文物出版社，2010 年。

② 辽宁省文物考古研究所、朝阳市北塔博物馆编：《朝阳北塔——考古发掘与维修工程报告》，文物出版社，2007 年。辽宁省文物保护中心、义县文物保管所：《义县奉国寺》，文物出版社，2011 年。

③ 郭大顺：《清初沈阳城——中国古代都城规划史最后一例》，《文化学刊》2010 年第 1 期。

接触交流的前沿地带，并以此联系着广大东北亚地区。就近年学术界关注的东西文化交流线路和内涵，古代辽宁也在不断提供新的资料和研究成果。这在古代辽宁的各个阶段都有不同程度的表现，其中相近或相同的文化因素，有的是共同的时代特点，可相互比较，有的则可能有所联系和影响。

这在万年以前的旧石器时代晚期就已有所显露。鞍山市海城小孤山旧石器时代晚期洞穴遗址所出带双排倒刺的骨鱼镖，比较资料在国内尚无实例，欧洲的马格德林文化却有较多标本。两地出土的共同因素还有钻孔骨针（同阶段时间稍晚的北京山顶洞人骨针为剔孔）、用兽牙做成的串饰。小孤山所出一件有刻划放射状线纹的圆饼形骨片饰在欧洲旧石器晚期洞穴遗址中也有类似发现。小孤山遗址多种文化因素与欧洲大约同时期先后遗存的相近，值得关注①。

红山文化的彩陶中，一种呈棋盘格式分布的等腰和直角三角纹、菱格纹以及曲折线图案彩陶较为多见，它们与西亚一带的彩陶图案风格十分接近，联系善用砌石建筑和人体雕像的发达，表明当时红山文化在吸收中原仰韶文化绘彩技法创造出具本文化特点的彩陶的同时，还与近东等西亚地区有着文化交流关系②。小河沿文化特有的绳纹筒形罐等在内蒙古中南部的庙子沟文化中频繁出现，小河沿文化盛行的屈肢葬也为西部地区固有葬俗③。就是年代更早的查海和兴隆洼等遗址由无门道房址、室内成人葬等组成的聚落，也近于大约同时期西亚史前如土耳其安那托利亚距今8000年前后的恰塔·夫尤克乃遗址出入口设在屋顶、内外往来以梯相连的房屋结构和有居室葬习俗的聚落形态④。而主要在史前时期广泛流行于从欧亚大陆草原地带到东北亚的饰压印纹的夹砂平底筒形罐则起到东西文化联系的桥梁作用。

这种东西文化相近的时代特征或交流到青铜时代仍势头不减。夏家店下层文化三袋足器的突然兴起，显然与三袋足器起源地的内蒙古河曲地区有关；一端作扇面形的铜耳环和陶器上的篦点纹装饰，是与欧亚大陆同时代古文化相同的因素；近年有研究成果还提出，作为西周以后玉礼器串饰主要组件的红玛瑙珠源自出现年代更早、数量也较多的西亚地区，而夏家店下层文化是目前所知中国境内以红玛瑙珠作为串饰的最早实例之一⑤。从商代中晚期起，由鄂尔多斯地区甚至源自更远的中西亚和欧亚草原地区的北方式青铜器，从三北地区（陕北、内蒙古中南部、晋北和冀北）经辽西山区和辽西走廊、辽河下游一直传播到鸭绿江口，在辽东地区发现这类北方式青铜器的遗址时间也可早到商周之际，如出平板斧、兽首铜刀和饰折线几何纹铜钺的原铁岭市法库湾柳遗址和出銎啄戈的丹东市大孤山有关遗存，可知这一传播速度之快和道路之畅通⑥。与此有关的是，受西部影响的北方式青铜器（工具和兵器）与中国特有的商周青铜容器（礼器）这两种青铜文明之间的关系，是中国青铜器研究的新课题。辽宁主要是辽西是商周青铜容器与北方式青铜器共出最东的一个地区，由于辽西地区青铜铸造业出现较早（西台红山文化遗址有铸小件饰品的陶合范发现，四分地、大甸子和水手营子夏家店下层文

① 张镇洪、傅仁义、黄慰文等：《辽宁海城小孤山遗址发掘简报》，《人类学学报》第4卷第1期。吕遵谔：《海城小孤山仙人洞鱼镖头的复制和使用研究》，《考古学报》1995年第1期。
② 郭大顺：《从世界史角度研究红山文化》，《第八届红山文化高峰论坛论文集》第13~22页，辽宁大学出版社，2014年。
③ 辽宁省文物考古研究所、赤峰市博物馆：《大南沟——后红山文化墓地发掘报告》，科学出版社，1998年。
④ 杨建华：《两河流域：从农业村落走向城邦国家》，科学出版社，2015年。
⑤ 黄翠梅：《大甸子墓地的珠管串饰及玉石佩饰研究》，《玉魂国魄——古代玉器与中国传统文化研究论文集》，浙江古籍出版社，2012年。
⑥ 郭大顺：《辽河流域"北方式青铜器"的发现与研究》，《内蒙古文物与考古》1993年第1、2期。

化遗址和墓葬分别出有陶铸范、使用内范的铜套件和铜柄戈等①），因此不能忽视当地与外来青铜文明的碰撞与结合。

此后，这种东西交流以十六国时期和辽代最为活跃。北燕冯素弗墓随葬有由东罗马经柔然国输入的多件钠钙玻璃制品，其中无模吹制、有复杂装饰的鸭形壶，经炉前多人多道工序快速配合制作，可能是盛香料一类化妆品的专用器，在罗马帝国也是制作难度高、形制罕见的精品②。多座三燕贵族墓葬出土的金步摇、步摇冠以及其他黄金镶嵌宝石的装饰器具也多为来自中亚、西亚的进口品。三燕与高句丽接触频繁，中西亚文化通过这一路线东传到朝鲜半岛和日本列岛，并都是以玻璃器和金饰件等高级宝物类奢侈品作为主要交流内容。与此相应的是，佛教从北路东传也是由西域、河西走廊经辽西、辽东到达高句丽，然后再向南传播，朝阳北塔揭露出的北魏时期塔近佛寺中心的布局和塔内环实体塔心的殿堂式回廊结构是其中一个重要实证和环节③。到了辽代，契丹族和汉族的贵族墓中也常有来自西部的伊斯兰式玻璃器随葬，如叶茂台辽墓随葬的玻璃调色盘，朝阳辽代耿延毅墓和内蒙古通辽陈国公主墓随葬的玻璃器等。朝阳北塔的辽代天宫出土一件由波斯直接传入的萨珊或伊斯兰时代的带把金盖玻璃胡瓶，器壁极薄却有十分规整的流线型造型，半透明的色泽变化均匀，器内底还套接一小瓶，也是当时以少见的精品作为输出品的。还有作为饰品和信仰物大量使用的琥珀，经成分测试，是由原产地波罗的海经由中亚地区转输到辽王朝的④。联系辽末耶律大石在新疆到中亚一带建立的西辽国，表明这一东西交流路线在辽代仍然畅通。

以上说明，在历史上确有一条贯穿欧亚大陆到东北及东北亚地区的草原之路，辽宁地区是这条草原之路的枢纽和通向东北亚的起点。

除东西交流外，地处渤海与黄海北岸、有两千余千米海岸线的辽宁，还有通过海路与环渤海沿岸及更南地域的南北交流。辽东半岛黄海沿岸新石器时代的大连市小珠山下、中、上层文化和丹东市后洼下、上层文化以及早期青铜时代的双砣子下、中层文化，与隔海的山东半岛大汶口文化、龙山文化和岳石文化一直保持着不同程度的密切关系⑤；红山文化玉器经由山东半岛与长江中下游的玉文化有交互影响关系，牛河梁遗址还有仿南海盛产的海贝玉饰出土；小河沿文化接受山东大汶口文化的强烈影响，也应与环渤海地区的南北海上交流有关；沿渤海湾北岸多有夏家店下层文化遗址分布，特别是在锦州市东临近渤海湾北岸的水手营子遗址发现随葬铜柄戈的夏家店下层文化晚期墓葬，这件铜柄戈时代特征标准（与二里头三期铜戈形制相近），重量达千克，柄饰商代青铜器常用的联珠纹，装饰性很强，是权杖式重器，说明环渤海沿岸也是该文化活动频繁的重点地区，并与山东岳石文化有海上交

① 辽宁省博物馆等：《内蒙古赤峰县四分地东山嘴遗址试掘简报》，《考古》1983年第9期。齐亚珍、刘素华：《锦县水手营子早期青铜时代墓葬及铜柄戈》，《辽海文物学刊》1991年第1期。
② 安家瑶：《冯素弗墓出土的玻璃器》，《桃李成蹊集——庆祝安志敏先生八十寿辰》第377~387页，香港中文大学中国考古艺术研究中心，2004年。
③ 郭大顺：《朝阳北塔在东亚佛寺布局演变序列中的地位》，《辽宁省博物馆馆刊》（第3辑），辽海出版社，2008年。
④ 香港中文大学中国文物研究所苏芳淑、许晓东等依据Curt W. Beck和Edith C. Stout红外线光谱分析辽代琥珀成分与盛产琥珀的波罗的海琥珀一致而不同于抚顺产琥珀的鉴定结果，认为辽代大量使用的琥珀，是波罗的海琥珀由中亚地区转输到辽王朝的，从而为辽代仍然畅通的草原丝绸之路增添了一项新内容。
⑤ 佟伟华：《胶东半岛与辽东半岛原始文化的交流》，苏秉琦主编《考古学文化论集》（二）第78~95页，文物出版社，1989年。

流①；青铜时代辽东半岛靠山面海、南北连续分布的大石棚群，作为从大西洋到太平洋沿岸巨石文化的一环，其文化联系当不限于东北亚地区；秦皇汉武在紧临渤海湾北岸选址建行宫，除了祭祀礼仪以外，也应同秦汉帝国开拓海疆有关；文献有战国秦汉时期齐人与燕人在海上活动并通过海上与朝鲜半岛交往的记载；东汉末年山东大族邴原、管宁等"浮海"移民入辽东，到公孙氏统治辽东时期"令行于海外"（《魏志·管宁传》），并通过海上与东吴交往。辽东海运到隋唐和辽金元时期趋向频繁，隋唐时期从辽东到东北有多条水道通朝鲜半岛和日本列岛，辽金在东京辽阳以南沿海置州建关以控制南北海上交通，元代以运输江南粮食为主的海运，常经直沽（今天津）达辽东的盖州甚至辽阳行省首府所在地的辽阳及朝鲜半岛，这方面已积累的考古线索有待进一步调查确认。1991 年开始的为时五个年度的对绥中县三道岗元代沉船调查发掘，出土和收集的磁州窑瓷器，有出自河北省磁县滏阳河上游的彭城窑，是经河运至直沽口又转海运沿渤海湾北岸到辽东、东北或更远地区的②。明王朝控制辽东及东北地区也一度以海路为主要通道。虽然元明清三朝都不同程度地实施过海禁，明王朝更有以辽阳为中心抵御倭寇的辽东海防线，但民间的物质文化、精神文化的开放交流从未被锁国政策真正扼杀过。还有历代直至近代由海运入辽河口（今盘锦附近）改河道漕运向辽宁和东北腹地的深入。频繁的海上交通为不同地域不同民族文化间的交流提供条件，更促进社会发展和民族文化的传承。

南北海上交流以史前时期辽西地区为起点的"玦文化圈"涉及范围最广，延伸地域最远。目前的发现和研究成果以为，玉玦及有关组合器（主要为管状玉玦和匕形玉器）作为文化含量较高的因素，在距今 8000 年前后的辽西地区，形制和组合都已较为固定和成熟，大约同时或先后也出现在中国东北吉黑地区、俄罗斯远东地区以及日本海沿岸和列岛北部。向南通过环渤海湾地区或沿太行山东麓，经山东到达环太湖和岭南地区，还跨海影响到中国台湾岛和菲律宾岛以及越南和泰国东海岸等地，形成一个由北到南的"玦文化圈"，是为包括南太平洋和中南美洲在内的"环太平洋玉文化圈"中形成最早也是影响最大的一个海洋文化圈③。

苏秉琦先生曾将世界文化结构分为欧亚大陆和环太平洋的东、西两大块，将中国古代文化分为面向这两大块的西北和东南的"两半"④。辽宁地区既与欧亚大陆东西草原之路又与南北环太平洋文化带有关，所以经常处在大陆文化与海洋文化这两大文化板块的结合点上。从这个视角考察和理解古代的辽宁历史，可能会有更深的理解，也是今后深入研究辽宁古代历史的新思路。

（根据辽宁省博物馆编《古代辽宁》"前言"修改。原载于吉林省社会科学院主办《区域文化研究》2017 年第 1 期）

---

① 郭大顺：《渤海湾北岸出土的铜柄戈》，《故宫文物月刊》总 208 期，2011 年 5 月。
② 张威主编：《绥中三道岗元代沉船》，科学出版社，2001 年。
③ 郭大顺：《辽宁"环渤海考古"的新进展——1990 年大连环渤海考古会后》，《郭大顺考古文集》（下册）第 86～94 页，辽宁人民出版社，2017 年。
④ 苏秉琦：《"纪念城子崖遗址发掘 60 周年国际学术讨论会"贺信》，山东省文物考古研究所编《纪念城子崖遗址发掘 60 周年国际学术讨论会文集》，齐鲁书社，1993 年。

中国有五千年文明史吗？

——从有关红山文化的争议谈起

中国有没有五千年文明史，对此考古界内外一直有不同见解。可喜的是，经过多年研究，已达到一些共识：一是文明起源的多元性。苏秉琦先生形容为"满天星斗"。

二是文明的标准不限于"三要素"（城市的形成、文字的出现和金属的发明），更重视遗迹如城墙和建筑基址，特别是礼仪性建筑。

三是年代学的确立。与文明起源有关的，可以距今5000年为界，分为5000年前（约相当于仰韶文化晚期）和距今5000年后，5000年后又可分为距今四五千年间（约相当于龙山文化早期前后）和距今4000年前后（约龙山文化晚期前后）。当然，5000年前是重点，当前有争议的也主要是这一段。

5000年前多元性文明的出现，依据现有考古发现，主要在黄河中上游、东南沿海、江汉平原和辽西山区等几个地区。

黄河中上游。河南省灵宝市西坡仰韶文化遗址发现的大房址、包括带回廊的特大房址（F105）被认为是重要文明因素。但这几座大房址的方向彼此不同，F105门朝东南，其他如F106门朝东北，都指向广场，为向心式分布，其布局和结构的等级，均与甘肃省秦安大地湾由前堂、后室、左右侧室甚至前厅组成的F901有所不同，后者与后世宫室的传统布局更为接近①。豫西地区有夯土城墙的郑州西山古城是很有希望的线索，可惜至今未在城内找到规模、等级相应的建筑址②。新近陕西杨官寨包括壕沟、城墙在内的超百万平方米的大型聚落址和墓地的发现透露出新的信息③。

东南沿海地区。有江苏省张家港市东山村出多件石钺的崧泽文化大墓，还在同时期等级更高的凌家滩遗址发现包括随葬多件玉石钺和玉龟壳，填土出巨型玉猪等几百件玉器大墓在内的墓葬群。凌家滩大墓坐落在有相当规模的祭坛（范围30~35米）上④。

---

① 河南省文物考古研究所等：《河南灵宝西坡遗址105号仰韶文化房址》，《文物》2003年第8期。中国社会科学院考古研究所等：《河南灵宝西坡遗址庙底沟类型两座大型房址的发掘》，《考古》2015年第5期。甘肃省文物工作队：《甘肃秦安大地湾901号房址发掘简报》，《文物》1986年第2期。

② 张玉石：《西山仰韶城址及相关问题研究》，许倬云、张忠培主编《中国考古学的跨世纪反思》（上册）第175~194页，商务印书馆，1999年。

③ 陕西省考古研究院：《陕西高陵县杨官寨新石器时代遗址发掘简报》，《考古》2009年第7期。

④ 南京博物院等：《江苏张家港市东山村新石器时代遗址》，《考古》2010年第8期。安徽省文物考古研究所：《凌家滩——新石器时代墓地发掘报告》，文物出版社，2006年；《安徽含山县凌家滩遗址第五次发掘的新发现》，《考古》2008年第3期。

江汉地区。湖南澧县城头山古城的筑城历史可早到距今 6000 年的大溪文化，且城墙、城门、护城河俱全，已有相应的建筑址线索①。

以上各区域具文明因素的诸考古文化，有的需寻找和确定规模、等级、组合更高更明确的建筑址群和墓地，有的尚待有等级更高的聚落中心的发现，都是今后需要集中攻关的课题。

与以上各区域相比，同一时期辽西山区发现的属于红山文化晚期的牛河梁遗址，时代在距今 5500 年前后。该遗址以多类型的建筑址最具特点，不仅有积石冢墓群，而且有庙宇和祭坛，特别是至今仍是同时期甚至整个史前时期唯一发现的女神庙和以女神庙为中心维系着四周 50 平方千米内众多冢坛的遗址群，形成有组合、成布局的有机整体，体现出红山文化的宗教信仰已具备完整体系；与建筑址相配套的是规格甚高的人、龙、凤、龟等玉器和彩陶祭器；普遍出现的中心大墓体现了社会结构已出现以一人独尊为主的等级分化，故牛河梁遗址可确定为红山文化最高层次的中心遗址，是中华五千年文明起源的主要实证②。所以 20 世纪 80 年代中期这项成果一经公布，立即引起海内外广泛反响，掀起一场有关中华五千年文明起源的大讨论。此后三十多年各地同时期有关重要考古发现不断，相互比较，红山文化的发展水平和资料的全面成系列，仍处于前列。

对红山文化是否已进入文明社会，总的趋势是认可者在增多，执疑义者在减少。质疑已由是否进入文明社会转为发展模式的不同，主要是认为神权至上的红山模式是"个例"，不具代表性，是"畸形"发展，所以只限于当地从而"自消自灭"，无大影响等③。由于这些疑问的影响，致使作为中华五千年文明主要实证的红山文化有被边缘化的倾向，而良渚、陶寺、石峁诸古城都在距今四五千年间和距今 4000 年前后这两个阶段，这无疑使中华五千年文明史的开端打了折扣。文明探源工程的主持者们也只说道：中国五千年文明"恐非虚言"④。

回想 20 世纪五六十年代，以彩陶为主要特征的仰韶文化被视为母系氏族的繁荣阶段，80 年代初提出彩陶时期的某个考古文化可能进入文明社会，曾令人感到唐突⑤，有争议是可以理解的。围绕争议持续深入讨论并适时提出新课题，将有助于这一牵动亿万中华儿女心扉的大事的不断推进和最终解决。

与红山文化有关的文明起源的争论，主要有三个焦点。

（一）神权与王权——中国文明起源的道路与特点

从东山嘴遗址发现起，到牛河梁遗址的多年发掘，我们对遗址性质的认识经历了从确认遗址具祭祀性质，以祭祀祖先为主要内容到祭祖已有主神与群神、远祖与近亲、女神与男神、个祖与共祖等多层次、多形式等三个阶段⑥。以为这正符合张光直先生对中国文明起源道路和特点的论述，即红山人具有中国古代天、地、神、人分层的宇宙观，走的是通神取得政治权力的文明发展道路⑦。

---

① 湖南省文物考古研究所：《澧县城头山——新石器时代遗址发掘报告》，文物出版社，2007 年。

② 辽宁省文物考古研究所编著：《牛河梁——红山文化遗址发掘报告（1983—2003 年度）》，文物出版社，2012 年。

③ 朱乃诚：《中国早期文明的红山模式》，《红山文化学术研讨会论文集》第 168～188 页，辽宁人民出版社，2013 年。

④ 王巍、赵辉：《中华文明探源工程研究》，《首届世界考古论坛会志》第 174 页，科学出版社，2015 年。

⑤ 刘观民在文明起源座谈会上的发言，《考古》1989 年第 12 期。

⑥ 郭大顺：《牛河梁等红山文化遗址所见"祖先崇拜"的若干线索》，辽宁省博物馆编《辽河寻根　文明溯源——中华文明起源学术研讨会论文集》第 100～105 页，文物出版社，2012 年；后收入《郭大顺考古文集》（上册）第 81～84 页，辽宁人民出版社，2017 年。

⑦ 张光直：《考古学专题六讲》，文物出版社，1986 年。

这里要讨论两个问题。一是作为军权象征的玉石斧钺在红山文化遗址发现数量甚少，牛河梁遗址只出土 2 件石钺，都为较小墓葬，高等级墓葬不见有钺随葬。为此有学者归纳出红山文化"有祀无戎"①。新近朝阳龙城区半拉山积石冢出土一件石钺，选凝灰岩一类石料，为舌形，形制特点与同时期其他考古学文化如崧泽文化和凌家滩文化同类器更为接近②。此墓共出有玉璧和玉雕龙，体形都较大，为钺璧龙的组合，且钺的柄末端还有石兽首装饰，为此，有认为红山文化也有从军权到王权的演变过程。但半拉山为等级不高的中小型冢，石钺也仅此一件，从总体上看，红山文化仍缺少作为军权象征的玉石钺，还是视为具神权至上和由神权到王权的性质为妥。

再一个问题是，有学者提出，在文明起源过程中，红山文化和良渚文化都因通神的玉器发达和以神权为主，故而断裂，仰韶文化缺少玉器而发展为后世三代的以王权为主，故而延续③。红山文化、良渚文化与仰韶文化之间是否缺少共同的思想观念？是否走的是不同的文明发展道路？这是一个有关中国文明起源道路和特点普遍性的大问题。

对此，苏秉琦和张光直先生都已指出，中原地区史前玉器虽不发达，但构成其主要文化特征的各类彩陶器或小口尖底瓶，并非都是实用器，也具有巫者通神使用的"神器"性质。如苏秉琦先生以为："小口尖底瓶未必都是汲水器，甲骨文中的'酉'字有的就是尖底瓶的象形，由它组成的会意字如'尊''奠'，其中所装的不应是日常饮用的水，甚至不是日常饮用的酒，而应是礼仪、祭祀用酒。尖底瓶应是一种祭器或礼器，正所谓'无酒不成礼'。半坡那种绘有人面鱼纹之类的彩陶，反映的已不再是图腾崇拜，已超越了图腾崇拜阶段，有些彩陶应属'神职'人员专用器皿。"④ 张光直先生则从仰韶文化及有关史前文化彩陶等因素中归纳出巫觋人物特质与作业的阴阳两性（如柳湾采集马厂类型人像彩陶壶）、特殊宇宙观（如濮阳西水坡以蚌壳摆塑动物及围绕其中墓穴的相对方位）、迷幻境界、动物为助手（如濮阳西水坡蚌壳摆塑动物）、再生（如甘肃秦安大地湾 F411 地画和临洮半山区采集似人骨架彩陶钵）、舞蹈作业（如甘肃秦安大地湾 F411 地画、青海大通县上孙家寨马家窑类型彩陶盆）等共 7 项特征⑤。2010 年出版的《中国考古学·新石器时代卷》也说："彩陶当初却有着实在的内容和严格的定义，其中有的还可能是围绕着某些巫术或原始宗教活动而特制的。"⑥

依苏秉琦与张光直两位先生的观点，可以对仰韶文化有关文化因素做新的理解。举 1960 年我参加实习的王湾遗址为例。该遗址的仰韶文化遗存大量以小口尖底瓶做葬具，且可依上下部不同的对接分为多种类型；王湾遗址 F15 居住面的东北部，有两件小口尖底瓶与两个儿童骨骼并卧于居住面上⑦。新公布的陕西杨官寨 H402 出 22 件完整尖底瓶，此坑为口小底大的袋形，四壁修整光滑，底部四周有凹槽，十分规整。这都是小口尖底瓶非实用而与宗教信仰有关的证据。杨官寨 H772 还出多件可复原

① 朱乃诚引易华文，见朱乃诚：《中国早期文明的红山模式》，《红山文化学术研讨会论文集》，辽宁人民出版社，2013 年。
② 辽宁省文物考古研究所、朝阳市龙城区博物馆：《辽宁朝阳市半拉山红山文化墓地的发掘》，《考古》2017 年第 2 期。
③ 李伯谦：《中国古代文明演进的两种模式——红山、良渚、仰韶大墓随葬玉器观察随想》，《文明探源与三代考古论集》第 43～54 页，文物出版社，2011 年。
④ 苏秉琦：《关于重建中国史前史的思考》，《考古》1991 年第 12 期。
⑤ 张光直：《仰韶文化的巫觋资料》，"中央研究院"《历史语言研究所集刊》，1994 年；后收入《中国考古学论文集》第 136～150 页，生活·读书·新知三联书店，1999 年。
⑥ 中国社会科学院考古研究所：《中国考古学·新石器时代卷》，中国社会科学出版社，2010 年。
⑦ 北京大学考古文博学院编著：《洛阳王湾——新石器时代遗址发掘报告》，文物出版社，2000 年。

彩陶器，坑虽较浅但较为规整，且坑内分层清晰，每层均含小石块、红烧土块和草拌泥块等，多数层位较为平整，质地较硬，都非过去认为的灰坑即垃圾坑，而是与祭祀活动有关①。卜工也曾依据对磁山遗址灰坑的分析提出新石器时代这一类灰坑应具祭祀性质②，王湾等遗址出可复原彩陶器的规整的多个袋形灰坑也应具相同功能。

可见，仰韶文化也是神权发达的考古文化，只是其表现形式与红山文化、良渚文化有所不同。其实就是到了商代，青铜业不是为了生产而是用于祭祀和埋葬，殷墟和甲骨卜辞所见王室大规模、多形式的祭祀活动，以及陈梦家先生提出的商王是诸巫之首的观点③等，也都是从史前时期开始的通神取得政治权力的延续。

所以，红山文化所表现的神权至上的文明起源道路，在中华大地具有普遍性，只是红山文化更为典型，发展更为充分而已。

（二）断裂还是传承？

可以从苏先生当年在思考中国文明起源时的想法谈起。苏先生最早将探索中华文明起源的目光投向辽西地区时，牛河梁遗址尚未发掘，是东山嘴遗址的发现引起他的注意。1981 年在河北省蔚县三关考古工地召开座谈会听到东山嘴发现的消息，就临时决定隔年在辽宁省朝阳开类似的座谈会，看东山嘴现场。东山嘴会前的 1983 年 5 月 29 日，苏先生给我一封信，谈到他在中国考古学会郑州年会期间登嵩山中岳庙时的感受，"总的环境风貌是四周环山，北面嵩山高耸，中间有颍水从西向东流过，庙位置坐北向南，庙后是高高在上的一座方亭式建筑，庙前是长甬道通双阙。你想，这多么和'东山嘴'位置、地形、地貌相似"。可见，苏先生是从东山嘴的建筑布局与中国传统建筑布局的关系入手追溯民族文化的根和寻求文明起源证据的。牛河梁发现后，他又将红山文化"坛庙冢"与明清北京时期的天坛、太庙与明十三陵相比对，并有进一步论述：

"坛的平面图前部像北京天坛的圜丘，后部像北京天坛的祈年殿方基；庙的彩塑神像的眼球使用玉石质镶填与我国传统彩塑技法一致；冢的结构与后世帝王陵墓相似；龙与花的结合会使人自然联想到我们今天的自称'华人'和'龙的传人'。发生在距今五千年前或五六千年间的历史转折，它的光芒所披之广，延续时间之长是个奇迹。"④

此后几十年的发现和研究成果使这一认识更加丰富。重点仍然是各类建筑址及其布局。如独立存在于居住址以外的"坛庙冢"三位一体的配套组合，庙与墓共出一地，与后世宗庙在城中、陵墓在城郊不同，为史前时期特点；有主次和依南北中轴线的总体布局，不仅见于牛河梁这样的中心遗址，也见于东山嘴、草帽山、半拉山这样的一般遗址，是建筑布局制度化的表现。还有起三层的结构，方与圆相间的形状；随葬的"玉龙凤"和龟、勾云形器等，都是中华传统文化重要组成部分。尤其是半拉山积石冢的冢体上发现一建筑址，此建筑址位置在冢的后部近于正中，长方形，方向与冢相同，建筑址内有大量红烧土堆积，附近出多件泥石雕人体雕像，疑具庙的特征。此前东山嘴遗址的中后部也出

①　陕西省考古研究院：《陕西高陵县杨官寨新石器时代遗址发掘简报》，《考古》2009 年第 7 期。
②　卜工：《磁山祭祀遗址及相关问题》，《文物》1997 年第 11 期。
③　张光直引陈梦家观点，见张光直《商代的巫与巫术》，《中国青铜时代》（二集）第 44 页，生活·读书·新知三联书店，1990年。
④　苏秉琦：《象征中华的辽宁重大文化史迹》，《苏秉琦文集》（三）第 55 页，文物出版社，2009 年。

有多件红烧土草拌泥的建筑残块。墓上置祭祀建筑，曾见于辉县固围村战国时期魏王陵，后见于平山县中山王陵和兆域图与殷墟妇好墓，半拉山的发现将中国古代墓祭提前到 5000 年前，是追溯中国陵寝制度起源的难得资料①。

可以看出，在红山文化中，这种中华文化传统因素不是一例或几例，而是从遗迹到遗物的多种多例，并且是有机的组合。它们都是红山文化对中华传统文化的独特贡献。所以，红山文化不仅不是中华文化的断裂，而是中华传统文化的一个重要源头，是中华古文化主根系中的直根系。而文明起源过程与中华传统初现过程是同步发展的。

（三）为什么是红山？——文化交汇是文明形成原动力

中国文明起源道路与特点的典型代表，中国文化传统的初现，为什么首先在北方的红山文化出现，而不是以后夏商周三代逐鹿的中原地区？这是经常要面对的一个问题，也是我们正在探讨的问题。目前认识到的，一是东北和东北亚的大背景，一是文化交流。

东北地区史前文化，虽然遗址少，堆积薄，但玉器出现早。新近在黑龙江发现玉璧的小南山遗址，年代超过距今 8000 年②。东北史前文化常见的玉器还有玉斧，有论证平首圭源于玉斧，圭璧组合见于商周到汉唐等各个时代，直到明清时期，是玉礼器中延续时间最长的玉器组合，而其源头可追溯到东北地区史前时期的玉斧与玉璧；我们还曾提出玉器的起源与渔猎文化有关；这些都一再被证实③。在这样的历史文化背景下成长的红山文化，拥有发达的玉器和"唯玉为葬"的习俗，走通神取得政治权力的道路，是完全可以理解的。

但与东北地区其他史前文化相比，红山文化特别是红山文化晚期发生了突变，这应同东北渔猎文化与中原农耕文化、西部草原文化的交汇有关，分布在西辽河流域的红山文化处于这一交汇的前沿地带。所以红山文化具有以渔猎为本又发展了农耕的经济生活，文化内涵也具多元性的特点，如具东北文化特点的饰压印纹夹砂筒形罐与具中原和西亚因素的彩陶共存。而且彩陶在红山文化中的使用情况也十分值得注意。在积石冢周边立置的成排筒形陶器，多数为彩陶，女神庙的祭器也全部为彩陶和与彩陶有关的泥质红陶，尚未见具当地传统特点的饰压印的夹砂筒形罐。彩陶作为一种外来文化因素，被红山人视为神圣，成为红山文化信仰体系的组成部分，表现出红山文化对待异质文化因素的高容纳度，善于辨别、吸收、融合邻近文化的先进文化因素充实和发展自身，这是红山文化在文明起源过程中先走一步的一个主要原因。

所以，在研究中国文明起源特别是五千年文明起源时，只要不自设禁锢，而是立足于中国文明起源的自身特点，立足于与中华传统的继承关系，立足于文化交汇的推动作用，就会对红山文化在中国文化和文明起源过程中的地位和作用有更深入的理解，谈中国五千年文明起源就会理直气壮，与世界诸文明古国比较也会建立在更为科学的基础之上，从而达到真正意义上的文化自觉和发自内心的文化自信。

（原载于《第十二届红山文化高峰论坛论文集》，辽宁民族出版社，2018 年）

---

① 辽宁省文物考古研究所、朝阳市龙城区博物馆：《辽宁朝阳市半拉山红山文化墓地》，《考古》2017 年第 7 期。
② 该遗址墓葬碳十四测定年代为距今 8020±30 年、距今 8150±30 年和距今 7880±30 年，见《我国首次发现沃兹涅谢诺夫卡文化——黑龙江饶河小南山遗址考古取得重要收获》，《中国文物报》2015 年 12 月 25 日第 2 版。
③ 郭大顺：《玉器的起源与渔猎文化》，《北方文物》1996 年第 4 期。

流动与稳定

——先秦时期三次文化浪潮中北方草原地区的地位和作用

中国先秦时期有三次影响较大的文化浪潮，第一次文化浪潮是在 5000 年前的仰韶时代晚期，是中华大地诸区域文化个性充分发展并频繁交汇期，也是中华文明起源的古国时期；第二次文化浪潮是距今 4000 年前后的龙山时代到夏代，是诸主流文化定向交汇导致中华最初文化共同体形成期，也是中华文明起源的方国时期；第三次文化浪潮是距今 3000 年前后即从夏商之际到商周之际前后，是青铜文明走向成熟时期，也是中华诸民族文化深入融合时期。北方草原地区在这三次文化浪潮中不仅有十分活跃的文化交流，而且形成若干个很有影响、甚至在其中扮演主要角色的区域文化，如第一次文化浪潮中西辽河流域的红山文化，第二次文化浪潮中"三北地区"（包括内蒙古中南部在内的冀北、晋北、陕北）的老虎山—石峁文化和西辽河流域的夏家店下层文化，以及第三次文化浪潮中的北方式青铜器及与之有关的朱开沟晚期文化等。

一

多年的考古发现和研究表明，红山文化是一个神权至上的社会，规范化的祭祀建筑以及制度化的祭祀礼仪和通神工具——玉器，是红山文化在 5000 年前进入文明社会的主要标志。

祭祀建筑的规范化表现为：多类型（有庙宇和山台、祭坛和积石冢及祭祀坑等），成组合（庙与台、冢与坛），重结构（方或圆），分层次（从红山文化最高层次的牛河梁遗址到规模较小的东山嘴、草帽山等遗址都为冢坛组合）等。其中又以庙与坛的组合、北庙南坛布局的规范化和由此所见以祭祖与祭天为主要内容的祭祀礼仪的制度化最为重要。

敖汉旗草帽山和喀左东山嘴遗址建筑群的北部都为方形或长方形建筑址，内出石雕人像或红烧土建筑残块，暗示有庙的迹象[①]。2016 年朝阳市龙城区半拉山积石冢上的北部方形建筑址近中心部位发现一座以木柱支撑的长方形建筑，内有人体塑像残件，应为祭祖的庙址，是庙置北部的又一个证据[②]。草帽山和东山嘴遗址的南部都设祭坛，是庙与坛的组合，且都为北庙南坛的布局。东山嘴祭坛为边缘

[①] 邵国田主编：《敖汉文物精华》第 27 页 "草帽山祭祀遗址群"，内蒙古文化出版社，2004 年。郭大顺、张克举：《辽宁省喀左县东山嘴红山文化建筑群址发掘简报》，《文物》1984 年第 11 期。

[②] 辽宁省文物考古研究所、朝阳市龙城区博物馆：《辽宁朝阳市半拉山红山文化墓地》，《考古》2017 年第 7 期。

砌筑整齐的正圆形，与后世"圜丘祭天"的记载相吻合。

北庙南坛的组合和布局以牛河梁遗址最具典型性①。该遗址除拥有中国先秦时期唯一的祭祀祖先偶像的庙宇以外，还有同样重要的祭天的圜丘。该祭坛规模大，外直径约 22 米，为东山嘴祭坛的 10 倍左右；用料讲究，不同于诸多积石冢采用就近的灰岩和砂岩，而为远地运输来的玄武岩石料，且都为五棱体柱形石，色泽为统一的淡红色；构筑独特，坛界的砌筑方式为将石料立置而非通常石构建筑所用的平砌，形成如石栅的效果；结构严谨，坛体起三层，层层高起，略成台状，内外圈所选用石桩的规格也各有不同，外圈石桩规格较大，向内的两层石桩规格依次渐小。据研究，圈与圈之间的距离也并非随意②。祭坛位置居中（在山岗的正中，东西各两冢），都表明此祭坛规格甚高；且位于女神庙的正南部，形成南北中轴线的布局，并将人文融入自然的文化景观，共同构成牛河梁祭祀遗址群的主干，作为牛河梁这个红山文化最高层次中心的主要建筑，也是红山文化祭祀遗存规范化和以祭祖与祭天为主要内容的祭祀礼仪制度化的最高表现形式。

红山文化与中国古代礼制起源的关系，在祭祀工具——玉器上也有突出表现。红山文化玉器既高度抽象又十分规范，这应是受某种固定思想制约的结果，曾被称为"礼的雏形"③。红山文化又有墓葬只随葬玉器的葬俗，这同王国维先生释"礼"字的初意为"像二玉在器之形"和"盛玉以事神之器为之礼"完全吻合④。玉器是最早的礼器，红山文化玉器及"唯玉为葬"的习俗是与中国古代礼制起源相关最有力的证据。

玉器在处于北方草原地区的红山文化中的发达并非偶然。据考证，玉器的起源就与史前时期北方地区的渔猎文化有关⑤。到红山文化时期，玉器发展到高峰并具有礼器性质，仍与红山人生活的森林草原环境有直接关系。作为红山文化玉器主要题材的动物形象的原型就是在这种环境下与人长期共处的各类野生动物，如凤以鹰和鸮为原型，龙有猪龙、鹿龙和熊龙⑥。又，翁牛特旗境内所出的附脊玉龙（或称"C"形龙）有人认为其可能属于 6000 年前、与红山文化早期关系密切的赵宝沟文化。该类玉龙以长吻、颈后起长脊为突出特征，其形象更似鹿，颈后长脊当为鹿角的演化。赵宝沟文化陶器上也喜用鹿作为题材，而且形象神化，线条极为流畅⑦（图一），敖汉旗宝国吐乡小山遗址第二号房址还出有由鹿及凤鸟、野猪等组成的"四灵"纹陶尊⑧。同时，赵宝沟人又以马鹿和斑鹿为主要的狩猎乃至驯养对象⑨。若这类大型玉龙是以鹿为原型，那么作为龙起源时期的典型标本，正是草原文化的产物，是当之无愧的草原文化标志物。

礼仪性遗存在红山文化率先出现，既是当地古文化自身发展演变的结果，更同多种文化的交汇有着直接关系。

①　辽宁省文物考古研究所编著：《牛河梁——红山文化遗址发掘报告（1983—2003 年度）》，文物出版社，2012 年。

②　冯时：《红山文化三环石坛的天文学研究——兼论中国最早的圜丘与方丘》，《北方文物》1993 年第 1 期。

③　孙守道、郭大顺：《论辽河流域的原始文明与龙的起源》，《文物》1984 年第 6 期。

④　王国维：《观堂集林》（第一辑），中华书局，1959 年。

⑤　郭大顺：《玉器的起源与渔猎文化》，《北方文物》1996 年第 4 期。

⑥　［日］秋山进午：《红山文化と先红山文化——赤峰红山考古、其の一》，《古史春秋》第五号，朋友书店，1989 年。

⑦　敖汉旗博物馆：《敖汉旗南台地赵宝沟文化遗址调查》，《内蒙古文物考古》1991 年第 1 期。

⑧　中国社会科学院考古研究所内蒙古工作队：《内蒙古敖汉旗小山遗址》，《考古》1987 年第 6 期。

⑨　中国社会科学院考古研究所编著：《敖汉赵宝沟——新石器时代聚落》，中国大百科全书出版社，1997 年。

图一　敖汉南台地出土陶尊及其上刻划的神鹿纹

中华文明起源的 5000 年前，是中华大地诸区域文化个性充分发展并频繁交汇时期。"神农氏衰，诸侯相侵伐"（《史记·五帝本纪》）就是对这一时代特点的真实写照。

红山文化所在的西辽河流域，是东北渔猎文化、北方游牧文化与中原农耕文化接触、交流的前沿地带。神权的发达是各区域进行交流的共同基础，交汇的导向既有南北之间，也有"西风东渐"。如红山文化的彩陶，多是从中原仰韶文化吸收而来，有的几何纹图案还可能来自西亚。它们被选用为主要的祭祀器物，如积石冢上成列的彩陶筒形器和女神庙内的大型彩陶祭器，说明彩陶已被红山人纳入到信仰体系。将外来的彩陶与当地产生的玉器这两种不同质艺术形式共生融合为一体，表现出红山文化对外来文化因素有很高的容纳度，这也是草原文化对多元文化具包容性的具体体现。

5000 年前在西辽河流域掀起的第一次文化浪潮，在交流和吸收中创造出具中国特色的礼仪文化，从而使红山文化在中国文明起源进程中"先走一步"，并为后世所传承，是红山文化乃至草原文化为中华传统礼仪制度的创立和发展、为连绵不断的中华文明做出的独特贡献。

二

随着 5000 年前各具个性并先后跨入古国时代的文化群体的频繁交汇，到距今 4000 年前后的龙山时代到夏时期，已是中华文化共同体最初形成的方国时期。北方草原地区在这一时期的地位和作用仍举足轻重。从考古学上看，有两个重点地区：先是包括内蒙古中南部和陕北、晋北、冀北在内的"三北地区"，后是西辽河流域。

"三北地区"已知有两项重要的研究成果，一是在准格尔旗找到了三袋足陶器起源的证据，一是以内蒙古凉城县老虎山和陕西省神木县石峁为代表的石城址群。

中国古代特有的三袋足器（鬲、甗、斝等），是夏商周时期普遍使用的生活用具，也是祭祀和随葬器物，直到春秋战国之交才为釜类器代替，被称为"中华古文化的标准化石"[1]。但关于鬲的起源问题，却一直未解决。20 世纪 80 年代以来，根据内蒙古准格尔旗以及河北省张家口蔚县发现的晚期小口尖底瓶与原始斝鬲在外形和制作上特征的一致，苏秉琦先生认为找到了考古学家探寻数十年的三袋足器起源的证据："源于关中的尖底瓶（仰韶文化主要特征器物之一）与源于河套地区土著文化的蛋形瓮结合，诱发三袋足器的诞生。""这项线索的重要意义是：把源于中原的仰韶文化更加明确无误地同青铜时代的鬲类器挂起了钩，而这一关键性的转折是发生在属于北方文化区系的河套，两种渊源似乎并不相同的文化的结合或接触条件下产生的奇迹给人以启迪。至于在此之后整个中原、甚至南到长

---

[1]　苏秉琦：《陕西省宝鸡县斗鸡台发掘所得瓦鬲的研究》，《苏秉琦文集》（二）第 17 页，文物出版社，2009 年。

江中下游发生的大规模、大幅度文化面貌转变，更发人深思。"① 苏先生从而将"三北"地区视为龙山时代形成的"风源"所在②，并将其同文字的起源（晚期小口尖底瓶和原始型斝鬲分别为甲骨文"酉"和"丙"创字的原型）和中国传统人际关系（"隔"与"融"字都以鬲为偏旁）相联系。

苏先生从三袋足器这一种器物的起源预言其引起的社会变革和对龙山时代来临及后世的巨大影响，在近年公布的三北地区石城群的发掘成果中得到印证。其中的陕北神木县高家堡镇石峁石城址，由内城、外城和宫城组成，面积超过 400 万平方米，为全国已发现的龙山时代到夏时期规模最大的一座石城址。已发掘出外城的东城门有瓮城、门塾、壁画以及仿东方和中原等地区的钺、璋等玉器，被围绕其中的宫城更建于九级台阶之上，充分显示出石峁古城政治和宗教中心的规格和地位。其向南的发展趋势是影响到被视为尧都的山西陶寺龙山文化遗址。而内蒙古乌兰察布盟凉城县老虎山石城址，时代为龙山时代早期，早于石峁城址，被视为是包括石峁古城在内的黄河两岸这群石城址的前身③。以老虎山和石峁为代表的石城址群的发现，进一步强化了三北地区作为龙山时代形成的风源的势头。

与三北地区同时或稍晚，在西辽河流域普遍分布的夏家店下层文化，被称为与中原二里头文化、东方岳石文化并列的夏时期三大文化系统之一。该文化目前虽然缺少如石峁那样最高层次中心遗址的发现，但已调查和发掘的丰富材料表明，这是夏时期雄踞北方的又一支强大的方国文化。

夏家店下层文化以密集而呈立体式分布的城堡群最为引人注目。以敖汉旗近 3000 处遗址和喀喇沁旗半支箭河中游拉网式调查材料（200 平方千米范围内分布 150 处）为标准统计，对分布密度相近的赤峰市和毗邻的辽宁西部朝阳市各五县（旗）及邻区县进行推算，夏家店下层文化遗址当超过上万处，其数量在全国同一时期前后古文化中是罕见的；而且遗址群的分布有规律可寻，呈现出从低台地、山坡到山冈甚至山顶的立体式的布局；聚落、聚落群和聚落内房址也表现出强烈的防御功能。与此相应的是文化连续性和文化面貌的统一性，如在原住地层层建屋连续居住所表现出的"固守老屋"的习俗，大甸子墓地密集整齐的排列和不间断使用④，以及分布范围内外文化面貌的高度一致。夏家店下层文化社会的发展和繁荣，是以发达的农耕业为经济基础的。该文化拥有大量石锄，反映出农耕以中耕松土细作为重要程序。已掌握了铸造小件青铜容器的技术。由此带来的巨大社会变革，突出表现为严格的等级分化。从大型中心聚落之一的大甸子墓地所见，墓葬规模（特别是深度）与木椁的有无，壁龛的有无、大小，随葬器物的数量、精陋及组合的多少，彩绘陶器及某些特殊彩绘母题如兽面纹和龙纹的使用，陶鬶（盉）爵的随葬，随葬猪狗的数目、部位，斧钺的使用等，都可分出若干相对应的等级。各种迹象表明，夏家店下层文化还应拥有一个规格高于大甸子遗址的都邑级中心聚落。

据文献记载，商文化的起源与北方古文化有着千丝万缕的联系。夏家店下层文化的年代早于商，考古文化特征多近于商器，特别是陶鬲的特征，"经过袋足逐渐互相靠拢，呈锐角裆（或'隔'）的袋足鬲"是"曾活动于西辽河与海河水系地带的人们（包括商人）走过的道路"（苏秉琦语）⑤；还有近

① 苏秉琦：《晋文化问题》，原载《晋文化研究座谈会纪要》（1985 年）；后收入《华人·龙的传人·中国人——考古寻根记》，辽宁大学出版社，1994 年。
② 苏秉琦：《环渤海考古的理论与实践》，《华人·龙的传人·中国人——考古寻根记》，辽宁大学出版社，1994 年。
③ 参见陕西省考古研究院等编著：《发现石峁古城》，文物出版社，2016 年。
④ 中国社会科学院考古研究所编著：《大甸子——夏家店下层文化遗址与墓地发掘报告》，科学出版社，1996 年。
⑤ 苏秉琦：《陕西省宝鸡县斗鸡台发掘所得瓦鬲的研究（节选）》补序，《苏秉琦文集》（二）第 9 页，文物出版社，2009 年。

于商代青铜器花纹的彩绘陶纹饰，同于商中小贵族的体质特征，以及该文化在渤海湾北岸的频繁活动和渐南渐晚的移动趋势，都与文献所记商人先公先王的活动踪迹相吻合。

三北地区的石城群和辽西地区的夏家店下层文化处于北方草原地区在红山文化之后一个更为稳定的发展时期，但与邻区仍有频繁交流，甚至涉及更远的域外地区。夏家店下层文化多方向的对外交流已不断有研究成果公布：总体文化面貌近于燕山以南华北平原的龙山文化到早商文化；三袋足器的突然兴起，与三袋足器起源的三北地区有关；喇叭状耳环和篦点纹是来自更西部的因素①；同时还与辽河下游的高台山文化有密切交往。而石峁古城址所显示的对外交往则有些出人意料："石峁发现的人头石雕、坐像、岩画、货贝、绿松石珠、鸵鸟蛋壳、铜齿环以及大量散布的打制石器，揭示了高地社会与北亚、中亚互动网络之间的联系。"② 多项文化因素与北亚和中亚有关，这是以往所估计不到的，也同中原地区龙山时代到夏时期以区域内文化交流为主的情况有很大不同，说明无论是夏家店下层文化还是老虎山—石峁文化，它们的空前繁荣和稳定以至与中原龙山时代到夏时期文化鼎立而踞的局面，都是与它们生长的北方草原地区以及在开放形势下的发展分不开的。

三

商周时期是中国青铜文化最为发达的时期。这一时段的北方草原地区在文化交流传播方面的优势得到更充分的发挥，这就是被称为"早期鄂尔多斯青铜器"的"北方式青铜器"。这类以兽首、环首和铃首为装饰的刀、剑、匕首和有銎柄的斧、钺等青铜工具及武器等具有浓厚草原文化特点的遗存，多见于河套、陕北、晋北的黄河两岸和燕山南北，也进入辽河流域，甚至直达鸭绿江口③。辽西走廊的绥中前卫、兴城杨河与辽河下游的新民等地北方式青铜器经常单独存在的情况，显示出它们极强的流动性和独立的传播方式；与此相应的是由西向东甚快的传播速度，从辽东到鸭绿江口的丹东大孤山都有典型的北方式青铜器散布，就很能说明这一点。而这一阶段无论是三北地区还是西辽河流域，当地的文化遗址特别是大型的、文化堆积丰厚的遗址较少（所知仅有陕北的李家崖城址等），尚未有如前一阶段石峁和大甸子那样规模大、规格高的中心遗址的发现，这也同中原地区商周时期包括都城在内的古城址多见的情况形成鲜明对比。不过，由于流动性强的北方式青铜器在文化交流方面异常活跃，因此不断出现与当地文化和中原商周文化相结合的种种迹象，且在结合中不时有新的创造。这其中，又以青铜工具与青铜礼（容）器的共存融合最为重要。

青铜工具与青铜礼（容）器属于两种不同的体系，依张光直先生观点，前者源自西方，是通过发展生产和贸易推动社会进入文明时代的表现；后者体现以中国为代表的东方文明发展道路，是为通神取得政治权力和财富而制造的，缺少直接用于生产的工具类。它们之间的区别在于对待人类赖以生存的自然界以至宇宙观的区别，前者以改造自然为目的，可称为"破裂性文明"，后者以沟通自然为目的，可称为"连续性文明"④。然而就是从思维观念到实用价值完全不同的两类青铜器，却在北方草原

---

① 林沄：《夏代的中国北方系青铜器》，《边疆考古研究》（第 1 辑），第 1~12 页，2002 年。
② 李旻：《重返夏墟：社会记忆与经典的发生》，《考古学报》2017 年第 3 期。
③ 乌恩：《殷至周初的北方青铜器》，《考古学报》1985 年第 2 期。田广金、郭素新：《北方文化与匈奴文明》第五章第五节，江苏教育出版社，2005 年。杨建华、邵会秋、潘玲著：《欧亚草原东部的金属之路》，上海古籍出版社，2016 年。
④ 张光直：《考古学专题六讲》，文物出版社，1986 年。

地区实现了交流与融合。

　　三北地区现知最早的北方式青铜器出现于河套地区被认为是鄂尔多斯青铜器之源的朱开沟文化晚期（相当于早商时期），为墓葬随葬的短剑和环首刀，共出有中原式铜戈、鼎、爵①（图二）。到了商代晚期，三北地区多见北方式青铜器出土的地点，如石楼、保德等地，也常有典型商代青铜礼器发现；在山西灵石县旌介村还正式发掘到羊首刀、有銎钺、有銎戈与成组商代晚期青铜礼器鼎、簋、觚、爵共出的墓葬，被认为是当地土著文化贵族接受了商王朝礼制的表现②。与此同时，中原地区的商周遗存中也不时有北方式青铜器发现，有的如出有羊首匕、环首刀和銎式戈的河北藁城台西商代遗址年代还可早到商早期③，安阳殷墟常有北方式青铜器和具北方式青铜器因素的刀、剑、斧和马具等出土，更早的二里头文化晚期也出有具北方式青铜器特点的环首刀，说明北方青铜器已进入中原王朝的核心区。西辽河流域因为从红山文化中晚期起就不断有金属铜发现（如敖汉旗西台红山文化房址所出铸铜

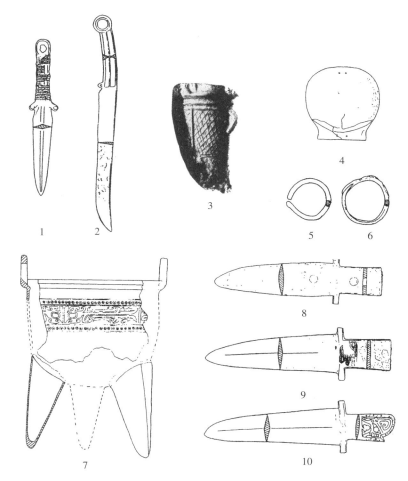

图二　朱开沟遗址出土早商铜器

1. 铜匕　2. 铜刀　3. 空首斧石范　4. 铜鍪　5. 铜指环　6. 铜耳环　7. 铜鼎　8～10. 铜戈

①　内蒙古文物考古研究所：《内蒙古朱开沟遗址》，《考古学报》1988 年第 3 期。

②　山西省考古研究所、灵石县文化局：《山西灵石旌介村商墓》，《文物》1986 年第 11 期。

③　河北省文物研究所：《藁城台西商代遗址》，文物出版社，1985 年。

陶合范，夏家店下层文化和高台山文化所出铜刀、陶铸范）①，所以到了商周之际，在当地文化（如辽西的魏营子文化和辽东的新乐上层文化）中，北方式青铜器或具北方式青铜器因素的青铜器物已较为常见。在辽西窖藏商周青铜礼（容）器群中也发现共存的北方青铜器，如喀左县小波汰沟所出铃首匙和饰粟点纹器盖。更有这两种风格不同的文化因素共见于同一器，如小波汰沟典型的周初青铜方座簋内底悬铜铃，医巫闾山东麓义县花儿楼俎形长方盘内底还悬双大铃；喀左小波汰沟"圉"簋耳部牺首下有虎噬猪的形象，以及山西灵石旌介村商代晚期墓（M1）随葬的典型商代青铜簋内底饰有长耳野驴

图三　山西灵石旌介村商代晚期墓 M1 出土
铜簋（内底饰野驴纹）

（图三），都是北方草原文化因素与典型商周礼器融为一体的实例。特别要提到的是小波汰沟所出的周初方座簋，这件铜簋内底所铸铭文记有"成周"和周王，与北京琉璃河燕国公墓所出"圉"器铭文完全相同，是一件典型的周初燕器②（图四）。这件簋的耳部，在常见的牺首下装饰的虎噬猪题材，首、身、四肢等各部位的尺寸都甚小，却使用了圆雕与浮雕相结合的技法，将虎与猪这两种草原地区常见动物的细部特征及其动态充分表现出来，这是使用北方式青铜器所特有的雕铸技术，表现具有浓厚北方草原文化特色题材的杰作，它的出现应是北方式青铜器在东进过程中与燕文化接触后，燕国青铜文化吸收北方草原文化因素的成果。

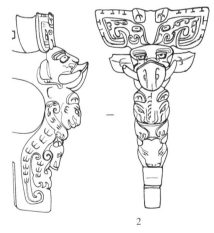

图四　喀左小波汰沟窖藏坑出土圉簋及耳部图案
1. 圉簋　2. 簋耳部牺首下虎噬猪图案

①　杨虎、林秀贞：《内蒙古敖汉旗红山文化西台类型遗址简述》，《北方文物》2010 年第 3 期。辽宁省博物馆、昭乌达盟文物工作站、赤峰县文化馆：《内蒙古赤峰县四分地东山咀遗址试掘简报》，《考古》1983 年第 5 期。辽宁省文物考古研究所、吉林大学考古学系：《辽宁彰武平安堡遗址》，《考古学报》1992 年第 4 期。
②　参见郭大顺：《辽河流域"北方式青铜器"的发现与研究》《辽河流域"北方式青铜器"再认识》，见《郭大顺考古文集》（下册）第 178～192 页，辽宁人民出版社，2017 年。

北方式青铜器在与当地文化结合过程中，还不断有新的创作。如小波汰沟的器盖、法库湾柳的铜钺和建平八家农场董家沟所出人头形铃首匕形匙，都为众多北方式青铜器中所仅见。特别是董家沟铜匙铃形端部的人首形象，具北方草原人种特征，更是北方式青铜器中有人首装饰的罕见作品（图五）。

图五　建平八家农场董家沟人头形铃首匕形匙及首端细部

北方式青铜器在传播的同时与当地文化的结合过程，情况颇为复杂，有北方青铜器与中原商周青铜器之间的互动，有商周青铜礼器的传入或仿制，有多区域、多群体的形成和多方向的传播路线，还有向外扩展的趋势，甚至催生新文化群体的诞生，从而将这一文化发展的趋势加以延续，如这三次文化浪潮之后遍布北方草原地区的诸戎狄文化。

以游牧文化为主体的北方草原地区，文化流动性强，传播速度快，但又有形成文化生长点的优越条件。流动与稳定的交替，传播带与生长点的结合，避免了封闭保守，也为不同经济类型不同文化传统的诸多文化的碰撞融合提供了优势互补的舞台，从而产生更具生命力的文化群体。这应是北方草原地区在中华文化和文明起源进程中经常站在前列并成为中华统一多民族国家形成和发展推动力的一个重要原因。

（为提交 2018 年 8 月内蒙古社会科学院在呼和浩特市主办的"草原文化学术研讨会"论文）

红山文化虎形玉牌饰及相关问题

一、赤峰收集的虎形玉牌饰

大约是 20 世纪 70 年代末，我与孙守道先生在赤峰市昭乌达盟文物站库房见到一件虎形玉牌饰。当时因红山文化玉器已经近于定论，对红山文化玉器的主要特征也有较为明确的掌握，所以一看到这件玉虎，自然也同红山文化产生联想，并绘了草图。此后因红山文化再无虎形象的考古发现，关注度有所减弱，但作为红山文化玉器特别是动物形玉器的一个类别，它仍不时被提起。

图一　赤峰博物馆藏红山文化虎形玉牌饰（草图）

赤峰的虎形玉牌饰①（图一），板状。杂墨玉，有多处灰色瑕斑，可能因为出土和流传时间较长，已少光泽。长 14.6、高 6.8、厚 0.9 厘米。赤峰市松山区大营子西梁山顶出土。为虎的侧面全形，头部有凸起而规整的大圆目，张口，有牙齿的表现，特别是其长的獠牙（犬齿），躯体背部的内弯状与腹部的外凸状相互对应，近背边缘有对钻的双孔。前后腿边缘各有以双棱线表现的两腿重叠状，后腿并有清晰的关节表现，还以阴刻线显示爪部，尾部下垂，尾下端残缺。通体满饰瓦沟纹间网格纹，从纹饰的分布看，是以此突出虎体形的各个主要部位，如面部、颈部、腹部、腿部和尾部。两面花纹相同。此玉件虽为板状成型，但由于外轮廓线、体面饰纹特别是头部五官的多种处理手法和变化，使得整体造型以特有的动感将虎的特性表达出来。

从草图及图上标记的文字说明可知，当时我们的关注点主要是虎身上的瓦沟纹，这是红山文化玉器的一个主要特征，如勾云形玉器等；还有眼睛的表现，为凸起的圆形，其表现方式同红山文化的玉雕龙、玉凤等的眼睛相同，都具红山文化玉器基本特征；体饰方格纹也较常见如玉鸟腹部和赛沁塔拉大玉龙吻上与颚下。所以，无论从总体风格还是细部特征，都可将这件玉虎定为红山文化玉器。只是玉的质料非红山文化最典型的淡绿色泛黄、边缘遗有红褐色瑕斑的透闪石河磨软玉的自然色，而为墨

---

① 刘冰：《赤峰博物馆文物典藏》，远方出版社，2007 年。

绿色玉。这种玉质在红山文化玉器中虽然少见，但也有相近的实例，如辽宁省文物店收购的一件勾云形玉器。

红山文化玉器以动物题材多见著称，特别是多见以熊、鹰、龟、鱼等野生和水生动物为题材的玉石雕和泥塑作品。据研究，这同距今8000~5000年间西辽河流域温湿气候，阔叶、针叶混交林带的自然环境和与此相应的以渔猎为本的经济生活有直接关系。早在兴隆洼—查海文化时期，遗址就多见柄嵌石刃骨刀和带倒刺的骨鱼镖等与渔猎有关的工具；属于赵宝沟文化的小山遗址房址内，出土细石器石片数量上千个，与此相应，赵宝沟遗址还出有大量鹿类和野性较强的猪等野生动物骨骼。富河沟门遗址出土的2700多件石器中，都为打制石器，用作复合工具石刃的细石器石片多，有长达13、宽仅1.5厘米的石片，表明制作切割兽皮等工具的技术相当成熟。还见骨鱼钩、骨鱼镖和大量野猪、麝、麋、鹿等动物骨骼。就植物栽培来说，经土壤孢粉分析，虽然兴隆洼文化和红山文化时期都已有人工栽培的黍和粟，但量很少，大量为野生植物种子。可见，史前时期包括红山文化在内的辽西诸考古文化的经济生活可能已有原始农业，但狩猎、捕鱼仍占有主要地位[1]。以最常见也最熟悉的野生动物作为宗教信仰内容，并以此为题材进行艺术创作是渔猎人的特长。当然，虎作为大型猛兽，是肉食型动物，与以食草为主的鹿和野猪等在生活环境上还有所不同。不过，红山文化多次发现有熊形象的雕塑品，如女神庙内的大型泥塑熊，积石冢还有熊骨出土，说明红山文化时期人们有同大型猛兽接触的条件并将它们纳入到红山文化的宗教信仰里面去。所以，红山文化有以虎为题材的艺术品出现，并非偶然。

二、新石器时代和青铜时代中国各地出土的虎题材

有关全国新石器时代和青铜时代考古发现的虎形象，我仅依手头有限资料，收集到以下实例：

濮阳西水坡蚌塑虎[2]（图二），出于河南濮阳西水坡遗址M45，属后岗一期文化，年代在6000年前。为墓上和墓周围蚌塑动物，共三组，南北一线排列。相距分别为20、25米。第一组较清晰，是在墓穴长边西侧塑一虎形象，长134厘米；东侧塑一龙形象，长178厘米，它们均背向墓主人。第二组为虎与龙蝉联一起，虎背部一立鹿（或熊）形象。第三组塑一作奔跑状的虎，其南为一人骑龙形象。

图二　濮阳西水坡M45及蚌壳堆塑龙虎

凌家滩玉虎[3]（图三），为虎首玉璜。年代在距今5500年后，与红山文化晚期年代相近，共3件，

① 孔昭宸、杜乃秋、刘观民、杨虎：《内蒙古自治区赤峰市距今8000~2400年间环境考古学的初步研究》，见中国社会科学院考古研究所编著《大甸子——夏家店下层文化遗址与墓地发掘报告》附录二，科学出版社，1996年。富河沟门遗址动物骨骼鉴定结果见中国社会科学院考古研究所编《新中国的考古发现和研究》第179页，文物出版社，1984年。赵宝沟遗址动物骨骼鉴定结果见中国社会科学院考古研究所编著《敖汉赵宝沟——新石器时代聚落》第197~201页"脊椎动物骨骼鉴定的推论"，中国大百科全书出版社，1997年。

② 濮阳西水坡遗址考古队：《1988年河南濮阳西水坡遗址发掘简报》，《考古》1989年第12期。郝本性：《濮阳仰韶文化蚌图小议》，《郝本性考古文集》第107~112页，科学出版社，2012年。

③ 安徽省文物考古研究所：《凌家滩——田野考古发掘报告之一》第91页图五六-1，彩版六五-1；第142页图九八-13玉虎，彩版一一六-1、2，文物出版社，2006年。

都为薄片状。87M8：25、26，两件相同，外径11.9厘米，两端各一虎头，阴线雕刻，线条较细，头部及耳、目、鼻、嘴甚至前爪都有表现。另一件为87M15：109，长16.5厘米，为半璜形，末端有榫，另一半缺，头部较前两件简略，无耳与爪等的表现。

图三　凌家滩虎首玉璜
1. 87M8：26　2. 87M15：109

石家河文化玉虎头①（图四），属龙山时期，约4000年前。发表有湖北省天门市石家河镇肖家屋脊的一批，玉虎头共9件，长宽都在2.5厘米左右。虎头都用较厚的玉片或玉块雕出，为多面浮雕，耳、鼻、目、口分为不同层次。这批玉器共157件，都为瓮棺墓的随葬品，其中明确的109件玉器出于16座瓮棺中。以蝉的形象为多，次为虎头与人头，还有鹰、盘龙、羊头、鹿首以及鹰首玉笄、玉柄形器、管、璜、坠等。玉器大都个体较小，却雕刻十分精致，多有立体感。另有传世人虎纹玉器（图五）。

弗利尔龙山文化玉刀虎纹②（图六），现藏于美国华盛顿弗利尔美术馆。玉刀长72厘米，阴线刻虎纹两例，都为侧面全虎形，各与一人头为组合。都位于有扉牙的侧边，一例在刀的头端斜侧边，另一例在刀的另侧底边，且为倒置。

二里头时期尚未查到有关实例。不过近得知，石峁城址的砌石上出现浮雕双虎一人图像。

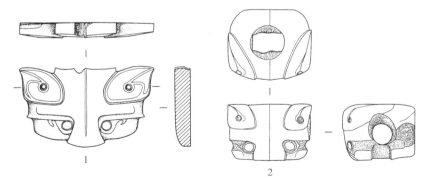

图四　肖家屋脊石家河文化片状和块状玉虎头
1. W6：19　2. W71：6

① 湖北省荆州博物馆、湖北省文物考古研究所、北京大学考古学系：《肖家屋脊》（上）第324页图二五六，第326页图二五七，彩版九、十，文物出版社，1999年。
② 江伊莉、古方：《玉器时代——美国博物馆藏中国早期玉器》第184、185页图8－05，科学出版社，2009年。

图五 美国华盛顿赛克勒博物馆藏石家河文化人虎纹玉牌

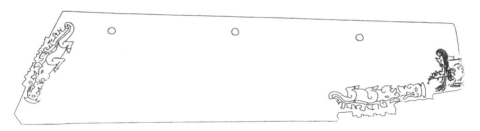

图六 美国华盛顿弗利尔美术馆藏刻人虎纹大玉刀

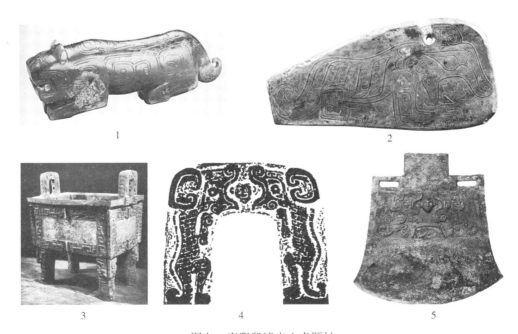

图七 安阳殷墟出土虎题材

1. 妇好墓玉虎　2. 武官村墓刻虎纹石磬　3. 后母戊鼎　4. 后母戊鼎耳双虎夹一人纹　5. 妇好铜钺及双虎夹一人纹

到了商代，以虎为题材的装饰花纹多见，著名的如妇好墓玉虎（图七，1），为整体圆雕，长12.2厘米。武官村墓刻虎纹石磬①（图七，2），磬长84厘米，虎为侧面卧式，几乎占满器面，线条极流畅。要提到的是，武官村墓石磬所刻虎形和表现方法与赤峰博物馆藏红山文化玉虎有相近处。商代虎形装饰又以青铜器上较为多见，有安阳殷墟商王墓所出后母戊大鼎耳面上和妇好墓所出"妇好"铜钺上的双虎"食人"纹（图七，3~5）。南方商代青铜器上虎纹似更为多见，如安徽省阜南所出龙虎尊（图八），新干商代墓多件方鼎和扁足鼎双立耳上各有立虎装饰（图九），还出有长62厘米的铜虎②。而且南方所出这几件器物时代较早，约商代中期前后。商代青铜器上虎形象以现藏于日本泉屋博古馆和法国西努奇博物馆的两件"虎噬人"卣最为著名③（图一〇）。这两件造型极为复杂奇特的器物，几乎完全相同，不仅虎体硕大（通高35.7厘米），而且为圆雕，作蹲踞式，大张口，口内有人形上臂紧

图八　安徽阜南龙虎尊及双虎夹一人纹　　　　图九　新干商代墓大方鼎耳上立虎装饰

1　　　　　　　　　　　　2

图一〇　"虎噬人"铜卣
1. 日本京都泉屋博古馆藏　2. 法国西努奇博物馆藏

①　分别见中国社会科学院考古研究所、辽宁省博物馆编：《考古中华》第123页下图和第130页下图，科学出版社，2012年。

②　安徽阜南龙虎尊见中国科学院考古研究所编：《新中国的考古收获》图版三〇，文物出版社，1961年；四川三星堆铜尊见《中国考古文物之美3》图31，文物出版社、台北光复书局，1994年；江西新干商代墓铜虎、立虎方鼎见《中国文物精华》图89、90，文物出版社，1992年；后母戊鼎饰见张光直：《中国青铜时代》第403页图1，生活·读书·新知三联书店，1999年；妇好铜钺见中国社会科学院考古研究所、辽宁省博物馆编《考古中华》第117页下图，科学出版社，2012年。

③　分别见［日］《泉屋博古馆·酒器1》彩图17及第34、35页，便利堂，1985年。［美］杨晓能著，唐际根、孙亚冰译：《另一种古史——青铜器纹饰、图形文字与图像铭文的解读》彩图5-28，生活·读书·新知三联书店，2008年。

抱虎胸，足踏于虎足面之上，各显神态，又紧密相依，通体饰以云雷纹衬地的兽面、立兽、行龙等多层花纹，是商代青铜器的上上品，传都出于湖南宁乡与定安两县交界处。商代到周初的虎形象还可举西南地区四川广汉三星堆商代祭祀坑所出饰人虎组合花纹的铜尊、铜虎和金虎（图一一），以及成都金沙商周时期遗址所出金虎和石虎（图一二）。

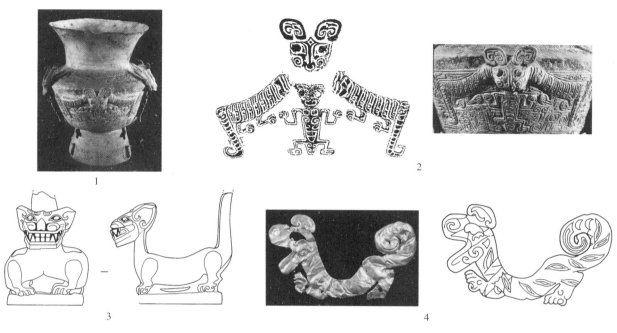

图一一　三星堆一号坑人虎铜尊和铜虎、金虎
1. 人虎铜尊　2. 铜尊人虎纹细部　3. 铜虎　4. 金虎

图一二　金沙遗址金虎和石虎
1. 金虎　2. 石虎

虎纹装饰也见于辽西地区出土的商周时期青铜器上。典型实例为喀左小波汰沟商周青铜器窖藏所出"圉"簋（图一三），簋的耳部装饰为牺首下有一只虎抓着一只猪。簋是商周青铜器中最多见的一种器类，已发现数百件，但一般只在耳端饰一牺首，个别有牺首下加鸟纹的，只有喀左所出这件簋为耳饰三兽，而且是虎噬猪组合。此簋内底有14字铭文，记载有周王和成周的内容，同铭器也见于北京琉璃河燕国公墓铜簋。所以喀左小波汰沟出土的这件"圉"簋，是一件典型的周初燕器加饰了浓厚的

北方草原文化因素。此后北方地区以虎为题材的装饰十分多见，如宁城南山根夏家店上层文化出有虎纹柄青铜短剑（图一四），凌源三官甸子春秋晚期墓里出过虎噬兔铜饰件（图一五）。河北平山中山王陵出有错金银虎噬鹿器座（图一六），中山国是狄人建立的。此外还有战国到汉代北方民族喜用的牌饰中，多见虎与兽组合题材，如内蒙古伊盟东胜塔拉壕乡战国虎狼搏斗金牌饰（图一七），伊金霍洛旗石灰沟战国中晚期虎噬鹿银牌饰（图一八）。值得提到的是，北方所出虎形象似较南方虎更具动态感。

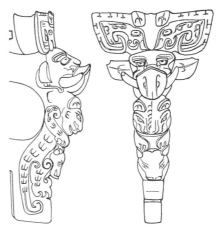

图一三　喀左小波汰沟铜簋及虎噬猪耳饰　　　　　　　图一四　宁城南山根夏家店
上层文化对虎形柄铜短剑

图一五　凌源三官甸子春秋晚期墓虎噬兔铜饰件　　　图一六　河北平山中山王陵错金银虎形器座

图一七　内蒙古伊盟东胜塔拉壕乡　　　　图一八　内蒙古伊金霍洛旗石灰沟战国
战国虎狼斗金牌饰　　　　　　　　中晚期虎噬鹿银牌饰

三、与虎题材有关的历史文化现象

一是人兽组合。

这方面以美籍华裔考古学家张光直先生的研究成果最为重要。

张光直先生对中国古史最大贡献是提出中国文明起源有自身的发展道路，即通过通神取得财富和政治权力，这来自于东方人以自然界分为天、地、神、人不同层次的宇宙观，各层次之间以巫者进行沟通，巫以自然界生成之物作为沟通工具，其中最主要的就是动物，动物是人类的朋友，所以巫者要借助各种动物来达到通天的最佳效果。这种不是主要靠发展生产，而是将宇宙视为一个整体的"连续性文明"（这种连续性还包括血缘纽带在社会组织结构中的长期存在和起作用）与西方以发展生产和贸易从而改造自然为主的"破裂性文明"完全不同。张先生还认为，西方式是个别的，而东方式更具普遍性①。

据此，张先生将濮阳45号墓墓主人旁侧的龙和虎视为人兽组合，并与东晋葛洪《抱朴子》"若能乘蹻者，可以周流天下，不拘山河，凡乘蹻道有三法，一曰龙蹻，二曰虎蹻，三曰鹿蹻"相对照，解释为巫蹻关系，墓主人为巫者身份，其左边为龙，右边为虎，都背对墓主人，是人骑着龙蹻、虎蹻遨游天空，以此来进行天地神人的沟通；并由此引申到良渚文化玉器上普遍饰有的神人兽面纹（图一九），以为其中的人也为巫者，是巫骑兽作法以通神的形象②。这同现普遍称良渚文化玉器上这类人兽组合花纹为"神人兽面纹"、即良渚文化玉器的人像为"神"的解释完全不同，因为神和巫是两回事，神是崇拜的对象，巫是崇拜的使者，称为"神人兽面纹"，就是认为玉器上的人形象为崇拜对象，是良渚人普遍崇拜的"神"。而张光直先生认为这个人不是神，应该是巫，是巫者骑在兽身上作法的形象。至于兽是哪种动物，有人说是虎，也有人说是熊。说是熊，其根据是在野兽中只有熊的爪总是张开的，其他动物有爪但平时是缩回去的，用肉垫行走，捕食时才将爪打开，猫如此，虎也如此，只有熊的爪总是伸出来的。不管熊也好，虎也好，都是兽，是巫者骑在兽上作法以通神。此后杨伯达先生对此有更细致的解析③。杨先生以为，良渚文化玉器上雕刻的这个人的形象是分层次的，用以表现身体的底纹是一个层次，人面是凸起的，是又一个层次，而且这个"人面"雕成倒梯形，说明这不是人的真实面孔，推测这是人戴着的面具，也就是后世所称的"傩"，是戴着面具作法。面具在考古发现中出现很早，在河北省易县距今近8000年的北福地遗址就出有多件陶人面具，有大有小。所以杨先生的这个解释和张光直先生的观点都是有道理的，就是说良渚文化玉器上普遍施有的"神人兽面纹"，应该就是

图一九　反山 M12 玉琮上的神人兽面纹

---

① 参见张光直：《考古学专题六讲》第一讲"中国古代史在世界史上的重要性"，文物出版社，1986年。
② 张光直：《濮阳三蹻与中国古代美术上的人兽母题》，《文物》1988年第11期。
③ 杨伯达：《良渚文化瑶山玉神器分化及巫权调整的探讨》，杨伯达著《巫玉之光·续集》（上）第137～163页，紫禁城出版社，2009年。

表现巫者骑着虎或者骑着熊以作法通神的形象。这同玉器本身所具有的通神功能是一致的，这比将其解释为神即祭祀对象更有说服力。

其实在龙山时代，这种人兽组合，特别是人与虎的组合，已较为多见。如前述美国华盛顿弗利尔美术馆所藏的那件大玉刀刀面上的两组人与虎组合的图像，是大张的虎口旁一人头。相当于龙山文化时期、主要分布于江汉平原的石家河文化，除了在瓮棺墓中随葬有多件玉虎头以外，也发现有人与虎组合的实例。如北京故宫博物院和美国华盛顿弗利尔美术馆就分别藏有石家河文化的人与虎组合的玉牌饰，都是人头在上，虎头在下。最近，相当于龙山文化晚期到夏时期的陕西石峁城址的砌石上发现的虎形象，也为双虎夹一人的组合图案。

到了商代，人和兽特别是人与虎结合的题材多见于青铜器上，且形象更为明确。大都为对称分布的双虎中间夹一人的形象，也即人头部在虎的张口处，前面已经提到的数例，依时间早晚：约当商代中期前后的四川三星堆和安徽阜南所出铜尊，腹部都为双虎夹一人的组合；同样题材见于安阳殷墟，那就是后母戊大鼎的鼎耳装饰和妇好墓所出有"妇好"铭文的大铜钺。可见，这种双虎夹一人的形象，是商代青铜器上甚为规范也等级甚高的一种图案。曾以为是虎食人，并以此命名，其实这正是巫以虎为工具用以通神的形象，这同新石器时代的人虎组合的形象和含义完全相同。当然，最能说明这一点的，还是前面已提到的日本京都泉屋博古馆和法国西努奇博物馆藏的"虎食人"铜卣，为人抱着虎与大张的虎口紧相依靠的形象，过去也解释为虎食人，张光直先生释为人借着虎甚至虎张口呼气以通神，这个人就是"巫"。现在大家都比较容易接受张先生的这个观点，即这不是虎在吃人，而是人兽结合，和通神有关，是中国进入文明的道路和特点的体现。所以，从新石器时代晚期到青铜时代，以人兽组合特别是人虎组合表现巫者借助动物以通神，表达的形象越来越清楚，而且前后是一脉相承的。

再回到红山文化。红山文化虽然只发现有虎形玉牌，还没有人和虎结合题材发现，但是已有人兽组合多例。如北京故宫博物院和美国克里夫兰艺术博物馆、瑞典远东博物馆早年收藏的玉人（图二〇）。1986 年红山文化玉器确认后，香港霍玺先生曾介绍过海外收藏的玉人，当时觉得这类玉人形象有点怪，很难让人相信属于红山文化，后有解析这类玉人是人戴着兽帽或披着兽皮，也是人兽结合，用来通神，这样解释容易被人接受。尤其是英国剑桥大学费芝威廉姆博物馆收藏的一件玉人，为玉熊人，是人与熊的组合，或可理解为人披着一张熊皮的形象（图二一）。熊是红山文化多见的动物，女神庙内发现有泥塑的熊，积石冢上出有熊的下颌骨，所以这件玉熊人是红山文化人兽结合的典型器，其所表达的巫者以熊为助手通神的形象十分明确，也更符合红山文化的特点。

这里还要特别提到北京故宫博物院收藏的一件人像玉牌饰。孙守道先生曾撰文对其做过详细考证①（图二二）。这件人像玉牌饰传来自东北地区，20 世纪 50 年代从东北流转到天津，北京故宫博物院拓印专家傅大佑先生看到后建议博物院收藏，于是这件玉器于 1963 年入藏北京故宫博物院。收藏以后一时定不了时代。红山文化玉器时代确认后，孙守道先生考证其为红山文化玉器，并以为是"玉祖神"，故宫博物院专门研究玉器的徐琳女士也一再加以确认。我曾经半信半疑，觉得这件玉人的面目、

---

① 孙守道：《红山文化"玉祖神"考》，《中国文物世界》总 159 期，1998 年；又见《孙守道考古文集》第 238～259 页，辽宁人民出版社，2017 年。

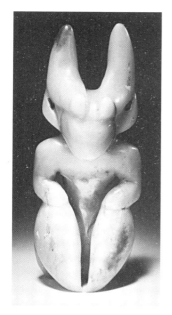  

图二〇　北京故宫博物院藏　　　图二一　英国剑桥大学费芝威廉姆　　　图二二　北京故宫博物院
　　　　玉兽人　　　　　　　　　　　　　　博物馆藏玉熊人　　　　　　　　　　　藏踏兽玉人

挂杖的动作都有点呆板，与红山文化玉器流畅多动感的动物形象风格不同，但此器人兽结合的题材、瓦勾纹和方格纹的装饰，都具红山文化玉器特征，特别是底面为如竖置的勾云形玉器，恰同勾云形玉器出土状态相同，遂逐渐执肯定态度，也收入我与洪殿旭先生共同主编的《红山文化玉器鉴赏》一书中。如从人兽结合角度分析，此器以人像为主，人像足下踏一如熊或猪的兽，正是当时特定的题材和造型，只是此人像是祖神还是巫仍需要做进一步研究。至于面容较显呆滞，也可如良渚神人兽面纹的人像那样，理解为戴有面具。这样，从人兽组合角度可以对这件玉器属于红山文化的考定，增加一个新的更有说服力的证据。这件人兽组合的玉器，高达27厘米，个体很大，应是红山文化的一件重器。

人兽组合也见于中原及西北地区，如半坡、姜寨遗址的人面鱼纹彩陶图案，师赵村的人面与兽形纹，柳湾马厂文化的人蛙组合，以及海外收藏来自西北的新石器时代人蛇、人鸟纹陶器（图二三，1~4）。

以上所列实例及解析说明，由虎题材所引申出的人虎组合或人兽组合，在中国从新石器时代晚期到青铜时代一直延续下来，而且分布地域北从辽西南到江汉地区，东从东部沿海西到西北地区的甘肃、青海都有出土，这充分表明，我国古文化发达的主要地区，有着共同的信仰体系，即张光直先生提出的以通神取得财富和政治权力从而进入文明社会。这一点非常重要，因为这揭示出中国文化和文明起源区别于西方的最大的特点，不是靠生产发展为主，而是通过与天地神人的沟通，达到取得政治权力的目的。这一差别从史前到青铜时代东西方的比较中也可以得到很多启示。西方的欧亚大陆特别是环地中海地带，从距今1万年前后起，气候条件、自然资源更适于人类生存发展，有优质的石料，如燧石、黑曜石，可以做形制更为适用且十分锐利的工具，甚至较早用这类优质石料制作收割用的镰刀，导致农业出现较早，还有黑曜石的交换，所以主要依靠发展生产，进行贸易，社会组织结构也逐步以地域划分替代了血缘纽带，从而出现最早的城邦国家。相对而言，东方在这方面，自然条件不如西方，也缺乏优质石料，我们的旧石器时代多见用劣质石料制作石器，如金牛山遗址主要就是用质地较杂、

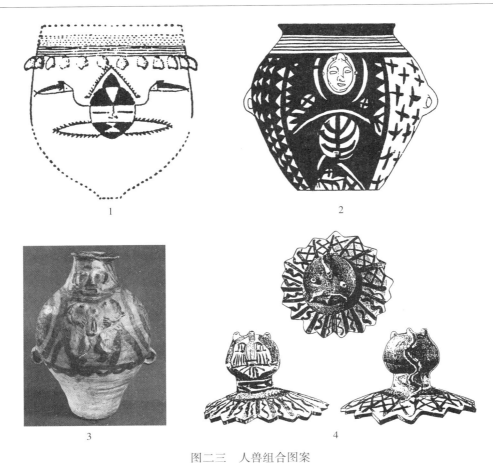

图二三　人兽组合图案
1. 姜寨人鱼纹彩陶罐　2. 师赵村人兽纹彩陶罐　3. 柳湾马厂类型人蛙纹彩陶壶　4. 瑞典
远东博物馆藏马家窑文化人蛇纹彩陶器盖组

结构缺少纹理的石英石制作石器的。也是在这种自然界提供的条件下，形成了以对自然界敬畏、尊重为原则的宇宙观，玉器作为一种非实用器，也是在这种条件和观念下被先人辨认并用作沟通神灵的工具的。从而走上一条不同于西方的文化与文明起源和发展的独特道路。这是由虎形象研究引出的有关中国古史的一个十分重要的内容。

　　二是关于四神起源。

　　这是由虎形象研究引出的又一个有关中国传统文化的重要课题。根据现有考古资料推断，四神正式形成是在汉代，约两汉之际。但其起源则可追溯到史前时期。

　　还是从出有最早虎形象的河南濮阳后岗一期（6000 年前）45 号墓谈起。此墓的三组蚌塑动物中，较为明确的是紧靠墓穴这一组：正好是墓主人在中间，东边为龙，西边为虎，这同后世四神中龙与虎的方位是相同的，可见，四神中龙虎组合在史前时期就已经出现了。到商周时期，龙与虎在铜器与玉器中多见且也常成组合，成为古代传统文化的主要表现形式之一，而且已渐有虎的龙化现象。不过，龙与虎有着本质差别。龙是多种动物的神化，现实中并不存在，而虎则是现实中存在的。从史前到青铜时代虽然以龙为题材远较虎更为多见，但人与龙的组合却甚少，而人虎组合较多，龙与凤（鸟的神化）也较多，可能就与神化的龙和现实的虎之别有关。

　　对于上古时期的龙虎组合所涉及的观念信仰，是学界经常讨论的问题。青铜器和古文字研究专家、河南省文物考古研究所郝本性先生以为：龙虎之别即阴阳之别。龙游天空，虎行大地，一个在天一个在地，文献上也有很多这方面的记载。龙虎的结合就是天地结合，这同我们后来说的"天人合一"观念有十分密切的关系，因为上古时期以为人是渺小的，与天对应的应该是地，是天地合一，后演变为天人合一。所以上古时期较早出现的龙虎组合，与天地、阴阳观念有关①。

中国社会科学院考古研究所研究古代天文学卓有成绩的冯时先生从天文学考古角度对濮阳 45 号墓的龙虎组合进行过考察，并引《周髀算经》中记载的"盖天说"，把这个龙虎方位和天文上四个方位相比较。从濮阳 45 号墓的龙在东虎在西，到战国早期的湖北曾侯乙墓的一个漆箱箱面上，也是龙在东虎在西，而且在龙与虎的中间绘有二十八宿的名称和布局都是重要实证。所以说史前时期的龙虎组合与天文有关也是有根据的②。

追溯四神的起源，红山文化占有突出地位。

红山文化的动物形玉器，比较多见的有龙、凤鸟和龟，前文又重点研究了虎的形象。从与后世四神关系的角度，还可对这四类动物形玉器做进一步分析。红山文化玉龙有两个主要类型，一是附脊龙，如赛沁塔拉大玉龙；一是环体龙，如牛河梁第二地点 Z1M4 所出两件。后一类型较为多见，且同商代玉龙以及后世龙有一脉相承的关系。虎题材除赤峰博物馆收集的这一件以外，在红山文化中仍甚为少见，不过台湾玉器专家邓淑苹先生近年提出一个观点，她认为赛沁塔拉龙与环体龙的差别较大，环体龙中有一部分应为虎的形象，此观点可供参考③。红山文化的鸟类玉器原型有鹰和鸮，而以鹰为主。从造型看，有牛河梁第十六地点 4 号大墓所出侧身卧式的大型玉凤，而以展翅飞翔的正面形象为多见，这同后世四神中的朱雀形象也较为一致。至于龟类，已出土的从种类看，既有龟又有鳖；从造型看，既有龟体又有龟壳。我们还曾考证红山文化常见的斜口筒形玉器为龟壳④，如此说得到进一步证据，则红山文化龟崇拜是十分发达的。总之，从类型到造型，四神在红山文化已经全部具备，而且已有不同类型之间的组合。如牛河梁遗址出土的龙凤玉佩，一龙一凤，突出的头部都高度神化，而且设计为一横一竖，已是相当成熟的造型与技法（图二四）。

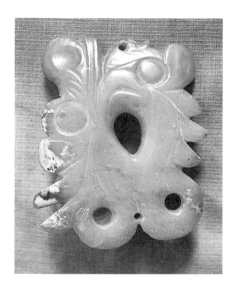

图二四　牛河梁遗址第二地点 Z2M23 随葬龙凤玉佩

谈到四神的起源，不能不提赵宝沟文化出土的一件陶尊⑤（图二五，1）。这件陶尊的腹部刻划有四种动物，能辨认出来的，一是凤鸟，一是鹿，一是野猪，它们突出的头部，既写实又神化，盘卷的体躯内填龙鳞纹，是经龙化了的三种动物（图二五，2）。而且它们的大小、位置并非等同，凤鸟身躯最

①　2017 年 7、8 月间与郝本性先生电话摘要。
②　冯时：《河南濮阳西水坡 45 号墓的天文学研究》，《文物》1990 年第 3 期。
③　邓淑苹：《史前至夏时期玉器文化的新认知》，《庆祝许倬云教授八秩晋五华诞论文集》，2016 年。
④　黄翠梅、郭大顺：《红山文化斜口筒形玉器龟壳说：凌家滩的启示》，《玉魂国魄——中国古代玉器与传统文化学术讨论会论文集》，浙江古籍出版社，2012 年。
⑤　中国社会科学院考古研究所内蒙古工作队：《内蒙古敖汉旗小山遗址》，《考古》1987 年第 6 期。

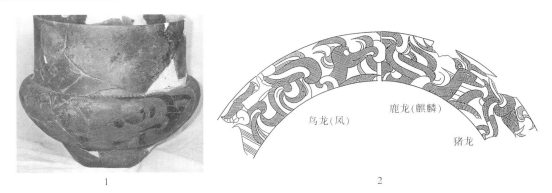

图二五　小山遗址赵宝沟文化刻划"四灵"纹陶尊及纹饰展开图
1. 陶尊　2. 纹饰展开图

图二六　战国早期曾侯乙墓漆箱面饰龙虎间二十八宿图

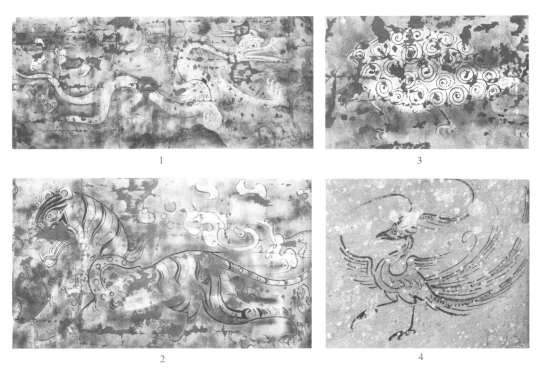

图二七　汉魏壁画墓中出现的四神图像
1. 山西平陆汉墓壁画四神之龙　2. 山西平陆汉墓壁画四神之虎　3. 山西平陆汉墓壁画四神之龟　4. 甘肃高台县罗城乡河西村魏晋时期一号墓壁画之朱雀

大，位在正中，鹿体躯稍小，而位置稍朝上移，野猪则身躯更小，且位置更为上移，给人以一种透视的感觉。还有一动物已漫漶不清，大部残缺，只遗似双角，有以为是牛。一个野猪，一个鹿，一个鸟，一个形象不清，正好四种动物，虽然种类与后世四神有所不同，但四种动物组合，而且是四种神化动物，应该和后来的四神有关系。苏秉琦先生称其为"四灵"纹，就是将其同后来的四神相联系来考虑的。

从以上考古资料的介绍和分析中，我们可以大致了解四神起源中某些阶段的演化过程，从6000年前开始，中原地区的后岗一期文化和西辽河流域的赵宝沟文化、红山文化都已有了四神的初现，不仅形象而且方位、组合都有相近处。到了商周时期，从战国早期曾侯乙墓的漆箱装饰看，龙虎组合已基本定型（图二六）。四神的正式形成应该是在汉代，汉代也有一个过程，基本是龙和虎，在汉代的铜镜上就有以龙虎寓吉祥的铭文，所以龙虎是基本组合，后来又加了朱雀和玄武。山西平陆枣园村两汉之际的壁画墓，完整的青龙、白虎、玄武和朱雀都已正式出现（图二七）。

四神在华夏大地上一直延续下来，辽代的墓葬中相当普遍，著名的如辽宁法库叶茂台辽墓石棺上所刻并涂朱的四神形象。中华古文化向四周的传播，四神也是一个主要内容。如吉林集安高句丽王陵壁画墓中属于早期的舞踊墓，主室顶壁画就绘有四神形象；然后传到朝鲜半岛，在朝鲜半岛，四神形象最早出现于公元5世纪初的辽东冢；然后就传到了日本列岛，日本最著名的就是唐初的高松冢古坟，壁画上有四神纹。可见，四神在中国传统文化里是非常重要的内容，它们可以追溯到新石器时代晚期。东北的红山文化是其主要源头。

总之，以上探讨了两个重要课题，一个是从人兽组合看中国文明起源的道路和特点，一个是从四神及其起源看中华传统文化的起源与传播。这两个课题都是中国历史文化中的核心问题。

[根据2017年8月在辽宁省朝阳市德辅博物馆举办的"虎文化研讨会"发言录音整理。原载于《吉林师范大学学报（社会科学版）》2018年第1期]

从祭祀（天）遗存的规范化看红山文化
崇拜礼仪的制度化

红山文化已有多处遗址发现祭祀遗迹，相互比较，可以找到包括祭坛在内的各祭祀址自身及一些共同特点，从而对红山文化的祭祀（天）遗存的规范化和由此反映出的崇拜礼仪的制度化有些新的认识。

一

红山文化已经发掘的祭祀遗址计有喀左县东山嘴、敖汉旗草帽山、凌源市与建平县交界处的牛河梁、朝阳市龙城区半拉山和建平县东山岗共五处。时间都属距今约 5500～5000 年的红山文化晚期。分别介绍如下。

1. 东山嘴①（图一，1、2）

这是最早确认的红山文化祭祀遗址。于 1979 年第二次文物普查试点时发现。1980、1982 年对其进行了两个年度的发掘。遗址位于喀左县城东北郊，北距牛河梁遗址 50 千米，坐落于大凌河西岸一由北向南走向的高冈上，南隔河川为一大山山口。保存有包括祭坛在内的地上石砌建筑群址。可分上、下

| 1 | 2 |

图一　东山嘴遗址
1. 全景（南—北，最南部石圆圈为下层遗迹）　　2. 祭坛

---

① 郭大顺、张克举：《辽宁省喀左县东山嘴红山文化建筑群址发掘简报》，《文物》1984 年第 11 期。

层：下层遗迹残缺，上层遗迹可分为位于中部的主体和两侧的附属部分。祭坛在中部主体的南部，为正圆形，直径约 2.5 米，坛面满铺较小的河卵石，坛的边缘以石片镶砌，石片不规则，但靠外侧的一边有细加工，使坛的圆形外边缘甚为齐整。祭坛以北即建筑群中部主体的北部，为一近于正方形的石砌建筑址，方形建筑址南北宽 9.5、东西长 11.8 米，南距祭坛约 15 米。方形建筑址边框尚断续保留有 1~4 层砌石、最高约 50 厘米的石界墙残迹，建筑址内南侧正中为一处以长条立石相依形成的石堆，中部有烧土面。遗址中部主体的两侧各有东西对称、仅保留 1~2 层砌石的外界墙和堆石等附属建筑遗迹。

出土物及位置：中部北侧出土小型陶塑人像、草拌泥红烧土建筑物残件和双龙首玉璜、绿松石鸮形饰等玉石器，中部南侧出中小型陶塑人像残件、三足小杯、黑陶圈足器，外界墙附近出泥质红陶筒形器。建筑址内未发现墓葬，但在祭坛东北侧出一具完整人骨，仰身直肢，头向东，无随葬品。

2. 草帽山① （图二）

位于敖汉旗四家子镇草帽山后一南北向的山冈上，西距牛河梁遗址约 50 千米。山冈北依大王山，南临大凌河支流——老虎山河，

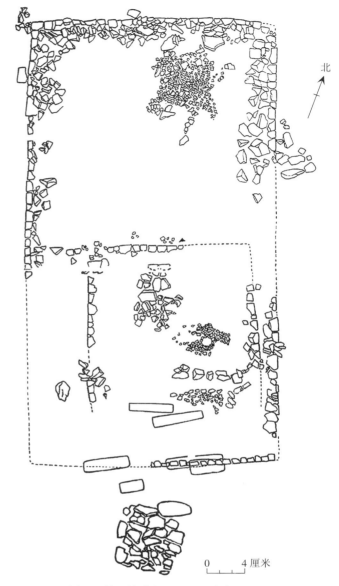

图二　敖汉旗草帽山积石冢与祭坛

隔河可遥望辽西主要山脉努鲁儿虎山主峰。也为一北一南两处遗迹，北部为长方形建筑址，南北长约 18、东西宽约 10 米，建筑址的南部为积石冢，冢界套在建筑址内，近于方形，边长约 6.5 米。冢内发现墓葬 7 座，仅两座随葬少量玉器，其中一座随葬玉环和方形玉璧各一件，另一座墓随葬玉环一件。冢的南部约 1.5 米处为一近于方圆形的祭坛，边长约 2.3 米。坛体由不规则的较大石板铺砌，坛面平齐，未着意砌筑边缘。建筑址的北部、在冢的北界外出一石雕人像残件，冢南部也有石雕人像残块出土（图三）。

①　《敖汉旗发现红山时代石雕神像》，《中国文物报》2001 年 8 月 29 日。邵国田主编：《敖汉文物精华》第 27 页 "草帽山祭祀遗址群"，内蒙古文化出版社，2004 年。

图三　敖汉旗草帽山石雕人像头部

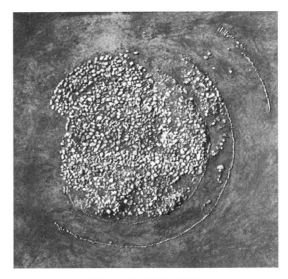

图四　牛河梁 N2Z3 祭坛正视图（上为南）

3. 牛河梁①

为遗址群。20 世纪 80 年代开始发掘时编号有 16 个地点，后又调查发现 27 个地点。发掘 N1、N2、N3、N5、N16 共 5 个地点。第一地点位于主梁顶，为庙宇和山台，其他地点都以积石冢群为主，其中第二、五地点置有祭坛。第二地点在第一地点南部山冈，为群冢，共五冢一祭坛。第二地点向南 100 米为第三地点积石冢，为单冢。第五地点在第三地点以西约 1 千米，为两冢一坛。

第二地点祭坛位于山冈正中，东西两侧各有两座积石冢，北部一座冢，其中紧邻祭坛的西侧 Z2 有中心大墓。坛为圆形，石筑坛界依同心圆起三层，外、中、内圈直径分别为 22、15.5、13 米（图四、五）。坛界为立置的石桩，石桩为玄武岩质、长宽近等的五棱形柱状体；所用石桩的规格，外圈最大，中圈次之，内圈最小；石桩的高与宽由外向内分别为：外界 35～40 厘米与 10～12 厘米，中界 30 厘米与 8～10 厘米，内界 25 厘米与 6～8 厘米。坛体由外向内层层高起，中圈较外圈高 0.3、内圈较中圈高 0.2 米。内圈以内的坛面满铺石块，内坛石桩外侧紧贴石桩置一圈陶筒形器（图六）。坛下垫土出较多下层积石冢阶段的筒形器残片。内坛面出土玉芯两件。

第五地点祭坛为不规则的长方形，方向 148°。坛面铺单层石块，边缘砌外缘较整齐的石块。东西长分别为 8.6 米和 7.6 米，南北宽分别为 5.3 米和 5.5 米。此祭坛位置也在遗址中部，其东西两侧各置一积石冢。

在第五地点还发现了 9 座祭祀坑（图七，1、2）。皆圆形，直径 1 米左右，底部普遍为烧土硬面。其中有 3 座底部铺一层石片，另 3 座坑内有包括细沙层、烧土层和粒石层的多个层面。出彩陶钵、夹砂直筒罐等。分布规律尚不明确，只可见似东西排为一列。

① 辽宁省文物考古研究所编著：《牛河梁——红山文化遗址发掘报告（1983—2003 年度）》，文物出版社，2012 年。

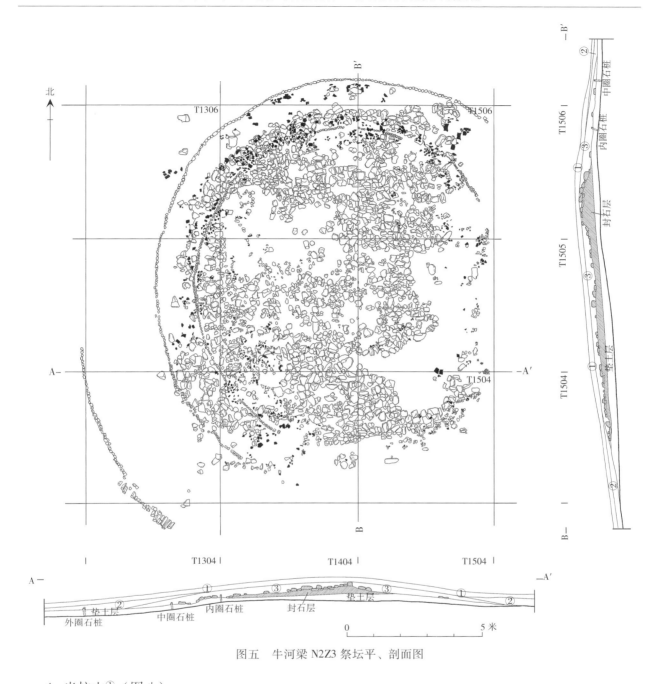

图五　牛河梁 N2Z3 祭坛平、剖面图

4. 半拉山①（图八）

位于朝阳市龙城区北部，为努鲁尔虎山南的一座小山冈，南临大凌河开阔的河谷盆地。西距牛河梁遗址约 200 千米，北距草帽山约 30 千米。整体为长方形，遗迹范围南北长约 50、东西宽约 25 米。南部为墓葬区，共发现墓葬 78 座。北部北、东、西三面砌筑石界墙，形成一个近方形、有内外石墙的石砌建筑址。石砌建筑址正中有一木构建筑遗迹，内分布有七个柱洞，由北到南共三排，排间等距，最北三个，其余各两个，中部两柱洞底部各置一未经加工的石柱础。从柱洞标识看，此木构建筑址为

① 辽宁省文物考古研究所、朝阳市龙城区博物馆：《辽宁朝阳市半拉山红山文化墓地》，《考古》2017 年第 7 期。

图六　牛河梁 N2Z3 内圈石桩界及界外陶筒形器

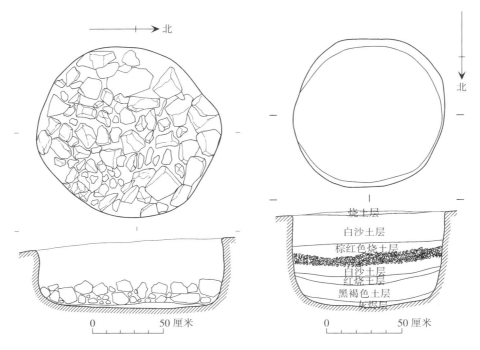

图七　牛河梁第五地点祭祀坑
1. N5JK1　2. N5JK2

长方形，范围南北长 6.6、东西宽 4.6 米。内堆有大量红烧土块，出土石雕、陶塑人像头部残件各一件，应为一庙址。石砌建筑址内还散布有多座祭祀坑，祭祀坑形状、结构与牛河梁第五地点祭祀坑相近，也多为圆形土坑，有的坑底平铺碎石，一座坑底放一正置的斜口筒形玉器（图九、一〇），另一坑近底铺石间散有动物（驴）骨骼。

5. 东山岗

此外，建平县东山岗也有祭坛发现的线索①。该遗址位于建平县城西的东山岗上，西距牛河梁遗址约 15 千米。为单冢，南北向，长方形，南北长 54、东西宽 15 米。冢内发现墓葬 2 座，其中一座随葬玉器，为小型玉雕龙。冢前（南）有铺石，应为坛，但被倒塌的乱石堆所叠压扰动。

---

① 辽宁省文物考古研究所编：《辽宁考古年报——铁朝高速公路特刊（2006）》，2007 年。

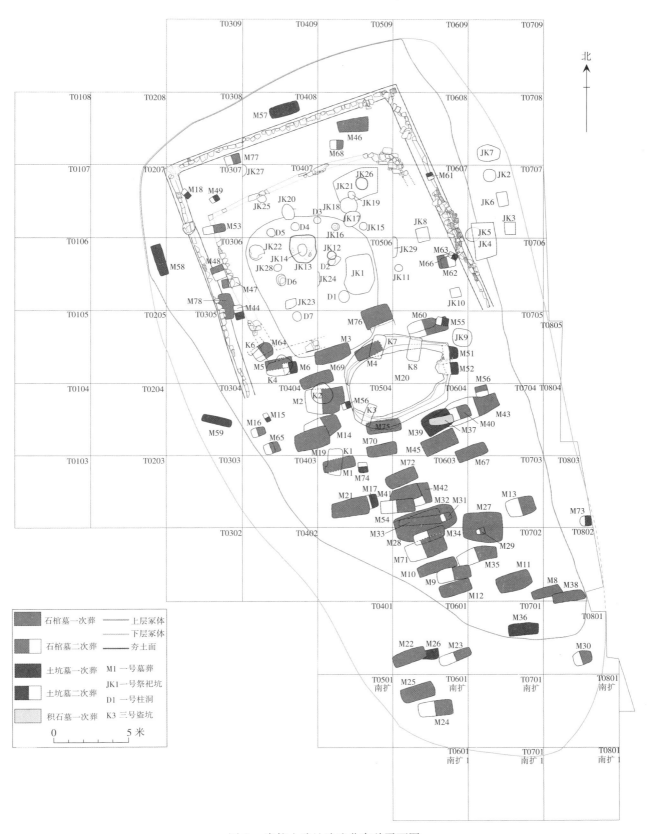

图八　半拉山遗址遗迹分布总平面图

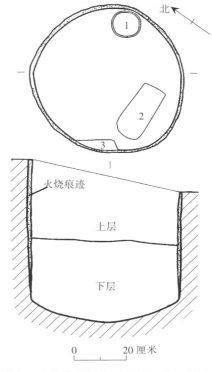

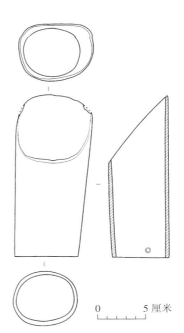

图九　半拉山祭祀坑（JK12）平、剖面图
1. 玉环　2. 玉斜口筒形器　3. D2 柱础石

图一〇　半拉山祭祀坑（JK12）出土
斜口筒形玉器

二

以上所见红山文化的祭祀遗迹，除祭坛外，还有庙宇和祭祀坑，共三类（积石冢本身由于有方或圆的成型的地上砌石建筑和成排的无底彩陶筒形器环绕，可能也具祭祀功能）。它们因功能不同而结构各有特点，但每种类型以共同点为主。如牛河梁女神庙和半拉山庙址，由于是以人体偶像为祭祀对象的祭祖场所，所以都为土木建筑，柱洞显示有木柱支撑的屋顶。祭祀坑如牛河梁第五地点和半拉山所见，都为土坑式，圆形，坑底都有经火烧的硬土面，坑面以上常铺有碎石，或与瘗埋的祭地遗存有关。

就祭坛来说，已发现的四座都为石筑，坛面铺石，无覆罩，突出露天的效果。其形状，两座为圆形，即东山嘴和牛河梁第二地点 Z3，一座为近方圆形的不规则形（草帽山），一座为不甚规则的长方形（牛河梁第五地点）。如果说两座不够规则的近圆或近方形的祭坛尚有些随意，那么圆形的两座祭坛，边缘的砌筑都很讲究，形状也十分规整，牛河梁第二地点祭坛还起三层圆。所以，圆形和露天，是红山文化祭坛的主要和标准形制。可以看出，祭坛的结构特点与庙宇和祭祀坑有很大不同，这应与功能的差别有关。祭坛当非祭祖或瘗埋的祭地，文献多有"祭天圜丘"的记载，所以推测红山文化祭坛同祭天有关，是合理的[①]。

上述诸祭祀址都非孤立存在，而是形成有组合的祭祀建筑群。它们皆选址于山川之间和临川面山的高冈之上。建筑群的布置讲究方位。东山嘴、草帽山都为南北向，圆形祭坛位于南部，方形的积石

①　冯时：《红山文化三环石坛的天文学研究——兼论中国最早的圜丘与方丘》，《北方文物》1993 年第 1 期。

冢或其他建筑址位于北部，为北部方形与南部圆形的组合，且方大圆小，东西也取对称。半拉山在积石冢以南未发现祭坛，但在冢上发现有庙址。庙址也坐落在冢的北部近于正中部位。联系东山嘴北部方形建筑址内散有草拌泥质红烧土建筑残块多件，草帽山较完整的石雕人像也出在建筑址的北部、冢的北界墙外，都在暗示当时已有北庙南坛、呈南北轴线的布局。文献有"祀天于南郊"（《大戴礼记·朝事第七十七》）和"祭天于南郊"（《汉书·郊祀志·下》）的记载，上述祭坛的功能与祭天有关，从方位上也得到进一步证明。

在体现祭祀建筑的规范化方面，作为红山文化最高层次中心的牛河梁遗址具典型性。我们曾对牛河梁诸祭祀建筑址的组合与布局做过一些分析。

建筑址组合当时着眼于每个地点。如牛河梁第一地点，在庙宇以北8米处有面积约4万平方米、呈方形的山台，台上发现有窖穴，更在台的东北角发现一座长方形房址，台北缘有另一庙址线索，庙与山台的方向又完全相同，应视为一组建筑，可称为"庙台"组合。发现祭坛的牛河梁第二、五地点都同时发现有积石冢，祭坛的位置都设在积石冢之间。草帽山和东山嘴也为北冢与南坛（东山嘴北部的方形建筑址内可能原有积石冢，后有变迁）。可知"冢坛"为一固定组合。

建筑址的布局是从遗址群及所在地理环境角度分析的。以为牛河梁以上诸遗址点分布在50平方千米范围内的多山冈丘陵地带，虽然范围很大，但有分布规律可循。一是以庙台为中心，"庙台"位置在多道山梁的主梁最高处，多处"冢坛"或积石冢位于"庙台"四周，也都在山梁梁脊处的山冈上，位置有高有低，形成以"庙台"为中心、"冢坛"围绕四周的总体布局。同时"庙台"的方向为南北向偏西近20°，这是顺山势而为的，由此向西南遥对一形似兽首的山峰，牛河梁诸地点、特别是较大的积石冢和有冢坛组合的遗址点都集中分布在其间。规划学者还发现，处于梁脊冈顶的每个遗址点之间可以互望。从而形成一个以女神庙或庙台为中心、维系着四周50平方千米内众多冢坛的有机整体，是既有主有次，又依山势而有所变化，将人文融于自然的大文化景观。

新的认识是围绕着牛河梁第二地点的祭坛展开的。

这座祭坛（N2Z3）除了如前述为圆形和露天的基本特征以外，还有以下几点要特别提出。

一是规模大。外圈直径22米，约为东山嘴祭坛的10倍。

二是用料讲究。不同于诸多积石冢采用就近的灰岩和砂岩，而为远地运输而来的玄武岩石质，且都为五棱体石柱型，质地甚坚硬，色泽为统一的淡红色。

三是构筑独特。坛界的砌筑方式为将石料立置而非通常石构建筑所用的平砌，形成如石栅的效果。

四是结构严谨。坛体所起三层，层层有高起，略成台状；内外圈所选用石桩的规格也各有不同，外圈石桩规格较大，向内的两层石桩规格依次渐小；为在北略高的地面上保持坛界和坛面的水平，每圈石坛界的北界所用石桩较矮，个别横置，向南渐高（图一一、一二）。据冯时同志研究，圈与圈之间的距离也并非随意①。

五是位置居中。就同一地点看，祭坛位于该地点所在山冈的正中，东西侧各布置两个积石冢。

然而，对于这样一座构筑考究、位置显要的大型祭坛，在第二地点内与其他单元之间彼此的位置

①　冯时：《红山文化三环石坛的天文学研究——兼论中国最早的圜丘与方丘》，《北方文物》1993年第1期。

却显得过于紧凑，祭坛西距二号冢仅 1.8 米，东部残缺，残缺部分距四号冢西部残迹 10.6 米，估计实际距离也不过二三米，远远缺少与祭坛相配的空间（图一三）。由此想到，似不能只局限于从一个地点来考虑此祭坛与其他建筑址的组合和布局关系，应放开视野，从整个遗址群进行考察。参考东山嘴、草帽山祭坛在南、庙址和其他建筑在北的分布规律，这座祭坛可能同其北的第一地点女神庙和庙台组合有关。

图一一　牛河梁 N2Z3 祭坛侧视（西—东）

　　　1　　　　　　　　　　　　　2　　　　　　　　　　　　　3

图一二　牛河梁 N2Z3 祭坛
1. 祭坛立石　2. 祭坛南部外圈倾斜的高石桩　3. 祭坛北部外圈短体和平砌石桩界

　　这在祭坛所在的第二地点就已有所显露。如从方位看，第二地点所在的山冈为东北—西南走向，但祭坛西侧的两个上层积石冢和东侧四号冢的上层积石冢的冢界都为正南北向，几无偏差，各冢内的墓葬多近于南北向（四号冢内的下层积石冢墓葬）或东西向（各冢的上层积石冢墓葬），这同其他诸地点的积石冢墓葬或建筑址都是顺山势定方向（主要也为东北—西南的走向）从而有较大偏角的情况有所不同，显然是刻意而为。又如，从一号冢、二号冢、祭坛到四号冢、五号冢，这五个单元是东西一线铺开的形势，各单元的北部都有明确的界限，界限以北都再无其他遗迹，只有祭坛的北部外圈以外尚有积石建筑遗迹向北延展，即发掘报告所称的第六单元积石冢（Z6）。还有，第二地点各冢内墓葬从中部偏北到南部密集分布，与其他遗址在冢的北部留有置庙宇等建筑址空白地带的情况也有所不

图一三　牛河梁第二地点积石冢群
（上为北，祭坛北部有积石遗迹）

同。这些都在指示，祭坛不仅与同地点紧邻的诸积石冢有关，而且有北向联系的趋势。而由此向北，就是去第一地点的方向。从第二地点到其北的第一地点，相距1050米，其间仍不断有遗迹露头，如位于第二地点以北约200米和500米的N1H3和N1H2，位于女神庙以南10米的N1H1。这三座窖坑不同于第五地点和半拉山发现的祭祀坑，规模较大，无特意铺置的细沙层和碎石层，但出土物较丰富，分别出有与祭祀有关的小型人体陶塑像（N1H3）、近于方器的彩陶器残片（N1H2）、人体陶塑件和包括方"鼎"形器底部在内的方器（N1H1）等器物。这样，从整个遗址群的视角观察此祭坛的位置和与相邻遗迹的布局关系：第一地点女神庙和山台在北，坐落在位置较高的主梁顶部西南坡，第二地点的祭坛在南，位置低于第一地点，它们之间以近于正南北略偏向西的轴线布置。这同其他遗址的祭坛在南、冢庙在北、北冢（庙）南坛的方位和布置是完全一致的。所以，第一地点与第二地点有组合关系，应视为一个大的祭祀建筑组合。第二地点祭坛下垫土中出较多早期（下层积石冢阶段）筒形器片，是第二地点诸单元中除四号冢以外所见早期遗存最多的一个单元，说明其延续时间可能较长，在年代上与在上层积石冢之前就已建造的第一地点女神庙可相互对应。坛面还发现两件玉钻芯，是牛河梁诸冢唯一出土玉钻芯的地点，也为其独特之处（图一四）。

1　　　　　　　　　　2

图一四　牛河梁 N2Z3 出土玉芯
1. N2Z3：9　2. N2Z3：10

　　此外，第二地点祭坛以南的第三地点为一个圆形的单冢，两者相距 200 米。第三地点积石冢也在此南北轴线范围内，所以，第三地点也可考虑为此南北组合的组成部分。

　　我们曾提出，规模宏大的牛河梁遗址应为红山文化整个共同体所共有，当时主要是指女神庙，现在看来，与庙宇成组合的第二地点的祭坛也应具这种规格。因为这座祭坛不仅在规模、结构上远远超过其他遗址的祭坛，而且南坛北庙、有中轴线的布局清晰，共同构成牛河梁祭祀遗址群的主干，作为牛河梁这个红山文化最高层次中心的主要建筑，也是红山文化祭祀遗存规范化的最高表现形式。虽然庙宇地位似更高，但庙、坛总是相互依存的，表明祭祖与祭天是红山人主要也是相互有所关联的祭祀活动，体现出红山文化的宗教信仰已非孤立零散，而是趋向体系化。可能与瘗埋祭地有关的祭祀坑，因发现不普遍，已发现的规模也远较庙宇和祭坛为小，分布也较零散尚无布局规律可循，待有新资料再做进一步研究。

三

　　有关史前时期遗址的建筑群组合和布局，在东山嘴遗址发掘的 20 世纪 80 年代初，所知年代相近的，有仰韶文化的实例，如姜寨遗址的房址群，为围绕中心广场的向心式布局[①]。东山嘴和牛河梁等遗址建筑群的布局与此完全不同，却具后世礼仪性建筑传统布局的基本特点。

　　对此，苏秉琦先生在牛河梁遗址发现之初就给予高度关注。苏先生在将红山文化"坛庙冢"作为中华五千年文明象征的同时，又强调两点：

　　一是将这些祭祀遗址的类型和配套组合规律与中国古代祭祀礼仪相联系："这里的'坛'（东山嘴）、'庙'（牛河梁）、'冢'（积石冢）和窖藏坑，我们是否可以理解为四组有机联系着的建筑群体和活动遗迹？远在距今 5000 年到 3000 年间，生活在大凌河上游广大地域的人们，是否曾经利用它们举行重大的仪式，即类似古人传说的'郊''燎''禘'等祭祀活动？"[②] 一是将这些祭祀遗存的形制、布局与后世同类遗存如明清时期京师的天坛相比较："坛的平面图前部像北京天坛的圜丘，后部像北京天坛的祈年殿方基。"并思考中华五千年文化强大传承力的背景："发生在距今五千年前或五六千年间的历史转折，它的光芒所披之广，延续时间之长是个奇迹。"[③]

　　需要指出的是，苏先生这两段话中所提祭坛，当时都是以东山嘴遗址为唯一依据的，其中第一段话所提到的坛和庙并不在一个地点（坛指东山嘴，庙指牛河梁）。不过此后在草帽山积石冢南部发现的祭坛、半拉山积石冢北部发现的庙宇线索，尤其是牛河梁第二地点祭坛的确认及其与北京天坛圜丘在形状和结构上的惊人相似，都进一步证明了苏先生的预测。我的理解，苏先生在 20 世纪 80 年代中期中华文明起源讨论刚兴起时，对当时讨论较多的文明起源的标准和具体时间未作明确回应，而是从考古发现的祭祀建筑、特别是从其布局追溯中国古代礼制的起源，又对其间的传承格外看重，着眼的是中国文化与文明起源自身的道路与特点。

---

① 半坡博物馆、陕西省考古研究所、临潼县博物馆：《姜寨——新石器时代遗址发掘报告》，文物出版社，1988 年。

② 苏秉琦：《座谈东山嘴遗址——我的几点补充意见》，原载《文物》1984 年第 11 期；后收入《苏秉琦文集》（二）第 346 页，文物出版社，2009 年。

③ 苏秉琦：《象征中华的辽宁重大文化史迹》，原载《辽宁画报》1987 年第 1 期；后收入《苏秉琦文集》（三）第 55 页，文物出版社，2009 年。

关于红山文化考古新发现与中国古代礼制起源的关系，我们曾在报道红山文化玉器时有过论述。以为红山文化玉器具有高度抽象化又十分规范化的特点，这应是受某种固定思想制约的结果，当时称其为"礼的雏形"[①]；此后又依据牛河梁遗址积石冢墓葬有只葬非实用的玉器而极少有陶器和石器等与生产生活有关物品随葬的现象，提出这种"唯玉为葬"的习俗，与王国维先生释"礼"（禮）字为"以玉事神"最为吻合，从而证明玉器作为通神工具，是最早的礼器，"唯玉为礼"是"礼"（禮）字的初意[②]。

与玉器及其埋葬习俗相比，不同层次的祭祀建筑作为祭祀的活动地，其从建造到使用，在建筑结构布局的规范化和由此反映的祭祀礼仪的制度化方面，对群体的影响或约束的广度与深度，又远在玉器之上。《礼记·祭统》："礼有五经，莫重于祭"，刘师培："礼源于俗"（通神巫术），都是说礼制及其形成，与通神和通天的祭祀有着直接关系。所以，红山文化祭祀建筑的规范化和祭祀礼仪的制度化，为礼起源于史前时期提供了一个典型实证。

至于中国古文化与文明起源形成自身的特点和道路，依张光直先生观点，与西方以发展生产和贸易、改造自然为主的"断裂性文明"不同，以中国为代表的东方，具有将世界分为天地人神等不同层次的宇宙观和通过沟通天与神以取得政治权力和财富的"连续性文明"[③]。在这种类型文明的形成过程中，精神领域、思维观念往往得以超前发展。祭祀活动频繁有序推动祭祀建筑的发达和礼的形成；对信仰集体性的、从上至下的执着追求导致礼从最初形成起就具有"内化自觉"而非强制的本质[④]，都可以从红山文化祭祀遗存规范化和制度化中加以理解。而所见在后世表现出的强大的传承力，虽然从史前经三代到两汉，经历了如庙与墓从结合到分离到再结合、宗庙与宫室地位主次转换的演变过程[⑤]，但祭祀建筑的类型、组合、结构及功能、总体布局，特别是祭天坛体的三环式圜丘结构和方位在南的布局，一直延续到明清时期。

所以，在田野考古中强化对包括祭天遗迹在内的祭祀性遗存的发现、辨认和研究的意识，将会为中华五千年文化与文明起源及其传承不断提供新资料并将讨论继续引向深入。

（提交西北大学历史文化遗产学院主办的"祭天与中国古代文明学术研讨会"论文，2018 年）

---

① 孙守道、郭大顺：《辽河流域的原始文明与龙的起源》，《文物》1986 年第 8 期。
② 王国维：《观堂集林》（第一辑）第 290 页，中华书局，1959 年。郭大顺：《红山文化的"唯玉为葬"与辽河文明起源特征再认识》，《文物》1997 年第 8 期。
③ 张光直：《考古学专题六讲》，文物出版社，1986 年。
④ 费孝通先生说："从礼到德，是用自己的力量来约束自己的，是一种内化的自觉行为。""礼与法不同，法是凭外力控制的，是带有强制性的。"见《费孝通先生在闭幕式上的讲话》，费孝通主编《玉魂国魄——中国古代玉器与传统文化学术讨论会文集》第 11 页，北京燕山出版社，2002 年。
⑤ 巫鸿：《从"庙"至"墓"——中国古代宗教美术发展中的一个关键问题》，《庆祝苏秉琦考古五十五年论文集》，文物出版社，1989 年。于倬云：《故宫三大殿形制探源》，《故宫博物院院刊》1993 年第 3 期。

读《东北文化丛书》

由吉林省社会科学院组织编写的《东北文化丛书》已出版八册，作者汇聚吉林省及东北中青年有为专家。丛书选题准确，收集资料广泛且有代表性，尤其是对最新考古发现和研究成果的关注和引用；内容系统全面，从经济类型到物质文化遗产和非物质文化遗产，从古到今，从王室到民间；又重点突出，对东北文化的区域和民族文化特点有深入挖掘。

以下根据我关注的领域和课题，谈几点读后感。

一、关于渔猎文化

渔猎经济由于资源不稳定，最终被农耕经济等所替代，这是人类社会发展的一般规律，但东北地区有其自身的发展过程。从近二十多年来东北史前考古发现和研究的成果看，如以饰压印纹夹砂筒形罐为主要文化特征的东北文化区的确立，东北史前文化特别是红山文化和先红山文化从文明起步到文明起源的发展历程，东北史前玉器出现较早及其与玉器起源的密切关系等，都是在采集和渔猎为经济基础条件下产生的，从而使我们对渔猎文化的发展水平有了新的认识。主要是认识到，渔猎文化也可产生上古文明，不仅西辽河流域的红山文化是在以采集、渔猎为主要经济活动的基础上较早跨入文明时代的，就是黑龙江省也有乌苏里江畔小南山近万年的玉璧、玉玦等最早中国传统玉器类型的发现。

《东北文化丛书》充分关注东北史前考古的这些重要发现和研究成果，对新的研究成果多有引用。单列成册的《东北渔猎文化》还注意考古学对渔猎文化自身优势的归纳：与旧石器时代生产、生活的连续性从而有对百万年旧石器时代人类成就的直接继承；对自然资源的依赖导致对大自然的敬畏、尊重；随动物资源移动而培养出开放性格以及对先进文化的辨别与吸收。《东北移民文化》所总结的移民文化的优势为开拓性、开放性和兼容性，《东北建筑文化》所论辽金元时期多民族杂居在建筑文化中体现出的包容性特点，《东北饮食文化》所述东北各民族自古以来有"靠天吃饭"的对大自然的依赖性等，也都同渔猎人的本性有一致性。

虽然从战国时期以后，随着铁器的传播、燕秦汉唐文化的北上和郡县制的建立，农耕文化在东北地区不断东扩并与当地文化交融，但东北地区各民族包括当地的华夏族，从起源到发展，仍然都与渔猎有着密切关系。丛书各分册在涉及东北地区四大民族文化体系（华夏、肃慎、东胡、秽貊）的起源发展时，将文献与考古资料相对照，大都有始于采集渔猎的论述：属于肃慎族系统的靺鞨、渤海、女真和满族，属于秽貊族的高句丽族，他们的文化特性的形成都与渔猎经济有关。就是以游牧为主的东胡系统，也有浓厚的渔猎成分：如辽金时期的四季捺钵制度、猎鹰习俗和以春山秋水为主要题材的艺术成就。《东北游牧文化》也在"捺钵文化"一节中对契丹民族的渔猎习俗有具体分析，以为契丹民族居住在辽河流域，在地理环境方面同蒙古高原存在显著的差异，正是当地特有的地理环境造就了其特殊的渔猎经济；自辽朝以后，虽然农牧业经济已是辽河流域契丹民族的主要经济形式，但渔猎活动作为其民族特有的习俗仍一代代传承下去，所形成的捺钵文化和四季捺钵制度，就是契丹民族在渔猎生活中形成的。捺钵文化在金元时期的女真族、蒙古族等北方民族中也较盛行，直到清代的热河行宫和木兰围猎，无不受到捺钵制度的影响。蒙古族以至今日在查干湖举行的渔猎活动，就保留了浓烈的辽金时期渔猎民俗。

渔猎文化在东北文化形成和发展中的作用，也深深扎根于东北文学中。对此，《东北文学文化》分册对渔猎经济在东北地区文学特征的形成中的深远影响有清晰表述："人类最原始的经济形式——渔猎—采集经济，一般情况下通称渔猎经济，在东北地区的经济生活中，从上古直至封建社会末期，都占有极其重要的地位。这不仅极大地影响和决定了东北地区诸多民族的文化性质和特征，同时也影响和决定了东北地区的文学特征。"并具体指出这一影响的过程和内容："东北地区，因为气候的严寒以及游牧、渔猎民族长期占据绝大部分地理空间，导致更为依赖自然资源得以延续的渔猎、游牧经济长期维持较为原始的状态。正是在这样的经济基础之上，东北地区的文化，才长期保持着诸多原始内容和形态，直至工业社会到来，还能够普遍见到'棒打狍子瓢舀鱼，野鸡飞到饭锅里'的景观和崇尚万物有灵的原始宗教以及原始氏族组织作为最主要的基层社会组织的状况。"

当然，以渔猎为本的东北区域文化，是在同当地和邻区文化交流中发展的。又由于渔猎文化在文化交流中具有较为开放的优势，这就使得对当地和邻区文化、主要是中原文化的大幅度吸收，成为东北区域文化形成发展过程中必不可少的推动力。对此，丛书各分册都充分重视渔猎文化、农耕文化和游牧文化在东北地区的共存交融，对渔猎文化与农耕文化和游牧文化的结合，各有深入的分析。

《东北农业文化》在这方面论述较多。多次强调：东北原始农业虽然相当发达，东北地区先民的生存仍在很大程度上依赖采集和渔猎经济，农耕文化也深受采集文化、渔猎文化的影响，多种经济类型在东北地区相互依存，具有多元共生的特点。并列举诸多考古资料加以说明：辽西地区早期青铜时代的夏家店下层文化以种植粟为主要经济生产方式，以家畜饲养业为补充，但仍保留了渔猎与采集的传统；辽东半岛南端的大嘴子遗址是原始农耕与渔业、家畜饲养业等多种生业并存的经济类型，具有农业文明、海洋文化与渔猎文化交融的特点；松嫩平原的白金宝文化，是在渔猎经济较为发达的前提下，因地制宜地发展起原始农业经济的；图们江流域的兴城文化则是既有原始农业长期传承发展，到中晚期出现了渔猎经济比重增大，原始农业呈现从繁荣到渐衰的过程。

《东北农业文化》还从经济的民族特征对东北农业文化与渔猎、游牧文化的关系做了进一步论述。以为东北以旱作为主的农业既有中原旱作文化的浸润，又有东北民族的积极推动，更有自然资源的优势，从而形成了与中原旱作传统一脉相承又颇具特色的内涵。并举东北名品水稻种植，是中原文化、秽貊文化、靺鞨文化交融碰撞下形成的，是东北地区各民族共同开发的结晶。还提出东北的农耕文化，既有中原遗民带来的农耕制度文明和渔猎与农耕碰撞结晶的"制度文化"，也有东北部族长期摸索、原生的农耕生态文明。

《东北游牧文化》则对游牧文化与渔猎文化的共性和它们在地域分布的变化与交错有重点论述："早期游牧文化呈现农耕、畜牧、采集、渔猎交相出现和作用的多种文化的交替状态。"具体分析到东北西部地区先渔猎后游牧的不同类型经济分布的变化："不同类型经济的分布，包括西辽河流域在内的东北西部地区——科尔沁草原与松嫩平原交汇地带、欧亚草原带向东延伸的东端——也是到商周时期及之后渔猎文化才渐被东胡或其先人的游牧文化替代。"并列举了西周以降，秽貊（夫余、高句丽、沃沮）、东胡（乌桓、鲜卑）、肃慎（挹娄、勿吉、靺鞨、契丹、女真）都以狩猎和游牧结合为主要生活方式，使渔猎经济与游牧、农业经济的分布犬牙交错，互为补充。从而归纳出渔猎、农耕、游牧文化结合的一个规律是，在不同的自然区域，从来不是单独地存在的，而是以某一种为主、混合着其他的形式，并在不同相邻、交汇的地方产生了混合型的文化。而崇尚自然、体现自然崇拜和万物有灵的萨满教也是渔猎文化与游牧文化共同的精神信仰。

二、关于区域文化特点及传承

从以上可见，以渔猎为本的东北文化，其区域文化特色的形成和发展，首先是以当地文化为基础的，包括当地的华夏文化，都有自身的文化生长点，而非中原文化的衍生物。中原文化等的进入，是以尊重当地文化为前提的。这是认识东北文化一个十分重要的观点。《东北文化丛书》各分册的作者对此都有很深的感悟，具体分析也从多个方面展开。

首先是当地文化的基础作用。各分册在论述与邻区的文化交流中形成和发展区域文化特点时，都十分重视当地固有文化的基础作用。《东北移民文化》就明确论述到，历代从各地移居到东北的广大移民，都是在借鉴、吸收东北当地少数民族传统文化的基础上，创造出独特的移民文化的。并进一步强调了外来文化与东北当地固有文化在吸收、碰撞、融合过程中的复杂性和长期性："这一过程是复杂的，亦是漫长的。这一过程离不开东北自身历史的发展，离不开东北多民族的演变和发展，东北移民文化正是在这种特殊的环境下孕育、形成和发展起来的。"

与当地文化基础作用有直接关系的，是东北文化的传承力。东北地区的区域文化虽然具多元多类型的特点，但由于区域特色经常是以不同文化的交汇为动力的，所以生命力很强，这又集中表现为文化发展脉络无大的割断，文化传承具顽强性。《东北文化丛书》各分册在挖掘地域特色的同时，对东北文化的这种传承力都十分重视。《东北文学文化》在总结东北文学文化的特征时，在指出间歇性的同时，就提到其延续性。《东北游牧文化》还专设有"东北游牧文化的传承"一节，将东北游牧文化从春秋战国到明清时期的发展历程加以概括，强调即使是流动性较强的游牧民族所创造的文化也有很强的传承性："作为游牧文化的根基，古代游牧民族的主体经济，游牧经济一直在持续发展。仅从东北地区的角度来讲，从春秋战国时期的东胡，到南北朝时多次建立政权的鲜卑族，再到建立辽朝的契丹，最后到建立统一中国的元朝的蒙古族，以及蒙古族从明清时期至今的发展，可以看到，游牧文化的发展一直持续不断，并与中华民族整体文明紧密相连，具有数千年经久不衰的历史持续力。"

谈到文化的传承，不能不提到传承与发展和创新的关系。特别是当前随着中华传统文化的回归，传统与现代化的关系已成为普遍关注的课题，更有实践中的艰苦探索。《东北文化丛书》各分册的作者们直面这一前沿课题，对传承与发展的关系都有较为深入的表述。

《东北游牧文化》以蒙古族文化为分析重点，举那达慕大会随着时代前进步伐不断有所创新为例阐述传统文化与现代文明的关系："要想确保传统文化得以持续传承，则其与现代文明相一致、相统一是必要的前提条件。而由传统向现代化演变的过程更是对传统文化的一种升华与摒弃。"

《东北建筑文化》将具有多民族特征与多元文化内涵的东北地区建筑，随时代要求不断进行利用与改造，作为东北建筑文化的特色："东北建筑文化在发展演变过程中，不仅继承了各民族各地区共同创造的建筑文化精髓，而且根据特殊的地理位置与时代需要对其进行了利用和改造，充分体现了我国北方寒冷地区的地域文化特点。"

《东北移民文化》从移民文化交流内容的三个层次中，对传承与发展的关系和过程，有更为深入的分析，以为：传承是从物质到精神文化，精神文化从浅层次的语言、服饰等到心态情感和归属感，发展演进延续方式即交流的过程层次，有一个由表及里、从适应到涵化的具体过程。由此提出"要发展一个民族的文化，就要不断推陈出新，故步自封、仅依靠本民族的力量去创造新文化，必然是缓慢的"。

这里要特别提到《东北服饰文化》。该分册在用近半篇幅对满族服饰特别是旗袍的重点研究中，将传承与发展创新的关系贯穿始终。作者结合实地考察成果，依地域、时代、等级、性别差别，对满族服饰进行分类研究，以为适应满族骑射活动需要而产生的包括旗袍在内的满族服饰，具有"实用与审美的结合，符号与象征的统一"的特征和优势，这既有对女真服饰文化的继承，从而保持着满族服饰自身特色，同时其式样、装饰、功能又有对中华传统的吸收，是随清代社会发展而不断丰富和变化的，从而始终保持着强盛的发展势头，得以持续发展，并最终使旗袍得到全民族认可，列为国服。

满族服饰特别是旗袍在传承与发展关系上成功的实例，也使作者对民族整体特征的传承与发展过程及变化、包括某些特征的消失和再生有较深体会："从民族发展上来说，民族特点的形成经历了一个不断丰富发展的过程，这个过程从她产生之日起就从来没有停止过，随着历史的进步，环境的变迁，条件的变化，民族特征也可能在一定程度、一定范围内发生变化，在历史上形成的某些民族特征在今天就有可能减弱、消失或增加新的内容，演变为新的形式——再生。这种变化是正常的，是符合民族发展规律的。任何一个民族都不会在历史发展了的情况下永远保持原貌，或永久地、一成不变地保存最初形成的那些特征。满族服饰是这样，汉族服饰也是这样，东北其他民族服饰都是这样。"进而引费孝通先生有关多元一体与文化自觉的理论，来说明继承与发展、创新与融合的变革原则："任何事物在变的过程中都遵循一个原则，变的原理就是摒弃不好的事物，吸收好的事物，好的，优秀的事物本身就具有吸引力。"

谈到文化的传承，东北文化有一个非常有趣的现象，那就是与其他大区相比，东北地区除地理和行政区划概念以外，其历史文化区的整体概念即超省界的地域身份认同更为突出。本丛书以"东北文化"通名，就是这种整体区域性观念的反映。这同东北地区当地的文化基础得以长期延续是分不开的。《东北饮食文化》在明确指出东北文化这一整体概念的同时，从共同的自然环境和相近的历史发展进程分析这一整体地域观念的形成原因，发人深思：东北人从地域身份认同上有着超本省的一种认知，进而上升为整个更大地域认同的认识，之所以如此强烈，除了地域邻近之外，更主要是历史原因造成的。从满族起源和保持民族特色到历代移民对原籍不形成具体区域而对大东北统一认同，这是在共同自然环境、相近的历史发展进程下有较多共性而逐步形成的区域特色。

东北文化建立在当地文化基础上，又在文化交汇中形成、发展区域特色并将其传承，这在考古学上也一再得以证实。可举对东北历史文化发展演变影响较大的燕文化为例。最迟从战国中期起，燕文化从西向东推进，建立了以郡县为主的政治制度，但在辽西重镇朝阳等地发现的这一时期墓葬，虽然以出中原成组礼器为主，但经常与具当地习俗的石椁、手制罐与殉牲共存，应是当地人既接受中原礼制又保持当地固有文化习俗的表现，辽东抚顺莲花堡战国遗址也有典型燕文化陶器与当地土著陶器的共存。其实燕文化本身也多有对东北文化的传承，如在燕下都等燕国中心地区常见的一种燕式鬲和发达的兽面纹，为战国时期各国中所独有，这种燕式鬲直筒形的鬲身就源自于夏家店下层文化的盂形鬲，甚至可上溯到新石器时代东北地区特有的筒形罐，兽面纹则与当地较早出现的动物纹有千丝万缕的联系。就是到了汉唐时期，典型的汉唐文化也多与当地文化共存，吉林通化赤板松西汉城址建在具当地特点的山城之上，有汉式陶器，也多见当地土著民所用的素面夹砂红褐陶器；唐营州城（今朝阳）内外密集分布的唐代墓葬，从墓志知，这其中多为与当地民族有关的官吏，而出了营州城范围，不仅向东，就是向西接近华北平原也仍以当地民族文化为主。至于时代更早的红山文化与夏家店下层文化，除了前述在燕文化中有延续因素以外，早期青铜时代的夏家店下层文化，整体文化面貌已十分接近中原的龙山文化和早商文化，但当地传统文化仍顽强保留。红山文化虽有对中原等地先进文化的大幅度吸收，仍是以东北文化的渔猎为本，以当地先红山文化为其发展源头的。特别要提到，在红山文化诸多内涵中，彩陶作为一种外来文化因素，被红山人视为神圣，成为红山文化信仰体系的组成部分，表现出红山文化对待异质文化因素的高容纳度，善于辨别、吸收、融合邻近文化的先进文化因素充实和发展自身，这是红山文化在文明起源过程中先走一步的一个主要原因。从中揭示出文化在交流中传承和发展的一个重要现象是，不同经济类型、不同传统的古代文化之间的接触交流，往往会产生意想不到的效果：既非文化的替代，也非简单模仿或混合，而是不断创造出新的文化。这也就是本丛书多个分册中强调的文化的"再生"。所以我们从东北文化历代发展演变中，得出文化传承与发展的一个重要规律：交汇推动创新，创新为文化的传承不断注入活力，这在异质文化之间，在精神领域之内，表现尤其突出，是为中华文化连绵不断的源泉。

三、关于东北文化在中华文化中的地位和作用

中华文化以文化的连绵不断而立于世界文化之林。作为中华文化重要组成部分的东北区域文化，其各民族特色文化的传承，为中华文化的连绵不断做出了重要贡献。不过，常有将东北地区隶属于北方地区，将渔猎文化纳入游牧文化中加以论述，这就不仅淡化了东北地区自身的区域和民族特色，尤其忽视了东北文化在中华文化中的地位和作用。

其实，从大区域划分的视野看，以渔猎为本的东北文化作为中华文化中一个有自身区域特点的文化区，不仅要同以草原游牧为主的北方地区有所区别，而且从考古学上已有以史前时期为主，将东北文化区与农耕为主的中原文化区和东南文化区列为鼎立的三大文化区，并强调了东北地区在某些发展阶段还曾走在前列。

丛书对东北文化在中华文化中的地位和作用，从不同方面多有论述。

《东北建筑文化》列举了东北文化在建筑领域具先进性的一些研究成果。如石构建筑和建筑艺术。具体如高句丽平原城与山上城相结合的城防体系，高度发达的山城城墙构筑，除墙面以楔形石压缝垒砌外，还强调了"墙的内部用扁条拉结石层层交错叠压。这样砌成的石墙相当牢固，以致有时墙皮坍塌，而墙心依然不动"的结构优势，从而以为"高句丽时期的文化，是东北地域文化与民族文化的一个亮点"。还有在佛寺布局演变中从魏晋南北朝、隋唐的塔为中心向佛殿为中心演变过程中，东北地区拥有早期佛寺模式的典型标本，显示出在佛教东传过程中东北地区的枢纽和通道作用。该分册还提到清初沈阳城受藏传佛教曼陀罗影响的内方城外圆廓、四方有塔寺的建筑规划布局，这一城市布局，吸收藏汉因素，形成满族特色，作为中国古代都城规划史最后一例，是满族对中国城市规划史的独特贡献。

满族文化对中华文化的影响，这是东北文化在中华文化中地位和作用的重要内容。因为满族作为中国最后一个封建王朝的建立者，对中国近现代文化的影响更为直接，这除了时代相衔接以外，满族将东北渔猎文化特有的开放性发挥到极致，导致满文化融入汉文化，使其文化影响更具渗透力。东北作为满族发源地，满文化根深蒂固，满文化融入汉文化也更为典型。本丛书以满族文化与现代、满族文化与民间为重点，对此多有论及。《东北服饰文化》在论述满族服饰在中国历史发展的进程中产生的深远影响时，强调了满族服饰中最后成为国服的旗袍，虽历经社会思潮变革，随时代而有变化，但作为国服已在民间扎根，一直延续到现代，使其"作为中国传统的服饰代表被保留下来，并在民国期间得到长足的发展，成为在适应时代和社会的发展中与西装、中山装并行于当时社会服装时尚的主流"，作为中华民族传统服饰已成为中华儿女在世界展示民族文化的标志。《东北饮食文化》所列东北特色饮食，也大都与满族文化有关，其中如萨其玛也已成为中华糕点中具标志性的种类之一，为海内外华人所喜用。

东北地区的作用还体现于东北地区与相邻的东北亚广大地区在历史文化上的密切联系，使东北地区成为中原文化向东北亚传播和相互交流的前沿和通道，并联系到广大环太平洋地区。《东北农业文化》在论述东北的稻作文化时，提到辽东半岛南端的大连大嘴子遗址出土的距今 3000 年的炭化稻米遗存，不仅对水稻在国内的传播很有意义，可能对传至日本的北路说也提供了新的资料。印证了稻作农业从中原传播到辽东半岛，进而向日本、朝鲜广泛传播的重要意义。

最后要提到的是，丛书重视东北文化与现实和未来的关系。这除了前面提到的区域特色文化的传承影响以外，有多个分册都特别论述了人与自然的关系这一人类面临的紧迫问题，以为东北文化在这方面有历史经验可供借鉴。

渔猎文化有敬畏、尊重大自然的天然本性，使以渔猎为本的东北各民族有对自然变化很强的敏感性和寻找出路的迫切性，并为解决这些难题贡献着智慧。《东北文化丛书》涉及这方面议题顺理成章，也是很有远见的。《东北渔猎文化》《东北游牧文化》和《东北农业文化》都有针对性地提出在现代化过程中对人与自然的关系出现的危机、人类要对面临的问题做出深刻反思并寻求未来的出路，从而将东北文化的地位和作用提高到一个新境界。

《东北农业文化》指出多样经济共同发展对自然生态的积极影响：由于东北地区原始农耕的出现

和发展中，粗放的农作物需要采集、狩猎、捕鱼等经济作为重要补充，东北地区的多种经济形态长期相辅相成地发展，较好地保留了自然的生态环境，这既是农业生产能力有限所致，也是东北丰富的自然资源与非常有限的人口数量等因素共同影响下的结果。

《东北游牧文化》在最后一章"东北游牧文化的基本特征"和"结语"中，用很大篇幅论述了人与自然的关系。指出游牧文化注重自然与人的和谐共生，可以说是中国古代儒家"天人合一"思想的组成部分。面对当前环境、资源不断遭到破坏的严峻形势，从游牧文化中借鉴包括文化特质在内的生态文明方面的传统优势，是研究和发扬东北区域文化的重要内容。

《东北渔猎文化》则将人与自然关系的恶化与传统的渔猎文化被替代相联系，尖锐地提出："东北渔猎文化发展同'生产力主导下'的区域文明发展之间，存在一个较为明显的反差。如果从可持续发展的角度思考，我们很有必要对所谓的'文明发展''社会进步'进行'适度'反思。在生产力'高度'发展、欲望值'无度'提升、自然生态'深度'透支的轨道上，人类'文明发展'的'大尺度'未必不是人类'文明毁灭'的'加速度'。""这不但是一个非常复杂的文明模式问题，还是一个非常严肃的文化伦理问题，更是一个非常现实的人类命运问题。"

对东北历史文化的全面论述，如《丛书》前言所述，继傅斯年《东北史纲》、金毓黻《东北通史》和佟冬主编《中国东北史》之后，有关东北文化史的书籍时有出版。我长期在东北从事考古研究，曾主要依据考古成果写作过论述"东北文化与幽燕文明"的专书。感觉是，对东北文化在中华历史文化发展中的作用要重新估计。如丛书各分册所论，东北地区区域特色鲜明，某些历史时段还走在前面，不少文化因素成为中华传统文化组成部分，影响长期而全面；并联系东北亚，在中华文化与文明起源、中国统一多民族国家形成和发展中占有举足轻重的地位，研究前景十分广阔。

吉林省社会科学院积极倡导区域文化研究，并身体力行，先走一步，令人敬佩。如果说不足或需要完善的，一是对考古资料的引用解读，有不同分册和不同观点引同一考古资料的情况，这可能与考古资料报道有限，也可能与考古资料综合论述东北历史文化的论著未引起注意有关；还有就是应有一个综合性的分册，希望今后不断有这方面的研究成果问世。

（原载于吉林省社会科学院主办《地域文化研究》2019 年第 6 期）

从"玉与陶"到"玉与铜"

1998 年 12 月，笔者参加在北京召开的"中国出土玉器鉴定与研究学术研讨会"，曾撰写《玉与陶——史前玉文化研究提出的新课题》，主要论述新石器时代玉与陶的关系①。以为，除了陶器较玉器在断代上的优势以及晚期遗存出现早期玉器标本的频率高、时代性复杂以外，主要还认识到，在文化交流上，非实用和具礼器化因素的玉器（还有规范化的陶器）远较用于生活的一般性陶器为活跃，传播快而远。至于陶器与玉器之间的相互影响，有红山文化勾云形玉器与勾连花卉纹彩陶图案之间可能的关系②，东南地区史前文化陶器有崧泽文化或良渚文化早期的刻划兽面纹、良渚文化刻划细密的鸟兽（蛇）纹、山东龙山文化的"介"字形冠纹等，与玉器花纹之间可能存在相互影响关系③。然而东南地区史前文化的陶器以素面为主，与玉器可以比较的实例以及在这方面的论述都甚少。新石器时代以后，相对于玉与陶的关系，特别是两者相互关系而言，玉与铜的关系远较玉与陶的关系要密切也更头绪繁杂。

一

关于玉与铜的关系，早在 20 世纪 70 年代初史前玉器尚未被学界充分重视时，刘敦愿先生在发表两城镇兽面纹玉锛的文章中就提出，此玉锛端面刻纹装饰"类似商周青铜器的纹饰"④。巫鸿先生在刘先生文章发表后，收集海外收藏的有关玉器，于 1979 年提出这批带兽面等花纹的玉器与商代青铜器兽面纹的关系："从这组玉器上我们找到了商代早中期兽面纹的来源。如玉圭中部装饰带上的兽面纹，几乎与商代二里岗期铜器上的花纹完全一致；鹰鸟神像两爪正各抓一个斩下的人头，这种怪兽食人图像

---

① 郭大顺：《玉与陶——史前玉文化研究提出的新课题》，杨伯达主编《出土玉器鉴定与研究》第 91～99 页，紫禁城出版社，2001 年。
② 郭大顺：《玉与陶——史前玉文化研究提出的新课题》，杨伯达主编《出土玉器鉴定与研究》第 91～99 页，紫禁城出版社，2001 年；《红山文化勾云形玉佩研究——辽河文明巡礼之四》，《故宫文物月刊》总 164 期，1996 年。
③ 崧泽文化陶器刻划兽面纹见良渚博物馆编著：《良渚文化刻划符号》第 34～40 页，上海人民出版社，2015 年。良渚文化陶器花纹可见上海市文物管理委员会：《福泉山——新石器时代遗址发掘报告》第 100 页图七十，第 104 页图七二，彩版三六、三八，文物出版社，2000 年。山东龙山文化陶器上刻划"介"字冠形纹等见山东省文物管理处：《山东日照两城镇遗址勘察纪要》，《考古》1960 年第 9 期。
④ 刘敦愿：《记两城镇遗址发现的两件石器》，《考古》1972 年第 4 期。

一直到商武丁时期仍被装饰在礼器和武器上。"①

此后，马承源、李学勤、杨泓、J. 罗森及芮国耀等诸位都有对玉与铜关系的论述②，大多认为商代铜器中以兽面纹为代表的纹饰是受到新石器时代晚期开始在玉器上出现的兽面纹的影响。

除兽面纹以外，商周青铜器上某些延续时间较长的文化因素如扉牙等，在史前玉器上也已出现，由此都可见史前玉器对商周青铜器影响之深远。

这里结合此次以战国玉器为主要内容的研讨会，试再谈玉与铜的关系。

玉与铜从公元前 2000 年到两汉时期，共存近两千年。早期玉与铜的关系，除前述史前时期玉器纹饰对商代青铜器的影响外，最为明显的还见于夏商时期的"玉铜一体"，如陶寺、石峁出土的玉镶铜环，二里头出土的嵌绿松石和玉石的铜牌饰，殷墟出土的铜内玉援戈、铜骹玉叶矛等③。目前学界已有论述夏代玉器对同时期青铜器（包括陶器）造型主要是纹饰的吸收的观点④。除此之外，玉器与青铜器的关系还有以下现象更值得关注：

一是从功能上看，玉器与青铜礼（容）器功能相同或相近，即都具非生产性或非实用性。两者都与通神礼仪有关。为中国所特有，体现东方特点。这应是玉器和青铜器互通的基础。

二是从青铜容器的起源看，作为青铜容器主要内涵的纹饰，具神秘化风格。这不同于史前如仰韶文化具自然性的彩陶风格而近于玉器纹饰。从前述有关商代铜器花纹和装饰源自史前玉器的诸多论述中，可以作进一步理解，即青铜器花纹从一出现起就较为成熟，且最早为单层花纹，题材都以兽面纹为主（图一）。这应都与玉器的影响有关。

还要补充和强调的是，青铜容器的原型也多来自东方陶器。李济先生在追溯殷商文化起源时曾多次强调这一点⑤。这同玉器在东方发达较早、对青铜器在中原的兴起影响较大的趋势相同。

三是从制作工序看，青铜容器的制作大致可分为制范工序与铸造工序两大部分。在工艺技术上较青铜工具的铸造更为复杂，与玉器的制作当然更是完全不同的领域。但前一工序需制作母范、雕刻花纹，制范过程与玉器制作又有相近处，因为制作母范就是雕塑，而在母范上雕刻花纹与玉器饰纹在工艺上有相近的技法，也是玉与铜最接近的部分。

对此，曹兵武同志曾有所论述：许多玉器都是象生性的艺术，这种艺术思维后来部分地转移到青铜器方面，并在翻模制作铜器的器形与纹样中达到登峰造极的地步——中国的雕塑选择了最硬的玉器和最软的泥模作为材质对象，走了一条自己独特的道路⑥。

① 巫鸿：《一组早期的玉石雕刻》，《美术研究》1979 年第 1 期。
② 马承源：《中国青铜器》第 322～324 页第三章"青铜器纹饰"第一节"青铜器纹饰的发生、发展及类别"，上海古籍出版社，1988 年。李学勤：《良渚文化玉器与饕餮纹的演变》，《东南文化》1991 年第 5 期。杨泓：《美术考古半世纪》第 48 页，文物出版社，1997 年。J. 罗森：《中国古代的艺术与文化》第 16 页，北京大学出版社，2002 年。芮国耀、沈岳明：《良渚文化与商文化关系三例》，《考古》1992 年第 11 期。
③ 陶寺玉璧嵌铜齿轮形器见国家文物局主编：《2001 中国重要考古发现》第 27 页插图，文物出版社，2002 年。陶寺及石峁玉璧嵌铜环又可参见邓淑苹：《简述史前至夏时期华西玉器文化》，《故宫玉器精选全集·玉之灵·Ⅱ》，台北故宫博物院，2019 年。殷墟出土的铜内玉援戈、铜骹玉叶矛分别见李济：《记小屯出土之青铜器（中篇）》，张光直、李光谟编《李济考古学论文选集》第 655、656 页图四九，文物出版社，1990 年；成都金沙遗址博物馆、中国社会科学院考古研究所编：《玉汇金沙——夏商时期玉文化特展》第 99 页，四川人民出版社，2017 年。
④ 陆建芳主编，喻燕姣、方刚著：《中国玉器通史·夏商卷》第 296 页，海天出版社，2014 年。
⑤ 李济：《黑陶文化在中国上古史中所占的地位》，《台湾大学考古人类学刊》第二一、二二期合刊，1963 年。
⑥ 曹兵武：《中国早期玉器：材料、工艺、形态与文化——读玉札记》，《中国文物报》2013 年 9 月 12 日。

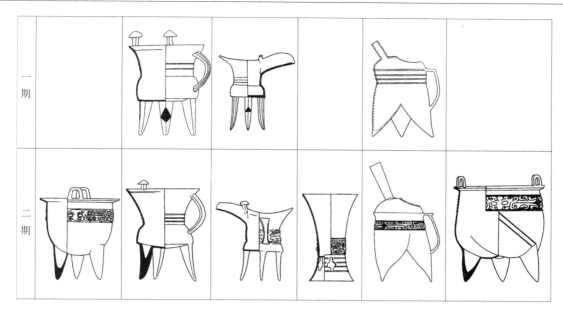

图一　商代早期铜器所见单层成熟花纹

二

以上所论主要为史前到夏和早商时期，所见玉器与铜器的关系，以玉器对青铜器的影响为主。商周及以后到战国晚期和秦汉时期，是铜器与玉器共存的主要时段。这一时段，社会的时代变革和区域性变革较多较大，从玉到铜，各有自身的发展历程，又相互影响、相互促进。从风格上看，商周铜器花纹以神秘性和规范性为特点，这也是玉器的造型和花纹特点。又由于高等级具代表性的玉器和铜器大都为王室或诸侯所掌控，两者之间相互影响有其必然性。

但商周及以后，青铜容器相对发展较快，是祭祀和葬礼中的主要角色，相应地其制作规模较大，工序和工艺较复杂，在探讨玉器和铜器的相互关系时，应更多关注铜器对玉器的影响。喻燕姣、方刚在分析商代玉器艺术风格时对此也有所论及："商代玉器艺术受同时期青铜器造型和纹饰影响较深。由于商代青铜器的器形和纹饰发展极为迅速，也给处于同一时代的玉器制作提供了丰富的素材。考古材料已经证明，除了器形体积较大的青铜器无法效仿，较小器形的青铜器及其纹饰往往就有相应的玉器。……可以说由于青铜器和玉器的相互促进，加速了它们各自的发展。"[①]

我们可以从阶段性和区域性两个方面来考察这一大时段玉器与铜器的关系。

（一）时代特征

举商代晚期和春秋时期为例。

从商代晚期起，铜器对玉器的影响在造型和花纹方面都有显示，以花纹较为明显。

由于青铜器以容器为主，所以青铜器在造型上对玉器的影响，少整体多局部。主要表现如：从晚商开始出现的象生性青铜器造型和以象生性形象做青铜容器装饰附件的较多，也较为成熟。这一时期象生性玉器的造型，特别是其中的圆雕作品，包括细部特征（如蘑菇状角等），与青铜器上象生性部

①　陆建芳主编，喻燕姣、方刚著：《中国玉器通史·夏商卷》第 314 页，海天出版社，2014 年。

件多有相似甚至完全相同处，应是受到青铜器影响的结果。J. 罗森博士在论述妇好墓与青铜器相关造型的玉器时，举鸮形尊与"一件大鸟形状头部有小龙的玉坠"，它们整体上相似（图二）；在分析晚商青铜器艺术形象设计时，将商代青铜器把手上兽噬鸟的题材（图三）与同时期造型相近的玉器加以比较："有龙环绕的四只玉鸟和三只由兽形动物衔咬鸟组成的青铜器把手"。这应是青铜器在造型上影响玉器的典型实例①。

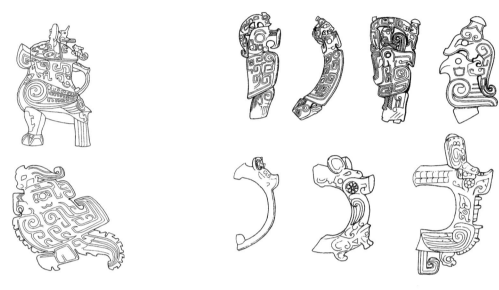

图二　整体上相似的安阳妇好墓　　　　　　图三　晚商有兽噬鸟装饰的青铜器耳
　　　　鸮形铜尊与龙凤玉佩　　　　　　　　　　　　与同类题材玉器

不过，青铜器与玉器的关系特别是青铜器对玉器的影响，仍以装饰花纹为主。与史前玉器相比，商代玉器上饰纹较多，这些增饰的花纹，多与青铜器饰纹相同或相近，如各种云雷纹、龙鳞纹以及"臣"字眼等；甚至花纹刻线的技法，如具商到西周时期玉器时代特征的双勾阴线中间起阳纹效果的纹饰刻划手法，似为青铜容器泥质母范上刻划花纹的手法（图四），应是受青铜器及其制作技法影响的结果。有学者在鉴定商代玉器时也已注意到玉器与青铜器共同的"双阴线"手法："商代晚期玉器制作工艺与青铜器制作工艺齐头并进，其整体装饰风格趋于一致。本器的装饰纹样与青铜器的装饰效果极为相似，以商代晚期常见的双阴线手法和人首（兽面）纹作装饰。"②

　　J. 罗森博士对这一时期玉器与青铜器的关系较为关注，有多次论述，除前述造型上的比较以外，从装饰花纹进行比较所举实例较多，但提法前后有所不同（也可能与翻译和文字编排有关）：

　　在对红山文化玉雕龙与商代玉龙进行比较时，认为商代玉龙"平面雕刻品的轮廓袭自红山文化龙的造型，但以商代的风格做成，其上所刻云雷纹则取自青铜器"（图五，1、2）。

　①　J. 罗森：《玉器与金器——古代中国玉器造型的起源》，《中国古代的艺术与文化》第49页图13，第125页图15，北京大学出版社，2002年。
　②　见中国文物信息咨询中心编著：《中国古代玉器艺术》（上）第38页"青玉人首饰件"文字说明，人民美术出版社，2003年。

图四　郑州商城早商提梁卣　　　　图五　红山文化玉雕龙与商代玉龙
　　通体饰双阴线起阳纹　　　1. 牛河梁 N2Z1M4 红山文化玉龙　2. 轮廓袭自红山文化玉龙的安阳妇好墓玉龙

"现在正在讨论的（妇好墓——笔者注）玉虎的云雷纹与青铜器上的纹饰相似，因此可能玉器的雕刻是以青铜器原型的一些知识和更早一点的玉器为基础的。"

但在"玉器中的相关造型和纹饰"一节中又有"玉器雕刻者在它们的雕刻过程中通常不模仿青铜器"从而有玉与铜的相似另有原因的提法："这种相似性的产生可能是因为这种形式是由其他地区传入的，对于青铜器和玉器这两种传统来说都是新事物。"不过她仍以妇好墓小玉器的立体雕刻和玉虎身上的云雷纹与新干青铜器提纽上的小动物及青铜器花纹相似为例，认为妇好墓青铜器和玉器都有来自南方青铜器的影响①（图六，1、2）。

1　　　　　　　　　　　2

图六　商代铜虎与玉虎
1. 新干青铜虎　2. 妇好墓玉虎

其实，对于商代玉器与青铜器之间的相互影响关系，无论是龙、凤及其组合的题材以及其他如鸮、龟等动物类玉器，虽然都可追溯到新石器时代晚期（如红山文化和凌家滩遗址的龙、凤和龙凤合体及鸮、龟等玉件），但商代的龙、凤或龙噬鸟龙凤组合以及其他动物类玉器，其造型、神态以及饰纹大都

① 分别见 J. 罗森：《中国古代的艺术与文化》第 21 页图 2 文字说明，第 37、41 页注 28 和第 50 页图 14，第 105、116 页注 48，第 36 页，北京大学出版社，2002 年。

是新出现的因素，且与青铜器同类因素相近甚至相同，所以受同时期青铜器的影响应是主要原因。前所引喻燕姣、方刚文也具体指出："如人物、动物、容器等玉器，大都披上了双勾线纹的华丽外衣，明显是对同时期青铜器的效仿，商代青铜器上常见的兽面纹、夔龙纹、凤鸟纹也在商代玉器上大量发现。"

杨晓能先生也注意到青铜器与玉器之间的关系。他在论述玉器与青铜器都以兽面纹为主题时，将这种关系提高到王朝对意识形态的控制层面："对于青铜器纹饰的设计者来说，如何将主要地域和主要文化中的图像归纳、平衡、体系化到一种具有更大包容性的聚合性统一图案形式上来，以便王朝统治者与臣民、诸侯方国、盟友、甚至敌对国和敌对群体都能理解、接受和信奉，是一个更为巨大的挑战。兽面造型是达成这一任务最为理想的形式，因为这种形式在此前多种文化中被采用过，而且可以包容众多动物神灵的个性。这种统一的艺术图解的立意、定型和传播，对于稳定、巩固和强化王权是至关重要的。"① 这一时期的玉器以兽或鸟为造型或饰纹同样也可从这个角度理解。

从春秋时期开始，青铜器和玉器发生较大变化，表现于花纹上，是细密、多变化、多层次、具浮雕效果的图案在青铜器和玉器装饰上的大量出现。就玉器而言，金属工具特别是铁工具的普遍使用和砣具的改善是重要的技术前提，但青铜器对玉器的影响仍然是主要原因。如从春秋早期开始，青铜器上的蟠螭纹逐渐取代了商、西周以来的传统纹饰，占主导地位并逐步图案化，但仍然是此前带状分布的模式。到春秋中晚期和战国早期，由于拍印纹技术在制范中广泛使用等原因，这类蟠螭纹演变为更为细密和图案化的蟠虺纹，代表了一种新的时代风格②。玉器似有同步演变过程。通体饰以起层浮雕为主、具时代特征的标准蟠虺纹的玉璜、玉璧、玉觿、玉带钩、玉龙及其他玉饰件，在各地的发现都不少。陕西宝鸡益门村 M2 所出通体饰蟠虺纹的一批玉器（图七），是这一时期青铜器与玉器花纹同步发展、青铜器花纹可能影响玉器较为典型的实例。

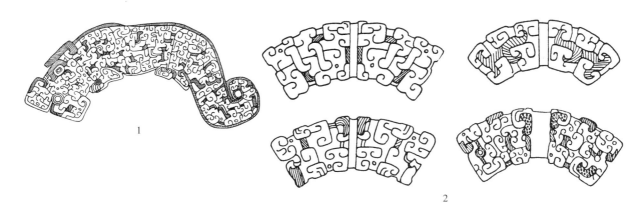

图七　陕西宝鸡益门村 M2 出土饰蟠虺纹的玉器
1. 虎形玉佩　2. 玉璜

对此，邓淑苹先生等也有对东周时期青铜器与玉器"图案式花纹"相似时代特征的比较，认为："东周时无论玉器或铜器，都流行在一件器物表面重复出现一或二种同样的花纹单位。这种以同一单元

① 杨晓能：《另一种古史——青铜器纹饰、图形文字与图像铭文的解读》第 335 页，读书·生活·新知三联书店，2017 年。
② 参见李学勤：《益门村金、玉器纹饰研究》，《文物》1993 年第 10 期。

重复出现，整齐铺列的纹饰风格……可营造图案式的艺术美感。……这样的花纹单位有其源头，也有其一步一步演变的脉络可寻。"[1]

研究春秋战国玉器纹饰的学者，还认为始于夏商之际青铜器上的乳丁纹与春秋战国时期玉器上盛行的谷纹之间应有所联系[2]。

罗森博士则认为，这一时期玉器凸雕的普遍和图案化的多样性源于金、玉以及高度发达的青铜器铸造工艺之间的广泛的相互影响，但强调了西方黄金制品的传入在铜器和玉器上带来的冲击。如侯马陶范与金柄铁剑上纹饰的相似。因为黄金是软金属，使复杂的铸铜工艺成为可能。在玉器制作中，这种精致的要求实行起来比较困难，需要几种不同的方法同时运用，才能赶上黄金或青铜器制作的水平[3]。由蟠螭纹向蟠虺纹的演变过程中是否有外力介入，是需要进一步探讨的课题，这也会将青铜器与玉器的关系引向深入。

春秋时期开始出现的细密、多变化又多层次的浮雕花纹，一如前世，既见于 "最软的泥模"，也见于 "最硬的玉器"。不过，将这类三维式花纹由青铜器移植到玉器上，其制作难度远大于前代，由此可以想见春秋时期对玉器重视的持续程度以及玉器与青铜器保持相同时代风格的制度背景。

还有春秋战国时期玉器中龙凤题材的大量使用，各种形态的龙形、凤形和龙凤同体佩饰以及造型、风格、雕刻技法的变化，在这一时期青铜器上也常见同类题材和相近变化。其间的相互影响，孰先孰后，孰主孰次，也都是值得深入而细致进行比较和探讨的课题。

（二）区域性分化

随着周王室的衰微，各地诸侯兴起。青铜器从商代晚期开始的区域分化，到春秋战国之际，已在南北两大系统形成的基础上，有国别等进一步的区域分化。玉器进一步的区域分化也从东周开始渐为明显。据杨建芳先生研究，除传统的中原玉以外，以楚玉、秦玉最为突出，还有越玉和夷玉[4]。

其中楚国青铜器和玉器出土较多。楚文化中青铜器强烈的地域性与发达的玉器之间的关系不时有所显现。尤其是楚国青铜器除造型独具特点外，装饰花纹趋向精细化，对玉器的影响也多在具体题材和元素方面体现出来。杨建芳先生在研究楚玉时，就多有对玉与铜细部关系的比较，如串贝和绹索纹的颈圈装饰、青铜凤首附件、抽象化凤纹的斜叠 "S" 形纹（图八）等，在楚玉和青铜器上互见。并对青铜器中的 "反向相叠龙纹" 对玉器的影响有更具体的分析："西周青铜器有一种流行纹饰，由两个轮廓呈斜三角的纹样反向相叠组成，整体轮廓为长方形，这种纹饰被称为斜角云纹或夔龙纹……这类纹饰在西周玉器上偶见，但在东周楚式玉雕中却广泛流行，成为具有特色的纹样。"[5]（图九、一〇）当然，这一时期楚地发达的漆器和丝织品装饰花纹，也应是分析各类器关系时要考虑在内的因素。

①　邓淑苹、张丽端、蔡庆良编：《敬天格物——中国历代玉器导读》第 95 页，台北故宫博物院，2011 年。
②　欧阳摩登：《中国玉器通史·战国卷》第 259、260 页，海天出版社，2014 年。
③　J. 罗森：《玉器与金器——古代中国玉器造型的起源》，《中国古代的艺术与文化》第 219 ~ 240 页，北京大学出版社，2002 年。
④　杨建芳：《区系类型原理与中国古玉研究》，宿白主编《苏秉琦与当代中国考古学》第 517 ~ 524 页，科学出版社，2001 年。
⑤　杨建芳：《楚式玉龙佩》（上），《中国古玉研究论文集》（下册）第 13、14、25 页，众志美术出版社，2001 年。

1   2

图八　抽象化凤纹到斜叠双"S"形纹

1. 广东肇庆北岭松山战国墓错银铜罍及外唇所饰　2. 芝加哥美术馆藏战国晚期玉龙佩体所饰

图九　西周青铜器上反向相叠的斜三角纹样　　　　图一〇　河南叶县旧县一号楚墓玉龙佩所饰反向相叠尖勾纹

还要提到的是秦文化中玉器与青铜器的关系。秦国玉器上以细阴线刻划的细密而规整的几何形花纹独具特色，同类风格的花纹在春秋时期的秦国青铜器上也时有表现。如李学勤先生对阳平秦家沟墓葬所出青铜器花纹的分析："阳平秦家沟两墓所出青铜器，器形和户县宋村仿佛，只是纹饰有新的发展，出现了一种细密的勾连纹。这种花纹过去有人认为是蟠虺纹，但蟠虺纹是由细小的虺蛇形构成的，其来源是春秋前期末在中原兴起的蟠螭纹，和秦器此种勾连纹在母题和时间上均不相合。"[①] 可知在秦文化中，玉器与青铜器在区域性特征形成过程中也有同步发展演变且互有影响的关系。

由于青铜器有可辨别国别甚至族属的优势如铭文等，而玉器则在各国交往中的盟会、婚媾、赏赐、馈赠、贡纳、虏获等活动中的使用率较青铜器更为频繁，流动性也更大，所以从区域性分化研究这一时期玉器及玉器与青铜器的关系，仍不能忽视青铜器的标杆作用。

此后，从战国晚期到秦和汉初，青铜器渐衰，离开与青铜器共生并相互影响的玉器仍在延续，并在新的环境下，产生新的时代特征，进入一个又一个的后繁荣时期。

三

以上可见，玉与铜的关系，大致可归纳为：玉对铜的影响在前，铜对玉的影响在后，商代晚期到

——————————

① 李学勤：《秦国文物的新认识》，《文物》1980 年第 9 期。

春秋战国时期相互影响，但以铜对玉影响的实例较多。大致可分为玉影响铜为主、玉与铜相互影响和铜影响玉为主等几个阶段。

玉器为以中国为代表的东方古代文化独有的文化因素。青铜器虽在西方出现早，不排除对夏商时期青铜业的影响，但青铜容器、特别是铸有装饰花纹的青铜容器在西方极少。进入青铜时代，本来以制作生产工具和武器为主的青铜铸造业，在中国发展为以工序多、工艺更为复杂、造型和装饰花纹极为丰富多彩、以祭祀礼仪为主要功能的青铜容器为主，即使有对西方先进因素的吸收，也为我所用，并与东方特有的玉器共生共融，再次体现了东方文化对异质文化的容纳度。

而就玉与铜在中国上古时期的发展进程和相互关系看，可以说，没有史前时期玉器工艺、功能和信仰体系的形成发展，就没有商周青铜器的发明和繁盛。而青铜器与玉器的同步发展和相互影响，又表明玉器的继续发展得到青铜器发展的支持和推动。而随着青铜器制作和使用的消退，玉器则因其自身的优越性，继续逐步向写实性风格演变并延续至今。从这一点来说，两者共同维系着中华文化的共识和传承，为中华文化传统做出无可估量的贡献。

所以，从玉器与青铜器的关系和相互比较的角度研究古代玉器，会有助于对玉器造型、装饰图案及元素组成、雕刻技法，以及与此有关的时代性、区域性和信仰观念等深厚社会文化背景等方面研究的深入。

受精力和资料掌握、查阅等方面的限制，本文仅提出一些不成熟的想法，希望今后有在更多典型实例比较基础上的进一步讨论和更为成熟翔实的研究成果发表。

［本文在写作过程中曾向郝本性先生请益，特此致谢。原载于杨晶、周黎明执行主编《玉魂国魄——中国古代玉器与传统文化学术讨论会文集》（八）第 36~43 页，浙江古籍出版社，2020 年］

关于良渚文化的几点思考

——良渚遗址申遗有感

2015 年 6 月有幸参加在京举办的关于良渚古城遗址申遗文本的讨论会，受严文明等先生发言启发，又看了北京大学考古文博学院与浙江省文物考古研究所联合举办的"权力与信仰——良渚遗址群考古特展"，有些思考，当时做了记录，题名《良渚三题》。主要是讨论城墙与水坝的关系，以莫角山为中心的布局和与古史传说的结合。四年后的 2019 年 7 月，得知良渚遗址申遗成功，又有些感受，结合 2015 年《良渚三题》，写成本文。

良渚遗址多年持续的考古工作并年年有新收获，据我的有限了解，除各级政府重视和有一支勤劳智慧的考古团队以外，是与制定遗址五年考古规划分不开的。规划使课题更明确，也有助于取得各方面合作与帮助。对大遗址考古是重要经验。牛河梁遗址下一步考古工作尤其应该学习。

下面对良渚古城谈几点补充认识：

（一）关于遗址本身

有三点想法：

一是内城城墙功能问题。城墙的宽大于高，是以防卫莫角山免受水患而建的，功能同于水坝。这里要提到上古时期城墙与水坝的关系。曾有怀疑良渚遗址城墙的功能问题，一个理由是 40 多米的宽度与仅 10 米左右的高度不成比例。申遗文本讨论会上也有学者提出为什么既是城墙还要在墙顶上建住房的疑问，说明这仍是一个需要进一步解释的问题。有水利专家等提出古城墙的防洪功能，是不容忽视的观点。为此需要明确的是，上古时期在平原或湿地所筑城墙大多以防洪为主要功能，黄河中下游平原地区诸多龙山文化时期古城的出现应与此有关，南方同时期建在湿地平原的古城尤其如此。良渚古城遗址的城墙与塘山水坝在结构上有相似处也进一步说明这一点，尤其是底部铺石块的做法，可能与防止坝基漏水有关，值得进一步分析，即良渚古城墙功能主要是防洪水的。良渚古城墙宽度大而高度不显以及在城墙上建房也由此得以理解。同时，良渚古城墙又有八个水门以通内外河网，这又说明良渚遗址的古城墙除防水外，还具导水功能，是防与导相结合的水利工程。为此，不必因城墙以防水功能为主而怀疑具城墙性质，也不必为强调城墙的传统军事防御性而淡化防水功能。而且，良渚遗址城墙工程量之巨大、下铺石上草裹泥夯堆的多道工序和复杂结构，正暗示当时洪水之盛和防洪引发的社会变革。甚至有学者提出洪水导致良渚人从南向北迁徙的历史大趋势的观点，看来也是可信的。

二是应有祭祀中心。玉器高度发达，尤其是反山 M12 大玉钺有与玉琮完全相同的"神人兽面纹"和鸟首纹组合，是表达神权更为典型的实例，表明良渚文化与红山文化一样，也具有神权至上的观念和信仰系统。为此，可以考虑应有祭祀中心遗迹，可能就是莫角山土台。台上有多组建筑，可能与各群体或不同的祭祀对象有关。莫角山土台的位置在内城的中心偏北，内城围绕其而建；良渚古城甚宽且工序复杂的城墙、外郭和塘山水坝，都是以莫角山为中心的布局和以保护莫角山为特定对象陆续建成的，最终形成对莫角山的三重保护，是当时对莫角山建筑址特殊重视的表现，也突显莫角山在良渚遗址群和整个良渚文化中的神圣地位。浩大的工程是需要以强烈的信仰作为支撑的，护卫"神居之所"是筑坝和城墙的最高目标。由此可以考虑在该文化最高层次中心应有与宫殿相比拟甚至高于宫殿的更为重要的遗迹，如类似于牛河梁女神庙那样的宗庙级的祭祀主体建筑遗迹，地位在作为随葬品的玉琮等玉器普遍装饰的"神人兽面纹"之上的祭祀对象。

三是现各遗存的年代有先后，大约反山墓地与塘山水坝年代较早，然后是莫角山，再后是城墙，可知作为一个整体有较长时间的形成过程。由此可以设想良渚古城的建设是有规划的，或先有一个总体规划，然后分期实施，或在古城形成过程中逐步将规划加以完善，如在莫角山土台形成前先筑水坝，则显示规划意识更强。由此可以对良渚古城的中心地位和形成过程有进一步理解。

（二）关于社会发展阶段

良渚文化以"钺璧琮"为主要组合的玉器和土台、墓葬、祭坛等遗迹，无论形制和方向，都高度规范化，良渚遗址以外的环太湖地区还有诸多规格较高的遗址如福泉山、张陵山、赵陵山、寺墩等，是大中心下的多中心关系。规范化和大中心下的多中心，这是方国的两个主要特征，所以苏秉琦先生曾说过，良渚文化已进入方国时代，环太湖地区的古国时代应在先良渚文化中寻找。已有线索如崧泽文化的张家港东山村和安徽含山凌家滩，需继续追索。

（三）与古史传说的结合问题

陈剩勇先生曾力主良渚文化为先夏文化。近刘斌同志由良渚古城内外防导水系统引良渚遗址所在地的现余杭名称由"禹航"演化而来的考证，也在暗示良渚文化和良渚古城与夏和先夏有关，多有指出，良渚遗址附近的浙江地区多夏禹传说，如会稽山与大禹墓，应都不是偶然的。新的考古发现为此提供了更有力证据，这就是城门的防洪功能，特别是以水门为主，是既防水又导水，与史载五帝时代后期即尧舜禹时代由治水不成功到成功、从堵到疏的主要事迹惊人吻合；中原和西北地区如陶寺、芦山峁等中心遗址不断出土的玉琮、石俎刀可以作为夏人逐鹿中原的证据。史前考古与古史传说结合虽不必过于具体，但良渚遗址与文献的多例契合是不能忽视的。前辈学者以最终实现文献与考古结合、复原中国上古历史的学科终极目标正在实现，这也是良渚遗址极为珍贵的学术价值和进一步提高保护意识、完善宣传普及口径的决策依据，有必要继续加以论证而不必回避。

（四）下步工作建议

大遗址考古以布局为要。就城址来说，城内重要建筑及其布局的重要性要大于城墙，夏鼐先生在 20 世纪 70 年代夏商大遗址会上已一再强调过。良渚古城重要遗迹在布局上已显示规律，如城内墓地都位于莫角山西侧，其中最大的墓地反山位于莫角山西北角，其他墓地都位于城外。据俞伟超、巫鸿等先生研究，中国古代从周代起就有宫殿和宗庙筑于城内而帝王陵墓都位于城外旷野的分布规律，只有燕下都的王陵位于燕下都东城城内，且在武阳宫的西北角，这是保持了殷墟王陵在宫殿宗庙区西北（西北岗）的古老传统①。庙与墓的这种布局规律及其演变，早在史前时期就已显露，从目前掌握的考古资料看，牛河梁遗址无城墙发现是具"不设防"特征，却有庙宇建筑，且为庙与庙北山台（台上已发现大房址线索）与周围墓（积石冢）坛成组合配套。古建专家于倬云先生考察牛河梁遗址后著文提出，最早的"庙"字有"草"字头就是如牛河梁这样庙在旷野、与墓在一起的写照。以此看在良渚古城内所置唯一一处规模与古城墙相称的反山墓地（在反山墓地以南新发现的墓都规模较小），在已发现的良渚文化墓地中规格最高，且在莫角山宫殿或祭祀址的西北方向，应是上古时期古老传统的更早实例，是反山墓地或具王陵规格的又一证据。

良渚遗址的布局不仅在城内已有规律可循，还应考虑城外。城东北的瑶山有方坛式建筑址。瑶山遗址位于古城外北部偏东的方位，与古成都的金沙或十二桥东北方向的羊子山方坛方位相同，历代祭地的地坛位置均在都城以北；瑶山墓葬多琮而不见具祭天功能的大型玉璧，也可相互印证。尤其值得重视的是，良渚古城唯一的陆门在内城正南，陆门的东西总宽度超过150米，有三墩分四门道，最西门道即第一门道甚窄（8米），第二、三、四门道较宽且宽度相近，其中第二、四门道等距（宽都为18米），第三门道稍宽（20米），这三个门道应为一组，居中且稍宽于两侧门道的第三门道应为主门道，是为特设中门道的三门道，这同后世都城城门突出城内外中轴线布局的"三门道"制度可相互比较②。近发掘者撰文认为，古城南陆门所在处为湿地，所以设陆门的象征性大于实用性，更是良渚人中轴线意识强烈的表达。开三门道的陆门同时是一个重要的指示器，因为历代祭天都在城的南郊，如陆门以南有高丘等遗迹，可勘探是否在南门外布置有祭天的遗迹，如圜丘之类。现知陆门以南、与北从莫角山经陆门的北南一线对应的，有卞家山遗址，此址发现有土台，土台以北有墓葬、灰沟，以南有码头，是由北而南依次分布的，有过半的墓葬的头向非良渚文化大多数墓葬头向朝南的葬俗，而是头向朝北（且头朝北向的多为随葬纺轮的女性墓），土台和灰沟附近出土大量高等级漆木器、带刻划纹和精细花纹黑陶器，都是重要线索。由于良渚古城的核心莫角山建筑址破坏较甚，如古城内外的建筑布局在已有线索基础上有进一步突破，对良渚文化在中华文明起源中的地位和作用，特别是对中华传统礼制的影响和传承，都将提供更多具说服力的证据。

（初稿 2019 年 7 月写于英国白金汉郡 AMERSHAM 图书馆，定稿于海南省东方市八所镇剪半园村汇艺蓝海湾）

---

① 俞伟超：《战国秦汉考古》（上）第 22 页，北京大学历史系考古教研室，1973 年。巫鸿：《从"庙"至"墓"——中国古代宗教美术发展中的一个关键问题》，《庆祝苏秉琦考古五十五年论文集》第 98～110 页，文物出版社，1989 年。
② 参见徐应龙：《中国古代都城门道研究》，《考古学报》2015 年第 4 期。

"鹰熊拟英雄"的考古学观察*

台北故宫博物院藏有一件饰鹰、兽面和人面花纹的龙山文化玉圭。清高宗乾隆皇帝以为此玉圭所刻兽面为熊的形象，并在器上的题刻诗句中以"鹰熊"与"英雄"一词相比拟。用"鹰熊"花纹象征"英雄"意涵，在中国有悠久的传统，值得深入探讨。

一

此玉圭长 30.5 、宽 7.2 、厚 1.05 厘米。一面牙黄泛灰色，另一面上半部牙黄泛灰，下半部赭红色，刃部近黑色。窄长梯形，平直正刃。刃线上颇多使用崩伤痕。柄端也有伤缺。上端一圆孔，孔壁光滑。圭之中段的两面，均浅浮雕花纹，一面为鹰，另一面为兽面，侧边则刻有人面纹。上下段又加琢了乾隆诗和玺文。在清宫中又为此玉圭加配了木座① （图一）。

图一　台北故宫博物院藏玉圭
1、2. 玉圭正背面　3. 玉圭上所饰鹰和兽面纹

---

*　与台北故宫博物院邓淑苹研究员合著。
①　邓淑苹：《新石器时代玉器图录》第 266、267 页图 118，台北故宫博物院，1992 年。

与此玉圭器形和花纹相近的，在宫廷藏有多件，考古出土物有山东省日照市两城镇玉圭等[①]，天津博物馆藏玉圭也为一面刻鹰、另面刻兽面[②]。但两城镇玉圭上的纹饰是以阴线刻绘，而此玉圭所饰鹰纹、兽面及人面纹，皆运用高难度的浮雕凸弦纹技法完成。推估其制作年代应比两城镇玉圭要晚，暂定为山东龙山文化晚期。

根据纹饰方向，这件玉器应该刃部向上，用手捧执。器表中段所雕琢的花纹可分为上、下两单元。上一单元的鹰纹只雕琢在宽面器表，鹰作展翅向上冲飞状，整个飞鹰轮廓形成“介”字形；另一面雕琢的兽面纹，半抽象式，大旋涡眼，左右各有一鸟翼，头戴的“介”字形冠被高高推起，两侧插着飘逸的鸟羽。下一单元是环绕器身宽约3厘米的装饰带，在两个宽面器表浅浮雕半抽象面纹，人面纹刻在一个窄边上，为侧面，戴覆舟帽、披长发；两个窄边的上下方，各有一块长方形的凹陷。总体观之，纹饰十分自然古雅，应是山东龙山文化先民所雕，未经后代破坏。

乾隆诗写于乾隆五十一年（1786年）：《题古玉英雄佩》，收入《御制诗五集》卷二十四，加刻于玉圭的两面：

饰鹰一面的刻诗为：

“世代商周杳莫穷，鹰熊刻佩拟英雄。尔时尚述三王法，喻意何开五霸风。孔处月围淡云白，浸来日射晓霞红。物之聚也必于好，好古微惭训召公。”

饰兽面纹一面的刻诗为：

“细起花纹若有神，抚无留手却平匀。知其是玉疑非玉，谓此非珍孰是珍。气合古人余沕穆，华羞时语诩玢豳。千年遁迹一朝现，巢许宁称善隐沦。”（图二）

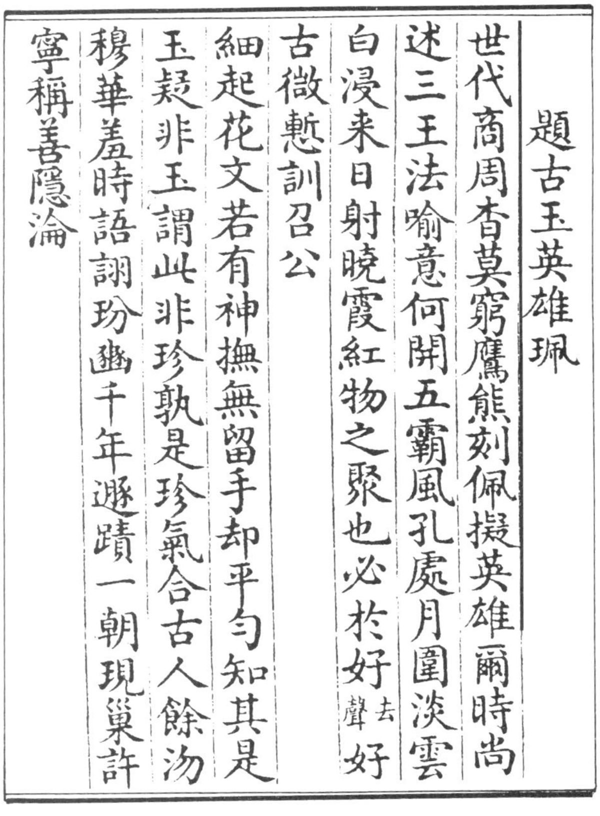
题古玉英雄珮
世代商周杳莫窮鷹熊刻佩擬英雄爾時尚
述三王法喻意何開五霸風孔處月圍淡雲
白浸来日射曉霞紅物之聚也必於好去聲好
古徵慙訓召公
細起花文若有神撫無留手却平匀知其是
玉疑非玉謂此非珍孰是珍氣合古人餘沕
穆華羞時語詡玢豳千年遯蹟一朝現巢許
寧稱善隱淪

图二　台北故宫博物院藏玉圭上的乾隆诗题刻录文

对于这类玉圭，乾隆皇帝非常珍爱，但从刻于此玉圭的诗中可见，他并不了解这类玉圭多是约当夏时期东夷族系的玉礼器，只认为它是以斧为造型的简单佩，所以刻诗的文字为倒置。从另一件同时代玉戚刻诗的“设曰炎刘犹顿置，便称忠夏想谁先?”两句可知，乾隆皇帝心中一直在推敲这类玉器的制作年代到底是汉代，还是夏代?

当然，最值得注意的是此玉圭刻在饰鹰一面诗句的头两句：“世代商周杳莫穷，鹰熊刻佩

① 刘敦愿：《记两城镇遗址发现的两件石器》，《考古》1972年第4期。

② 天津博物馆编：《天津博物馆藏玉》第33页图016，文物出版社，2012年。

拟英雄"，大意为：这可能是商周时期的玉佩，刻上"鹰熊"花纹，是为了彰显"英雄"意涵①。

乾隆把此兽面定为熊，除了图像特征以外，还可以从乾隆对熊的特殊重视加以理解。清代宫廷内收藏有关熊题材的玉器和其他质地的器物多例，如一件黑白俏色的童子与立熊玉件（图三）。这件巧雕玉器，是利用天然的一半黑色、一半白色的和田玉籽料，设计成一个白玉童子和一个黑玉熊。高5.8厘米。人与熊都抬着笑脸向上张望，双足相抵，双手一高一低地相握，似乎在做摔角前的准备。这件造型可爱的玉器，是展览时很受欢迎的展件，发表时被誉为"永恒的巧思"②。

不过，更能说明乾隆皇帝对熊特殊重视的，是台北故宫博物院收藏的一件仿铜玉熊。

这件仿铜玉熊，又称为"玉熊尊"，是依照宫廷收藏、登录于《西清古鉴》的"唐飞熊表座"（现知为汉代器物下方的器足）而制作的。铜熊高9.3、长6.2、宽9.8厘米。熊颈背上的铜管是后加的。此铜熊的毛发嵌有金、银丝，而额头、双眼、乳突、肚脐、四肢近关节处均镶宝石，极为精致华丽。配附一木座，木座底刻其名称，座缘则阴刻填金"乾隆御赏"。玉熊高9、长6、宽9.2厘米。熊口大开，翘舌，左肢前伸，右肢向后侧拉展，掌上执一丸，似正蓄势掷出。玉熊的造型浑圆厚实，质感温润，充分展现乾隆朝玉器的技巧与风格。玉熊颈背处突出一管，管背阴刻三行隶款"大清乾隆仿古"③（图四）。

图三　台北故宫博物院藏黑白
俏色童子与立熊玉件

图四　台北故宫博物院藏仿汉
铜熊座（左）玉熊

这件仿铜玉熊，从提出设想到选料、设计、制作，都是在乾隆皇帝亲自指导甚至直接参与下进行的。

对此，《内务府造办处各作成作活计清档》④有明确记录（乾隆二十五年，1760年）：

"二十一日接得员外郎安泰押贴一件，内开：本月十四日，太监胡世杰交青绿唐飞熊表一件……。

①　邓淑苹：《乾隆皇帝的智与昧——御制诗中的帝王古玉观》，台北故宫博物院，2019年。
②　邓淑苹：《永恒的巧思》，《故宫文物月刊》第322期，2010年1月。
③　邓淑苹主编：《敬天格物——中国历代玉器导读》，台北故宫博物院，2011年。张丽端：《其来有自——乾隆皇帝青壮期的玉器观点》，《故宫文物月刊》第369期，2013年12月。
④　活计档，为内务府下职掌制造器用即御用活计作坊的"养心殿造办处"的文书档案，登录皇帝交办活计所下的旨意与办理情形。北京第一历史档案馆藏，2000年台北故宫博物院购得微卷。

传旨：着交启祥宫有收贮玉石子配做……。其飞熊先做木样呈览，准时再做，钦此。于十八日做得飞熊木样一件。……随白玉石子……，上画得飞熊墨道……，交太监胡世杰呈览。奉旨：照样准做。……飞熊木样、白玉石子二件俱交苏州织造安宁处成做。得时俱各配紫檀木座。飞熊上口刻大清乾隆仿古款，钦此。于十一月十五日将苏州送到……白玉熊表一件，随紫檀木座持进，交太监胡世杰呈进，讫。"

据张丽端考证，此仿铜玉熊尊的玉熊的身体肌理起伏相当接近铜熊原型，丝毫无依平面图稿仿制的缺憾，原以为是宫廷作坊之作，可直接接触铜熊。后从《活计档》上记录可以确定，这件白玉熊是乾隆皇帝指定做成木样后，交由苏州织造在苏州所承造。由于木样能够非常准确地表现立体感，因此仿制的效果极佳，为玉仿品中的典范之作，是了解乾隆皇帝品鉴的最佳组合①。当然，从整个仿制过程也可以看出乾隆对熊这类题材的特殊重视。乾隆将玉圭上所饰兽面纹视为熊应在情理之中。

二

用"鹰熊"花纹象征"英雄"意涵，在中国有悠久的传统。除上述龙山时代的玉圭外，还可追溯到时代更早的5000年前的考古发现，这就是凌家滩遗址和牛河梁红山文化中有鹰与熊组合题材的考古遗存或器物：

安徽凌家滩一例。编号98M29：6，为鹰与熊的合体。器料为灰白色泛青绿点。表面剖光润亮，器呈宽扁形。两面雕相同纹饰。鹰作展翅飞翔状，头和嘴琢磨而成，眼睛用一对钻的圆孔表示，两翅端各雕一熊首。腹部刻画一规整的圆圈，内刻八角形纹。通高3.6、宽6.35、厚0.5厘米②（图五）。该墓位置在墓地南部第一排，发掘者归为大墓之列。随葬的86件器中，有16件陶器，18件石器，其中石钺12件、石戈1件，而以玉器数量最多，达52件，其中有3件玉人。鹰熊玉佩出土位置在人体中部的左侧，玉佩的熊鼻部以下各以一玉玦配伍，更显其在墓中的特殊地位③。

图五　凌家滩鹰熊玉佩（98M29：6）

需要说明的是，此玉件鹰两翅端所雕熊首，曾以为是猪首。因面部特征既似熊亦似猪，但短圆耳为熊耳特征，与宽薄而耳端尖的猪耳完全不同，以定为熊首为妥，故将此玉件隶定为鹰与熊的合体。

牛河梁两例。一为墓葬所出的一件龙凤玉佩，一为女神庙内的泥塑熊和鹰的残件标本。

龙凤玉佩，编号为N2Z1M23：3，青白色，泛绿。长方形，长边两侧有红褐色间白色瑕斑，应为原

① 张丽端：《从活计档看清高宗直接控管御制器用的两个机制》，《故宫学术季刊》第24卷第1期，2006年；《其来有自——乾隆皇帝青壮期的玉器观点》，《故宫文物月刊》第369期，2013年12月。
② 安徽省文物考古研究所：《凌家滩——田野发掘报告之一》第249页图二○二，彩版二○一，文物出版社，2006年。
③ 方向明：《中国玉器通史·新石器时代南方卷》第44、45页，海天出版社，2014年。

玉料的皮壳部分所遗。有正、背面之分，板状体，较厚，稍向背面内弯。正面以减地阳纹与较粗的阴线雕出一龙一凤，都以头部雕刻为主，身体简化。龙首横置，圆目较鼓，吻长，吻端圆而有上翘，有圆窝状鼻孔，额与吻边饰表现皮毛的短阴线，顶后部有两斜长突尖。龙体作外卷状，另上颚与角旁的边缘深刻如凹槽，有似系绳的卡槽。凤作立置状，勾啄，啄体宽，啄端甚尖而锐，具鹰啄特征，圆目有外鼓，顶冠以短阴线表现羽毛，背有下垂状的三尖突，应与表现长羽有关，体亦外卷，与龙体相对相接。反面平而无纹。此佩体上钻孔较多，中心以一桃形孔将龙凤体相隔，近短边有与龙凤卷体相应的两圆孔，另短边近侧边的两端各一小孔，以上孔都为两面对钻。背面另有3组牛鼻状孔：长边一侧的正中有一孔，短边两侧在钻向正面的小孔旁各钻一牛鼻孔，其中一牛鼻孔钻透小孔的孔壁，另一孔旁有5道凹槽，在槽内钻牛鼻孔。此佩出土位置在腹部，出土状态为横置，正面朝上，凤（鹰）在上，龙在下。长10.3、宽7.8、厚0.9厘米①（图六）。

此玉件上所饰凤鸟原型为鹰的形象十分明确。至于龙的形象是否为熊，因特征不够突出，还可做进一步分析。不过，包括牛河梁遗址在内的红山文化遗址常有熊的迹象出现，牛河梁第二地点积石冢出土过熊的下颌骨（图七）。就红山文化玉器上的熊题材而言，牛河梁第十六地点79M1∶4三孔梳背饰的两端为圆雕的熊首（图八），英国剑桥大学费芝威廉姆博物馆收藏有蹲坐人体披熊皮显示巫者以熊为媒介作法通神的形象（图九）。尤其是作为红山文化玉器中最具代表性的玉雕龙，一般称为玉猪龙，细观其耳，短而厚，耳端圆或尖圆，都具熊首特征，而与猪耳不同（图一〇）。故可以认定，红山

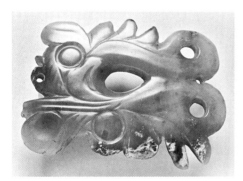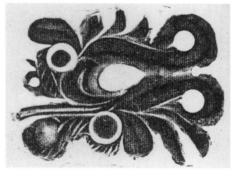

图六　牛河梁龙凤玉佩（N2Z1M23∶3）及出土状态

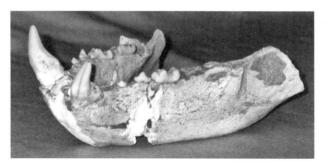

图七　牛河梁N2Z4出土熊下颌骨

---

① 辽宁省文物考古研究所编著：《牛河梁——红山文化遗址发掘报告（1983—2003年度）》（上）第107页N2图五九，（下）图版九五～九七，文物出版社，2012年。

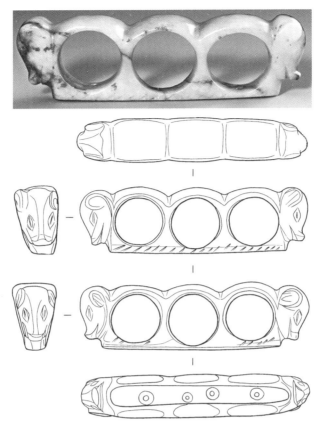

图八　牛河梁 N16 双熊首三孔玉梳背饰（79M1∶4）

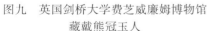

图九　英国剑桥大学费芝威廉姆博物馆
　　　藏戴熊冠玉人

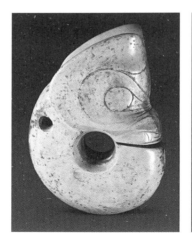

图一〇　辽宁建平县收集红山文化玉雕龙

文化所见玉雕龙应多为熊龙①。因此，将此龙凤玉佩上的龙推定为熊龙，从而以此龙凤玉佩为鹰与熊的组合也是合理的。

　　牛河梁女神庙泥塑熊的发现是进一步证明。女神庙发现泥塑熊的残件标本共两例，一例出土时位置在主室顶部，保存有头部（J1B∶7）和双爪（J1B∶8）。头仅存下部残件，可见眼的下侧、上下颌

① 郭大顺：《猪龙与熊龙》，《鉴赏家》1996 年夏季号，上海译文出版社。

间獠牙和门齿，有两椭圆形鼻孔。长11.5、宽8、高10厘米。双爪均显四趾，侧二趾稍短，有关节的隐约表现。长14.5、宽12、高7.5厘米（图一一）。另一例出于南单室中部，为下颌部（J1A：7）。颌较长，有较长的獠牙，上涂白彩（图一二）。

与泥塑熊同时共出于女神庙的，有泥塑的鹰，发现有翅与爪。

爪（J1B：9－1），出土位置在庙的北壁附近。为两块爪的残件，各存一侧的二趾，趾弯曲并拢，每趾三节，关节突出，趾尖锐利。分别长14.5、13.5厘米（图一三）。

翅（J1B：9－2），左侧与后部残缺。表面磨光。从保存较好的右翼看，为三分翅，有中脊的表现。残长46、宽24厘米[①]。

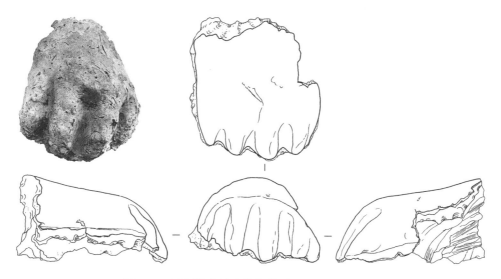

图一一　牛河梁女神庙泥塑熊爪（N1J1B：8－2）

图一二　牛河梁女神庙泥塑熊下颌

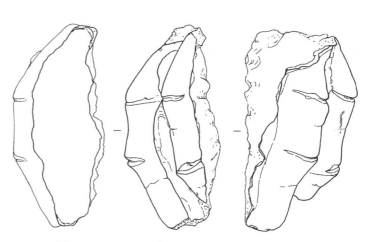

图一三　牛河梁女神庙泥塑鹰爪（N1J1B：9－1）

---

① 辽宁省文物考古研究所编著：《牛河梁——红山文化遗址发掘报告（1983—2003年度）》（上）第27～30页N1图一三～图一七，（下）图版一九、二〇，文物出版社，2012年。

从熊与鹰的出土位置看，熊首及熊爪皆位于主室顶部，方向朝北，与出土于庙址北壁的鹰爪，呈南北相对之势。

其实，良渚文化也有鹰与熊组合的线索。如玉琮和玉钺上所饰的鸟纹，应为鸟首，其啄内勾，为鹰的特征。"神人兽面纹"（图一四）中的兽面有外露明显的爪，在兽类中只有熊爪是张开的，所以良渚文化的兽面有熊特征的显示，故可能也有鹰与熊的组合。

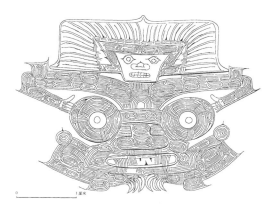

图一四　良渚遗址反山 M12 玉琮
饰神人兽面纹

图一五　天津博物馆藏鹰熊玉佩

三

"英雄"一词在中国出现时间。查《辞海》"英雄"条，引的是汉末曹孟德"煮酒论英雄"的历史事件："杰出的人物。《三国志·蜀志·先主传》'是时曹公（曹操）从容谓先主曰：'今天下英雄，唯使君与操耳，本初（袁绍）之徒，不足数也。'先主方食，失匕箸。"杜甫《投赠哥舒开府翰》诗："君王自神武，驾驭必英雄。"①

1947 年版《辞海》申集第 1131 页"英雄"条："唯人才之超过等伦者也。《三国志·魏志·武帝纪》'方今收英雄时也'。"杜甫诗："君王自神武，驾驭必英雄。"引文与 1979 年版相近或相同，也为《三国志》和杜甫诗作②。

可见"英雄"一词在中国出现的时间并不早。乾隆赋诗将鹰与熊和"英雄"一词相比拟时，至少已将"英雄"一词及其概念推前到汉以前至商周时期。而考古学还在时代更早的 5000 年前的红山文化、凌家滩文化和距今 5000～4000 年间的良渚文化发现有鹰与熊组合题材或有关线索。且凌家滩随葬鹰熊玉佩的墓葬属大墓之列。如果"英雄"一词的概念真的起于仰韶时代晚期和龙山时代，那倒是很具时代特色的，因为仰韶时代（晚期）到龙山时代，正是中国历史上的文明起源时代，这是一个英雄人物辈出的时代——"英雄时代"。

还要提出的是，凌家滩和牛河梁所出鹰与熊的组合，从造型设计到出土状态，都为鹰在上、熊在下或旁侧，这是否与"英雄"寓意"顶天立地"有相吻合之处，值得关注。天津博物馆藏有一件清代

---

① 《辞海》第 570 页，上海辞书出版社，1979 年缩印本。
② 《辞海》第 1131 页，中华书局，1948 年再版。

白玉鹰熊佩，也为鹰在上熊在下（图一五）。今后如有更为明确的发现，将会从考古学上找到以鹰与熊比拟英雄的更多证据。从这一角度考察，鹰与熊的组合及其寓意，也是文明起源的标志与特点之一。乾隆皇帝将玉圭上的兽面图案辨认为熊和他对熊的特殊重视，还可以从满族以渔猎为本的民族心态加以理解。这在乾隆皇帝的玉器观中有充分体现。

有研究者指出，乾隆皇帝对仿古玉的特殊重视，同他对当时社会上以苏州为中心兴起的制玉精巧的风尚有所抵制有关。乾隆将这一风尚贬称为"玉之厄"，这除了乾隆作为一位酷爱古代玉器的皇帝，有控制天下制玉的欲望以及宣扬武功以外，还同他的玉器美学观有着直接关系。

乾隆皇帝的玉器观也有以诗来加以表达的，其中如乾隆五年（三十岁）所作《乞巧吟》：

"小巧害其身，大巧害其人。""倏忽凿混沌，反以丧天真。离娄与公输，技也宁足论，彼巧如可求，得失亦已分。"是说即使顶级能工巧匠的施作，都破坏了玉最可贵的"天真"。

又有《赋得良玉不琢》："不琢难成器，又称不琢珍，究当从孰是？盖在返其淳，应戒雕几细，乃全德采神。"是说在不琢与成器的两难之间，解决之道就在琢器素相并展现美玉特有的质感。

可见，乾隆有"良玉不琢"，巧"丧天真"和琢要"返其淳""全德神采"的琢玉素朴以展现美玉特有质感的中庸之道的美学观①。

据统计，乾隆皇帝一生所作诗文甚多，其中与玉器有关的诗文 876 首（篇）。乾隆早在即位之前就做过"良玉比君子赋：'德均如也，君子比之于焉'"的读书笔记，说明他的玉器观在他做皇子教育时起，就深受"君子比德"儒家思想的影响。

值得注意的是，乾隆皇帝的玉器观，同红山文化玉器的特质有异曲同工之妙。红山文化也是以渔猎为本的考古学文化。我们曾分析红山文化玉器有三大特点，一是精选玉中精华——河磨玉为料；二是制作时注重玉的神韵而饰纹极为慎重，以达到玉质感的最大限度发挥；三是红山文化墓葬有只葬玉器的"唯玉为葬"的习俗；这些特点在同时期前后其他史前文化中也时有流露，但以红山文化表现得最为淋漓尽致，充分体现出红山人对玉的认识已经达到一个高峰。饶有兴味的是，这同乾隆皇帝诗中"良玉不琢"，琢要"返其淳"，巧则"丧天真"的琢玉素朴以展现美玉特有质感的中庸之道的美学观，有着惊人的吻合。一个红山文化，一个满族，两者虽然年代相距数千年，但他们都生活在东北森林草原地带，都是"东北人"，都以采集渔猎为主要生活来源，相同的活动环境和经济生活，使他们对大自然敬畏并尊重的心态根深蒂固，清入关后为保持其起源地的自然生态还实行过严格的封关政策。从红山文化到满族，都以顺其自然的心态来设计建设他们的家园，创造他们的文明。从5000 年前的红山文化到满族开国史，有着一脉相承的关系。

图一六　西北美洲印第安人图腾柱
（加拿大皇家不列巅哥伦比亚博物馆藏，
1884 年海达瓜依现场拍摄）

---

① 邓淑苹：《乾隆皇帝的智与昧——御制诗中的帝王古玉观》，台北故宫博物院，2019 年。张丽端：《其来有自——乾隆皇帝青壮期的玉器观点》，《故宫文物月刊》第 369 期，2013 年 12 月。

此外，今东北亚如俄罗斯远东地区、日本北部和朝鲜半岛古代文化多熊崇拜，远及北美洲印第安人，西北美洲的印第安部落还多见鹰与熊组合的图腾柱（图一六）。可见，鹰熊组合及其寓意，还可以从环太平洋文化圈的广阔视野进行考察。这些都是今后需要继续深入研究的课题。

［原载于《吉林师范大学学报（社会科学版）》2020 年第 1 期］

红山文化与中华文明起源之路

——回顾与前瞻

继 20 世纪 80 年代以来，辽宁朝阳东山嘴、牛河梁红山文化遗址的发现和发掘，以及内蒙古赤峰市敖汉旗、巴林右旗等各旗县对红山文化遗址的调查发掘之后，近些年来，红山文化考古又有许多重要成果。借这次辽宁与内蒙古合作举办红山文化研讨会的机会，对红山文化的研究再做些回顾，重点论述近年在红山文化与中国文明起源研究中的一些体会。

一

对红山文化研究的回顾已有多次[①]，由于相关领域研究进展较快，在新形势下再回顾会有新的体会。这里对红山文化研究史再谈三点：一是起点高，二是社会关注程度高，三是研究在争议中深入。

红山文化研究，如以东山嘴和牛河梁遗址的发现为界分前后两大阶段的话，前一阶段从 20 世纪二三十年代的锦西县沙锅屯洞穴遗址和赤峰市郊红山后遗址的发掘到 1979 年辽西和内蒙古赤峰地区的新发现，前后近半个世纪。与黄河流域、长江流域相比，时间较长，工作较少，但有一点值得特别提出，那就是，从一开始，研究的起点就较高，表现于三个方面：一是文化定名早，二是从发现起就从文化交流角度认识和分析该文化内涵，三是已与古史传说相联系。

关于文化定名。

我在撰写纪念红山文化发现五十年时曾回忆，在尹达先生《中国新石器时代》一书从写作到发表的 20 世纪 50 年代初中期（1955 年出版），中国史前文化明确定名的，只有仰韶文化和龙山文化，除此以外，整个中华大地，也只有文化面貌尚不明朗、只能按地区命名的"北方细石器文化"和"东南地区硬陶文化"，尹达先生称其为当时所知中国史前文化的四大文化系统[②]。西北地区发现较早的诸史前遗存，当时仍在延续安特生在《甘肃考古记》（1925 年）一书中的称谓，即马厂期、齐家期等。所以，尹达先生在梁思永先生建议下在他的新书中加入赤峰红山后材料并以红山文化命名，这在当时是中国新石器时

---

① 本人关于红山文化研究比较集中的回顾至少有三篇：一是国家文物局组织编写的"二十世纪考古发现与研究"系列丛书中于 2005 年出版《红山文化》（文物出版社）一书，有"发现与研究史"一章；一是科学出版社 2008 年出版的严文明先生主编的《中国考古学研究的世纪回顾——新石器时代考古卷》收入的《红山文化研究回顾》；还有 2014 年发表的赤峰学院红山文化研究中心采访稿《近年红山文化研究的新思考》。另见刘国祥：《红山文化研究》，科学出版社，2016 年。

② 尹达：《中国新石器时代》第 147 页，生活·读书·新知三联书店，1955 年。

代继仰韶文化与龙山文化之后命名的第三支史前文化，是长城以北地区首次明确的一支史前文化，也是此后仰韶文化和龙山文化被不断分解并分别命名后在定名上唯一保持不变的一支史前文化，这既表明红山文化本身具有较强的稳定性，也避免了在考古文化研究过程中经常遇到的文化定名的争议①。

关于从南北文化交流认识红山文化。

梁思永、裴文中、尹达先生在早期的红山文化研究中，都有从南北文化交流的角度认识红山文化的论述。

早在由哈佛大学读书返国担任清华国学研究院助教期间，梁先生整理山西夏县西阴村史前遗址出土陶片，于1930年以英文发表了有关西阴村陶片的研究文章②。当时锦西沙锅屯洞穴遗址的发掘报告已由安特生和袁复礼先生于1923年发表在中国地质调查所主办的《中国古生物志》上，所以梁先生在西阴村陶器研究文章中，就根据锦西沙锅屯洞穴遗址所出彩陶和有关文化因素，提出长城以北的沙锅屯与中原地区仰韶和西阴遗存有"紧相关连"的关系，并要学界关注长城南北接触地带的新石器时代文化。

裴文中先生对长城以北这类含彩陶的文化遗存及其所反映的南北关系也有较为明确的论述，认为长城附近是彩陶文化与细石器文化的混合地带，他还设想了细石器文化由北而南，与南来的彩陶文化相遇的移动路线："长城附近为彩陶文化与细石器文化混合之地带（因各遗址皆为彩陶及细石器二文化混合者）。""彩陶文化由南方（黄河流域）传布至长城附近，与细石器文化相遇，二者混合，而成一种新文化。"不过，裴氏以为这种集南北两类文化内涵的"混合文化"，成分有所不同，但总体上仍属于北方地区的细石器文化："北方细石器文化与黄河流域彩陶文化为两种不同系统之文化，在长城附近，（沙锅屯）彩陶成分较多，至赤峰及高家营子，则细石器之成分较多，盖当时之民族为北来者，具有细石器之文化，至此地区之后，与南来者具有彩陶文化之民族相接触，前者受后者之感染，故此区域之混合文化，其基本实为细石器文化。"③

前述尹达先生在为红山文化命名时，也是以红山文化是南北文化接触后产生的一种新文化为主要依据的④。

关于与上古史的结合问题。

主要见于梁思永先生的论述。梁先生直接将红山文化与上古史联系，见于1935年在《热河查不干庙等处所采集之新石器时代石器与陶片》调查报告的"补记"。"补记"谈到长城以北发现的这些彩陶和由此所见沿边文化接触区域时，进一步提出上古史与考古结合的课题："长城南北几个新石器时代晚期的文化系统的相对的时代关系确定之后，我们才能脚踏实地的去作对比上古史与考古学发现的工作。"⑤ 这应是针对当时将考古发现与古史传说进行简单比附而发的。

① 郭大顺：《从红山文化命名六十年想到的》，赤峰学院红山文化研究院编《红山文化研究》第三辑，辽宁人民出版社，2016年。
② 梁思永：《山西西阴村史前遗址的新石器时代的陶器》，1930年；后收入《梁思永考古论文集》第1～49页，科学出版社，1959年。
③ 裴文中：《中国史前时期之研究》，商务印书馆，1948年。
④ 尹达：《关于赤峰红山后的新石器时代遗址》，《中国新石器时代》第143～146页，生活·读书·新知三联书店，1955年。
⑤ 梁思永：《热河查不干庙等处所采集之新石器时代石器与陶片》，1935年；后收入《梁思永考古论文集》第107～144页，科学出版社，1959年。

梁先生将北方新石器考古与古史传说结合还见于苏秉琦先生的一段回忆："当 1945 年抗日战争胜利后我从昆明回到北京看望先我回京的梁思永先生时，他曾同我谈起，他读徐旭生先生《中国古史的传说时代》，他说，徐先生提出了'三集团'一说，他也有他的'三集团'想法。很遗憾，他当时没有同我再深入的谈出它的具体内容如何。"① 从梁先生对红山文化的重视程度和将红山文化同古史传说相联系推测，他的"三集团"说很有可能包括了长城以北地区。

由于起点较高，尽管在 20 世纪五六十年代红山文化的研究进展较慢，到 80 年代初辽西考古新发现报道后，率先提出并带动了中华五千年文明起源问题的讨论，同时就将红山文化与仰韶文化的南北交流提升为这一社会变革推动力的高度，还与古史传说相联系。这些论述在两三年内连续提出，应都同红山文化发现之初研究起点较高有关。

红山文化的研究还有社会关注程度高和在争议中不断深入两个特点。

关于社会关注程度高，当然是同当时的媒体宣传分不开的。特别是 1986 年 7 月 25 日海内外媒体的全方位报道。这次报道从三方面展开：一是说"辽西山区于距今 5000 年前出现了一个具有国家雏形的原始文明社会，将中华文明起源提前了一千多年"，是讲文明起源史；二是"'坛庙冢'这种三合一的建筑遗址，有点类似明清时期北京的天坛、太庙和明十三陵"，是讲文化传承，讲中华文明的连绵不断；三是"为夏以前的三皇五帝找到实物证据"，是复原古史。虽是媒体报道，但据我所知，这次报道充分听取学术界共识，特别是征求了苏秉琦先生意见，所以学术性强，都是当时学术界的前沿课题。加之改革开放初期，国人开始放眼世界，对四大文明古国的比较较为在意，中国文明起源提早到五千年前的消息自然牵动了亿万中华儿女心扉。社会高度关注还表现于持续时间长，特别是对专业学术界开展文明起源讨论起到很大的推动作用，直至今日。

不同意见的交流多，促进深入思考，这是红山文化研究的又一特点。究其原因，据我的体会，是学界对红山文化的考古新发现，尽管有所准备，但仍感到出人意料。一是发现的地区，不是在被称为中华民族摇篮的黄河流域，而是在长城以北，而 20 世纪 60 年代以前对上古历史，即使有从多区域的角度进行研究，如徐旭生和蒙文通先生的"三集团说"和傅斯年先生的"夷夏东西说"②，也从未提到过北方；二是发现的时代，在距今五六千年，即相当于以仰韶文化为代表的仰韶时代中晚期。仰韶时代过去曾称为彩陶时期，其社会发展阶段一般定为母系氏族社会，20 世纪 60 年代曾有学者如河南的许顺湛先生提出过仰韶文化父系说，被认为是激进的观点。所以，当 80 年代初提出分布于长城以北、距今五六千年的红山文化与文明起源有关时，依长期在这一带工作的刘观民先生的观察，学界感到有些"唐突"③，所以有不同意见是可以理解的。与此有关的是发现的具体内容，多为以前少见或关注较少的，甚至具唯一性的，如祭祀建筑址和祭祀器具，特别是女神庙和发达的玉器；龙的起源问题；经济生活背景主要不是农耕而为采集与渔猎等，都是过去很少甚至从未接触过的课题。还有以这些发现为根据提出红山文化在全国曾"先走一步"的观点，红山文化女神像为中华民族"共祖"的观点，以红山文化为代表的北方

① 苏秉琦：《山东史前考古》，《苏秉琦文集》（二）第 312 页，文物出版社，2009 年。
② 傅斯年：《夷夏东西说》，《庆祝蔡元培先生六十五岁论文集》第 1093 页，中央研究院历史语言研究所集刊外编第一种，1933 年。蒙文通：《古史甄微》，商务印书馆，1933 年。徐旭生：《中国古史的传说时代》（增订本），科学出版社，1960 年。
③ 见刘观民先生在"中国文明起源座谈会"上的发言，《中国文明起源座谈纪要》，《考古》1989 年第 12 期。

古文化为中华古文化总根系的"直根系"的观点①，更都是涉及全局而需反复论证的问题。

二

近年的讨论与研究成果。

红山文化是否已进入文明社会，是学界多年来重点讨论的问题。随着新的发现和资料的公布，包括先红山文化时期如查海、兴隆洼等遗址发现的多处由成排房址组成的完整聚落和玉玦、玉匕形器等成组合的玉器，摆塑和浮雕的龙形象，管钻用的石轴承②，特别是有獠牙和无獠牙的两类石雕神人面像③等一系列新发现，显示出红山文化的发达在当地有着深厚的基础。牛河梁遗址考古发掘报告的发表也为研究红山文化提供了较为全面、系统的资料。这些都促进了不同意见从交流到渐有共识的过程。目前的讨论从多方面展开。

一直有这样的疑问：红山文化缺少冶铜术、文字、城等"三要素"，尤其是没有城，为什么是文明？

其实，就"三要素"本身而言，在红山文化都有线索。如城市，夏鼐先生早已指出，城市的标准主要在城内的遗存而不在于有无城墙。牛河梁遗址作为红山文化最高层次的中心遗址，"坛庙冢"已具城市的内容和规格，庙北的山台可视为"台城"，未发现城墙可理解为不设防；那一时期城墙多具防洪水功能，然红山文化建筑址都位于高冈，无水患，当然也无必要修筑具防水功能的城墙。而文字的出现，从殷墟甲骨文判断，它在中国的最初发生，与宗教祭祀有直接关系，具高度垄断性，且甲骨文之前的文字载体若是有机物，则无法保存，当然也极难发现。苏秉琦先生根据卜辞中与祭祀有直接关系的干支中的"酉"和"丙"字的原型——来自于距今四五千年间三袋足器形成时晚期尖底瓶和初期三袋足器的形象——就已将中国文字的起源追溯到史前时期④，都可供参照。

至于作为社会变革直接推动力的冶铜术，仅西辽河流域就有多例可列出：牛河梁第二地点四号冢冢上墓（编号85M3）有红铜环随葬；牛河梁第十三、十五地点发现的冶铜坩埚虽然因地层扰动又未经正式发掘，标本测年不确定，但坩埚的多鼓风孔等仍具原始特点⑤；特别是敖汉旗西台红山文化遗址（约红山文化中期）F202有陶铸范正式发掘出土，且不只一件⑥。联系夏家店下层文化早期的东八家遗址所出一扇陶范，有铸口、对范符号和母榫，为对范的母范，已是较为成熟的陶铸范；大甸子夏家店下层文化墓葬出有使用内范的铜套件；锦州水手营子出有重达1000克的铜柄戈，戈柄满饰连珠纹，表明当时已具铸造小件铜容器的技术⑦。到商代是用包括陶铸范在内的十分成熟的冶铸技术铸造以容

① 见苏秉琦：《写在＜中国文明曙光＞放映之前》《关于重建中国史前史的思考》，《苏秉琦文集》（三），文物出版社，2009 年。
② 邓聪：《查海遗址石轴承的发现》，辽宁省文物考古研究所编《纪念郭大顺先生八秩华诞论文集》，文物出版社，2018 年。
③ 滕铭予等：《2015 年辽宁省阜新蒙古族自治县塔尺营子遗址试掘报告》，吉林大学边疆考古研究中心编《边疆考古研究》第 25 辑第 1～52 页，科学出版社，2019 年。
④ 苏秉琦：《晋文化问题——在"晋文化研究会"上的发言（要点）》，《苏秉琦文集》（三）第 7～11 页，文物出版社，2009 年。
⑤ 分别见辽宁省文物考古研究所编著：《牛河梁——红山文化遗址发掘报告（1983—2003 年度）》（上）第 10 页、第 208 页，文物出版社，2012 年。
⑥ 见刘观民先生在"中国文明起源座谈会"上的发言，《中国文明起源座谈纪要》，《考古》1989 年第 12 期。杨虎、林秀贞：《内蒙古敖汉旗红山文化西台类型遗址概述》，《北方文物》2010 年第 3 期。
⑦ 辽宁省博物馆等：《内蒙古赤峰县四分地东山咀遗址试掘简报》，《考古》1983 年第 5 期。中国社会科学院考古研究所编著：《大甸子——夏家店下层文化遗址与墓地发掘报告》，科学出版社，1996 年。齐亚珍、刘素华：《锦县水手营子早期青铜时代墓葬及铜柄戈》，《辽海文物学刊》1991 年第 1 期。

器为主的铜祭礼器，数量众多，且有如郑州杜岭商早期大方鼎和殷墟商晚期后母戊鼎那样的重器，但却极少有铜农具发现，农耕仍以石器为主要工具。这一方面说明中国早期冶铜业即使有对西方发达冶铜术的吸收，也仍有自己较为悠久的冶铜传统，更主要的是，这反映了中国文明起源走过不同于西方的道路。

对此，美籍华裔考古学家张光直先生提出，以中国为代表的东方，具有天、地、神、人不同层次相互沟通的宇宙观，是以通神取得政治权力为主进入文明社会的，这同西方以发展技术、贸易为主进入文明社会有很大不同。后者强调对自然的改造，为"断裂性文明"，前者以敬畏、尊重和与自然的和谐沟通为原则，为"连续性文明"。张先生最初是通过商代青铜冶铸业高度发达却不用于农业生产得出这一认识的，不过，商代已进入成熟的国家阶段，张先生已在从史前时期寻找更早的证据并已注意到东山嘴特别是牛河梁等红山文化祭祀遗存，称牛河梁为中国最早的祭祀遗址①。我们在研究红山文化时对张先生这一观点有较深体会，以为，红山文化"坛庙冢"和龙凤等玉器所体现的发达的宗教祭祀礼仪，是说明中国文明起源时期道路与特点的一个典型代表。

上古时期的祭祀礼仪，文献记载频繁而多形式，但在考古资料中被识别出来的甚少，是研究的薄弱环节。不过自从红山文化和各地有关材料发现后，这方面研究进展较快。就红山文化目前所发现的众多祭祀遗存来看，首先要确定的，一是不同类型的祭祀遗迹各自功能的认定，一是不同类型的人体雕像的身份定位。

红山文化目前可以确定为祭祀遗迹的共三类：庙宇、祭坛与祭祀坑（积石冢本身由于有方或圆的成形的地上砌石建筑和成排的无底彩陶筒形器环绕，可能也具祭祀功能）。它们的结构各有特点，差异甚大，但每种类型以共同点为主，这应是各自担负的不同功能所决定的。如牛河梁女神庙和半拉山庙址，都为土木建筑，有柱洞或炭化木痕显示有木柱支撑的屋顶，屋内出规模相当或大于真人大小且写实的人体塑（雕）像，应是以人体偶像为祭祀对象的祭祖场所。祭祀坑见于牛河梁第五地点和半拉山遗址，都为土坑式，圆形，坑底都有经火烧的硬土面，坑面以上常铺有碎石，或与瘗埋的祭地遗存有关。已发现的四座祭坛都为石筑，坛面铺石，无覆罩，突出露天的效果。除两座（牛河梁第五地点和敖汉草帽山）不够规则以外，东山嘴和牛河梁第二地点的Z3都为圆形，边缘砌筑都很讲究，形状也十分规整，牛河梁第二地点祭坛还起三层圆。可知圆形和露天，是红山文化祭坛的标准形制。有学者以为是祭天场所，并与文献"祭天圜丘"的记载相对照，是合理的推测②。以上从三者结构上的巨大差异推定它们功能上的分野，特别是祭祖与祭天场所的确定，是我们近年对红山文化祭祀遗址认识的一次突破。

人体雕像的身份定位，主要考虑是神还是巫。神即崇拜对象，巫即通神使者，区分两者是继续研究的前提。牛河梁多室连为一体的女神庙内所出人体雕像，分别置于各室中，有固定位置和姿态，有动物神像、壁画、陶祭器等附属遗存，身份最为明确，是崇拜对象。其他如东山嘴、草帽山，还有牛河梁第三、十六地点都有人体雕像出土，规模虽小于女神庙，但也多相当真人原大或稍小，且写实，也应为崇拜偶像。半拉山还发现庙址，说明这种单独的祭祀性遗址也是既有神也有神居之所的③。祭祀遗迹所见的人体雕像中身份为巫即通神使者的，尚不能完全确定。不过，在红山文化玉器中，有一

① 张光直著，印群译：《中国考古学》第四版，生活·读书·新知三联书店，2013年。
② 冯时：《红山文化三环石坛的天文学研究——兼论中国最早的圜丘与方丘》，《北方文物》1993年第1期。
③ 辽宁省文物考古研究所、朝阳市龙城区博物馆：《辽宁朝阳市半拉山红山文化墓地》，《考古》2017年7期。

类人兽组合器，是人借助兽作法通神，此类人像应为巫者。牛河梁第十六地点玉人像有表现上下贯通的通神作法形象，也应具巫者身份①。新近依据阜新县塔尺营子遗址发现的属于查海—兴隆洼文化的石雕神人面像提出以有无獠牙为标准之一区别神与巫各自演化系列的观点，也十分有助于对红山文化神与巫身份的研究②。

在祭祀遗迹功能和人体雕像身份推定的基础上，对红山文化祭祀内容的进一步推测，以规模最大的牛河梁遗址为重点。牛河梁遗址的祭祀遗迹又以庙宇（女神庙）和祭坛即祭祖与祭天最为重要。

关于祭祖。我们曾据不同规格的人体雕像和有关遗存，提出多层次的祖先崇拜：如女神庙内位于主室中心、个体甚大的"主神"与围绕主神的"群神"的区别，对墓主人祭祀即"近亲"与以人体偶像为祭祀对象即"远祖"的区别，还有"个祖"（即各社会单元对各自祖先神的祭祀）与"共祖"（即对文化共同体共同先祖的祭祀）、"女神"（以偶像为祭祀对象）与"男祖"（以男性象征物为祭祀对象，指诸多积石冢和牛河梁女神庙所出"塔"形器，有两侧附椭圆形錾的瓶形小口、饰锥刺纹的鼓腹、带长方形镂孔的束腰和盆形彩陶底座，实为祖形器）相区别的线索可寻③。

关于祭天。这是近年的新收获。主要是从牛河梁第二地点祭坛不等距三层圆的结构与《周髀算经》和秦简所记从冬至经春分和秋分到夏至的宇宙模式的吻合，看红山人对天文知识掌握的熟练程度④。同时从牛河梁、东山嘴、草帽山和半拉山遗址祭祀遗迹的类型、组合与布局的比较中认识到：祭祖的庙宇与祭天的圜丘多成组合，是配套的；且具有"北庙南坛"的总体布局；各个遗址祭祀建筑在类型、结构、组合与布局上以共同性为主，是红山文化祭祀建筑规范化和祭祀礼仪制度化的反映，也为后世所长期延续，直到明清时期，表现出强大的传承力⑤。

发达的祭祀礼仪必有深厚的自然与人文背景。红山文化与周邻的文化交流为主要背景之一。

前述在红山文化刚发现时就注意到长城南北的接触与交流，主要是指与黄河流域仰韶文化的关系。红山文化"坛庙冢"发现后，被认为是这一南北交流碰撞的结果⑥。近年的新收获主要是认识到红山文化共存的诸多文化因素，有既泾渭分明又融为一体的特点。具体表现如：在红山文化的陶器中，具东北地区新石器文化共有特征的夹砂灰褐陶饰压印纹（多"之"字形）或刻划纹筒形陶罐，与主要来自黄河流域的彩陶和泥质红陶钵、盆、小口罐类共存。这两类陶器，在陶质、制法、色泽、饰纹、造型等各方面都差别甚大，却共存于同一文化中，有的甚至共见于同一件器物上，如红山文化常见一种小口带领小口罐（或瓮），为近于仰韶文化的泥质红陶，却饰具有当地特点的压印"之"字纹或篦点式压印"之"字纹，还发现有在夹砂筒形陶罐上绘彩的个别实例，其所表现的南北二元文化的区别又融合，为史前文

①　郭大顺、洪殿旭：《红山文化玉器鉴赏》（增订本），文物出版社，2014年。辽宁省文物考古研究所编著：《牛河梁——红山文化遗址发掘报告（1983—2003年度）》（中）第407页N16图七三、（下）图版二七九。
②　滕铭予等：《2015年辽宁省阜新蒙古族自治县塔尺营子遗址试掘报告》，吉林大学边疆考古研究中心编《边疆考古研究》第25辑第1~52页，科学出版社，2019年。
③　郭大顺：《牛河梁等红山文化遗址所见"祖先崇拜"的若干线索》，辽宁省博物馆编《辽河寻根　文明溯源——中华文明起源学术研讨会论文集》，文物出版社，2012年。
④　陈镱文、曲安京：《北大秦简＜鲁久次问数于陈起＞中的宇宙模型》，《文物》2017年第3期。
⑤　郭大顺：《从祭祀（天）遗存的规范化看红山文化崇拜礼仪的制度化》，见本书第226~237页。
⑥　苏秉琦：《晋文化问题——在"晋文化研究会"上的发言（要点）》，《苏秉琦文集》（三）第7~11页，文物出版社，2009年。

化所少见。还有石器中打制、磨制和细石器并重，常有打磨一体的石器。红山文化的祭祀建筑以砌石结构为主，但地位更为重要的庙宇却为土木结构，如果砌石和土木分别为北方地区与黄河流域各自的地域特点，那么它们在祭祀建筑中的成组合和相配套，应视为南北文化在更高层次上的共存融合。魏家窝棚遗址有房址集中出土具后冈一期文化特点的陶钵、釜、罐等，还有聚落房址有近于中原仰韶文化的向心式分布规律，推测有来自于中原地区的移民遗存①，如是，则说明在红山文化形成和发展过程中，除大幅度吸收以仰韶文化为主的外来文化因素外，还有南部华北平原人群的直接迁移。

特别要提到的是，彩陶及与之有关的泥质红陶作为外来或与外部影响有关的文化因素，在红山文化中具有崇高地位。如牛河梁女神庙和积石冢的"塔"形器，体型甚大，通体以瓶式小口、饰窝点纹的上鼓腹、饰大镂孔的束腰和覆盆式底座共四个部分组成，造型甚为复杂，此器皆为泥质红陶，质地细腻纯正，火候高，尤其是底座满绘几何形和勾连花卉纹黑彩图案，是一种具浓厚仰韶文化因素的高等级祭器；女神庙所出熏炉盖，盖面刻多组长条形镂孔，祭祀功能明确，为细泥红陶质，火候也甚高，也是具有仰韶文化因素的陶祭器。积石冢上成行排列、数量几十到百余个的陶筒形器，是红山文化陶器中的大宗，其以无底部为突出特征的造型及功能为红山文化所独有，但这种筒形陶器，却都为泥质红陶，大部分为彩陶，也同仰韶文化密切相关。女神庙的祭器中尚未见有红山文化最具特征的饰压印纹的夹砂筒形罐一类陶器。这种在信仰领域中将外来的先进因素视为神圣的做法，表现出红山文化对异质文化有着极大的容纳度。苏秉琦先生曾将红山文化与仰韶文化关系比喻为胜于"近邻关系"的"兄弟关系"，有"当仰韶与红山一旦进一步结合起来，中国古文化史面貌为之一新"的评价②。对此我们有了进一步理解。即红山文化是中原仰韶文化与周边古文化关系最为密切的一支，它们虽经济类型和文化传统各不相同，却能携手共建，不断碰撞出文明火花，成为中华文化和文明形成和发展的主力军。

红山文化与周邻文化关系还可从更大范围考察：与东南地区的交流除大汶口文化、凌家滩遗址都出有多例红山式玉器如外缘方圆、边薄似刃和双联玉璧以外，凌家滩遗址曲肘附胸玉人和近于龟壳的斜口筒形玉器等多个实例，说明其间的交流有相当高的频率，牛河梁玉仿海贝的发现，是红山文化同更远的南海有着直接或间接联系的证据。红山文化还显示出与西部草原地区直至西亚史前文化联系的线索，这在彩陶因素上有所表现。红山文化主要是牛河梁遗址出有一类以棋盘格式分布的倒三角、直角三角、菱格、大三角等几何形图案，它们不见于中原地区的仰韶文化，却具西亚彩陶特点，联系女性雕像、石砌建筑和神庙等共同文化因素，显示出与西部关系密切或受西部影响③。这样看，红山文化所在的西辽河流域，正处于欧亚大陆与环太平洋文化圈的交汇地带，以这样广阔的视角审视红山文化，对该文化在中华大地"先走一步"的发展水平会有更深的理解。

三

下一步工作的思考与建议。

① 张星德：《辽西地区新石器文化的序列与谱系再认识》，辽宁省文物考古研究所编《红山文化学术研讨会论文集》第43页，辽宁人民出版社，2013年。
② 苏秉琦：《纪念仰韶村遗址发现六十五周年（代序言）》，原载《论仰韶文化》，《中原文物》1986年特刊；又见《苏秉琦文集》（三），文物出版社，2009年。
③ 郭大顺：《从世界史角度研究红山文化》，赤峰学院红山文化研究院编《第八届红山文化高峰论坛论文集》第13～22页，辽宁大学出版社，2014年；又见《郭大顺考古文集》（上册）第31～36页，辽宁人民出版社，2017年。

首先还是牛河梁遗址。

2012年出版的牛河梁遗址考古发掘报告，是对1983~2003年这二十年发掘工作的总结，同时也提出了一系列新的课题。如对单纯的下层积石冢的解剖发掘和单纯的折沿式筒形器遗存的发现，对这方面已有线索，将会在下、上层积石冢阶段划分的基础上进一步解决不同类型筒形器的早晚问题，完善牛河梁遗址的分期，从而更科学地复原遗址群的形成过程。

第十三地点地上的土石建筑，内为分层分段夯筑、高7米左右、直径约40米的土丘，外为厚20米的积石和包砌的石墙，总体直径达60米，波及范围更达100米×100米，其规模远超于其他地点积石冢，为目前所知红山文化乃至同时期史前文化中最大的单体建筑。此址经数年试掘，终未能确认其性质。有认为是祭坛或祭台，有认为是炼铜址，也有认为是积石冢，或兼而有之。由于这处遗址的结构近于积石冢，尤其是近于第二地点有中心大墓的第二号冢而有别于祭坛，不排除其为墓葬的可能性。应列为近年重点发掘项目。具体发掘方法特别是地上部分的保存和保护，可参考江南地区西周到春秋时期土墩墓和日本古坟的发掘经验。

第四地点可能是一座扰动较少的积石冢，在以往发掘诸多积石冢经验教训的基础上，有针对性地对此冢做全面揭露，可对红山文化积石冢的结构有更为完整的了解。

牛河梁第一地点与第二地点之间的再清理调查。在已有遗迹的基础上为了解女神庙与第二地点祭坛的联系寻找更多证据，从而进一步确定其间的组合、配套以至"北庙南坛"的布局，并最终解决牛河梁遗址群的总体布局。

区域调查。在第三次文物普查基础上的复查和拉网式再调查，获取每一个遗址点地面的详细文字和测图资料，重点寻找如陶作坊、玉作坊等多方关注课题的线索。

牛河梁遗址相关地区的工作。

一般性遗址再发掘。除选择规模较大的聚落址进行发掘外，以积石冢为主的一类遗址已发掘的多不完整，如东山嘴遗址南部祭坛明确，北部不清；半拉山遗址北部有庙宇，南部无坛；草帽山遗址南坛中冢但北部不清。田家沟是否是另一种类型？同时，以上遗址都同牛河梁遗址群在规模上有较大差距，是否有介于其中的次中心，都需要继续选择保存较好的遗址进行再发掘。此外，积石冢是否是红山文化墓葬的唯一形式？积石冢之外，有无其他类型的墓葬？从而进一步判断积石冢墓葬性质及墓主人身份。这些都是发掘这类积石冢遗存的重要目的。

自然环境与经济生活数据库的建立。兴隆沟、魏家窝棚遗址植物标本和半拉山遗址人骨标本同位素的测试都证明，采集和渔猎是当时主要谋生手段，这同以往以农业为主的认识有较大反差，且涉及对渔猎文化地位和作用的认识，有必要积累更多资料。为此，需在每一处遗址发掘中，从多方面多手段多数量提取标本进行测试，建立有关红山文化自然环境与经济生活的数据库。最终确认红山文化的生业等问题。

以牛河梁遗址为代表的红山文化考古，涉及中国史前史距今5000年前后这一关键时期，是解开中华文化与文明起源的一把钥匙。应尽快制定牛河梁遗址考古规划，并列入"考古中国"一类的国家重点项目，以不断取得突破性成果，推进有关课题的研究。

（为2019年在辽宁沈阳召开的"又见红山"学术研讨会而作）

附　录

近年红山文化研究的新思考

——郭大顺先生访谈录

滕海健：赤峰学院红山文化研究院《红山文化论坛》创刊。请先生谈一下红山文化研究的有关情况。

郭大顺：我们办《红山文化论坛》既面向研究者，也面向社会，方向是对的。谈到有关红山文化的研究，现在学术界与社会各界都较为关注，社会各界关心是好事，但学界与社会既要联络，又要有所区隔，学术界要对社会有正确引导。对老百姓来讲，你谈的题目可能比较深，但深入才能浅出，大众一样可以理解。苏先生讲考古学要走科学化和大众化的路子，科学化和大众化，这两者是辩证统一的关系。南京大学历史文化学院办《大众考古》，他们下了功夫，有十几个人的编辑队伍。2013 年在上海开"世界考古·上海论坛"时，我见过他们三个年轻的编辑，都很有思想。他们有队伍，刊物办的也有特色，有水平，而且每期都有国外最新考古资料的转载。《大众考古》让我题个词，我就写了"接近古人，引领大众，坚持科学化与大众化的辩证统一"。我们办《红山文化论坛》，应该了解像《大众考古》这样的刊物。

2013 年以来，红山文化研究很重要的一件事，就是牛河梁遗址发掘报告已经出版了，许多大家关心的问题在报告里基本上都有呈现。比如发现的经过，还有遗址的具体内容，陶器、石器、塑像、庙、冢都有比较详细的资料了。大家可以比较全面、深入地了解牛河梁遗址和红山文化，研究起来也更有依据了。所以现在咱们再谈这个问题，我觉得应该深入一步。

对于今后红山文化的研究，结合近几年研究成果、包括一些不同观点，我觉得至少有三个方面：一是红山文化本身文化内涵的继续研究，二是对红山文化在中国文化和文明起源中的地位和作用的评价，三是与周邻包括域外文化的比较研究。还有就是你们提出的，历史学者如何研究红山文化，也就是考古与历史结合的问题。

滕海健：关于红山文化的主要内容，我记得您曾经用"坛庙冢，玉龙凤"六个字来加以概括。

郭大顺：对，那是在厦门市陈斌先生主办的一个有关红山文化的展览开幕式上提到的，当时有厦门大学的副校长和人文学院院长、老师，还有厦门市的副市长参加。红山文化离他们那么远，怎么能让南方的朋友们尽快记住红山文化的主要内容呢，我就想了"坛庙冢，玉龙凤"这六个字来概括红山文化。当然，还有其他内容如彩陶等。我为什么要说这六个字，因为一个"坛庙冢"，一个"玉龙凤"，这些都是中国传统文化的核心内容。

苏先生说过，红山文化的"坛庙冢"类似于明清北京的天坛、太庙和明十三陵，说明这些传统文化因素的传承已有五千年的历史了。再一个就是"玉龙凤"，大家都知道，玉是中国传统文化的载体，龙凤是中国传统文化的精华。这代表中华传统文化的六种因素，红山文化都有，而且都是配套的，坛庙冢是配套的，玉龙凤也是配套的。别的地方也有，可能不那么齐全。对于认识红山文化，这些内容就摆在那里，特别值得重视。

滕海健：那其他标志性的遗物和遗址，如何深入进行研究呢？

郭大顺：就陶器来说吧。红山文化的陶器和其他地区新石器文化的陶器相比，也不同寻常，其最大的特点，就是具东北地区史前文化特征的筒形罐与源自中原仰韶文化等的泥质红陶、彩陶共存。这一现象，早在红山文化发现之初，即锦西沙锅屯和赤峰红山后材料刚发表的20世纪二三十年代，梁思永先生就已注意到，以为这是长城南北文化接触的表现，此后裴文中先生有过北方细石器文化与中原彩陶文化接触交流的"混合文化"的提法，尹达先生则将这种具南北两种文化特征的文化视为长城地带产生的一种新文化，定名为红山文化。苏秉琦先生在牛河梁遗址发现后，进一步提出南北文化交汇是牛河梁"坛庙冢"出现的重要原因之一。老一辈考古学家的这些观点，虽然我们在文章中都多次引用过，但现在深入认识红山文化的特征，对这一多元文化现象还是要加以强调，因为那种具东北地区史前文化特征的筒形罐和在中原地区仰韶文化等影响下形成的泥质红陶和彩陶器，完全是两种不同的风格。筒形罐陶胎夹砂，火候不高，器表粗糙，器形也比较单调，从器口到器底，腹壁较直，没有什么变化，只是外表装饰的纹饰密而整齐，制作时比较费工。在整个辽西、辽东到朝鲜半岛，到日本的绳纹文化，基本都以具这种作风的陶器为主。在日本列岛，这类陶器延续时间很长。在辽西地区，从兴隆洼文化、红山文化，再往后到小河沿文化，以后虽然消失了，但在夏家店下层文化的盉形鬲直到春秋战国时期燕文化特有的燕式鬲上，仍可以看到它的影子。可见，在整个东北和东北亚地区，具区域性特点的筒形罐传统影响之深。而红山文化的泥质红陶和彩陶，有的质地也像仰韶文化那么细腻，说明有淘洗工序，有的也挂红衣，特别是在陶器上面绘彩，器形也比较多样，有钵、盆、带耳的小口罐，它们源自黄河中游的仰韶文化，是红山文化吸收中原仰韶等文化的结果，但红山文化并不是完全将仰韶文化的东西搬过来，而是有很多创新。在红山文化已发现的聚落址中发现的泥质红陶与彩陶，多数器形与仰韶文化陶器相近，如钵、盆等，但彩陶图案已全部变化。在牛河梁遗址，积石冢上成行排列的筒形器都是泥质红陶和彩陶，女神庙发现的祭器也是泥质红陶，而且也有彩陶。但这些泥质红陶和彩陶无论器形还是花纹，同仰韶文化都完全不一样了。如彩陶图案中，除了勾连花卉纹近似于仰韶文化庙底沟类型以外，还有龙鳞纹和各式几何纹，而且多数都呈平行带状的布局；器形上，积石冢上大量使用的是一种无底的筒形器，每个遗址的每一座积石冢都可以见到这种筒形器，应该说在红山文化中很具代表性，但在其他史前文化中极少见或根本不见这种无底器物。更有器形特别复杂的"塔"形器。这种"塔"形器，由瓶形小口、外鼓形的上腹部、束腰、近于倒置盆形的底座共四部分组成，各部分装饰也各有不同，口及上腹部饰窝点纹，束腰有大镂孔装饰，底座则满绘彩绘。一个夹砂灰陶饰压印纹的筒形罐，一个泥质红陶与彩陶，这两者从制作工艺到使用方式，反差非常大，却在同一个考古文化中融为一体。别的文化类型也有不同考古文化因素共存，但没有红山文化这么明显，完全是两种不同的东西在一起。这里特别要提到的是，我们在编写牛河梁遗址发掘报告收集有关材料时观察到，那种粗陶的筒形罐，在红山文化中大量还是作为生活用具的，在牛河梁、草帽山等祭祀类遗址不见或少见。在牛河梁等以祭祀为主的遗址，积石冢上用的都是泥质红陶和彩陶。女神庙发现了一件"塔"形器残片，红陶的陶胎陶色更为纯正，火候很高，底座残片外表鲜红，所绘几何形彩绘也十分工整，尤其是器体特大，上腹部裙边直径 50 厘米，壁最厚达 2 厘米，推测整个器物复原高度在 1 米以上。当年给我们牛河梁遗址发掘当技术顾问的中国社会科学院考古研究所技术室的文物保护专家王㐨先生称其为"彩陶王"。红山文化祭祀用的陶器大量使用含有外来因素的东西，而且使用量非常大，制作技术也很讲究，可以看出当时南北文化在红山文化中融合程度之深甚至超过当地传统。我们曾描述这一特殊的文化关系，既不是文化间的替代甚至冲突，也不是简单的复合体，更不是单纯的模仿，而是主要表现为红山文化在大幅度吸收中原区仰韶文化以彩陶为主的先进文化因素的同时，不断创造出自身新的文化特征，其最大的成功之处尤其表现为中华传统的初现。苏秉琦先生早在东山嘴、牛河梁遗址刚发现时就已意识到这一点，他曾说过："坛的平面图前部像北京天坛的圜丘，后部像北京天坛的祈年殿方基；庙的彩塑神像的眼球使用玉石质镶嵌与我国传统彩塑技法一致；冢的结构与后世帝王陵墓相似；龙与花的结合会使人自然联想到我们今天的自称'华人'和'龙的传人'。发生在距今五千年前或五六千年间的历史转折，它的光芒所披之广，延续时间之长是个奇迹。"苏先生比喻仰韶文化与大汶口文化的关系是邻居关系，而与红山文化关系是兄弟关系，也是对这一文化关系在红山文化形成和发展过程中的作用的特别重视，所以他又说"仰韶文化与红山文化一旦结合起来，中华文化史为之一新"。

当然谈到陶器，还有类型学分析和分期等问题，还需要继续做深入研究。张星德他们通过陶器对红山文化分期做过有成效的研究。我们在牛河梁遗址发掘报告中将地层与陶器变化相结合，分了大的阶段，但还留下一些问题，如各个地点上层积石冢之间的早晚关系，在陶器上会有细微变化，我们未做结论，也未提观点，但将材料摆出来了，提供给大家研究。

谈到对红山文化本身的深入研究，要着重谈一下女神庙和人物塑像。这是红山文化最为重要的发现。因为在史前文化诸物质文化因素中，人的形象占首要位置，关注度也最高，世界各国的考古发现都是如此。过去我们在这方面只有零散的发现，研究基础比较薄弱，东山嘴的妇女小雕像和牛河梁女神庙、女神像发表后，有这方面的研究，但是仍然是个别的、零散的。我们曾提出以祖先崇拜为主，也是直观感受的成分多一些，现在需要深入下去。2012 年敖汉旗兴隆沟遗址一个红山文化房址中发现了一个带人物塑像的陶器，那年 6 月初我去英国探亲前，田彦国馆长让我去看看，当时还没有完全复原，缺一只胳膊，我看了实物以后，有一个初步印象。此后不久，旗里围绕这个重要发现开了个座谈会，中国社会科学院考古研究所的冯时，辽宁师范大学的田广林，先后发表了他们在这次座谈会上的发言，内蒙古文物考古研究所的索秀芬也写了这方面的文章。田广林说那个东西可能是氏族的保护神，他另外举的例子就是林西县白音长汗遗址属于兴隆洼文化的一座房子里，在灶旁边立了一个石人，他把这些现象联系起来，认为可能是家族或氏族保护神。冯时认为敖汉发现的这件人物塑像是女性，并从古文字角度考证了女和母、女和父（男）的差别，他认为这件塑像可能是巫祝。保护神是祭祀对象，如果是巫的话，就是祭祀的使者。他们虽然观点不完全相同，但对这方面都是比较深入的研究。这是非常重要的。因为中国上古史很多重要历史事件都是围绕着祭祀进行的，所谓"国之大事，唯祀与戎"，包括礼和礼的前身都与祭祀有关。这是中国历史文化中最核心的东西。商代的甲骨文不就是祭祀的记录吗。研究这个可以称之为宗教考古方面的课题，可以结合牛河梁以及其他地方的资料，包括赤峰西水泉，还有巴林右旗那斯台、敖汉旗草帽山发现的石雕人像。因为我们过去基础比较薄弱，可能有些概念性的东西还不够清晰，以上几篇文章给我们很多启示。就牛河梁女神庙和积石冢出土的情况看，已发现的这些塑像的功能应该是有所区别的，要分析哪些是祭祀的对象，哪些是祭祀的使者，哪些是祭祀的工具。说是神，神应该属于祭祀的对象。说是巫，巫就是祭祀的使者，他是在举行沟通天地神人的祭祀礼仪时起沟通作用的。巫和神是不能混的，一个是祭祀对象，一个是祭祀使者。还有祭祀工具，咱们出土的玉器，一般被认为是祭祀的工具。玉器做成动物形象，就是祭祀工具的证明。张光直先生对此关注得较早，他认为中国古代有将宇宙分为天地神人等不同层次的宇宙观，沟通其间的使者是巫。然后是祭祀的工具，其中之一就是动物，因为自然界万物都是和谐共处的，动物是人类的朋友，就是到了现世，动物仍然是把人类当朋友来对待的，比如现在的狗，一见人来就往身上扑，它是表达对人类的亲密，反而人不能适应了。这是人变了，狗没变。由于过去动物是人类的朋友，所以当时祭祀就用动物作工具，为什么红山文化玉器有许多是做成动物形象，可以从这里得到解释。同时玉还是天然生成之物，用玉来作为沟通天地神人的工具，可以起到最佳的效果。这是我们根据张光直先生的观点所做的理解。

至于敖汉旗兴隆沟遗址新发现的那件人物塑像，确实塑造得很生动，很有动感，从头部到四肢，十分完整。特别是眼球，也如牛河梁女神头像那样，使用了另外镶嵌在眼眶里的手法。不过仔细观察，这件人像的身体是贴在一个器物上的浮雕，那件器物就是个筒形器，通体是圆筒形状，肚子部分几乎接近正圆，没有底部，底缘内侧有起"台"的迹象，做法同牛河梁遗址积石冢的筒形器是一样的。人像的头顶中间有一个圆孔，这与筒形器的功能相近，是寓上下贯通之意。所以这件人物塑像是神还是巫，需要再研究。如果是神的话，把神像附在一件器物上怎么理解？我觉得是巫的可能性大些。在东山嘴发现的大型人像，也是片状的，牛河梁积石冢发现的人物塑像残块也有片状的，和这个有些近似，不像女神庙里的塑像，里面是实心的，片状的就可能与某种器物有关。这是红山文化要深入研究的一个课题，而且涉及整个上古史，非常重要。

还有一个题目，今年8月份在上海要开一个有关"城市与文明"的研讨会，我因为探亲又不能参加了，就报了一个题目："牛河梁——不设防的都邑"。大家都很关注与牛河梁遗址相应的大的聚落址在哪里，是在牛河梁遗址范围内，还是在另外的地方？牛河梁没有城，有人说女神庙上面的平台四边不是用石头砌的吗，那是不是城？后来我想到，在西方同时期的文明中心就没有城墙，所以我想牛河梁就是一个不设防的都邑，它没有城墙，这同它以祭祀功能为主也相符合，而且牛河梁一带的地势就是几道山梁，是以女神庙为中心来布置这些祭坛、积石冢的，它没有具体的边界，没有城墙可能是正常的，是一座不设防的都邑，这也是红山文化跨入文明社会所走的自身的道路和特点。这是我今年想到的。

再一个就是红山文化的经济。通常以为，红山文化有这么发达的玉器、塑像和祭祀遗址，其经济基础一定是农业。现在看，不见得。前面提到日本的绳纹文化，延续的时间很长，从万年前一直延续到相当于我们的战国秦时期，主要考古文化特征就是东北亚地区共有的那种饰压印纹的夹砂粗陶筒形罐，主要经济生活就是采集与渔猎，所以有的日本学者如秋山进午看红山文化的玉器很多是以野生动物野猪、鹰为原型的，以为这同渔猎经济有关。近年中国社会科学院考古研究所赵志军在兴隆沟遗址采集了三个时期三种文化的标本进行测试，一个是兴隆洼文化时期，一个是红山文化时期，一个是夏家店下层文化时期。结果是，兴隆洼文化时期已经出现栽培作物黍和粟，被认为是中国北方最早的栽培作物，但是很少，当时的主要经济生活仍然是采集和狩猎；到红山文化时期，栽培作物的比例更少，大都是野生的；到夏家店下层文化时期，大部分都是粟等栽培作物了。之后孙志刚他们又对魏家窝棚遗址做了测定，结果是相近的。这一测定结果不是偶然的，说明红山文化即使有农业，也不发达。有人推测种植的东西是祭神用的，因为种植与现成的自然资源相比，是很费功夫的。那时候的自然环境，东北地区就是森林，针叶林和阔叶林交混，间有草原，多的是野生的果实，多的是野兽，供采集、狩猎食用，没必要去种地。所以，红山文化有农业，但不是主要的，主要的经济生活还是采集、渔猎，继承了东北地区自古以来的传统。

这方面当然有很多需要重新研究的题目，因为如果红山文化是以采集、狩猎为主要经济活动，那么建立在这样的经济基础上的文明是如何产生的？渔猎经济在文化交流中相对于农业部落有哪些优势？这些问题都需要继续进行深入的研究。又比如，如果红山文化跨进文明社会与南北文化交流有直接关系，那么这就是两种不同经济类型的考古文化之间的交汇，一个以采集狩猎为主，一个以农业为主，经济类型不一样，文化传统也不一样。它们之间的交流会产生出人意料的后果，这就是牛河梁出现的背景。说明在历史发展进程中，不同文化的交融，特别是不同经济类型、不同传统文化能够融合在一起的话，对社会的推动作用非常之大。但是为什么红山文化能做到这一点，红山文化有什么优势，使它能做到对不同文化因素的融合？这就同渔猎经济有关，因为渔猎经济相对来说不保守。而农业是面朝黄土背朝天，在一个地方待的时间长久，反而相对封闭。渔猎文化跟着动物走，哪儿有动物就往哪里移动，结果比较开放。文化的开放性与经济形态有关系。这是渔猎文化的本性。同时在与外界更多的接触中，学会了对外来东西的辨别能力，善于吸收先进的东西。仰韶文化最先进也是对周边影响最大的一种文化因素就是彩陶，红山人将它吸收进来，运用了仰韶文化制作彩陶的技法，创造出具自身特色的彩陶图案。当然，这种文化交流的具体过程正是需要深入研究的课题。

滕海健：以下请谈第二方面的课题，为什么要特别提出将红山文化在中国文化、文明起源和发展中的地位和作用作为研究重点呢？

郭大顺：其实在一开始谈红山文化与中华传统文化关系时就已经谈到了。

红山文化在中国文化、文明起源和发展过程中，到底地位、作用如何？其影响究竟是局部的，还是牵动全局的？之所以提出这个问题，是因为有学者提出一些不同观点，如中国社会科学院考古研究所的几位，他们是徐良高、李新伟和朱乃诚。徐良高那篇文章发表的比较早，他当时看到红山文化积石冢用石头垒成的东西和中原地区完全是土的遗址（如灰坑、墓葬、房子等）是不一样的，后来在中原建立王朝的夏商周都是土遗址，所以他以为牛河梁和红山文化的这种以石头为主的建筑是"个例"。他当时就意识到其间的差别，是难能可贵的，可以促进思考。接着是李新伟，他认为距今5000年前后的文化，现在发现了好几个中心遗址，包括安徽的凌家滩和他主持发掘的河南灵宝西坡，都有与文明起源相关的、比较发达的文化表现出来，但是他说最牛的还是牛河梁。近来他发表的文章有些变化，强调红山文化的区域性，他称辽西地区的牛河梁、山东的大汶口、长江下游的凌家滩和崧泽与中原地区的灵宝西坡之间有个交互网，这种交互网主要是上层人物间的交流，红山文化只是其中之一，具有区域性，而不对全局有大的影响。朱乃诚则以为红山文化一个是区域性，一个是自生自灭，就是说后代断了，文明断了，对后世没什么影响。由于中国社会科学院考古研究所是文明探源工程的主持单位，他们的文章又都是在主流刊物上发表的，影响自然很大，所以我们应该有所回应。

谈到红山文化在中华文化和文明起源过程中的地位和作用，就不能不回顾苏秉琦先生在这方面的研究历程。苏先生从20世纪70年代就开始思考，中国的历史、中国的民族文化有许多不解之谜，从哪里突破的问题。他一直从全国范围来进行思考，后来提出考古学文化区系类型理论，得到全国响应，主要就是根据全国各地新发现的考古资料所揭示的各地古文化独立发展又相互交流促进的历史发展进程，改变传统的以中原为中心、王朝为中心、汉族为中心的历史观，把中国多元多民族的历史文化说清楚。他各地都去了，那个阶段他对山东关心比较多，以后是江浙地区，1976年还去广东待了很长时间，因为那里发现了石峡文化，就是在韶关挖了一群新石器时代晚期墓葬。回京后苏先生在中国社会科学院考古研究所作了个报告，从考古资料具体分析联系到社会变革，反映非常好。但是他说他像老鹰一样在天上盘旋，最后还是看准了西辽河流域，认为它是个突破口。突破口不只是说东西发现了，过去没想到，现在意外发现了，对整个文明起源课题研究起到一个突破作用。更重要的是，虽然红山文化有很强的区域性，但苏先生从一开始就没有把红山文化看成是局部的问题，而是把它看成是牵动全局的、是在5000年前的中华大地上起到影响全局作用的考古学文化。而且苏先生把研究重点转向辽西不是在牛河梁遗址发现后，而是在此前东山嘴一个小遗址刚被发现时的事。关于苏先生当时的思考和活动的具体情况，中国考古网也有一个对我的采访，讲得比较详细，大家如感兴趣，可以去查阅。所以苏先生讲红山文化坛庙冢和女神像的发现把中华传统文化的源头追溯到5000年前；讲仰韶、红山一旦结合起来，中华文化为之一新；讲中华文化就像一棵大树，大树的根系，有主根、有支根，红山文化是直根系。苏先生把牛河梁的女神像看作是红山文化的女祖，也是中华民族的共祖，也是这个意思。他把5000年前的牛河梁同3000年前附近大凌河流域出土的商周青铜器窖藏坑联系起来，他觉得那块地方是个圣地。从这点认为女神是中华民族的共祖，那就说它不仅限于红山。所以对红山文化，我们既要重视区域性、区域特点，又要看到当时它对中华文明起源起到的举足轻重的作用。

一开始我们说到的红山文化的"坛庙冢"和"玉龙凤"，都是中华传统文化的核心内容，也是红山文化对中华文化起源与文明起源具全局性的实证。这里可以再谈一些。

坛庙冢是配套的，说它相当于北京明清时期的天坛、太庙和明十三陵，可见中华五千年文化传统生命力之强。但是配套组合中缺"宫"。后来真的在女神庙后面的大平台上发现了一座大房子，我们清理了表面，因为没有报批就没有再挖，但是可以看出这是一座东西长12米、南北宽5米的大房子，房子中部有大片红烧土面，中部的南壁有两个大柱洞，明显是左右对称的，而且房子的方向和女神庙的方向是一致的。这座大房子位置偏在大平台的东北角，这是一个重要线索，可能暗示在大台子上还可能发现其他遗迹，包括更大的房址，那可能就与"宫"有关了。所以我们在牛河梁遗址发掘报告中把这座未发掘完的大房子也报道了。还有就是像东山嘴发现的石砌建筑址，北面是方的，南面祭坛是圆的，是一个北方南圆的组合；敖汉四家子草帽山也是这样的布局，它的墓出在北边长方形的冢体内，南边有个石块平铺的坛，也是一南一北。后来我们在建平东山岗也发现了这种形式的组合，这种北冢南坛的组合在当时已经有了某种程度的制度化，这说明祭祀性建筑的配套，不仅见于牛河梁这样的大遗址，就是小的遗址也是如此，可见当时社会制度变革的普遍性和深度，牛河梁是其中的集中代表。

还有玉龙凤。玉龙，红山文化有，其他地方如良渚、凌家滩也发现了玉龙。但是红山文化的龙不只是玉的，还有彩陶龙。其实彩陶的龙纹在1938年发表的赤峰红山后的发掘报告中就有，那是两块陶片，当时没注意，现在一比较，那种图案与后来商周青铜器上的龙鳞纹是一样的。后来又在赤峰地区收集到一件可复原的完整器，现陈列在赤峰市博物馆。可以看出，是一圈圈盘绕在一件红陶小口瓮腹部的龙身部分，身体上有成排工整的龙鳞纹，但没有头。红山文化有玉龙，有彩陶龙，在牛河梁女神庙还发现有泥塑的龙，这说明红山文化的龙不是个别现象。各种质地、类型都有，随葬品也有，祭祀也有，比较全。另外，还可以向前追溯。赵宝沟文化小山遗址出土的一件陶尊上，用刻划纹刻划出四个动物，能辨别出的三个，一个是凤，一个是鹿，一个是野猪，它们的头部接近于写实，卷曲的身体部分都装饰有龙鳞纹，说明动物的神化就是龙。我们称其为"四灵"纹，而且这个图案无论极为流畅的刻划手法，还是有透视感的图案布局，都已是相当成熟的工艺。再往前追溯，查海聚落的中心有用石块摆的一条龙，长接近20米，因为与周围的基石颜色相近，形象不够明确，我们称作"类龙纹"，但肯定是在摆塑一个神化的动物形象。查海的陶器上也出类似的东西，有两块陶片，一块上浮雕饰压印似龙鳞纹的尾部，一块上浮雕饰压印似龙鳞纹的盘卷的身体；还有一件筒形罐的下部，以浮雕形式表现一个似蛇一类的动物衔着一个蟾蜍的腿，这种"蛇吞蛙"的题材，一直到春秋战国，在南方也有发现。另外在兴隆沟一个房子里发现一个完整的猪头骨，后面是用石头摆成的身子，这不也是龙吗。到了夏家店下层文化时期，在大甸子墓地发现了彩绘龙。夏商周之前这段时间，我们这一地区的龙的题材，一个是多类型，一个是成系列，从早到晚，考古学上成系列的就是当地生成的。所以龙的起源绝对和西辽河有关系，我们这里是龙起源的头。顺便谈到，红山文化玉雕龙发表后，不少学者都觉得同商代的玉龙有密切关系，我们赤峰学院于建设等老师写过有关红山文化与商文化起源方面的文章。台北故宫博物院邓淑苹先生在文章中还提到一件很重要的事，是当时尚健在的高去寻先生曾针对这个发现谈他的感受，说看来当年傅斯年先生主张商文化起源与东北有关还是有道理的。

再一个是凤，在我们这里，红山文化的玉鸟有的就是凤。牛河梁第十六地点中心墓出土了一件体形甚大、形象也更明确的玉凤，赵宝沟文化小山遗址那件陶尊上有刻划的凤纹，还有在翁牛特旗收集的一件凤形陶匜形器。南方一些地方以凤鸟为题材也有很早的发现，如浙江河姆渡就有中间像一个太阳、两边是两个凤鸟的图案。但是在牛河梁发现了更为重要的龙凤玉佩。在一件不大的板状玉器上做出一个龙一个凤，是龙凤合体。龙凤合体的玉器在安徽凌家滩也有发现，是一件玉璜，璜的两端，一端为龙头，一端为凤鸟头，器形比较简单，龙头和凤头也比较简单。我们这个龙凤佩，形象要复杂得多，龙是高度神化，凤也是高度神化，两个神化的动物就在这么一个长仅10厘米、宽不到8厘米的面积上表现出来，把头部加工得非常仔细，然后身体简化，两个对在一起。这件玉器具有相当高的艺术思维，艺术手法也非常高超。香港中文大学研究玉器的杨建芳先生在研究凌家滩玉器时说过，两个动物合体的题材，此前只在商周时期有，现在到 5000 年前就已出现，是玉器超前性的表现。杨先生说的是凌家滩，红山文化的龙凤佩比凌家滩的玉璜上龙凤头部装饰要复杂得多，艺术含量要丰富得多，可见红山文化艺术思维、艺术手法的超前性程度，也可看出龙凤这个中国传统文化的精华，把它们结合在一起，在红山文化达到了登峰造极的地步。所以可以说，龙凤的起源都和红山文化有关。"坛庙冢，玉龙凤"作为中国传统文化的精华，在红山文化中不是孤立而是成组合的出现，不仅在工艺上已经达到了相当高的水平，而且已经制度化。前面讲到祭祀址是如此，玉器也是如此。

关于同文明起源有关的考古材料，这几年发现有比较早的，如江苏张家港东山头崧泽文化遗址，已出现墓葬的明显分化。但是文明起源从考古资料上最确凿的证据还是在 5000 年前后这一段，现在看来还是以红山文化最典型。除了前面谈到的配套的坛庙冢和玉龙凤以外，从当时墓葬反映的社会结构上看，各地史前文化大都有墓葬的分化，但只有牛河梁积石冢设有中心大墓。有中心大墓出现，说明在社会等级分化中已明确出现了最高身份的人物，我们叫作王者，或一人独尊，朱乃诚在分析红山文化社会性质时已注意到这一点。这应该是跨入文明社会最显著的一个标志。所以，就是从社会结构上看，在 5000 年前这一段，牛河梁还是先走一步。而且当时它对周围地区也有不同程度的影响，过了燕山还有红山文化；从玉器看，沿着东南沿海，大汶口、长江流域都有红山文化玉器的影响。

滕海健：以上所谈都已涉及比较研究方面的课题，请再集中谈一下这个课题。

郭大顺：以上说到，就在牛河梁遗址发现后，各地都有类似的四五千年前和文明起源有关的发现。有的像凌家滩的玉器，年代和我们的差不多。良渚文化稍晚一点。还有前年江苏张家港发现的崧泽文化的墓葬，比以往发现的规模都大，而且出土的东西很丰富，年代比牛河梁还早，距今 5800 年。文明起源，各地有先有后，也有了相互比较的条件，这样更有助于对各地文明起源特点的深入研究。

谈到比较研究，已经有学者在进行这方面的研究了。许倬云先生发表过《神祇与祖灵》的文章，他将东部沿海的红山文化、良渚文化与中原地区的仰韶文化进行比较，以为红山文化、良渚文化重视对神祇的祭祀，而仰韶文化重视对祖先的祭祀，而祭祀祖先，由子孙直接祭祀，不需要巫者来作为使者。许先生引了大量上古文献材料与考古发现相对照，很有启发性。山东大学栾丰实的文章说仰韶文化重人事，红山文化和良渚文化重鬼神，举例就是红山文化有玉器，有"坛庙冢"，规模很大，良渚文化玉器更发达，建筑规模庞大，但是过于信鬼神，消耗很厉害，走的不是正常社会发展道路，所以都衰亡了。而重人事的仰韶文化则延续下来，以后发展到龙山文化以至夏商周三代，都是在同一地区发展起来的。持这种观点的还有其他学者。李伯谦先生则从军权、王权、神权的角度进行比较，以为红山文化以神权为主，军权基本看不到，因为它很少有钺；良渚文化既有神权，像玉琮，又有军权，像玉钺，它是军权、王权、神权的结合，以神权为主；仰韶文化从灵宝西坡普遍有玉钺随葬看，是以军权和王权最为突出。以上从各个角度进行比较，可以看出红山文化文明发展道路确实有自己的特点，是以神权为主的。易华和朱乃诚还归纳为"有祀无戎"。文献记载五帝时代的代表人物颛顼"绝地天通"，说明神权在文明起源过程中确实起到很大作用。倒不是说一定是颛顼，只是说它反映了时代特点，文献记载和考古结合不一定是具体的事和人，更多地是反映那个阶段的时代背景和重大历史事件。神权独占在红山文化有典型的反映，中心大墓的那个地位最高的人物，推测他既是王者，也是神权的独占者。有关神权与王权关系的研究，陈梦家先生早在几十年前就通过对甲骨文的考证，提出过商王也是大巫的观点。

滕海健：在去年赤峰举办的红山文化国际研讨会上，您发表了《从世界史角度研究红山文化》。请谈一下关于红山文化与域外文化的比较研究。

郭大顺：同世界比较，红山文化已经有一些条件。红山文化的有些东西，西边可能和中西亚有关系，东边可能和东北亚有关系。这种关系具体是怎么回事，是共同的时代特点，还是有所影响，是谁影响谁为主，通过什么路线，有哪些活跃因素，起到什么作用，这是一个需要从多方面比较的很重要的研究课题。所以触及这个问题，是因为牛河梁刚一发现，西方学者就有所反应。1989年伦敦大学亚非学院讲授中国考古学的汪涛来牛河梁参观，他来的时候就带着这个问题。那时候我们的技术顾问王予先生当时正在伦敦拍摄敦煌的资料，西方学者就问他红山文化牛河梁是不是已经发掘完了，王先生说那个遗址就像一张馅饼，现在只咬了一口，大量的还在后面。西方学者为什么关注这个遗址呢，就是因为牛河梁遗址出了石头建筑，出了神像，这些东西和他们那边相似处更多一些。汪涛在工地上向我们介绍了西方学者关注的一些情况，临走时我们请他题词，他就写了"从世界史角度研究红山文化"。后来世界银行在辽宁搞环境保护项目，把牛河梁遗址的保护也纳入进去了。由他们聘请的剑桥大学的两位研究员写了一个报告，报告里讲到牛河梁女神庙这么大的泥塑人像只有埃及有，但是还不一定有牛河梁的早。2013年上海开"世界考古·上海论坛"，剑桥大学的伦福儒教授，他在西方考古界很有影响，他在会上有个主题讲演，题为"史前礼仪与宏伟性起源的比较研究"。他在讲演中提到近年世界考古最大的发现就是土耳其东部哥贝克力的石头建筑，时间上可以追溯到距今12000年，接近旧石器时代晚期了，那5米高的石碑式的石阵，上头都雕刻有动物，而且动物都很形象。这个遗址俯视美索不达米亚平原，所以它是美索不达米亚平原文明的前身，他们认为那个时候还没进入文明时代，但是它是一个公众的、大的集会场所。这样的集会场所他还举了英国的巨石阵和秘鲁的石头建筑，东亚地区他只讲到牛河梁，并放了牛河梁女神庙和积石冢的照片。

对那个时代区域内外同一时代相近似因素进行比较是一回事，至于相互之间有没有联系，那是又一个深层次的问题。我们不排除红山文化与西亚等地古文明之间有联系。举彩陶为例。苏先生曾认为阿鲁科尔沁旗出的一件彩陶罐上，有三种彩陶母题：一种是与仰韶文化有关的那种花卉纹，一种是红山文化自身特有的龙鳞纹，还有一种菱形方格纹就同西亚有关。牛河梁发现的几何纹饰彩陶数量多，种类也多，有菱形方格纹、直角三角纹、等腰三角纹、勾连纹等。去年我在三门峡开会谈到这个问题时，有学者说这个三角纹在半坡就有了，但是半坡那是带状分布的，我们现在发现的直角三角纹、等腰三角纹，还有菱形方格纹，都是棋盘形分布的，是连成一片的，这种彩陶图案确实与西亚有关。而且在内蒙古中南部的海生不浪文化也出了这种彩陶图案，可以看出似乎有一条东西交流的路线。

同世界进行比较，有一个难题，就是我们对世界这个时期的考古了解还很一般，只是通过翻译的文章看到一些零星的材料，但是已经发现了一些线索。我们不要把思维局限在我们的区域范围之内。

古人可能不是我们想象的那么简单，他接受先进文化的影响，交流的渠道、范围可能很远、很广阔。这方面可以同域外学者一起开展研究。

滕海健：最后请谈一下史学家如何开展红山文化研究的问题。

郭大顺：以上三个方面之外，还有就是你们提出的，历史学者如何开展红山文化研究。这个问题提得很好，因为考古学与历史学的结合，对深入研究红山文化是很重要的。

史学与考古学的结合，考古学界力图通过考古资料复原历史，在这一点上大家还是明确的。但经常的情况是考古任务比较繁重，首要任务还是把考古资料科学地发掘出来，客观地报道出去，给学界提供研究资料。再有，考古学有自身的一套理论方法。史学界怎么吸取考古学成果是一个很大的课题。以前考古学是归类在史学里，教育部规定历史学是一级学科，考古学是二级学科，现在考古学成了一级学科。但是史学还是最主要的，学历史的也好，研究的学者也好，包括中学教科书，影响大的还是史学，所以史学怎么吸取考古学的成果，是一个很大的问题。2011 年参加在大连召开的高等学校"十二五"规划讨论会，有考古部分，他们找了一些 70 岁左右的学者参加，林沄是考古课题组的组长。其他学者都是史学家，有北大的马克垚老师，北师大的瞿林东老师，还有上海几位学者。我在座谈会上谈到历史学如何吸收考古学成果的问题，谈起我为此曾到北京拜访过人民教育出版社，见到当时一位马总编，我就问他考古学界现在讨论的文明起源问题在教科书上为何没有体现，他说这要史学界认同考古学成果，不然在教科书中很难有所体现。看来史学界是主动的，所以你提的这个问题挺重要。

就史学工作者研究红山文化来说，要研究的课题其实很多。比如前面谈到的宗教考古研究，作为上古史的核心部分，文献这方面记载得很多，如何同考古资料结合起来去进一步加强对文献记载的理解，各个朝代怎么变化，这会对复原历史有实质性的作用。又比如，现在考古界的研究结论是中国的文明起源时间大大提前了，但在教科书上还没有反映出来。史学界如果吸收考古学最新成果，包括各种不同观点，大众就能对考古学复原历史的成果有更为普遍的了解和传播，这一点非常重要。最近，中央非常关注中国历史文化在构建社会主义核心价值观方面的作用。习近平同志在山东曲阜讲到"传统文化是根"，在北京考察南锣鼓巷时讲"要像保护生命一样保护文化遗产"。最近在法国联合国教科文组织总部他还讲"文明是多彩的、平等的、互鉴的、共融的"，他举了陕西何家村唐代金银器的例子来看东西方文化的交流。在这方面，红山文化具有一定的典型性。其实，这个问题既是考古问题，也是史学问题，还是哲学问题。红山文化确实有好多值得史学和其他人文学科研究的问题，我们应在现有基础上不断总结，及时提出新的课题，不断把研究推向深入。

我们赤峰地区历史遗迹十分丰富，这给我们学院进行历史与考古结合工作提供了非常有利的条件，我们应该充分利用，抽时间到考古遗址、考古发掘工地走一走，有机会也可参加一点考古调查发掘。因为对考古的了解，实践是第一位的。前面提到的史学家许倬云先生，他利用考古资料对历史有深入研究，如他写的西周史、汉代农业等。为此，他曾多次到各地考察考古遗址和文化古迹，牛河梁红山文化遗址、姜女石秦宫遗址他都去过。2000 年我受张忠培先生委托，曾陪同许先生到河北省考察，从邯郸的赵王城到张北县的元中都，许先生都亲到现场，看得非常仔细，听介绍非常认真，还不时提出问题，有些问题就是从文献与考古结合方面提出来的，我们还不熟悉，也解答不好，但体现了历史与考古的相互促进。要知道，许先生因身体原因，行动不便，多数情况下要坐轮椅，有时拄着拐杖，但他坚持到考古现场了解情况，体会古人。这一点很值得我们历史工作者借鉴。

　　滕海健：辽西、赤峰地区的考古史已经走过好长一段历程了，您认为现在是否有必要对赤峰的考古史展开研究，为何在 20 世纪 80 年代辽西地区有不少重大发现，是不是有什么规律在里面，考古史本身有没有研究的价值？

　　郭大顺：我多次谈到 20 世纪 70 年代在赤峰做考古工作的体会，赤峰是一片考古的沃土。在中国的考古学史上，赤峰占有很重要的地位。从近代田野考古引入中国，赤峰的考古史就已经开始了。但是现在看来，我们的一个很大的问题，是对家底的了解还不是很清楚。20 世纪 70 年代末到 80 年代初辽宁省开展第二次文物普查，发现了近万处古代遗址，牛河梁、姜女石等很多重要遗址都是在第二次文物普查时发现的。赤峰地区的敖汉旗文物普查做得更细致，与其他旗县相比，明显不够平衡，这从《中国文物地图集·内蒙古自治区分册》可以看出来，敖汉旗的遗址密密麻麻，其他旗县就星星点点，实际情况肯定不是这样。我曾经建议赤峰学院与市县旗文化行政部门、文博部门合作，在全赤峰地区开展文物普查。这项工作在学校是结合学生教学实习，在市县旗是摸清家底，加强文物保护，还培养人才，是一件一举多得的大好事，还解决了没有发掘权的问题，因为涉及文物的保护，还会得到国家文物局和自治区的支持。如果我们每年用春、秋各一个月开展考古调查，坚持几年下去，肯定会有新成果，会对赤峰历史有新认识，会对赤峰地区的考古研究和文物保护工作有大的推动。何况这几年中国社会科学院考古研究所朱延平、吉林大学滕铭予等同国外合作，在赤峰地区进行拉网式普查，有很多经验可以吸收借鉴。所以现在是万事俱备，只欠大家行动起来了。

　　（原载于赤峰学院红山文化研究院编《红山文化论坛》创刊号，2014 年）

八十述怀

——我的两点思考

　　我最近思考较多的，有两个问题，也大致拟出两个写作题目，一是"人兽组合与神巫定位"，一是"史前东西文化格局的形成及意义"。这是受近几年考古界朋友们在这方面讨论的启发想到的。

　　关于第一个题目。利用参加 2017 年 10 月份四川成都金沙玉器研讨会的机会，对有关资料和正在形成的观点加以整理，做了个简单的 PPT，因我是临时被邀参会，见会上发言安排很满就未来得及申请发言。想到这个题目的直接起因，是当年 8 月份在辽宁朝阳有个以虎文化为主题的研讨会，会前会后查阅资料，发现除虎的题材以外，有人与虎的组合多例，它们从新石器时代晚期延续到青铜时代，尤其是图像的表现已具规律性。现知人与虎组合的最早一例为美国华盛顿弗利尔美术馆藏大玉刀，为龙山文化时期。此器长达 72 厘米，刀的边缘有细阴线雕刻的两组人与虎的组合，都为题材和图案基本相同的一人一虎，人为戴"船形帽"（依邓淑苹女士称谓）的人首，虎为全身、大张口，两者的关系是人首紧靠于虎口前。同时或稍晚的是石峁城址新发现的龙山时代晚期前后一块建筑石材的长侧面上刻出的人与虎的组合，已是对称双虎之间夹一人首，但人首在大张的虎口前的形象与弗利尔大玉刀相同。人与虎的组合还见于石家河文化，如北京故宫博物院和美国赛克勒博物馆各收藏的一件人虎形玉牌饰，一件为人首在上，虎首在下；一件为人首在中，虎首在上，另一兽首在下的状态。石家河文化玉器上人与虎题材的表现形式虽不同于弗利尔大玉刀，但人首形态与弗利尔大玉刀上的人首有相同处，如都戴"船形帽"等。到了商代，人与虎的组合多见于青铜器上，如商代中期前后安徽阜南、四川三星堆大铜尊腹部的"虎噬人"图案，同样图案还见于商代晚期商王都殷墟所出后母戊大鼎的耳部、妇好墓妇好铜钺的钺面上，这四例都为与石峁建筑石块装饰花纹相同的双虎夹一人、人首在大张的虎口间的图案。日本泉屋博古馆和法国西努奇博物馆各藏有一件商代晚期"虎噬人"铜卣，也都为一人与一虎的组合，不过人与虎都非装饰花纹，而是圆雕型的器物本体，虎张大口甚至有所夸张，人双臂抱虎身，足踏于虎的足面上，人首置于虎口以内，虽不是双虎夹一人的图案，但人首位于大张的虎口的形象和动作，仍然是与上述诸例人虎花纹相同的表现形式。此外，弗利尔美术馆的铜觥、铜刀和大英博物馆的铜座件上都有"虎噬人"形象或装饰，也为虎张大口、人首在虎口内的状态。

　　从人与虎的组合还可以联系到人与兽、人与鸟等的组合。如仰韶文化和马家窑文化的彩陶中，除了大家都熟知的半坡和姜寨遗址的人鱼纹组合以外，还有马家窑文化的人与兽（天水师赵村）、人与蛇（瑞典远东博物馆藏品）、人与蛙（柳湾马厂类型）组合。玉器中，有江苏昆山赵陵山属于良渚文化早期的 M77 所出一蹲踞人左手托一鸟、头顶一兽的组合，还有良渚文化玉器普遍施用的"神人兽面纹"；红山文化玉器也有人与兽（美国克里夫兰博物馆和瑞典远东博物馆藏品）甚至人与熊（英国剑桥大学费芝威廉姆博物馆藏品）的组合；龙山文化玉器中则见有人与鸟的组合（北京故宫博物院藏品为一鹰在上，鹰爪各攫一人首，人首有与弗利尔美术馆大玉刀上相同的船形帽；天津历史博物馆藏品为一鹰下二鸟各攫一人首）等。以上所见，所表现的人与兽、人与鸟的关系似更为紧密。以上诸例的时代有的已可上溯到仰韶文化和红山文化晚期，分布范围则遍及东南到西北各地。

从新石器时代晚期到商代前后，人兽组合的概念还可以扩大，一是同器组合，一是同穴共存。

人兽同器主要见于龙山时代的玉圭上。如台北故宫博物院、天津博物馆等单位所藏玉圭，有多件一面为人面，另面为兽或鸟，可视为同器上的人与兽的组合。

同穴共存。三星堆一号坑和金沙都有人与虎共存的实例，三星堆一号坑为铜人头像与金虎的组合；金沙遗址为石跪人与石虎组合，且有多组。同穴共存还见于墓葬，是墓主人与兽的同穴共存，典型实例如河南濮阳 45 号墓墓主人与蚌砌的龙和虎的组合。红山文化牛河梁女神庙则为泥塑的人与熊、人与鹰的共存。

以上组合中最令人关注的，是人与兽组合中的人的身份，即组合中的人是巫者还是神。神是祭祀对象，巫是通神使者，两者的身份与担负的职能有根本区别，但又有巫向神的转化。这方面主要是依据张光直先生的观点。张先生最早是从濮阳西水坡龙虎墓的分析入手的。以为墓主人两侧的龙与虎是背对墓主人的，是人骑龙虎升天以通神的表现，并联系《山海经》等文献和图像，以为此墓主人当为巫者。张先生并由此联系到良渚文化玉器"神人兽面纹"中的人形象非神而为巫者，是巫者骑兽作法形象，这与濮阳西水坡龙虎墓的表现形式是相同的。张先生尤其重点解析泉屋博古馆和西努奇博物馆"虎噬人"卣的人也是巫者，而且是借用大张口的虎的气息以作为通神功力的[1]。如是，则上述各例人与虎以及人与兽、人与鸟的组合中的人，大都应为巫者而非神。诸人兽组合中可以明确定为神的人形象，只有牛河梁女神庙内的泥塑人像群，他们可以明确为祭祀对象，是神或女神。

当然，巫与神的身份除了因功能不同而要严加区别以外，他们又是可以转化的。这是指巫者可以转化为神。可依陈梦家先生有关"商王是最大的巫"的观点对此加以解释[2]。因为掌握通神权的商王故去后被列入作为祭祀对象的先公先王行列，身份自然转化为神。赵殿增先生在论述三星堆铜立人的身份和功能时也提到类似观点。三星堆二号坑的大型铜立人像，通高 2.6、人高 1.7 米。软硬冠，三层衣，饰龙纹，手作执物状，下为由高台、象首和扁台组成的三层台，也为人与兽的组合。多数人以为此铜立人为三星堆诸铜人形象中个体最大的一尊，且高于真人原大，故应为神。但赵殿增先生以为，其穿戴满饰花纹的服饰，手作执器物状，是巫者作法形象，为群巫之长，但巫为王者，也可转化为神，有一个由人而巫—由巫而王—由王而神的演变过程[3]。于建设同志在论述红山文化"神本社会"的形

① 张光直：《濮阳三蹻与中国古代美术上的人兽母题》，《文物》1988 年第 11 期。
② 陈梦家：《商代的神话与巫术》，《燕京学报》总 20 期，1936 年。
③ 赵殿增：《三星堆文化与巴蜀文明》第五章"三星堆古国的祭祀礼仪与国家形态"，"早期中国文明"丛书，江苏教育出版社，2005 年。

成过程时也表达了大巫死后成神的观点①。由此想到，良渚文化玉器上饰人兽纹组合的部分重器，是否也可以从巫转化为神的角度理解？这里要特别提到北京故宫博物院所藏红山文化玉人牌饰，孙守道先生曾释为红山文化的祖神像。此玉人身下一兽，也为人兽组合，兽在人的两足间，似也为人骑兽作法形象，则玉人的身份也应是巫者。因此牌饰个体甚大，玉人神态庄重，有冠和衣饰，手执信物，或也可从由巫向神的转化加以理解。而且这件玉人牌饰的人兽组合关系也为此玉牌属于红山文化提供了又一证据②。

关于第二个题目，即史前东西文化格局的形成及意义，这是在学习李济先生晚年学术思想和观点时引发的。李济先生晚年除继续研究安阳殷墟以外，与殷墟有关的研究课题主要是继续追溯殷墟文化的起源。在这方面他有三个相互关联的观点应该引起关注。

一是说龙山文化才是中国自己的文化，因为商文化的器形大都来自山东龙山文化："黑陶来自东方，是中国自己的文化。殷商的卜骨、铜器均似仿效黑陶文化之情形。唯黑陶之开始亦不大清楚。"

二是仍然以为仰韶文化彩陶受到西方影响："彩陶在中东与东欧在 4000BC～1000BC 有数千年的历史，彩陶文化可能经安诺一带传入中国。""我相信彩陶虽发达于中国，而其制造观念之来源，则极可能来源于西方。"③

三是李济先生读到 1959 年出版的《庙底沟与三里桥》报告时，得出了与学界普遍认可的"解决了中原地区仰韶文化与龙山文化的继承关系"不同的观点。以为仰韶文化不会直接演变为龙山文化，庙底沟二期新出现的三袋足器、豆和黑陶器，无论器形和制法都与较早的仰韶文化有本质不同，是在外部文化影响下产生的。"它似乎不能代表一种土著的发展，这里有好些成分显然是受了外界的影响。"④

以上这些论述自然会使人想到 20 世纪三四十年代至 50 年代初考古界与史学界"夷夏东西"说相呼应的中国史前文化的"二元对立"说和"混合文化"说。李济和梁思永两位先生是当年提倡这一学说的主要代表。60 年代后李济先生重提"东西二元对立"说，更明确的表述还可举出：

"这个前所未闻的史前文化，与较西方的河南、甘肃和河北所出现的史前遗物相比，构成了一幅鲜明的对照。出史前彩陶文化的遗址，大部分都在西北，根据当时的考古知识，这些彩陶文化的遗存没有在山东半岛出现过，在中国传统的历史中，山东半岛确是中国文化开始的一个重镇。在济南附近出现了与彩陶显然完全不同的这种史前文化。"⑤

不过，以东部与西部关系为主审视仰韶文化与龙山文化关系进而将中国史前文化引入深层次讨论的，是 20 世纪 50 年代末东方大汶口文化的发现。大汶口文化是山东龙山文化的直接前身已是共识，这也回答了李济先生 30 年代寄希望于"黑陶之开始"的想法，使东方作为"中国自己的文化"发展脉络更为清晰。更为重要的是，大汶口文化距今 5000 年左右，其年代与西部的仰韶文化和龙山文化早期处于同一发展阶段，这就使东部与西部的比较建立在更为科学的年代基础之上。正如夏鼐先生所指出的："黄河中下

① 于建设：《红山文化与中华文明起源》，《郑州大学学报（哲学社会科学版）》2017 年第 4 期。
② 孙守道：《红山文化玉祖神考》，《中国文物世界》总第 154 期，1998 年 6 月。
③ 以上均见陈星灿：《张光直课堂笔记所见李济晚年在台大教书的片段》，《中国文物报》2005 年 3 月 11 日。
④ 李济：《黑陶文化在中国上古史中所占的地位》，《台湾大学考古人类学刊》第二一、二二期合刊，1963 年。
⑤ 李济：《黑陶文化在中国上古史中所占的地位》，《台湾大学考古人类学刊》第二一、二二期合刊，1963 年。

游是有东、西相对的两个文化圈，不过与仰韶文化相对的是大汶口文化，而不是山东龙山文化。"①

由此所见东部与西部的比较结果是：

一是东部以"鼎豆壶"为基本组合的陶器群与西部以彩陶盆、钵和尖底瓶为主的陶器群具不同文化传统，从而为"东西二元对立"说提供了更为可信的依据。

二是东部和西部都非孤立发展而是相互影响，前期以西对东的影响为主，后期则以大汶口文化向西对仰韶文化的影响为主导趋势。对此，最早对这一课题加以论述的苏秉琦先生说：

"在它们的前期，我们很难分辨两者的哪一方对另一方的影响更多一些，两者在文化面貌上的差异是比较大的；而在它们的后期，则显然像是东边对中原的影响要多一些。例如，在东边发现的那种彩陶是很个别的；而在中原所发现的鼎、豆等显然是受东边影响之下产生的东西，不仅已占有相当的比重，而且具有极其相似的型式变化序列，从而大大地缩小了两者在文化面貌上的差异。"②

三是东西交汇的成果，是在晚期的仰韶文化，彩陶器和尖底器逐渐被鼎豆壶所代替。庙底沟二期就是在这一文化大背景下出现的。这也印证了李济先生有关"庙底沟二期新出现的三袋足器、豆和黑陶器，无论器形和制法都与较早的仰韶文化有本质不同，是在外部文化影响下产生的"的观点。

四是对东西交汇在中国上古历史文化发展的影响的估计。苏秉琦先生于 20 世纪 70 年代末接续他有关东西关系的研究时，将东部影响西部的后果同中国古代礼器的起源相联系：东南沿海地区"在这一期间对我国其余人口密集的广大地区的影响、作用是显而易见的。如流行全国广大地区的以'鼎、豆、壶'组合而成的礼器、祭器就是渊源于这一地区"③。进一步的理解，龙山时代的形成进而为夏商周三代文化奠定基础的，东部对西部的影响是一个根本原因。这可视为李济先生有关"殷商的卜骨、铜器均似仿效黑陶文化"观点的发展。

五是东部影响西部为主的交流导向直至龙山时代的形成，基本是在中原地区进行的，中原是为东西交流的交汇地带，过程则是从豫西渐到关中，有由东向西扩展的明显趋势。

近年，学界也渐有重提黄河流域东部与西部在陶器上差别的情况。虽未谈及与前辈学者观点的关系，但作为跟进，仍值得肯定。如 2010 年中国社会科学院考古研究所编著的《中国考古学·新石器时代卷》提出："黄河流域新石器时代晚期陶器，大体可归纳为东、西两部分，东部继承着鼎、豆、壶的传统，西部则流行瓶、罐、盆（钵）。"《中原文物》2017 年第 2 期有刘莉引 D. 吉德维 1987 年观点："根据陶器器形的差异，把新石器时代的陶器分布划为两个大的地区类型：东部沿海地区和西北部地区。东部地区的陶器器形复杂，多三足器、高柄、带流、有把手等；西北地区的陶器器形简单，多为平底和圜底器。"由此，刘莉还得出了西部地区用尖底瓶的咂酒群饮代表了以集体为本位的文化传统，在仰韶文化之后消失，而东部地区使用高柄杯为饮器的饮酒方式代表了以个人为本位的社会关系，后来成为注重社会等级关系的中国礼制传统的重要组成部分的观点，这可以与前述东部对西部影响加大导致龙山时代出现的观点相互参照④。栾丰实同志更提出东方大汶口文化晚期西渐的加强"一定程度

① 夏鼐：《中国文明的起源》，中华书局，1985 年。
② 苏秉琦：《关于仰韶文化的若干问题》，《考古学报》1965 年第 1 期。
③ 苏秉琦：《略谈我国东南沿海地区的新石器时代考古——在"长江下游新石器时代文化学术讨论会"上的一次发言提纲》，《文物》1978 年第 3 期。
④ 刘莉：《早期陶器、煮粥、酿酒与社会复杂化的发展》，《中原文物》2017 年第 2 期。

上改变了此后的中原文化，或许这就是由仰韶文化转变为庙底沟二期文化的原因之一"①。

对东西格局的确立和进一步认识也有助于上古中国同世界的比较和相互关系的探讨。这就如苏秉琦先生所论中国的东西两块与世界的欧亚大陆和环太平洋两大块的接轨，即中国的西部联系着欧亚大陆，中国的东方则同环太平洋地区关系密切②。对此，应有进一步论证。据我的有限了解，想到以下几点：

1. 世界的东西方差异明显。其背景即张光直先生提出的东西方各自宇宙观的不同从而对待赖以生存的自然界的不同，即西方文明以发展技术、贸易为主的"断裂性文明"和东方以通神取得政治权力的"连续性文明"③。

2. 东西方有频繁交汇。交汇的趋势是相互的。西风东渐主要表现如彩陶和青铜的向东传播，东风西渐则以前述黄河流域由东向西的"龙山化"和相应的彩陶由中原地区向西渐退为主要表现。

3. 西方文化因素东渐被吸收后都形成中国特色。彩陶在仰韶文化向神器演化，青铜技术传入后，不是如西方以制作工具为主，而是发展为用于祭祀和葬礼的青铜容器。

4. 中原地区作为中国东部与西部的交汇地带也是世界东方与西方交汇的组成部分。似可从这个视角研究中原文化。

还要做一点补充的是，我曾对中国史前文化提出过三大文化区的设想，即与东西区同时并存的，还有一个不断与东区、西区互动的东北文化区④，这同近年较多提到的将世界上古史分为三大区（除西亚、东亚之外还有一个北亚区）可内外呼应⑤，因为中国的东北区除联系着东北亚以外，还从地理位置、自然环境到主要文化特征都与北亚的关系较为密切。

这样，从东西文化格局角度看待古代中国与世界关系的启示是：东西方从物质文化到思维观念差异很大；但彼此可以相互交融，而非排斥；东方文明具更大包容性，大幅度而又有选择性地吸收异域文化因素为我所用，并在交汇过程中保持和壮大着自我发展的能力，从而为最终走向世界大同的前景带来希望。如苏秉琦先生所预言，世界还是一元的，因为地球是独一无二的⑥。

以上我的两点思考：神巫定位涉及上古时代国之大事——祭祀的神与巫这两个主要角色，东西格局关乎夏商周三代形成的基础和"中国"的形成，它们决定着中华古文化的走势及其同世界的关系，对于这样的大题目，我只有在阅读有限资料和实地考察后的点滴体会，但觉得这是认识中国古史及与世界古史关系的两把钥匙，有必要将不成熟的感受写出来，希望今后还有精力和时间与大家一起进行切磋讨论。

（原载于辽宁省文物考古研究所编《庆祝郭大顺先生八秩华诞论文集》，文物出版社，2018 年）

① 栾丰实：《海岱系文化在华夏文明形成过程中的作用——从海岱、中原两大区系的相互关系谈起》，《华夏文明的形成与发展》，大象出版社，2003 年。
② 苏秉琦：《纪念城子崖遗址发掘 60 周年国际学术讨论会》贺信，1991 年 10 月 12 日。
③ 见张光直：《考古学专题六讲》，文物出版社，1986 年。
④ 郭大顺：《三大区交汇与中国文明起源》，台北《故宫学术季刊》2007 年夏季号。
⑤ 李旻：《重返夏墟：社会记忆与经典的发生》，《考古学报》2017 年第 3 期。
⑥ 郭大顺：《捕捉火花——陪苏先生聊天》，蒋朗朗主编《精神的魅力 2018》（一），北京大学出版社，2018 年。

后　记

2019 年 10 月在沈阳举办"又见红山"展览和"红山文化研讨会"期间，与应邀参会的文物出版社张自成社长谈起想将个人新近写的文章编辑出版事。自成同志坦诚地说，文物出版社作为文博考古界的专业出版单位，十分重视学术研究，有责任将学者们的成果向外推广。很快黄曲同志就来电话告诉我，社里已对编辑出版我的文集作了安排。

接着是整理材料。因为 2017 年由辽宁人民出版社编辑出版的我的考古文集，收入文章以 2013 年为限，2013 年以后这些年又有 20 多篇，其中部分未发表过，有的尚未完稿，待补充修改；记录苏秉琦先生学术活动和学习苏先生学术思想的研读笔记也已积累多篇。除此而外，还有历年对各位师长的回顾、考古随想、序文和海外见闻，这部分除了海外见闻尚不成熟外，其他内容也可编辑成册。于是就作了个出三本书的计划，对此，社里仍然给予了全力支持。

多年学习和研究的一个心得是，考古学文化区系类型理论揭示出中华古文化是以"汇聚"为发展交流主要导向的，从而在以实证阐明 56 个民族 10 亿人民是如何凝聚在一起的基础结构；中华文明起源研究重在"传递"，以回答为什么在诸文明古国中只有中华文明能连绵不断，所以论文集部分就以《汇聚与传递》为书名。《捕捉火花》是我陪同苏秉琦先生的切身体会，因为先生总是在忆人忆事、触景生情的气氛中不时迸发出思想火花。考古随想类以《山海为伴》为题，则是对牛河梁、姜女石和新近发掘的辽代帝陵等辽宁重要古文化遗址所具有的自然与人文景观高度融合特点的描绘，也是想表达文化遗产保护应越来越重视环境保护的愿望。

在这三本册子陆续出版之时，再次对文物出版社和张自成社长、张广然总编辑、黄曲责任编辑的支持和辛勤工作表示感谢。

2020 年 10 月于沈阳御林家园